U0109934

二十世紀的兩個知識份子

胡適 与 魯迅

邵建 著

本書圍繞胡適和魯迅的思想、文化性格及有關事件而展開，力圖通過事件呈現胡魯的思想差異和不同文化追求。

序

讓「胡適」重返歷史前臺

「武嶺突起於剡溪九曲之上，獨立於四明群峰之表，作中流之砥柱，為萬山所景仰……嶺之上，古木參天，危崖矗立。其下有溪，流水瀠洄，遊魚可數……，隔溪之綠竹與嶺上之蒼松，倒影水心，澄澈皎潔，無異寫真……」

這段話來自《武嶺樂亭記》，它駢散交錯，文字稱美，是民國時代被選入國文教材中的一篇。2003 年 8 月下旬，為編《大學人文教程》，我和朋友們去了屯溪，其中的一項安排是去績溪上莊拜訪胡適故居。那是一個晴朗的上午，車在徽州山道中逶迤，灰白如帶的山道，一邊是嶺一邊是溪，便不由得產生了上述文字的幻視，儘管它寫的是浙東。皖南與浙東，同樣山水形勝，人傑地靈。對著窗外不斷移動的秀水青山，一車人紛紛慨歎：難怪這裏出了胡適！

從胡適故居中出來，正逢一間學校放學，我隨意問路邊的小學生胡適是誰，一連兩次，誰知都望著我搖頭不語。是不知道、還是有什麼隱諱？我不解。真不知上莊人是怎麼看待這個前輩鄉賢的，這個不是生於上莊卻是從徽州山道走出去的人哪，原是 20 世紀中國文化的一個「先知」。

不過，這個「先知」在 20 世紀的命運卻是繞有意味的。

胡適，1891 年出生，1962 去世，享年七十餘。19 歲時（1910）通過前清華的庚款考試，先後留學於美國的康乃爾大學和哥倫比亞大學，1917 年完成哲學博士的考試，回國後因蔡元培邀請，任北京大學教授。回國前夕，一篇發表在《新青年》雜誌上的〈文學改良芻議〉，使古老的中國發生了一場白話文運動，這是一次劃時代的語言革命，以致我們

今天通行的語體得拜那場運動之賜，胡適也由此奠定他在中國的影響。天下何人不識君，那個時代有個口頭禪，居然是「我的朋友胡適之」。然而，20世紀下半葉，形勢陡轉，胡適的形象一落千丈。1950年代，大陸中國發起轟轟烈烈的批胡運動。幾十年後（2003），海南出版社出版了堂皇九卷的《古史考》，其中前四卷就是那個時代（1949-1980）批胡運動的史料彙編。近三百萬的大批判文字，集成了這厚厚的四卷大開本，它像小山一樣堆在我的書桌上，盯著它就像打量一個怪異的時代。

就我本人而言，接觸胡適很晚，在我讀中學的1970年代，是沒有胡適書讀的，如果偶然碰上，那肯定是在批判的材料中。但，儘管沒讀過胡適，胡適在我的心目中卻是一個反面形象，記得「走狗」兩個字庶幾便是我腦海中對這個形象的最早勾勒。多年後，等到我自己系統地讀胡時，胡適在中國的命運已經走過了一個大大的「之」字。文革結束後的1980年代，大陸中國逐步對胡適重開評價，這是一個「去妖魔化」的過程。胡適作為一個研究對象，逐步從學術領域過渡到文化領域和思想領域。隨著人們對胡適和胡適思想的深入，已經沉入歷史背影中的胡適再度走向歷史前臺。以致一個我很尊敬的老人在他去世前這樣語重心長：21世紀是胡適的世紀。

當然，這裏的「胡適」已不僅是他自己，而是某種精神的象徵。問題是，今天，如果我們把「胡適」作為21世紀的文化選擇，那麼，由他所代表的精神座標到底是什麼呢？

胡適一生和他的思想都相當豐富，有這樣一篇寫胡適的文章，內容沒看，但題目卻過目未忘：他什麼都沒有完成，但卻開創了一切。這句話非常到位，庶幾可以視作胡適的墓誌銘。在20世紀中國文學史、中國學術史、中國思想史、中國教育史以及20世紀歷史本身都留下歷史轍跡的胡適，他的豐富的精神遺產，放在今天，我以為有這樣一點——這也是胡適身上最凸出的一點——可以成為我們這個時代的精神樞要，那就是：「寬容」。

什麼是寬容？應該說在中國本土的傳統中幾乎找不到這樣的精神資源。作為一種價值之光，20世紀以來，它主要是靠當年留學英美的

那撥知識份子輸入和奉持，而胡適就是其中最重要的代表。在牛津、朗門或韋伯斯特等大辭典中，寬容通常解釋為對不同於己的信仰、思想和行為的容忍和承認。美國一位宗教思想家甚至把它視為「一種和思想及行為與眾不同者建立和維持共同體的品質和能力」。是的，社會作為一個異質共同體，組成它的人有不同的信仰、相異的文化背景，這就決定了他們的處世態度和對事物的看法無法一致。那麼，這樣一群人如何在社會中共存呢？如果我們不是強調彼此之間鬥爭的話，寬容就是構成社會和社會和諧的必要條件。社會中的每一個人都有責任培養自己的寬容意識和能力。

然而，20 世紀中國最匱乏的精神資源之一，就是寬容。20 世紀是一個奉行「鬥爭哲學」的世紀，寬容則是這種哲學的反面，它由於被誤認為是軟弱、妥協和不徹底，因此，奉持這種價值的胡適自然也就成為那個時代的反面。胡適是一個自由主義者，一生為傳播自由的理念盡心勞力。然而，他在他的晚年卻以「容忍與自由」為題，連續作文兩篇（其中一篇是講演），強調的是同一個主旨「容忍」。他說：十七八年前，我最後一次會見我的母校康乃爾大學的史學大師布林先生，那天談話很多，有一句話我至今沒有忘記：我年紀越大，越感覺到容忍比自由更重要。胡適把這句話稱之為「不可磨滅的格言」，進而申說：「有時我竟覺得容忍是一切自由的根本，沒有容忍就沒有自由。」這裏的容忍，就是容忍異己。在胡適看來，「沒有容忍『異己』的雅量，就不會承認『異己』的宗教信仰可以享自由」。當然胡適也清楚，真正做到容忍並不容易，「因為不容忍的態度是基於『我的信念不會錯』的心理習慣，所以容忍『異己』是最難得，最不輕易養成的雅量。」

在「容忍與自由」之後，胡適有信蘇雪林。信中再度重複了一個至今尚未引起我們充分注意的詞：「正義的火氣」。胡適是很鄭重地談這個詞的，在說過有關《紅樓夢》的一大段問題後，胡適筆鋒一轉：「現在我可以談談『正義的火氣』。你若記得我前年發表的〈容忍與自由〉，就可以明白我所謂『正義的火氣』是什麼。『正義的火氣』就是自己認定我自己的主張是絕對的是，而一切與我不同的見解都是錯的。一切專

斷，武斷，不容忍，摧殘異己，往往都是從『正義的火氣』出發的。」為了說明這一點，胡適在「容忍與自由」中甚至舉了自己年輕時的一個例子。年輕的胡適是一個無神論者，他痛恨迷信，因此，也痛恨在他看來是迷信之類的《西遊》、《封神》，認為它們是「惑世誣民」。在一篇文章中，胡適不惜借《禮記・王制》中的話表明自己的態度：「假於鬼神時日卜筮以疑眾，殺」，亦即殺掉那些借鬼神以疑眾的人。在這裏，胡適是斬釘截鐵的，因為他是在反迷信。反迷信還不對嗎？這裏正有著「明確的是非」，所以胡適不憚以「熱烈的好惡」顯示自己的決絕。此時，胡適方才十七歲。可是，十幾年後，胡適在北大，北大的一些「衛道士」卻要「殺」胡適了，理由也是《禮記・王制》中的話，所謂：「學非而博……以疑眾，殺」。什麼叫「學非而博」？此「非」即「是非」之非。既然，你所學的東西是不對的，且又以此惑眾，那就該「殺」。這裏，「明確的是非」和「熱烈的好惡」也是一點都不含糊。於是，晚年的胡適把這己對人和人對己的兩件事並作一類，說：無論「當年我要『殺』人，後來人要『殺』我，動機是一樣的：都只因為動了點『正義的火氣』，就都失掉容忍的度量了。」

　　胡適在美國接受的是自由主義教育，自由主義和容忍有著內在的邏輯關聯。在一個不寬容和反寬容的社會中，每個人的自由選擇事實上是談不上的。執於此，在新文化運動發端之初，年輕的胡適在推進它時始終能以寬容的態度面對文化論敵。長期以來，我們幾乎是一面倒地歌頌新文化運動的偉大功績，與此同時，我們可能忽略了它的一個致命的隱患：不寬容。這個不寬容體現在胡適的同道身上。或者說，胡適的「寬容」和他的同道的「不寬容」構成了新文化運動中的一個內在的裂痕，它最終導致了新文化運動團體的分裂。如果說這場運動已經形成了我們20世紀的文化傳統，那麼，今天我們倒真需要反問一下，這是一個怎樣的傳統？至少，由它的「不寬容」所導致的歷史負面性，我們今天還缺乏到位的體認。

　　不妨以粗線條勾勒一下這個運動的輪廓。1917年1月，胡適的〈文學改良芻議〉發表後，陳獨秀嫌改良不夠，又做了篇態度更激烈也更極

端的〈文學革命論〉。人在紐約的胡適看了後，心中不安，便致信陳獨秀：「此事之是非，非一朝一夕所能定，亦非一二人所能定。甚願國中人士能平心靜氣與吾輩同力研究此問題。討論既熟，是非自明。吾輩已張革命之旗，雖不容退縮，然亦決不敢以吾輩所主張為必是而不容他人之匡正也。」顯然，胡適的態度是寬容的，也是懇切的。可是，陳獨秀讀了信，大不以為然，他給胡適回了封公開信，卻如同一份宣言書：「鄙意容納異議，自由討論，固為學術發達之原則，獨於改良中國文學當以白話為正宗之說，其是非甚明，必不容反對者有討論之餘地；必以吾輩所主張者為絕對之是，而不容他人之匡正也。」陳胡間的一通書信，構成了新文化運動中同一陣營的不同文化對比。如果胡適的主張是對話和討論，陳的態度則是「不容」和「一言堂」。這是「文化霸權」，也是「正義的火氣」的自然流露。而陳唯一的理由就在於，白話的主張是「對」的、「是非甚明」的。陳獨秀沒有考慮到，所謂「對」和「是非甚明」都是一種「認為」，而「認為」常常是人各認為。當你認為「對」就不容討論，哪怕即使「對」的是你，這樣的邏輯也將導致文化專制——「對」的專制。

　　在這種邏輯下，我們看到，北大教授錢玄同披掛上陣。他比陳獨秀更進一步的是開始罵人了，在陳獨秀〈文學革命論〉的當期，以「通信」為題，錢玄同寫到：「頃見五號《新青年》胡適之先生〈文學芻議〉，極為佩服。其斥駢文不通之句，及主張白話體文學說最精闢……具此識力，而言改良文藝，其結果必佳良無疑。唯選學妖孽、桐城謬種，見此又不知若何咒罵。」緊接著，針對上述陳獨秀「必不容反對者有討論之餘地」，錢接過話頭：「此等論調雖若過悍，然對於迂繆不化之選學妖孽與桐城謬種，實不能不以如此嚴厲面目加之。」以為自己「對」，就不容別人「反對」，甚至還罵人。我們今天回看五四，有些東西實在可以看得很清楚了。可是，在什麼意義上，「能作散文之桐城鉅子，能作駢文之選學名家」（錢玄同語）就要被罵為「謬種」和「妖孽」？新文化運動，其實是新文化運動者罵人在先，並且以罵鳴鑼開道。你看，對方還沒出陣，它就把未來的敵手給「妖魔化」。有趣的是，錢氏不但罵以

壯行色，還唯恐人家不罵，居然懸擬被罵者將「若何咒罵」。此公罵字當頭，理直氣壯，不就是認為自己「對」，自己正義在胸、真理在手嗎？

更有遞進的是魯迅。1926 年了，新文化運動已有 10 年的歷史，白話文早已取代文言文。可是，魯迅對於反白話文的態度是：「我總要上下四方尋求，得到一種最黑，最黑，最黑的咒文，先來詛咒一切反對白話，妨害白話者。即使人死了真有靈魂，因這最惡的心，應該墮入地獄，也將決不改悔，總要先來詛咒一切反對白話，妨害白話者。……只要對於白話來加以謀害者，都應該滅亡！……敵人不投降，就叫它滅亡。」當年，蘇俄的高爾基也說過類似的話。兩人的態度，何其相似乃爾。那麼，胡適呢？和以上幾位相比，胡適是理智的、寬容的，同時也是孤立的，面對來自美國留學生對《新青年》罵人和不容討論的批評，胡適在《新青年》上表態：「本報將來的政策，主張儘管趨於極端，議論定須平心靜氣。一切有理由的反對，本報一定歡迎，決不致『不容人以討論』。」然而，胡適只能代表他個人，無以代表《新青年》群體。上述新文化運動的領袖或先鋒，在文化氣度及其方式上，比例是 1：3。這樣一個格局，表明新文化運動以陳、錢、魯的方式為主導，胡適則註定要被邊緣化。因此，新文化運動的路線圖由胡適而陳獨秀而錢玄同而魯迅，就是從「平等討論」到「不容匡正」到「罵」到「咒」。這條「不寬容」的邏輯一路下行，必然付諸「不寬容」的行動。

於是，我們看到，1925 年 11 月，北京知識界（左翼）在政黨背景下策劃倒段運動。11 月 29 日下午，天安門廣場集聚著被運動來的學生、工人約五萬，散會後，群眾遊行示威。其中部分隊伍手執旗幟，上書「打倒晨報及輿論之蟊賊」等標語，浩浩蕩蕩，直衝宣武門大街的晨報館而去。在現場，人們一邊高呼「人民有集會結社言論出版自由」，一邊以「正義的火氣」，點燃沖天大火，把恰恰象徵著言論自由的晨報館燒成灰燼，而晨報不過發表了煽動者素所不能容忍的主張。事後，從新文化運動中已經分別出走但還保持私誼的胡陳兩人論及此事，胡適發表了自己的看法，陳獨秀卻在信中反問：「你以為《晨報》不該燒嗎？」陳獨秀的邏輯一以貫之，當他以為自己是唯一的「對」，他就能在《新青年》

上不允許別人討論；同樣，他以為自己是唯一的「對」，他也就能（只要他能夠的話）不允許對方存在或消滅它。不寬容的邏輯必然導致縱火這種表達「正義火氣」的方式，而這種方式又不斷升級……，終於，它釀就了 20 世紀這一百年來的血與火。胡適不是沒有意識到其中的危險，針對陳獨秀的反問，他的批評可謂嚴厲：「你我不是曾同時發表一個『爭自由』的宣言嗎？《晨報》近年的主張，無論在你我眼裏為是為非，決沒有『該』被自命爭自由的民眾燒毀的罪狀；因為爭自由唯一的原理是：『異乎我者未必即非，而同乎我者未必即是；今日眾人之所是未必即是，而眾人之所非未必真非。』爭自由的唯一理由，換句話說，就是期望大家能容忍異己的意見與信仰。凡不承認異己者的自由的人，就不配爭自由，就不配談自由。」

批評過後，胡適抑制不住自己的感慨，新文化運動過去了，「但這幾年以來，卻很不同了。不容忍的空氣充滿國中。」令胡適驚心的是，這個不容忍的力量並不是舊勢力，他們已經沒有摧殘異己的能力了。「最不容忍的乃是一班自命為最新的人物」，而且是新文化運動中的領頭人物，以及由他們培養出來的青年學生。這讓胡適感到「悲觀」，他說：「我怕的是這種不容忍的風氣造成之後，這個社會要變成一個更殘忍更慘酷的社會，我們愛自由爭自由的人怕沒有立足容身之地了。」

噫籲戲！胡適是杞人憂天嗎？歷史不幸如此，使我們倍感寬容的重要。當年，從新文化運動中的言論不寬容，發展到這裏，就邏輯地變成一把火，以至再往下，我們分明可以把握這其中的發展脈線。這條「不寬容」的脈線四處橫溢，它給 20 世紀的中國文化和文化以外的中國帶來了致命的傷創，甚至驅導我們走上包括文化領域在內的「鬥爭哲學」的不歸路。這條路，你死我活，一走就是一百年。

血與火的一百年！今天，我們終於在時間上走出了那個世紀，我們在價值上也走出了嗎？答案懸疑。就這個時代而言，三十年來的精神蛻變，從歷史上走失了的胡適又回來了，這個時代開始重新認讀胡適。但，儘管如此，胡適這個形象以及由它體現的寬容精神，是否成為這個時代的價值認同？沒有，遠遠沒有。即使在今天，在新文化運動已經翻過九

十年日曆之後，我依然感到，在我們的精神世界裏，寬容依然是一種稀缺元素。如果進一步把它落實到自己，我不得不承認，雖然我認同並欣賞寬容，但寬容的能力在我身上依然低弱，除了自身的性格偏激，畢竟我還吃過前一時代的精神之奶，中過「毒」的我尚需長期克己。

今天，寬容的求取，是為了社會這個共同體的和諧，而和諧本身又必然要求著寬容。不止一次有人指出：和諧的「和」就是口中有糧，和諧的「諧」則是人人都能說話。前者姑置，後者如果像當年陳獨秀那樣「不容」異己的言論，哪怕你是正確的，所得也不過是「正確的專制」。現代社會，又有哪一種專制不認為自己是正確的呢，包括法西斯。因此，我們可以不要「正確」，但決不能取捨「專制」。21世紀的今天，我們為「和諧」而努力，就是為「寬容」而努力，我們需要的不僅是寬容的意識和能力，我們更須要寬容的制度（不妨想想那種不寬容的制度是如何建構起來的吧）。胡適和弘揚胡適的意義，正在於此。因為胡適的一生，就是為制度寬容而努力的一生，儘管他直到去世都沒有看到這種制度的到來。

正如21世紀是胡適的世紀，並非指的是實然，那是一個文化老人的文化企盼；本文這裏的走近「胡適」，其訴求也就是走近「寬容」，從而讓我們生活的這個世紀成為一個非血火的寬容世紀。那麼，丈量一下吧，我們離寬容，到底還有多遠。記得 2003 年 8 月，我和朋友們從績溪小路一步步走近胡適，心中抱著一份期待；今天，我們這個世紀也在一步步走近胡適，心中更抱一份期待。我期待我們這個世紀鑄「鬥爭」之劍為「寬容」之犁，我期待我們能為這寬容世紀的到來作出努力、哪怕是抗爭的努力——這是一件多麼幸福的事，就像當年胡適所做的那樣。

讓這個世紀早日到來吧！

讓我在此馨香禱祝！

目　錄

內容提要

　　本書主要圍繞胡適和魯迅的思想、文化性格以及有關事件而展開。

　　作為 20 世紀最重要的兩個知識份子，胡適與魯迅思想脈系不同，文化資源有異，價值取向也大相徑庭。他們對 20 世紀的中國產生了重大影響，也分別帶來不同的後果。直到今天，21 世紀的中國，依然沒有走出胡魯時代的思想困境和文化格局。當年胡魯的問題，也是今天的問題，當年胡魯的選擇，依然是今天選擇的參照。本書「敘」「論」合一，要在呈現胡魯之間的思想差異以及不同的文化追求，並重新梳理涉及他們兩人的有關事件。在胡魯諸種不同的比較中，望能有鑒於 21 世紀的文化重構。

一、中國自由主義的「胡冠魯戴」

（一）「胡冠魯戴」的錯舛

　　1990 年代中晚期，暌隔幾十年之久的自由主義在中國復潮，由此引出魯迅研究中的一個新話題，即魯迅是不是自由主義者。這個問題在以前斷不會存在，毫無疑問，魯迅是反自由主義的。在魯迅逝世二十周年的 1956 年，《文藝報》曾發專文，題目就是「魯迅反對改良主義、自由主義的鬥爭」，其矛頭所指，即胡適等自由主義知識份子。文章的論述也許我們（至少是我）不會同意，但它對魯迅和胡適的價值傾向的認定卻無可非議。可是，隨著九十年代晚期知識界對自由主義的逐步認同（不包括新左派），卻出現了這樣一種反轉，不僅闡釋魯迅和現代自由主義的關係，試圖將魯迅位居其列；更有甚者，有論述認為，和以胡適為代表的那批自由主義知識份子相比，不是胡適，而是魯迅，更能體現自由主義的本質。

　　我反對把魯迅稱為自由主義者，儘管魯迅酷愛自由。一個酷愛自由甚至為自由而鬥爭的人，完全可能是非自由主義的。魯迅恰恰如此。但，我想率先表明，魯迅是不是自由主義又有什麼關係？不是又如何？這裏，令人奇怪的並不是魯迅的非自由主義，而是我們今天對自由主義的理解。要不，為什麼會出現這樣一個張冠李戴——在這裏則是「胡冠魯戴」——的錯舛。

（二）「路徑依賴」的不同

　　在中國現代史上，自由主義從根本上來說是一種制度訴求。作為解決中國問題的「路徑依賴」，是胡適而非魯迅把建立一個自由主義的政治體制作為自己的終生追求，而英美憲政即其追求的樣板。如果我們認

同胡適所認同的英美體制是自由主義政制的話——這在今天應該不成問題了吧——那麼，我們又在什麼意義上可以說魯迅是自由主義的呢？魯迅對中國問題的解決，其思路一正一反，正面「立人」，反面「改革國民性」。這當然也是一種「路徑依賴」。但兩種路徑顯然不是一回事。一是「政治制度的依賴」，一是「思想啟蒙的依賴」。它表徵了中國現代史早期以胡適為代表和以魯迅為代表的兩種不同類型的知識份子所作出的不同的價值努力。

當然，五四時的胡適也是個啟蒙主義者，他把五四運動稱為「中國文藝復興運動」，把五四新思潮解釋為「再造文明」，把新思潮中的「輸入學理」直指為引進西洋的新思想、新文學、新信仰，這一切無不是啟蒙性質的。在這一點上，他與魯迅，或魯迅與他，無疑同道（當然還有陳獨秀）。但，走出五四後的胡適，在未放棄思想文化領域內的啟蒙時，顯然更把注意力轉移到政治啟蒙、政治改良和制度建構的努力上，積極推行其政治自由主義的主張。

五四剛剛過去的 1920 年，胡適等即向北洋政府發起了〈爭自由宣言〉，要求確保講演、出版、集會、結社的自由，並要求制定人身保護法令、監督選舉等。1922年，胡適和上述那些發表宣言的人又發表了〈我們的政治主張〉，這個主張籲請政治改革、要求建立好政府（因而被稱之為「好政府主義」）。它提出的三項基本要求是：一、要求一個「憲政的政府」，二、要求一個「公開的政府」，三、要求「一個有計劃的政治」。這兩份政治宣言的思想資源無疑來自英美自由主義，胡適等試圖把英美自由主義在制度層面上的內容移植到當時的中國社會中來，這表明五四一代中國知識份子已經不滿足於思想文化領域內的觀念革命，而要過問政治了。當然，過問政治的知識份子不獨自由主義這一脈，比如左翼知識份子李大釗（他也曾在那兩份宣言上簽字）、陳獨秀等，也早已開始言政，並組建政黨了，只是路徑和自由主義不同而已。

那麼，魯迅呢。「兩間餘一卒」，1922年的魯迅依然堅持啟蒙中的思想批判和文化批判，這從他的寫作或僅僅是寫作而不涉其他活動可以看出。就寫作而言，除了〈端午節〉、〈白光〉、〈補天〉等四、五篇小說和

一些翻譯作品如《愛羅先珂童話集》外，收集在《熱風》中的十一篇雜文，俱圍繞文學、文化、批評、翻譯而展開。儘管當時魯迅沒有對胡適等人的言動發表意見，但不難推知，他對此至少是不以為然的。為什麼？在也是寫於 1922 年的〈《吶喊》自序〉中，魯迅依然堅持當年的看法，把改變國民性亦即「他們的精神」，視為解決中國問題的「第一要著」。魯迅這樣做，不是沒有緣由，目睹過辛亥革命的失敗（更早一點，還有戊戌維新的失敗，再後一點，又有二次革命的失敗），魯迅已不相信任何政治動作了。直到 1925 年，在寫給許廣平的信中，魯迅還是單打一地強調：「此後最要緊的是改革國民性，否則，無論是專制、是共和，是什麼什麼，招牌雖換，貨色照舊，全不行的。」[1]林毓生先生指五四有「藉思想、文化以解決問題」的一籃子傾向，這一點當以魯迅為最。八年後，魯迅對當年胡適等人的政治動作終於有了一個態度上的回應，1930 年所寫的〈好政府主義〉一文，矛頭雖然不是指胡適而是他的盟友梁實秋，但對「好政府主義」本身的冷嘲熱諷，也就表明了魯迅的價值傾向。這裏，我無意對魯迅進行任何價值評價，不支持這個自身帶有幼稚缺點的「好政府主義」也不能說明其他問題。我只是指陳一種事實，根據這個事實，魯迅既然並不認同由「好政府主義」所包含的西方自由主義的憲政內容，甚至，連這個運動的同路人都不願做，那麼，至少就沒必要說魯迅是自由主義了。

　　魯迅之不是自由主義，更可以在二十年代末和三十年代初由胡適、羅隆基發起的「人權運動」可以看出。這一運動的序幕，是由胡適在 1929 年《新月》雜誌上發表的〈人權與約法〉引發的。胡適這篇文章本質上是一篇政治批判，其批判所指，即當時的國民黨政府和蔣介石本人。1929 年四月二十日，蔣氏國民政府下了一道人權保障的命令，聲稱「無論個人或團體均不得以非法行為侵害他人身體，自由，及財產」。胡適針鋒相對指出：「命令所禁止的只是『個人或團體』，而不曾提及政府機關。個人或團體固然不得以非法行為侵害他人身體自由及財產，但

---

[1]　《魯迅景宋通信集》，第 22 頁，湖南人民出版社，1984 年。

今日我們最感覺痛苦的是種種政府機關或假借政府與黨部的機關侵害人民的身體自由及財產。」甚至，文中還舉了這樣一個例子，安徽大學的一個校長，因為言語上頂撞了蔣介石，遂被拘禁多日，面對這種非法行為，其家人只能到處求情，卻「決不能到任何法院去控告蔣主席」。對此，胡適明確指出：「這是人治，不是法治」。那麼，什麼是法治？胡適繼而指出：「法治只是要政府官吏的一切行為都不得逾越法律規定的許可權」。所以，胡適下面以著重號的方式呼籲：「在今日如果真要保障人權，如果真要確立法治基礎，第一件應該制定一個中華民國的憲法」。[2]這篇文章所流貫的自由主義精神自不待言，它的反專制的意義即使在今天依然無法低估。和當年的〈我們的政治主張〉相比，中國自由主義知識份子無疑比以前前進了一大步，他們在立與破兩個方面同時出手，既要求英美式的憲政制度，又毫不留情地批判國民黨專制。更難能可貴的是，胡適的鋒矛並不避諱蔣介石本人。胡適這種挺身而出的體制批判和批判主子，一般不為魯迅所取。魯迅的策略是「壕塹戰」，戰鬥的性質是魯迅自己所說的「文明批評」和「社會批評」，批評矛頭大凡對準的也是主子的奴才——批判奴才的卑劣表現，比如「三幫」：幫忙、幫閒乃至幫兇。而「人權運動」中的胡適等自由主義知識份子，這次恰被魯迅鎖定在「三幫」之列。

　　1929 年，《新月》「人權運動」發始，魯迅也就開始了對「新月」的批判。〈新月社批評家的任務〉就是諷刺新月人對當下現實的不滿，指出他們：「盡力地維持了治安，所要的卻不過是『思想自由』」。[3]當胡適被國民黨「警告」、新月書店被查封、雜誌亦被沒收因而「人權運動」落幕後，魯迅的批判並沒有終止。這從下面的個案可以看出。1929 年底，胡適為新月同人（羅隆基、梁實秋）關於人權文章的合集作〈人權論集序〉，聲稱：「我們所要建立的是批評國民黨的自由和批評孫中山的

2　胡適〈人權與約法〉，《胡適文集》卷五，第 524-527 頁，北京大學出版社，1998 年。

3　《三閒集·新月社批評家的任務》，《魯迅全集》卷四，第 159 頁，人民文學出版社，1981 年。

自由。」文末，為坦明心跡，胡適引用了一個「鸚鵡救火」的故事，表白自己和同人之所以為中國人權而努力，是因為「我們的骨頭燒成灰終究是中國人，實在不忍袖手旁觀。」[4]針對胡適這篇文章，1933 年，魯迅在其署名而非自作的〈王道詩話〉中指出：「鸚鵡會救火，人權可以粉飾一下反動的統治。」在繼而以泛指的方式默認胡適為「中國的幫忙文人」後，文章又擷詩四首以刺之，其末曰：「能言鸚鵡毒於蛇，滴水微功漫自誇，好向侯門賣廉恥，五千一擲未為奢。」[5]該詩最後一句是指胡適在長沙講演一次，當地何將軍給了五千元的講演費。

需要指出，此文的寫作，主要是出於對胡適如下言論的憤怒：「任何一個政府都應當有保護自己而鎮壓那些危害自己的運動的權利」。[6]胡適的話是針對中國民權保障同盟要求國民黨釋放政治犯而言的。胡適反對這一主張，因為政治犯意在顛覆政府。而「同盟」主張釋放政治犯，實際上就是認同了對政府要求革命的自由權。胡適的這一言動始終被認為是對自由主義的背叛，一個自由主義者完全站在體制立場說話，還有什麼自由主義可言。但，今天的我儘管可以對胡適這一表現予以嚴屬的批判，卻無法說胡適這一表現背叛了自由主義。我寧可說這恰恰是自由主義在中國表現出來的一種軟弱，當然更是中國式的自由主義的悲哀，同時也是胡適本人對自由主義的某種程度的誤解。英美自由主義的自由是一種法治下的自由，而法治的形成則是一種體制的構架。胡適作為一個改良主義者，他總是主張在現有體制內以改良為主漸進式地推動自由，而反對用暴力革命的方式推翻現體制。在胡適看來，可以對其改良的體制之「惡」比之要推翻這個體制所造成的內戰之「惡」，就其危害來講，毋寧更小。這是一種「兩害權輕」的策略，完全可以說胡適在這個問題上犯了糊塗，自由的確需要體制，但也得看清這是個什麼性質的體制；儘管如此，我們卻不能說胡適認同專制體制而背叛了自由主義。

---

[4]　胡適〈人權論集序〉，《胡適文集》卷五，第 523 頁。
[5]　《偽自由書‧王道詩話》，《魯迅全集》卷五，第 46-47 頁，1981 年。
[6]　轉引魯迅〈王道詩話〉，《魯迅全集》卷五，第 46 頁。

胡適從來沒有認同過專制體制，就像他從來也沒有背叛過自由主義。他和這個體制的分分合合，無非是想從中作「得寸進寸，得尺進尺」的改良。這是改變中國的兩條道路：「體制內的改良」和「體制外的革命」，中國的自由主義者往往選擇前者，而蘇俄式的社會主義者往往選擇後者（如果讓今天的我來發言，第一條道路能理解，第二條道路不贊成，但兩者都不是我個人的選擇，就像我欣賞第一條道路的「改良」和第二條道路的「體制外」，因此，我個人的選擇是改良路徑上的獨立知識份子的「體制外批判」）。如此說來，無論當年的魯迅，還是今天的我們，對胡適的批判，就不是在批判胡適背叛了自由主義、背叛了人權，而是在批判這種以胡適為代表的、改良式的自由主義「本身」。自由主義不是不可以批判，比如今天的「新左派」就在激烈地批判；但，需要指明，這種批判就像「新左派」一樣，是社會主義性質的，它表現為社會主義革命對自由主義改良的批判。

魯迅之不是自由主義者，除了他對中國式的自由主義批判外，還在於他自己所表明的對自由主義不感興趣的態度。1928 年，魯迅在翻譯日本學者鶴見佑輔《思想・山水・人物》一書的「題記」中明白地說：「作者的專門是法學，這書的歸趣是政治，所提倡的是自由主義。我對於這些都不了然」。那麼，魯迅又為什麼要翻這本書呢？原來魯迅感興趣於其中的「關於英美現勢和國民性的觀察」。[7]這至少表明，1928 年的魯迅，其現實關懷依然是國民性的問題，而非政治上的努力，包括什麼自由主義。這再一次表徵了我上文所說的五四一代知識份子的不同的「路徑依賴」，亦即胡適的「制度依賴」和魯迅的「啟蒙依賴」。但這裏並不僅僅是兩種路徑孰輕孰重的問題，因為，很快地，魯迅在下文又說：「那一篇〈說自由主義〉，也並非我所注意的文字。我自己，倒以為瞿提所說，自由和平等不能並求，也不能並得的話，更有見地，所以人們只得先取其一的。」[8]我以為，這段文字乃是魯迅棄取自由主義的一個

---

[7] 《魯迅譯文集・三》289 頁，人民文學出版社 1958 年。

[8] 《魯迅譯文集・三》290 頁，人民文學出版社 1958 年。

關鍵性旁白，也是他晚年所以選擇左翼為其政治歸宿的思想契機。自由與平等並無實質性衝突，但自有其內在緊張。英美自由主義是自由優先，然後再微調兩者關係，使之不斷達於新的平衡。然而，當自由和平等「不能並求」的對立為魯迅接受後，魯迅因為選擇了平等也就對自由主義徹底地持一種對立態度了（這不禁使人類似地想起九十年代中國自由主義主要是經濟自由主義和新左派在自由與平等問題上的對立）。

也正是出於對平等的追求，向左轉的魯迅，成為一個蘇俄式的社會主義者。因為，從社會主義理論角度，被壓迫階級推翻統治階級的革命就是打破人類最大的不平等，而蘇俄社會主義就是靠這種意識形態起家、發展乃至成功的。它的成功，使素有底層情結和庶民心態的魯迅看到了「一個簇新的，真正空前的社會制度從地獄裏湧現而出。」[9]至此，始終堅持啟蒙的魯迅，終於走出了「兩間餘一卒」的彷徨，堅定不移地作出了自己一生中的政治選擇，並且再也沒有改變過。於是，我們看到了這樣一幅圖景：五四兩位最優秀的知識份子，一個從啟蒙理性遙遙奔赴蘇俄社會主義，一個依啟蒙理性力踐英美自由主義，兩者可謂「漸行漸遠漸無窮」。對於這樣一種情形，我不作任何評價。我所尊敬的兩位知識份子的不同選擇，如果僅從雙方「意圖倫理」的角度，我都能予以歷史語境中的同情。但如果從「責任倫理」的角度，雙方的差別，可謂天壤。至於它們的歷史結果，大家都知道了。我只是想指出，就像英美自由主義和蘇俄社會主義在政治制度上的對立是無庸置疑的一樣，胡適屬右，魯迅屬左，這一事實，也無庸置疑。把心儀蘇俄社會主義的魯迅說成自由主義（魯迅自己會答應嗎？），猶如把心儀英美自由主義的胡適說成是蘇俄社會主義（胡適也許會一笑置之，因為他一度被吸引過），而這，於（事）情於（學）理都是說不通的。

---

[9] 《南腔北調集·林克多〈蘇聯聞見錄〉》，《魯迅全集》卷五，426頁。

（三）愛自由，並非自由主義

否認魯迅是自由主義，並不否認魯迅熱愛自由；肯定魯迅熱愛自由，卻不能肯定他就是自由主義。這看起來弔詭，但，情事如此，理固其然。未諳此點，則魯迅極易被認為自由主義者。

這種錯認，甚至體現在自由主義者的胡適身上。1999 年，周策縱先生為國內舉辦的胡適思想研討會作詩兩首，其二曰：「錚錚鐵骨自由身，魯迅終為我輩人。四十三年前告我，一言萬世定猶新。」詩後附有說明：「五十年代中期胡先生曾告我：『魯迅是個自由主義者，決不會為外力所屈服，魯迅是我們的人。』今言猶在耳，恍如昨日也。」[10]我不知胡適談論魯迅時的具體語境，僅從這句話，實在看不出兩者之間有什麼因果推定。一個自由主義者並非不被外力所屈服，胡適自己就常常與外力妥協。不被外力屈服也並非一定是自由主義，獨立特行的毛澤東誰都不服又與自由主義何干？骨頭硬不硬與自由主義原沒必然聯繫。那麼，胡適是在什麼意義上指認魯迅是自由主義呢？由於魯迅無論外在壓力如何，都能保持自己的思想自由和個性自由，並且都能為這兩種自由而積極抗爭。我以為，正是欣賞魯迅的這一點，胡適方有上述的認同。事實上，不獨胡適，九十年代中國知識界對魯迅的自由主義體認，很多都是以此立足。在他們看來，自由主義的核心理念即「個人自由」（主要包括思想自由和個性自由），它的哲學底蘊，即「個人主義」。魯迅，尤其是早年，對個性主義和個人主義的張揚比任何一個人都更堅決和徹底。所以，在個人自由和捍衛個人自由的踐履上，魯迅就成了堅定的自由主義者。

〈今日思想界的一個大弊病〉是胡適三十年代的一篇文章，該文針對的是當時思想界喜歡亂用名詞的風習。胡適舉朋友陶希聖的文章為例，陶文在某個段落中，用了一連串的「自由」，胡適作了統計，說這裏「自由」用了六次，至少表達的是三個不同的意義。三個不同意義的

---

[10] 轉引《胡適研究》第三輯第 1 頁，安徽教育出版社，2001 年。

自由,「顛來倒去,忽上忽下,」「使人眼睛都迷眩了」。他把這種「濫用名詞」的毛病稱之為「文字障」、「名詞障」,是「思想上的絕大障礙」。對此,胡適指出:「名詞是思想的一個重要工具。要使這個工具確當,用的有效,我們必須嚴格的戒約自己:第一,切不可亂用一個意義不曾分析清楚的抽象名詞。」[11]胡適雖然說的是作文,但,落實在這裏,當我們試圖用一個詞大而化之地指陳某個對象時,胡適的話具有同樣的警示意義。「自由」作為一個抽象名詞,在不同的思想體系中具有不同的含義。如果我們對它不曾分析就加以運用,和陶文一樣,則將陷入胡適所說的「文字障」。因此,胡適問道:「當你用『資本主義』這一名詞時,你得先告訴我,你心裏想像的是你貴處的每月三分的高利貸,還是倫敦、紐約的年息二厘五的銀行放貸。」(引同上)同樣,我也可以仿問,你說魯迅是自由主義,那麼,魯迅的自由是屬於自由主義思想體系的呢、還是非自由主義思想體系的?

不妨看看魯迅當年是如何談論自由的吧:

> 人必發揮自性,而脫觀念世界之執持。唯此自性,即造物主。唯有此我,本屬自由……自由之得以力,而力即在乎個人……。故苟有外力來被,則無間出於寡人,或出於眾庶,皆專制也……眾意表現為法律,吾即受其束縛,雖曰為我之輿臺,顧同是輿臺耳,去之奈何?曰:在絕義務。義務廢絕,而法律與偕亡矣。意蓋謂凡一個人,其思想行為,必以己為中樞,亦以己為終極:即立我性為絕對之自由者也。[12]

作為比較,不妨再看英國學者霍布豪斯談自由的一段文字:

> 普遍自由的第一個條件是一定程度的普遍限制。沒有這種限制,有些人可能自由,另一些人可能不自由。一個人也許能夠按照自己的意願行事,而其餘的人除了這個人認為可以容許的意願以

---

[11] 胡適〈今日思想界的一個大弊病〉,《胡適文集》卷十一,第595-597頁。

[12] 《墳·文化偏至論》,《魯迅全集》卷一,第51頁,1981年。

外，卻無任何意願可言。換言之，自由統治的首要條件是：不是
由統治者獨斷獨行，而是由明文規定的法律實行統治……我們可
以從中得出一個重要結論，即自由和法律之間沒有根本性的對
立。相反，法律對於自由是必不可少的。[13]

把以上兩種自由的談論放在一起，即可見它們是針鋒相對的。這不
奇怪，因為，它們屬於不同的思想體系。這個不同，首先不在於自由是
什麼，而在於它們對自由的態度。

自由是什麼，不同的思想體系並沒有多大分歧，在日常語用中，自
由即「由自（己）」。當年魯迅讀古，從《北史》裏摘了一段，說皇帝愛
妾為帝后所殺，帝無奈，憤而騎馬獨出，「不由路徑」。屬下追及，扣馬
而諫，「帝太息曰：吾貴為天子，不得自由。」此處自由，即由不得己
也。魯迅議論道：「這不是與現在信口主張自由和反對自由的人，對於
自由所下的解釋，絲毫無異麼？」[14]是的，對自由是什麼的解釋，從古
到今，姑且無異；但對如何自由，亦即如何由己，不同的思想體系卻存
在著態度上的差異。而自由主義所以是自由主義，不在於它對自由是什
麼有獨到的解釋，它的用力之處，毋寧是處理「如何由自己」。因為，
唯有這個問題，自由主義才能使自己和其他認同自由的思想體系予以
區別。

在「如何由自己」這一點上，自由主義的態度是：既伸張「自」，
又限制「由」。就前者言，密爾說：「在每人只涉及自己的事情中，他的
個人自動性就有權要求得到自由運用。」[15]於後者，密爾則說：「個人
的自由必須限制在這樣一個界限上，就是必須不使自己成為他人的妨
礙。」[16]可見，自由主義的自由，無論密爾，還是霍布豪斯，都是既自
由，又不自由；既力主由自己，又對其加以限制。限制的度，在於你是

---

[13] 霍布豪斯《自由主義》第 9 頁，商務印書館 1996 年。
[14] 《熱風・隨感錄五十八》，《魯迅全集》卷一，第 351 頁。
[15] 密爾《論自由》第 83 頁，商務印書館 1959 年。
[16] 密爾《論自由》第 59 頁，商務印書館 1959 年。

否觸犯別人。比如，你當然有揮動手臂的自由，但須止於他人鼻樑之前。否則，你觸犯別人的自由，即對方鼻樑免於受侵害的自由，他則以等利害交換的方式也觸犯你的自由，其結果，雙方都將失卻自由。可見自由所以自由，乃限制使然。這個限制，由誰保證？法律。於是，法律在自由主義的思想體系中登堂入室，並成為維繫自由的最後保證。這就是霍布豪斯為什麼開篇談自由，卻繞開自由是什麼，反而從限制談起，並一直延伸到法律。最後他仍以法律作結，說：「法律使個人解除了對恣意侵犯或壓迫的恐懼，而這確實是整個社會能夠獲得自由的唯一方法和唯一意義。」[17]就法律對於自由的「唯一方法」和「唯一意義」而言，可以把這種帶有法的性質的自由主義，稱之為「法治自由主義」。

以此為衡，魯迅那種視法律為「束縛」而欲「廢絕」之、並強調「立我性為絕對之自由」的自由，還能說成是自由主義嗎？

魯迅論自由，給人一種痛快淋漓的感覺，那是一種讓個性沖決一切的自由。這種自由既「以己為中樞」，又「以己為終極」，除我無他，沒有絲毫掛礙。相形之下，自由主義的自由，限制諸多，至少從表象看，並不那麼自由。因此，在絕對的意義上，魯迅不但自由，而且徹底。唯其徹底，所以它和自由主義各成涇渭。因為，自由主義從來不和任何一種主義在自由的絕對高度上攀比，它所恪守，毋寧是一種底線，一種誰也不能侵犯的底線（維繫這個底線的就是法律）。所以，也正是在絕對的意義上，魯迅的自由不但不是自由主義，而且已經變形為一種「自由偏至論」。

當然，我不否定魯迅的自由和自由主義有一定的重合。比如，兩者都把自由落實在「個人自由」上，並且自由的理論根基也都是「個人主義」。僅從這點看，魯迅儼然是自由主義了。胡適不是說：「所謂『個人主義』，其實就是『自由主義』。」嗎？[18]但，問題正在這裏。就像自由可以屬於不同的思想體系，作為自由之根基的個人主義也存在著不同的

---

[17] 霍布豪斯《自由主義》第 9 頁，商務印書館 1996 年。
[18] 轉引《大宇宙中談博愛　胡適卷》第 200 頁，東方出版社 1998 年。

理論定位。而魯迅的自由最終和自由主義攏不到一起,是因為隱含在魯迅自由之後的「個人主義」和自由主義的性質不一樣。

簡言之,自由主義雖以個人主義為基礎,但其個人自由是指「每」個人的自由,而非「一」個人的。當年黑格爾談及中國時指出,在中國只有一個人的自由,那就是皇帝的自由。而近代以來的自由發展史就是由一個人的自由走向每個人自由的抗爭。抗爭的結果,就形成了保障每個人自由的法律。至此,自由的權利,至少在形式上,始能做到法律面前人人平等。那麼,魯迅的個人自由呢?擲地有聲八個字:「唯有此我,本屬自由」。「此我」即「個人」,它一旦被冠之以「唯」,那麼,這樣的個人自由是屬於「每」個人、還是「一」個人,已經不用再問。相反,需要反問的是,自由是排他的,在這「唯有此我」的自由面前,「非我」或「他我」的自由又在哪裏?

魯迅的個人自由所以是「一」個人而非「每」個人(具而言,這「一」其實是指少數個人,準確地說是「一二天才」),蓋在於他此時的個人主義受到兩種思潮的浸染,一是「超人」哲學的唯意志主義,一是「安那其」哲學的無政府主義。雖然,〈文化偏至論〉中的魯迅認為,改造中國,首在立人。這個「人」泛泛而指是每個人,但考其語境,實則是指少數個人,或者說兩種成分都有,這是一種魯迅自己未曾意識到的「矛盾的含混」。在魯迅眼中,既然「全體以淪於凡庸」,故爾「不若用庸眾為犧牲,以冀一二天才之出世」,以便「一導眾從」。這個「一」,就是尼采的「超人」,亦即「斯個人主義之雄傑者矣」。然而,力主「超人」,便無「人人」。於是矛盾再度出現:一邊呼喚「立人」,一邊卻又「置眾人」、「排眾數」。問題是,同樣是「人」,豈可既「立」又「排」?因此,只能這樣理解,魯迅所立之人,看似眾人,並非眾人,而是眾人之外的一兩個「超人」。儘管這種超人論按我們習慣的說法具有反封建的意義,但,我要指出,它可以反封建(其實在反封建的同時又在對超人進行「封」與「建」),卻不是自由主義。因為,超人性質而非人人性質的個人主義或個性主義,從自由主義那裏解釋不通。

　　1925 年，魯迅在給許廣平的信中，自陳自己的思想矛盾，即「人道主義與個人主義這兩種思想的消長起伏」。[19]魯迅是如何解釋這裏的個人主義的呢？我們知道，在未經魯迅自己刪改的信中，魯迅把「個人主義」自謂為「個人的無治主義」。[20]所謂「無治」即無政府、亦即「安那其」（音譯），因此，魯迅的個人主義，既有超人的因素，又有無政府的影子。就後者言，這是一種「無治的個人主義」。無治與超人，從邏輯上說，是血脈相通的。超人既然在思想行為上唯意志是張、任個性而行，就必然反對「外力來被」。構成此外力的在魯迅那裏一指「寡人」，一指「眾庶」。前者如果反封建，後者就是反法律（「眾意表現為法律」——儘管法律不是眾意而是全意）。這種不分一切反對任何外力來「治」的態度，已經就是無政府。魯迅曾經對俄國的「虛無主義」做過一番非常到位的描述，這種描述其實也是針對無政府的（無政府既然反對一切「外力來被」，本然也就具有虛無傾向了）。魯迅以一種肯定的語氣說：「『虛無主義者』或『虛無思想者』卻是有的，是都介涅夫給創立出來的名目，指不信神，不信宗教，否定一切傳統和權威要復歸那出於自由意志的生活的人物而言」。[21]在某種意義上，魯迅自己就是這樣的人物，這話不妨視為魯迅的夫子自道。因此，就魯迅的個人是無政府而言，就否定一切傳統和權威尤其是法律權威要復歸那自由意志的生活而言，我們是否可以把魯迅的自由主義稱之為「無治的自由主義」？

　　「無治的自由主義」和「法治的自由主義」橫豎是水，但不相通。它們表現為兩種不同的思想體系。雖然都標舉自由，但此自由與彼自由殊為不一。它們的區別，大抵也就是胡魯的區別。儘管胡適和魯迅一樣，早年也曾一度推崇過無治主義者易卜生，但他始終不能突破也沒有突破法律的門限，所以，正像自由主義對魯迅來說是個「是與不是」的問題，這個問題在胡適那裏僅表現為成熟與否。魯迅雖然堅持個人自由，但他

19　《兩地書》第 63 頁，人民文學出版社 1959 年。
20　《魯迅景宋通信集》第 69 頁。
21　《華蓋集續編・馬上支日記》，《魯迅全集》卷三，第 328 頁，1981 年。

的個人是與眾人對立的個人、自由又是與法治對立的自由，這就使自由主義無法不遠他而去。

自由是人的天性，自由主義則是一種理性。自由可以天生，但自由主義卻不會自然生成，它需要後天的養成。熱愛自由的魯迅所以不是自由主義，是因為魯迅後天的思想資源中壓根就沒有自由主義這一說。俗話說，吃什麼奶，長什麼肉。魯迅終其一生，沒有好好吃過自由主義的一口奶，而且更多是不想吃。就像當年胡適負笈西洋，來到自由主義大本營的美國，耳濡目染，所以，成了一個自由主義者毫不奇怪。以至二十多歲時，就能說出「一人之自由，以他人之自由為界」[22]這樣深諳自由之要義的話。魯迅呢，負笈東洋，當然受的是東洋的影響。此時東洋思想界流行的不是英美自由主義而是德國的尼采主義和無政府主義，這兩種主義的痕跡是如此深地烙印在寫於日本的〈文化偏至論〉中。一個人，尤其是年輕人，很難不受後天的思想環境的影響，這就部分地解釋了魯迅為什麼不是自由主義，此正如胡適為什麼不是無政府主義一樣。擴而言，如果比較一下二十世紀早期留學英美和留學日俄這兩撥知識份子的思想歸屬，環境之於思想形成之關係也就更清楚了。

當然，不赴英美，未必就不可以喝到自由主義的奶，那就需要接觸原典。此典籍當時是有的，那就是嚴復翻譯的密爾——嚴稱為穆勒——的《論自由》，其書名嚴復意譯為《群己權界論》。然而，魯迅於嚴復，看重的是《天演論》而非《論自由》。於前者，魯迅既已熟讀，又能背誦其中好幾篇（據許壽裳）。而後者，魯迅卻說：「據我所記得，譯得最費力，也令人看起來最吃力的，是《穆勒名學》和《群己權界論》的一篇作者自序，其次就是這論，後來不知怎地又改稱為《權界》，連書名也很費解了。」[23]魯迅的自白當嚴重注意。嚴譯密爾，精闢處恰在其書名不直譯而意譯。這至少表明，嚴復明白密爾的自由，不是「任個人」，而是強調自由問題上「個」與「群」之間的權利和界限。嚴復明白了，

---

[22] 《胡適日記》卷一，第 470 頁，安徽教育出版社，2001 年。
[23] 《二心集‧關於翻譯的通信》，《魯迅全集》卷四，第 380 頁。

魯迅卻未必需要弄明白。本不費解的「權界」魯迅卻說費解，這倒可以旁窺魯迅對自由在非權界意義上的理解。

然而，還是開頭說過的話，對今天的我們，令人擔心的，倒不是魯迅如何理解自由，而是我們對它如何理解。九十年代的中國大陸，自由主義雖然重獲賡續，但，在其理解上，即使自由主義認同者，也是大有問題的（當然這裏不是討論的地方，我會另外尋找機會）。比如，把魯迅說是自由主義，恰恰就出自自由知識份子之口（你很難想像新左派也會這樣認為）。因此，「胡冠魯戴」這一幕，看起來是對魯迅的誤讀，實際是大大地誤讀了自由主義。這種誤讀，無法不令人扼腕。

（四）從「寬容」的角度看

審視一個人是否自由主義的又一維度，即視其對寬容或容忍的態度如何。

一個信奉自由主義理念的知識份子至少在觀念上對寬容和容忍持基本認同的態度，哪怕他事實上未必完全做到。相反，一個人不僅做不到寬容或容忍，而且還在觀念上予以拒斥，那麼，這個人很難說是自由主義。

以此為衡，胡魯之間，誰是自由主義而誰非，已經很清楚了。

如前言，魯迅一邊翻譯鶴見佑輔，一邊對他所提倡的自由主義表示不以為然。只是鑒於自由主義是作者「所研究和神往的東西」，魯迅才把〈自由主義〉這一篇譯了上去。但自己的態度也很明朗，這「並非我所注意的文字」。

這篇為魯迅所不甚注意也不甚了然的文字到底寫的是什麼呢？首先是對自由主義價值的認同。即作者認為「我覺得亡德國者，並不是軍國主義者，而是自由主義的缺如；俄國的跑向社會革命的極端，也就為了自由主義的不存在」。[24] 曾經對德國尼采主義和施蒂納無政府主義產

---

[24] 《魯迅譯文集‧三》448頁。

生好感的魯迅，這時又逐漸對俄國革命產生好感，此刻見到鶴見佑輔的批評，雖然在我們看來情況屬實，但對魯迅而言，卻很難接受。更難接受的則是作者所談論的自由主義和寬容的關係。從歐美回到日本的鶴見佑輔痛感「在思想不同的人們之間，所大家欠缺的，是寬容和公平。都是要將和自己不同的思想和團體的人們，打得腦殼粉碎的性急的不寬容的精神。」於是主張：「為日本，最是緊要的東西，乃是真實的自由主義了。」[25]無疑，在作者看來，這個「真實的」自由主義就是寬容。其後，作者進一步陳述了自由主義和寬容的關係：「因為自由主義的目的，是在和自己的人格完成一同，也是別人的人格完成。所以，自由主義的思想，一定和寬容的思想是表裏相關的。不寬容的自由主義，是不能有的。凡有不寬容者，一切都是專制主義的思想。」[26]

　　鶴見佑輔的論述是精闢的，而魯迅的不甚了然卻不難理解。當年魯迅的自由既然帶有「任個人而排眾數」的性質，它在關注自己人格形成的同時，就很難注意到他人人格的完成。說到底，這裏所涉及的就是第二部分「一個人」自由還是「每個人」自由的問題。如果自由主義的自由是每個人的，而每個人的價值理念和個人目標又不可能一樣，甚至衝突，怎麼辦？在自由主義看來，唯一可行的，就是每個人都由其自己。而每個人都由「他」自己卻非「我」自己，這對於每一個「我」來說，就是寬容，也就是容忍。我又有什麼權利要求別人在任何一種價值上同於己而不異於己呢？哪怕我是對的。在這裏，自由主義並不判斷對錯，也不對是非負責，事實上，它負不了這個責，因為對錯落實到觀念上往往因人而異。於是，自由主義的態度是「價值中立」——這當然是在思想觀念的層面。在思想觀念上，對錯只是每個人自己的判斷和選擇，只要一方不把自己的認同強制給另一方。而這種強制即不寬容一旦發生，相隨而生的就是專制了。以「錯」強制「對」形成了「錯的專制」，以「對」強制「錯」則形成「對的專制」。在這裏，錯對本身並不可怕，

---

[25] 《魯迅譯文集・三》448 頁。
[26] 《魯迅譯文集・三》452 頁。

可怕的是專制的出現。為了遏制這種可能，自由主義必然訴諸寬容，不僅寬容異己，而且容忍對錯。因此，寬容和容忍不但是自由主義的題中應有之義，同時也是它的一個區別性的標誌。然而，在這個區別性的標誌面前，正如大家所知，魯迅也作出了他自己的標誌性的區別，即「一個都不寬恕」。[27]一個都不寬恕的魯迅，不管他的不寬恕在當時具有如何的價值合理性，但僅僅在自由主義這一點上，一句話便構成了否定。

當然，出於魯迅那種疾惡如仇的性格，他寧可不要自由主義，也不會接受什麼寬容。寬容和寬恕儘管有其所指和程度上的差異，比如寬容是針對思想觀念而言，而寬恕針對的主要是人的行為；並且在一個人的主觀上，寬容僅僅是態度上的容忍，寬恕則是心理上的赦免。但，這些差別在魯迅那裏並不存在，寬容和寬恕毋寧就是一個意思。魯迅自己也是交替使用這兩個詞。如「損著別人的牙眼，卻反對報復，主張寬容的人，萬勿和他接近」，這句話就和剛才的「一個都不寬恕」出自同一篇章，並且構成上下文。

考其魯迅談不寬容的言論，除其性格因素外，還出於一種倫理學意義上的正義的原因。不寬恕即報復，而報復是為了正義，一種被壓迫者的正義。相反，寬恕或不報復，在魯迅看來，只有兩種情況，一是怯，二是卑。魯迅曾經這樣表白：「不知道我的性質特別壞，還是脫不出往昔的環境的影響之故，我總覺得復仇是不足為奇的，雖然也並不想誣無抵抗主義為無人格。但有時也想：報復，誰來裁判，怎能公平呢？便又立刻自答：自己裁判，自己執行；既沒有上帝來主持，人便不妨以目償頭，也以頭償目。有時也覺得寬恕是美德，但立刻也疑心這話是怯漢所發明，因為他沒有報復的勇氣；或者倒是卑怯的壞人所創造，因為他貽害於人而怕人來報復，便騙以寬恕的美名。」[28]這段話，寫於1925年，也就是左近翻譯鶴見佑輔的時間。但，鶴見佑輔關於寬容和自由主義關係的言論顯然沒有對魯迅產生任何影響，魯迅依然沿著自己的

---

[27] 《且介亭雜文末編‧附集‧死》，《魯迅全集》卷六，第612頁，1981年。
[28] 《墳‧雜憶》，《魯迅全集》卷一，第223頁。

思路馳騁著對寬容和寬恕的理解，並且一意將其往既卑且怯的路徑上推去。魯迅晚年為自己家鄉的「女吊」（即女性吊死鬼）寫了篇文章，文章末，魯迅再一次說：「被壓迫者即使沒有報復的毒心，也決無被報復的恐懼，只有明明暗暗，吸血吃肉的兇手或其幫閒們，這才贈人以『犯而勿校』或『勿念舊惡』的格言，──我到今年，也愈加看透了這些人面東西的祕密。」[29]這幾乎是魯迅臨死前的話了，也就是說，直到逝世前，「吾道一以貫之」的魯迅，仍然恥談寬恕而不忌不寬恕，以至「一個都不寬恕」的格言最終鎖定了魯迅的形象。

這樣一個形象不是自由主義的形象自不待言，也不緊要。要緊的是魯迅所以不寬恕是因為他始終認為自己是對的、因而是正義的。魯迅所謂的「怨敵」基本上都是些「論敵」。既為論敵，更多地也就是觀點上的衝突，包括人格上的衝突。因為觀點的異己而不容忍對方，這不是什麼氣量的問題，或者說氣量可以不在討論之列。所需討論的則是，魯迅之不容忍在於堅信自己沒有錯，然而，為什麼這種「沒有錯」的唯我獨對的態度在自由主義看來非但不可取、而且是十分危險的呢？

不妨聽聽作為自由主義者的胡適的聲音。胡適是一個寬容論者（胡適一般不用寬容這個詞，他用的是容忍，但在英語中它們是一個詞「tolerance」），從二十年代到三十年代，乃至四十年代和五十年代，胡適都有關於容忍問題的精要表述，並且幾乎是談自由則言必稱容忍。寫於四十年代的〈自由主義〉談的是容忍，五十年代的〈容忍與自由〉被稱為胡適的最後的重要見解，依然談的是兩者間的關係。自由主義是胡適一生的追求，容忍則是貫穿他一生的重要的思想，否則他不會如此強烈的念茲在茲。還是二十年代，因為陳獨秀認同北京群眾燒毀《晨報》報館，胡適特地寫信申明自己的看法，信中這樣言及自由與容忍：「因為爭自由的唯一原理是『異乎我者未必即非，而同乎我者未必即是；今日眾人之所是未必即是，而眾人之所非未必真非。』爭自由的唯一理由，

---

[29] 《且介亭雜文末編‧附集‧女吊》，《魯迅全集》卷六，第 619 頁，1981 年。

換句話說，就是期望大家能容忍異己的意見和信仰。凡不承認異己者自由的人，就不配爭自由，就不配談自由。」[30]在胡適看來，自由在於容忍，而容忍所以容忍，在於不唯我獨對。為什麼不唯我獨對？因為「異乎我者未必即非」。

為什麼異乎我者未必即非，胡適沒有再行申述，然而此點於自由主義格外重要，它牽涉到一個價值一元和多元的問題。在人類社會生活中，對錯問題並不可以簡化到「你打人不對、他罵人是錯的」這般楚河漢界、涇渭分明的地步。在道德底線上，對錯不難判別，但稍俟深入，便呈複雜。不同文化背景的人會有不同的錯對體認，一個基督教徒和一個無神論者完全可能會有不同的錯對觀，而「大公無私」的價值觀和「私是一種權利」更是兩兩相犯。然而，孰對孰錯，誰來裁判，怎能公平？既然沒有上帝來主持，只能訴諸個人的良知，此之謂「良知在選擇上的自由」。在自由主義看來，人類所以有「良知在選擇上的自由」，是因為我們所生活的世界，根本上來說，是一個價值多元的世界。價值多元意味著價值衝突，用自由主義大儒伯林在〈兩種自由概念〉中的話：「並不是所有的『善』，都可以相容融貫，人類的各種思想，當然更無法相容。」因此，「價值的衝突，就要變成人類生活中與生俱來的、不可消除的一種因素了。」[31]那麼，在多元紛呈的價值世界面前，所謂「異乎我者」主要就是價值選擇上的不同，並非簡單的對錯，正如我作為一個無神論者在什麼意義上可以指責一個基督徒對上帝的信仰是錯的呢？也正如魯迅堅持文學的階級性，但又如何能證明梁實秋的人性論文學必然為非？衝突的雙方，各擅其理，亦各有據，更各有恪守其價值的權利。正是在這個意義上，那種唯我獨對的態度、亦即伯林所說的「獨斷式的確定感」，為自由主義所不取，因為，潛藏在這個態度背後的哲學，是價值一元論。

---

[30] 〈胡適致陳獨秀〉，《胡適全集》卷二十三，第 476 頁，安徽教育出版社，2003 年。
[31] 伯林〈兩種自由概念〉，轉引《市場社會與公共秩序》第 210 頁，三聯書店，1996 年。

價值一元論認為只有自己選擇的這一元才具有積極的價值，並且是絕對的。也只有自己的這一元，才能解決世界上的一切問題，包括其他價值選擇所欲解決的問題。這種終極解決的句式不妨是《列寧在一九一八》中瓦西里對妻子說的話：「會有的，麵包會有的，一切都會有的」，但，關鍵在於，必須堅持價值上的這一元。從動機論的角度，價值一元論也許沒有什麼可責之處，然而，在自由主義看來，價值一元論的世界是清一色的，在這個世界裏，沒有什麼自由選擇可言。不獨如此，也正是從動機論的角度，價值一元論者常常懷有一種正義感，這使他更不憚於自己的不寬容，而且往往將這種不寬容訴諸行為，並謂為「疾惡如仇」。胡適在〈容忍與自由〉一文中所舉的加爾文的例子就是一個很好的個案。加爾文反抗羅馬天主教是為了追求一種宗教自由，但是宗教改革勝利後，他卻不給別人宗教自由，以至把同樣是新教徒的塞維圖斯綁在木樁上用火活活燒死。在受到指責時，加爾文振振有詞地為自己辯解，說嚴厲懲治邪說者的權威是無可疑的，因為這就是上帝自己說話，而我是在為上帝的光榮而戰鬥。胡適對此評論：「上帝自己說話還會錯嗎？為上帝的光榮作戰，還會錯嗎？這一點『我不會錯』的心理，就是一切不容忍的根苗。」[32]而這個根苗所以變為一種暴行，一如伯林所說：「歷史上某些最殘暴無情的暴君與迫害者，其所以會泰然堅信他們一切所作所為，因為目的是合理的，所以行為也都是有道理的，其原因便是這種『獨斷式的確定感』。」[33]伯林的話有兩點似可展開，一，目的的合理，便可以使所有的行為正當化，哪怕是殘酷的。這既可證諸當年紅衛兵始作俑者／九十年代的道德理想主義者為紅衛兵行為的辯護：即當年抄家、打人、武鬥都是出於對理想的追求；亦可證諸其精神領袖魯迅的話：「我以為只要目的是正的——這所謂正不正，又只專憑自己判斷——即可用無論什麼手段。」[34]二，由「獨斷式的確定感」（亦即「只專

---

[32] 胡適《容忍與自由》，《胡適文集》卷十一，第 827 頁。
[33] 伯林〈兩種自由概念〉，轉引《市場社會與公共秩序》第 211 頁。
[34] 《魯迅景宋通信集》第 58 頁。

憑自己判斷」的目的之「正」）所導發的「一個都不寬恕」，如果是一個
無權者尚無大礙，比如宗教改革前的加爾文；但一旦獲權，則天下恐怖，
比如宗教改革後的加爾文。

在胡適談論自由主義與容忍的文字中，我以為我們今天最值得注意
的是寫於四十年代的〈自由主義〉，這篇文章是胡適有關政治自由主義
的思想闡發。在這個語境中談容忍，就不獨是魯迅罵胡適而胡適忍而不
還的問題，而是要在政治生活中建立一種正常的遊戲規則，反對那種不
是東風壓倒西風、就是西風壓倒東風的你死我活的政治鬥爭。早在一九
一四年，章士釗在《甲寅雜誌》發表〈政本〉一文，其開頭曰：「為政
有本，本何在？曰在有容。何謂有容？曰不好同惡異。」[35]所謂政治，
即「治政」，亦即治理作為「政」的公共事務（據孫中山）。在事務治理
上，不同的人有不同的看法，這是正常的，而看法上的是非不僅此一時
彼一時也，並且，即使多數人持一種看法，也是「眾人之所是未必即是，
而眾人之所非未必真非」。既如此，政治生活中的人就應該本著當年孔
子的心態「毋意，毋必，毋固，毋我」[36]，從而做到相互容忍。胡適稱
讚自由主義，說：「自由主義在這兩百年的演進史上，還有一個特殊的，
空前的政治意義，就是容忍反對黨，保障少數人的自由權利。」[37]這當
然是指多數人對少數人的容忍。反過來，胡適也主張少數人容忍多數
人。如果「少數人要時常懷著『有朝一日權在手，殺盡異教方甘休』的
心裏，多數人也就不能不行『斬草除根』的算計了。」[38]而在雙方相互
容忍的基礎上，胡適提出了「和平改革」的主張。

胡適的文章寫於一九四八年，當時正是國內戰爭烽火連天的時候，
胡適的言論，看來是空谷足音沒人聽了。一方絕不會容忍反對黨，另一
方則「今日長纓在手」。就是知識份子，也認為胡適的聲音是一種不切
實際的空想。然而，不聽，並不意味著胡適的話不對；空想，是因為雙

[35] 章士釗〈政本〉，《為政尚異論》第 91 頁，上海遠東出版社，1996 年。
[36] 《論語・子罕・四》。
[37] 胡適〈自由主義〉，《胡適文集》卷十二，第 808 頁。
[38] 胡適〈自由主義〉，《胡適文集》卷十二，第 809 頁。

方都不想照著去做。在這裏,胡適的話始終是對雙方而言的,他舉以英國工黨例,幾十年前,只能選出十幾個議員,幾十年後,卻兩次執政。這個演變,不流一滴血,不用武裝革命,靠的只是一張無記名的選票。這既是靠一方容忍反對黨的雅量,也是靠一方採取非暴力的方式。所以,胡適這樣指陳:「在許多人的心目中自由主義竟成了『和平改革主義』的別名,有些人反對自由主義,說它是『不革命主義』,也正是如此。」[39]有趣的是,今天的自由主義者,大凡也是不革命主義者,因而頗遭一些人,包括「新左派」,但尤其是年輕人的反對,胡適似乎對此早有料見,針對那些「要暴力革命,不要和平演進」的年輕人(當時的,也包括今天的),胡適在談過「一點一滴」(用今天的話即「涓滴效應」)的漸進意見後,很誠懇地說了如下的話:

> 近代一百六七十年的歷史,很清楚的指示我們,凡主張徹底改革的人,在政治上沒有一個不走上絕對專制的路,這是很自然的,只有絕對的專制政權可以剷除一切反對黨,消滅一切阻力,也只有絕對的專制政治可以不擇手段,不惜代價,用最殘酷的方法做到他們認為根本改革的目的。他們不承認他們的見解會有錯誤,他們也不承認反對的人會有值得考慮的理由,所以他們絕對不能容忍異己,也絕對不能容許自由的思想與言論。所以,我很坦白地說,自由主義為了尊敬自由與容忍,當然反對暴力革命,與暴力革命必然引起來的暴力專制政治。(引同上)

但是,作為一種相反的聲音,魯迅極其簡潔地認為「改革最快的還是火與劍」。[40]

胡魯截然!然就其對立而言,當不難看出哪一種表達是出於自由主義的。

---

[39] 胡適〈自由主義〉,《胡適文集》卷十二,第810頁。
[40] 《魯迅景宋通信集》第30頁。

（五）兩種不同的價值遺產

結束這篇文字之時，我想說的是，本文不是對魯迅的一個全面評價，它僅僅是從自由主義的角度解釋魯迅，針對的是目下知識界對魯迅所作的自由主義的誤讀。也正是由於自由主義闡釋角度的拘限，同時也出於筆者本人對自由主義的價值認同，所以，在和胡適比較的意義上，文章較多地呈示了魯迅的不足。但是，如果轉換一下視角，比如從獨立知識份子的批判角度，至少我以為，魯迅（我指的是「早魯」）那種體制外的「不合作」要比胡適精彩得多、也魅力得多（當然，胡適的「合作」也自有其苦心與用心，這裏不論）。胡魯之間，胡之長則魯之短，胡之短則魯之長。胡適和魯迅，作為中國二十世紀兩位最具影響力的知識份子，他們以他們各自的人格、思想和走過的道路，給我們留下了豐厚的但也是不同的價值遺產，面對這些遺產，作為後學，我們自當有所擇而承繼之。

但是，今天，面對胡魯兩種思想資源，是胡、還是魯？如果擇其重，那麼，我的看法是，胡的意義遠大於魯，而魯的意義卻遜於其教訓。胡魯之別，把話說到位，就是中國發展兩條道路的區別。假如我們今天最迫切的事務，是要建構一套制度化的政憲，那麼，當年胡適的「路徑依賴」就是我們今天的路徑依賴，當年胡適的努力就是我們今天的努力。而魯迅，於政治自由主義既不瞭解又無建樹，到他那裏去找這方面的資源，他是沒有的。非但沒有，甚至還抵觸，比如當年他對胡適人權運動的態度。魯迅所有的，就是思想啟蒙。儘管它的意義不能低估，但魯迅分明沒有意識到，由啟蒙所承擔的思想批判和文化批判等，至少是一個很長期的任務，甚至永遠，它需要持之以恆，但無法期之以驟。因此，不能以思想啟蒙之一元排斥比如制度建構的他元。在其現實性上，制度建構如同建立一種大家都遵守的「遊戲規則」，它比前者委實更重要。當年胡適不排除思想啟蒙，但越往後，越發注重政治啟蒙，同時也越發傾斜於制度努力。他的作為，對今天的我們，更具針對性和啟發性。尤其當魯迅晚年，向左蹋陷，從不諳自由主義走向反對，而胡適卻終生持

守之,對自由主義真正做到了「咬定青山不放鬆」。幾十年後,歷史揭曉,晚魯選擇,顯是歧途;而胡適的道路,雖歷盡波折,卻終成其果。

　　因此,今天的我們,不但不能把魯迅和胡適一道混讀為自由主義——那是多麼大的偏差;而且更重要的是,從當年魯迅的偏差中汲取我們應汲取的教訓。

二、tolerance 的胡適和 intolerance 的魯迅（Ⅰ）

（一）tolerance 的分水嶺

　　tolerance 即英文中的「寬容」、「容忍」和「寬恕」之意。胡適和魯迅作為 20 世紀中國知識份子的領銜人物，他們彼此最大的特點和最根本的區別，就是對待 tolerance 的態度。無疑，胡適是一個 tolerance 主義者，也無疑，魯迅是反 tolerance 的。英語中這兩個詞的對立，除該詞本身外，便是在它之前加上 in（即「不」、「非」、「無」之意），從而表示對該詞的否定。在這裏，in 是一個小小的首碼，卻像楚河漢界一樣劃分了胡魯。這兩位知識份子的精神風貌，用他們自己的語言概括，魯迅不妨是甚或也只能是他自己臨終前的格言「一個都不寬恕」；相反，胡適晚年，孜孜無忌，力倡「容忍與自由」（1959 年胡適為它連作兩文，一專論，一講演）。因此，胡魯之間橫亙著一道 tolerance 的分水嶺，它使「容忍」的胡適和「不寬恕」的魯迅最終成為兩種不同文化的精神標誌。

　　把寬容與否論為兩種性質不同的文化，是因為在中國文化語境中，寬容從來僅被視為一個「度量」問題。比如先秦《莊子‧天下》云：「常寬容於物，不削於人」。削者，苛刻也，此即待人不刻薄之意。相應地，《現代漢語辭典》亦把寬容解釋為「寬大而有氣量，不計較或追究」。這樣的解釋使得當年和今天，批評魯迅不寬容者，也多從「氣量」指他「不厚道」和「尖酸刻薄」，而魯迅自己也用「我的態度氣量和年紀」這樣的題目。誠然，度量與寬容有關，但，寬容卻絕不僅是度量。或者說，僅是度量則無法度量出寬容那豐富深厚的文化內涵。因為，寬容在這裏，不是別的，而是一種理念——價值理念。胡魯作為從五四新文化出離的兩位知識份子，事實上代表了兩種性質不同的文化。「胡文化」便是一種以寬容理念為價值取向的自由主義文化，「魯文化」則相反，它是公開拒絕寬容並帶有其獨斷性的刀筆文化。如果說，20 世

紀幾乎是在「魯文化」的旗幟下度過，那末，21 世紀呢？我們的文化道路是「胡」還是「魯」，就是一個問題。答此問題，則端視我們對 tolerance 的態度而定。而作為價值理念的 tolerance，其所內含的文化價值，或其價值分殊，至少可以向如下三方延伸，即「哲學（知識論）」、「倫理」和「政治」。也正是在這三個方向上，胡魯之間構成了意味深長的對比。

（二）「明確的是非」和「正義的火氣」

這對比的第一輪，可以用十個字概括：「明確的是非」和「正義的火氣」。前者是魯迅的提倡，後者卻是胡適的警惕。短短十個字，則蘊含著兩種不同的知識論，由此也見出魯迅的「不寬容」和胡適「容忍」之後的不同的哲學根苗。

什麼是「明確的是非」？1935 年的上海文壇，依然混戰無已。林語堂感於此，做出了「文人相輕」的批評，說：「文人好相輕，與女子互相評頭品足相同。……於是白話派罵文言派，文言派罵白話派，民族文學罵普羅，普羅罵第三種人，大家爭營對壘，成群結黨，一槍一矛，街頭巷尾，互相臭罵……，原其心理，都是大家要取媚於世。」[1] 把文人混戰歸因於「文人相輕」，身處混戰中的魯迅當然不予認同，特地作文以示反對，題目就是「文人相輕」。文中魯迅認為：「文人們的互相評論，各各『指其所短，揚其所長』固可，即『掩其所短，稱其所長』亦無不可。然而，那一面一定得有『所長』，這一面一定得有明確的是非，有熱烈的好惡」[2]。魯迅的意思重在句末，即：文人在論爭時，是則好之，非則惡之，是非不但要「明確」，好惡更得要「熱烈」。這一原則，不用說，魯迅在他自己的歷次論戰中，都堅定不移、以身作則了。

---

[1] 轉引《且介亭雜文二集・「文人相輕」》注 4，《魯迅全集》卷六，第 300 頁，1981 年。

[2] 《且介亭雜文二集・「文人相輕」》，《魯迅全集》卷六，第 299 頁。

　　1961 年十月十日夜，胡適致信蘇雪林。信中談到了一個至今尚未引起我們充分注意的詞：「正義的火氣」。按蘇的說法，她是聽朋友說報紙上有胡適和記者的談話，其中有「正義的火氣」，並且還提到了她。她正不明所以，直至接了胡適的信才知道所以然。胡適在信中是很鄭重地談及這個詞的，在說過有關《紅樓夢》的一大段問題後，胡適筆鋒一轉：「現在我可以談談『正義的火氣』。你若記得我前年發表的〈容忍與自由〉，就可以明白我所謂『正義的火氣』是什麼。『正義的火氣』就是自己認定我自己的主張是絕對的是，而一切與我不同的見解都是錯的。一切專斷，武斷，不容忍，摧殘異己，往往都是從『正義的火氣』出發的。」[3]

　　魯迅力倡「明確的是非」和「熱烈的好惡」，胡適則反對「正義的火氣」。兩人不但構成了鮮明的對比，並且，胡適的話好像就是針對魯迅說的。那麼，從這一輪對比中，我們可以引發一些什麼樣的思考呢？

　　先從胡適這一面說起。胡適的「正義的火氣」源於 1959 年他自己寫的第一篇「容忍與自由」。在這篇文章中，胡適率先引用了他的美國老師布林的話：「我年紀越大，越覺得容忍（tolerance）比自由更重要」，並在此基礎上作了這樣的引申：「容忍是一切自由的根本：沒有容忍，就沒有自由」。為了說明這一點，胡適甚至舉了自己年輕時的一個例子，年輕的胡適是一個無神論者，他痛恨迷信，因此，也痛恨在他看來是迷信的《西遊》、《封神》之類的神魔小說，認為它們是「惑世誣民」。在一篇文章中，胡適不惜借《禮記・王制》中的話表明自己的態度：「假於鬼神時日卜筮以疑眾，殺」，亦即殺掉那些借鬼神以疑眾的人。在這裏，胡適是斬釘截鐵的，因為他是在反迷信。反迷信還不對嗎？這裏正有著「明確的是非」，所以胡適不憚以「熱烈的好惡」顯示自己的決絕。此時，胡適方才十七歲。可是，十幾年後，胡適在北大，北大的一些「衛道士」卻要「殺」胡適了，理由也是《禮記・王制》中的話，所謂：「學非而博……以疑眾，殺」。什麼叫「學非而博」？此「非」即「是非」

---

[3]　《胡適日記全編》卷八，第 787-788 頁，安徽教育出版社 2001 年。

之非。既然，你所學的東西是不對的，且又以此惑眾，那就該「殺」。
這裏，「明確的是非」和「熱烈的好惡」也是一點都不含糊。於是，晚
年的胡適把這已對人和人對己的兩件往事並作一類，說：無論「當年我
要『殺』人，後來人要『殺』我，動機是一樣的：都只因為動了點『正
義的火氣』，就都失掉容忍的度量了。」[4]正是有過這樣的經歷、體驗以
及由此而形成的認知，堅持了一輩子自由主義的胡適，越至老境，越強
調容忍比自由更重要。

　　比較之下，胡適從年輕至老年有過上述這樣的精神蛻變，魯迅則沒
有。30 年代的魯迅，雖然年暮，僅就這一點而言，他的認知似乎停留
在胡適十七歲的時段上。就像胡適晚年連作容忍之文，也是晚年的魯
迅，「文人相輕」的題目，一而再、再而三，不足半年，竟至七篇。其
中，「是非好惡」之感居然像一條線，幾乎一貫到底，而且逐次升級。
這是第二篇中的話：「文人還是人，既然還是人，他心裏就仍然有是非，
有愛憎；但又因為是文人，他的是非就愈分明，愛憎也愈熱烈。」那麼，
由「正義的火氣」所燃起的「熱烈的憎」又是怎麼個熱烈法呢？文章結
束時，魯迅以本身就很熱烈的口吻說：「像熱烈地主張著所是一樣，熱
烈地攻擊著所非，像熱烈地擁抱著所愛一樣，更熱烈地擁抱著所憎——
恰如赫爾庫萊斯（Hercules）的緊抱了巨人安太烏斯（Antaeus）一樣，
因為要折斷他的肋骨。[5]讀著這樣「熱烈」的句子，心裏卻一陣陣發寒。
請注意這段話的最後一句，所謂「卒章顯志」，而《魯迅全集》的注釋
者是這樣解釋它的：「據古希臘神話，赫爾庫萊斯是主神宙斯的兒子，
神勇有力。安太烏斯是地神蓋婭的兒子，他只要靠著地面，就力大無窮。
在一次搏鬥中，赫爾庫萊斯把安太烏斯緊緊抱起，使他脫離地面，而扼
死了他。」（引同上）原來，魯迅對於所憎者的「熱烈地擁抱」，就是胡
適 17 歲所引〈王制〉那句話的最後一個字：「殺」。

---

[4]　以上引文俱自《胡適文集》卷十一，第 823-824 頁，北京大學出版社 1998 年。
[5]　《且介亭雜文二集・再論「文人相輕」》，《魯迅全集》卷六，第 335-336 頁。

（三）兩種不同的「知識論」

　　一段時間以來，魯迅被中國知識界視為自由主義者，而且，在和胡適的比較上，說魯迅的自由主義更本色。根據以上，我要說的是，17歲的胡適和時年55的魯迅（1935年），儘管是一樣的態度，但都談不上自由主義。只是後來到了美國的胡適很快就跨進了自由主義的門檻，而從日本歸來的魯迅對自由主義了無興趣。這不奇怪，一個對 tolerance 抱有根本敵意的人、一個終生都踐行「intolerance」原則的人，他怎麼可能和自由主義走到一起呢。那麼，現在的問題是，tolerance 和自由主義到底是什麼關係？為什麼魯迅反對 tolerance 就必然與自由主義無緣？為什麼胡適一生追求自由主義，晚年卻把容忍看得比自由更重要，以至置容忍於自由之前呢？

　　這裏就涉及容忍自身所涵有的哲學意義以及它給自由主義所提供的知識論上的支撐了。中國知識界認魯迅為自由主義者，是因為魯迅酷愛自由，並為自由奮戰一生。這是不錯的。但魯迅為什麼要自由，又如何去獲得自由，這其中的原因，尤其是知識論上的原因是什麼，學界往往就不甚了了。然而這恰是我們判斷魯迅是否自由主義的一個內在根據。因為，自由如果是一種本性，自由主義卻是一種學理；僅具前者而未諳後者，自由主義則無以謂之。當年，胡適弟子唐德剛和他的老師皮里陽秋，說：「在四五十年代的中國思想界，『胡適』簡直具有『自由男神』的形象（image）。但是試問胡大神，『自由』究竟是個什麼東西呢？胡氏的答案也超不出我們一般人所共有的『常識』。這常識是發自一個『不自由』的時代，被奴役的人們『直覺』上對『自由』的渴慕。」這渴慕「與饑則思食、渴則思飲、窮則呼天……一樣的自然」，因此，「胡適之先生生前所倡導的『自由』是直覺上的『為自由而自由』的『自由』，是一項不折不扣的孤立價值的『自由』。」[6]唐氏的話，意在諷貶胡適追求自由而乏其學理。我讀之再三，卻覺得這段話的主語如置換為魯迅則

---

[6]　轉引《胡適口述自轉・第六章》注3，《胡適文集》卷一，第305.頁。

十分相宜，在魯迅那裏，追求自由是出於一種本能的「直覺」而非知性的「自覺」，至少，在《魯迅全集》中，無法就知識論找到魯迅闡揚自由的那份理由。而自由主義如若缺乏知識論這一環，那麼，它的鏈條也就斷了。然而，唐氏的話偏指胡適。在這一點上，唐德剛似乎並沒有讀懂他一再掛在嘴上恭敬的「胡老師」。自由在胡適那裏，不是一個孤立的對象，而是一條邏輯有序的價值鏈。胡適是從「知識論」的角度闡釋「寬容」然後才導向「自由主義」的，其思想演進既有脈絡可尋，又符合英美自由主義的原典思路。

也就是說，胡適的「容忍」，背後有一個知識論上的哲學基礎，構成這個基礎的有中學和西學兩個單元。就其中學這一塊而言，支撐胡適容忍說的就是胡適自己於 40 年代引用過的宋朝哲學家呂伯恭的八個字：「善未易明，理未易察」。胡適說：「宋朝的理學家都是講『明善』、『察理』的。所謂『善未易明，理未易察』，就是說善與理是不容易明白的……，這不但是我寫〈容忍與自由〉這篇文章的哲學背景，所有一切保障自由的法律和制度，都可以建立在『理未易明』這句話上面。」[7] 從知識論角度，既然知識即「理」不易明白，容忍也就成為必須，唯其如此，才有所謂自由。胡適說：「言論所以必須有自由，最基本的理由是：可能我們自己的信仰是錯誤的；我們所認為真理的，可能不完全是真理，可能是錯的。」[8] 正因為從容忍到自由，胡適那裏有一個「理未易明」的知識論的底子，所以，當人們一般認為容忍只是一個度量問題時，胡適才能說：「人們往往都相信他們的想法是不會錯的，他們的思想是不會錯的，他們的信仰也是不會錯的：這是一切不容忍的本源。」[9] 為不容忍的現象尋根，從而指出它源於知識觀念上的一種絕對的自信：應該說，胡適的工作是很深入的。聯繫他在上一篇〈容忍與自由〉中，力反「必以吾輩所主張者為絕對之是」、力反「我的意見就是『正義』」，

---

[7] 胡適〈容忍與自由〉，《胡適日記全編》卷八，第 602 頁。
[8] 胡適〈容忍與自由〉，《胡適日記全編》卷八，第 604 頁。
[9] 胡適〈容忍與自由〉，《胡適日記全編》卷八，第 601 頁。

就不難明白胡適為什麼那麼警惕「正義的火氣」以及「正義的火氣」所潛藏的危險了。

　　魯迅不然。「不寬容」的魯迅，在知識意志上有著絕對的自信。魯迅的「明確的是非」和「熱烈的好惡」不是並列結構，乃是前因後果。對魯迅而言，「好惡」之所以熱烈，蓋因其自己對「是非」是如此明瞭。因此，魯迅動不動就以「罵」表示自己「熱烈的憎」，一泄那克制不住的「正義的火氣」。在知識論上，胡魯不同在於，當胡適小心翼翼於「善未易明，理未易察」時，魯迅接下聯似地對了八個字——那是一篇文章的題目——「勢所必至，理有固然」。這表意相反的八個字恰好也來自宋人，是宋人託名蘇洵所作〈辯奸論〉中的句子，原句是「事有必至，理有固然」。在這個題目下，一向「理有固然」的魯迅，是在駁廢名。那剛性的話語，就像題目一樣，令人不容置疑。作家廢名不過認為「文學不是宣傳」，這回筆名是「直入」的魯迅單刀直入：「誰用文字說『文學不是宣傳』的，也就是宣傳。」甚至還機智地用對方作例：「正如稱『廢名』而自以為真的廢了名一樣。『廢名』就是名。」[10]咄咄逼人的邏輯，逼人到牆角。魯迅錯了嗎？似乎沒錯。那麼廢名錯了嗎？似乎也沒。因為魯迅忘了自己曾經說過的話：「我一向有一種偏見，凡書面上畫著這樣的兵士和手捏鐵鋤的農工的刊物，是不大去涉獵的，因為我總疑心它是宣傳品。」[11]

　　試問魯迅何以斷定是非，或，在魯迅那裏，是非何以俱在我手？這個問題，魯迅是這樣回答的：「我早有點知道：我是大概以自己為主的。所談的道理是『我以為』的道理，所記的情狀是我所見的情狀。聽說一月以前，杏花和碧桃都開過了。我沒有見，我就不以為有杏花和碧桃。——然而，那些東西是存在的。——學者們怕要說。——好！那麼，由它去吧——這是我敬謹回稟學者們的話。」[12]這聲音似曾相識：是「萬

---

[10]　《集外集拾遺補編・勢所必至，理有固然》，《魯迅全集》卷八，第 380 頁，1981 年。
[11]　《三閑集・怎麼寫》，《魯迅全集》卷四，第 20 頁，1981 年。
[12]　《華蓋集續編・新的薔薇》，《魯迅全集》卷三，第 291 頁，1981 年。

物皆備於我」、還是「天下無心外之物」、抑或「存在就是被感知」？
像極了王陽明、貝克萊那樣的知識譜系。只是眼不見碧桃，它就桃（逃）
之夭夭？套魯迅當年笑話范文瀾的笑話：一個人誰是眼睜睜看明自己
從母腹出來，難道也能懷疑父母的存在麼？終於明白，魯迅談理說事論
是非，用的只是一桿秤，權衡就是「我以為」。這種「以自己為主」的
「我以為」，是一種主觀意志（包括知識意志）上的「唯我論」，英國
的伯林專門給它訂做過一個稱謂，叫「獨斷式的確定感（dogmatic
certainty）」。

　　「獨斷式的確定感」，其實是一種「致命的自負」（哈耶克），自由
主義對它有著本能的戒懼。以上謂胡適的知識論裏有中學和西學兩個單
元，比較之下，胡適寬容精神的形成，更得益於西方自由主義的浸染，
所以，在〈容忍與自由〉的講演中，他在提到呂祖謙時，也不止一次提
到密爾。以密爾為代表的 19 世紀新自由主義，在知識論上的特點就是
「非獨斷」和「不確定」。哈耶克聲稱：「自由的精神就是對自己是否正
確不是很有把握的精神」。[13] 在《自由秩序原理》中，哈耶克又把「非
獨斷」、「不確定」（包括中國的「善未易明，理未易察」）徑直推進為「無
知」。無知作為一種知識論，恰恰構成了自由主義的理由。「主張個人自
由的依據，主要在於承認所有的人……都存有不可避免的無知
（inevitable ignorance）。」[14] 在此，無知是一種「知識的限度」，它是每
個人都難以超越的。因為，每一個人，他（她）所接觸到的世界，僅僅
是世界的一部分，任何人都無法做到認知上的「全知全能」。唯其如此，
人們在彼此寬容的基礎上各自自由競取，人類文明才能獲得豐富的發展
——這個意思來自密爾。自由主義一開始就是這個理路，它的線條如此
清楚，因此，哈耶克說：「由約翰‧密爾頓和約翰‧洛克首先提出、後
又為約翰‧斯圖爾特‧密爾和 Walter Bagehot 重新論述的有關主張寬容

---

[13] 轉引「思想評論」網站《兩本大書厚葬經典》一文，作者蕭三郎。
[14] 哈耶克《自由秩序原理》（上），第 28 頁，三聯書店 1997 年版。

的經典論點，無疑是以承認我們所主張的這種無知為基礎的。」[15]胡適雖然沒有接觸過哈耶克的這個觀點（胡適兩個〈容忍與自由〉都發表於 1959 年，哈耶克的《自由秩序原理》則出版於 1960 年），但他對容忍的表述，其思路同於哈耶克，顯然也是以這種作為知識限度的「無知」為基礎的。

上個世紀 30 年代末，郁達夫在一篇回憶魯迅的文章中就魯迅屢屢與他人論戰一事說：「對於這一點，我也曾再三的勸過他，勸他不要上當。因為有許多無理取鬧，來攻擊他的人，都想利用他來成名」。魯迅的回答是：「他們的目的，我當然明瞭。但我的反攻，卻有兩種意思。第一，是正可以因此而成全了他們；第二，是也因為了他們，而真理愈得分明。他們的成名，是煙火似地一時的現象，但真理卻是永久的。」[16]說這話的魯迅對真理問題何其自信。擱下魯迅自認為真理肯定在他一邊不說，所謂「真理愈得分明」，在自由主義主義那裏就不一定，至少不是簡單的「一邊倒」。胡適在〈容忍與自由〉的講演中不止一次提到密爾的《自由論》，尤其是其中的第二章，聲稱自己從中受到很大影響。這第二章談的正是思想自由和討論自由。其中真理問題，在密爾看來，就並非一味地你錯我對，愈辯愈明，它「還有一種……更常見的情事，那就是，有兩種相互衝突的教義，不是此為真確彼為謬誤，而是共同分有介於二者之間的真理。[17]在自由主義那裏，真理是多元構成而非一元獨斷，像魯迅所抱持的那種真理觀，用宋儒張載的話「天下義理只容一個是，無兩個是」，是和自由主義原本不擦的。天下義理果真只「容」一個是，而設若一個人又自認這一個「是」又只在自己這一邊，那麼，這種知識意志或者真理意志上的「獨斷論」，的確可以使他有最充分的理由聲稱自己一個也不寬「容」了。

---

[15] 哈耶克《自由秩序原理》（上），第 29-30 頁。
[16] 郁達夫〈回憶魯迅〉，《魯迅回憶錄》（上），第 157 頁，北京出版社 1999 年。
[17] 密爾《論自由》，第 48 頁，商務印書館，1996 年。

(四)「知識論」以外

　　然而，問題並非到此為止。以上所談，乃是在知識論的範圍內，那麼，知識論以外呢？在非知識論的意義上，是非問題更多就變成了一個「應然」問題，它和「實然」不同，由實在領域已經進入價值領域。在這個領域內，是非問題更是因人而異、無從執一。比如，以上所引胡適引用的「學非而博……以疑眾，殺」。這個學「非」的非，標準可以固一嗎？在以後的儒家眼中，只要不合儒家道統無不非。相反，在當時反儒諸子中，「儒以文亂法」（韓非），才是非之大者也。是非何由？價值論上的是非，本質上是一種「意見」，正可參以莊子《齊物論》中的話：「彼——是非，此——是非」，論見不同而已。1930年代，《現代》雜誌主編施蟄存應邀向青年推薦書目，他推薦了兩本古書《莊子》與《文選》，由此引起魯迅的批判。在施看來，此舉是「為青年文學修養之助」，在魯看來，則是復古主義，「非倒退而何」。本來，推薦還是不推薦以及推薦什麼，就是個「彼——是非，此——是非」的問題，因人而異，可是，魯迅卻扔給對手一個「倒退」的帽子。更有甚者，施認為，經過古文學的修養，新文章才能寫得更好，而魯認為，誰要到古書那裏「去找活字彙，簡直是糊塗蟲」。古書裏到底有沒有活辭彙，到底能不能從古書中推陳出新，這更是因人而異的「彼——是非，此——是非」的問題；然而，正是在這些根本就不成其為問題的地方，真正成問題的是魯迅，是他那乾綱獨斷的態度，居然斥與己不同的人為「糊塗蟲」。

　　杏花和碧桃都開過了，自己沒看見，它就不存在，這是「實然」領域中的是非，魯迅獨斷以「我以為」；由「實然」而「應然」，比如應該不應該讀古文、什麼文章寫得好，這是意見上的是非，魯迅的態度依然只是「我以為」。儘管魯迅不是不知道，比如文章怎麼寫之類，「也是因人不同的」，但他照樣坦然地說：「我因為自己好作短文，好用反語，每遇辯論，輒不管三七二十一，就迎頭一擊，所以每見和我的辦法不同者

便以為缺點。」[18]問題是，終其一生，魯迅都沒能改掉同時也未必想改掉這「每見和我不同便以為缺點」的缺點，不獨文章，更在文章以外。那麼，在文章以外的眾多問題上，魯迅為什麼那麼相信「我以為」、他的「我以為」的根據究竟是什麼、他到底是「以」什麼而「為」的呢？下面是魯迅的夫子自道，儘管只是一句話，而且是寫給他當時的女弟子許廣平的一句話；但，哪怕就是現在，我已經不知道讀過這話幾多遍，看到它，依然是難以抑制地觸目驚心：既因了這話本身，更因了他是在教學生啊——而我，也是教師。魯迅說：「我以為只要目的是正的——這所謂正不正，又只專憑自己判斷——即可用無論什麼手段。」[19]

以自己的目的為「正」，就為所欲為，甚至不擇手段，這是人世間至可怕的一件事，更何況，這正不正又只憑自己說了算。我相信，希特勒到死為止都認為他所作的一切都沒錯，都是為了他心目中的「國家社會主義」即「納粹」。因此，伯林用一種堅定的口吻說：「我堅信：歷史上某些最粗暴無情的暴君與迫害者，其所以會泰然堅信他們的一切所作所為，因為目的是合理的，所以行為也都是合理的，其原因便是這種『獨斷式的確定感』。」[20]戒於此，自由主義從不談什麼目的，它只看程序，強調程序正義。當然，這話，可能引起誤解。不如這樣說，不是沒有目的的正不正，而是目的、動機之類的正與否，誰都無從驗證。一個人有野心，難道不可以說他是雄心嗎？英語中，野心和雄心原本就是一個詞（ambition）。你怎麼說他正不正？能說的，也就是他為實現「野心／雄心」所採取的方式或手段。就方式或手段言，人類的所有罪惡，要有，就都出在這裏了（所以自由主義死死盯牢程序），你總不能說一個人還有什麼目的罪或動機罪吧，那是誅心，而這，不是魯迅所慣熟，就是魯迅所欣賞的前蘇聯那樣的國家所慣有，比如「良心犯」：此其一。其二，一個人即使可以自證其正，亦即自以為是，但你的是，卻不能反證他人

---

[18] 《兩地書‧十二》，《魯迅全集》卷十一，第 47 頁。
[19] 《兩地書‧十九》，《魯迅全集》卷十一，第 68 頁。
[20] 柏林〈兩種自由概念〉，轉引《市場社會與公共秩序》第 211 頁，三聯書店 1996 年。

——尤其是不同於你的人為非。我們所生活的世界，是一個多元選擇的世界，孔子有孔子的是非，墨子有墨子的是非，老子有老子的是非，韓非也有韓非的是非，怕的就是把它們簡化為二元對立的我是你非，或相反。就拿魯迅這句話來說，它緣起於許廣平的信，許廣平告訴她的戀師魯迅：星期二她的老師朱希祖在文學史課上，反對寫文章用筆名，因為「人們用假名是不負責任的推諉的表示」。魯迅則反認為，「倘在人權尚無確實保障的時候」，用筆名戰鬥自然無妨。朱魯看法，各執一端，這其中誰是誰非？

惜以上兩點，魯迅難以自知。他的思維基本上是一種極為簡潔的二元對立，在這對立的二元中，無疑，他又一元獨對。剛才，那位朱老夫子居然要用真名寫文章，這真是「此我所以指窗下為活人之墳墓，而勸人們不必多看中國之書者也」，否則，何以會計較「區區假名真名之小事也哉」。[21]魯迅意思，在真名假名上，朱老夫子不免迂腐，而這都是古書給害的。果然如是嗎？朱老夫子的態度，不妨就是胡適堅持了一輩子的態度，即「負責任」。負責任作為胡適高頻使用的一個詞，它恰恰是用在不用假名寫文章這一點上。相形於魯迅一生用了一百四、五十個假名（是我在紹興魯迅紀念館裏數出來的），胡適基本不用，尤其是在政論上。因為，在胡適看來：「不負責任的祕密傳單或匿名文字都不是爭自由的正當方法。我們所爭的不是匿名文字或祕密傳單的自由，乃是公開的、負責任的言論著述出版的自由」。[22]在這一點上，胡朱一致。對此，就連心儀魯迅的許廣平也對朱希祖的說法表示認同：「這也有一部分精義，敢作敢當，也是不可不有的精神」。比較之下，魯迅顯然是另一種精神，打一槍換一個地方的「壕塹」精神。這兩種精神，只有境界不同，卻沒有是非之分。對此，你可以作價值評價，卻不宜搞是非裁斷。就我個人言，我更欣賞胡適，為他那負責任的堂堂正正。那些不假

---

[21]　《兩地書・十九》，《魯迅全集》卷十一，第 68 頁。
[22]　胡適〈我們要我們的自由〉，《胡適文集》卷十一，第 145 頁。

假名的陽光文字，從不給我陰暗感。當然，胡是魯未非，假名之類，沒什麼錯；何況這還是魯迅個人的選擇自由。

但魯迅呢？且不說，他未諳自由主義的爭自由的方式，因此，把不用假名的言論負責誤怪到古書上去，也因此，根據自己對古書的一貫反對，一見別人推薦，就以自己的反對為「對」去非難別人，比如施蟄存，而且是用那種令人可怕的「熱烈的憎」。「至於文人，則不但要以熱烈的憎，向『異己』者進攻，還得以熱烈的憎，向『死的說教者』抗戰。」[23]好一個「異己」和「死的說教者」。異己不就是不同於自己嗎？異己即非，已經不僅僅是唯我獨對的問題了，它分明已具專制之內傾。而不寬容和專制原本就是一枚分幣之正反。至於「死的說教者」，原是尼采《扎拉斯圖特拉如是說》當中的一個篇名，魯迅用其辭而未釋其義，但其所指，是包含了推薦讀古的施蟄存在內的。「戰鬥一定有傾向。這就是邵施杜林之流的大敵，其實他們所憎惡的是內容，雖然披了文藝的法衣，裏面卻包藏著『死之說教者』，和生存不能兩立。」[24]他且不論，這四人中的施蟄存，怎麼就是「死之說教者」呢？難道就是因為推薦讀古而古書在魯迅眼中又不啻是死書了麼？到底是不是？無端給人扣帽子，居然連理由都不給一個。至於這裏危言聳聽的「生存不能兩立」，還不如逕自說「人我不兩立」──在意見的不同上。

在意見的不同上──而人類社會生活在意見上又總是不同的，意見的雙方應該做到的是什麼呢？從自由主義的角度而非魯迅的角度來說，無他，第一是寬容、第二是寬容，第三還是寬容。那麼，如何做到寬容？在〈容忍與自由〉的講演中，胡適提出了一個和容忍互補的概念，叫「克己」，即克制自己那「正義的火氣」。這個詞是胡適就該雜誌主編雷震在一篇文章中的十個字而引發的，那十個字是「對人無成見，對事有是非」。胡適認為，要真正做到這十個字很不容易，因為，「這個是與非，真理與非真理，是很難講的」，不能「總認為我們所說的是對的，

---

[23] 《且介亭雜文二集・七論「文人相輕」──兩傷》，《魯迅全集》卷六，第 405 頁。
[24] 《且介亭雜文・序言》，《魯迅全集》卷六，第 3 頁。

真理在我們這一邊」，因此，與人論辯時，或者在表達自己的意見時，要抱持一個態度，這個態度就是「克己」，就是不要以「正義」凌人。這個概念在胡適之前由毛子水先生先行提出，胡適在這裏予以表贊。過後，胡適的話又引渡到了密爾的《自由論》（第二章）。通觀全文，胡適的講演，其出發點和價值框架，幾乎也就出自《自由論》了。

（五）像芥子一樣，一點一點生長

也就是說，當我再度閱讀密爾（密爾）《論自由》的第二章尤其結尾時，分明感到，無論胡適，還是毛子水，他們關於發布意見和論辯問題時所應堅持的克己，直接就來自小密爾。如果說，密爾第二章的內容絕大部分都是在闡釋意見自由對於人類精神福祉的重要與必要，那麼，本章收尾時，密爾所關注的，已經是對立的雙方如何發表意見以及如何爭辯問題了。也就是說，寬容問題並不在於你是否讓人說話，而在於你和別人說話的態度。魯迅並沒有讓他的對手們閉嘴，說他不寬容，是指他與對手的論爭在方式上有問題。密爾認為：「在撇開意見自由這個題目以前，還宜再注視一下有人談到的這樣一說：一切意見是應當許其自由發表的，但條件是方式上須有節制，不要越出公平討論的界限。」[25] 這裏由大陸翻譯的「節制」正是毛胡那裏的「克己」。所謂寬容，寬就寬在這「節制」上，容就容在這「克己」上。它的內在邏輯很清楚，一個問題在尚未討論以前，真理在哪一方，是個未知數，討論或論辯的雙方，必須保持節制和克己的態度，而不是先行搶佔真理的或道德的制高點，這樣才能保證討論的公平。怎麼才能做到節制、克己呢？自由主義從來不在理念上繞，而總要付之操作，即保證過程公正。在密爾看來，有一種「測驗之法」，那就是你的言論「看對於意見受到攻擊的人有無觸犯；這就是說，只要反對者在這題目上表現了任何強烈的情感，把對方逼得很緊，使對方難於作答，那麼，他在對方看來就是一個無節制的

---

[25] 密爾《論自由》，第 56 頁。

反對者。」這裏的密爾實際上是主張論辯中的「費厄潑賴」精神，這讓魯迅看了怕要發笑。「痛打落水狗」的他，身體力行的正是「熱烈的憎」，不是「向『異己』者進攻」，就是「向『死的說教者』抗戰」，和自由主義的論辯主張，正好相反。當然，魯迅蔑視「費厄潑賴」的遊戲規則，也不是沒有他的理由；但，全部理由或唯一的理由，就在於「我以為」我是對的——與此同時便坐實了你是錯的。就像我以為讀古是「倒退」，你建議讀古就成了「死的說教者」。既如此，為什麼不能對其投以「熱烈的憎」？這不僅是「正義的火氣」，而且關係到「生存不能兩立」的大是大非。因此，「節制」在魯迅眼中，不過類於「區區假名真名之小事也哉」。

「節制」的反面是無節制，什麼又是無節制呢？密爾進一步論述：「所謂無節制的討論的意思，那是指謾罵、譏刺、人身攻擊以及諸如此類之事而言的」。[26]實事求是，密爾所說的三種成分，「魯雜」之中，一樣不缺，此正如魯迅自己所說：「我的雜感常不免於罵」。[27]魯迅為什麼罵、包括我們長期以來又為什麼對這種罵字當頭的文章拍手叫好，究其因，無論魯迅、還是我們，都認為「罵得對」。殊不知，這「罵得對」反過來也就是「對的罵」，亦即只要是對的，就可以直罵無礙。這樣的邏輯，說到底，還是來之於魯迅的「我以為只要目的是正的，……即可用無論什麼手段」，而罵，即為其手段之一。然而，自由主義卻不認同這樣的邏輯，非但不認同，而且對謾罵、譏刺、人身攻擊「這些武器」持譴責態度，並不管他罵得對與否。這一點，原其常情，極不易為人所接受，密爾論述時，充分考慮到它的難度。他首先認為應該同等建議論辯雙方都停止使用那些罵的武器，問題是，「人們卻是只在對待得勢意見時（即「對」的、也是大多數人認同的意見——筆者注，下同）要限制它們的使用，至於使用它們（即罵與刺等）去對待不得勢的意見（即「不對」的、大多數人不認同的意見），則不僅不見一般的不贊成，而

---

26 密爾《論自由》，第 57 頁。
27 《而已集・意表之外》，《魯迅全集》卷 3，第 496 頁。

且還會讓使用者博得所謂真摯的熱情和正義的憤怒等類的稱譽。」[28]簡言之，人們不能接受「錯」罵「對」，但卻贊成並贊許「對」罵「錯」，比如魯迅罵梁實秋，魯是梁「非」，因此，罵了也「活該」，而且我們還喝彩。然而，對我來說，密爾的話是如此提神，他不僅道出了人類在集體無意識層面上對「對而罵」的普遍認同；同時，也讓我一不小心就逮著了胡適「正義的火氣」的出處。「真摯的熱情」──魯迅其謂也，「正義的憤怒」──胡適受啟也。只是，如果你一旦認同自由主義，那麼，魯迅歷受稱讚的「真摯的熱情」和「正義的憤怒」，就不免要進行一番價值重估了。還是讓密爾來說吧：「對於每一個人，不論自居於辯論的哪一方面，只要在其聲辯方式中或是缺乏公正或是表現出情緒上的惡意，執迷和不寬容，那就要予以譴責」。[29]

　　寫到這裏，我不禁遲疑，因為我很難相信上述密爾的話在今天、在我們這裏能獲得多大的認同，我們離這樣的認同哪怕就是在知識份子中，也還有相當的距離。我還能記得若干年前，一位寫文章者說「我昨天罵了某某某……」，神情之間，高昂、自得兼而有之。另外，當我面對學生，就魯迅罵人作如上分析，我很清楚的知道，在學生的想法深處，還是認為，只要罵得對，未嘗不可以。一個「對」字，便劫持了全部心智，令人可歎。但，此種現象，可歎卻不可怪，因為這正是 20 世紀中國文化給我們的饋贈，而我們則是它的化育。我們都是喝 20 世紀狼奶長大的，這種文化姓「魯」不姓「胡」。所謂魯迅的方向就是 20 世紀中國新文化的方向，所以，我們不知不覺中就習得了魯文化的全部，包括它的價值內核、思維方式、話語形態甚至措辭和文采。但，魯文化的問題是存在的，至少它在今天應該成為一個檢討的對象。因為無論什麼文化，如它不具寬容性，就不具健康性和豐富性；何況這種文化「鬥」其裏而「罵」其表，本身就帶有一定的「反文明性」。也正是這種文化，自五四出走（實際上也結胎於五四），從 20 年代、30 年代、40 年代、

---

[28] 密爾《論自由》，第 57 頁。
[29] 密爾《論自由》，第 58 頁。

50 年代，一直狂飆到 60 年代，終於種瓜得瓜，種豆得豆。而文化大革命的反文化性，也正在於它革的正是文化命。因此，魯迅在這裏，不是他個人，而在於他是一種歷時既久的文化表徵——魯迅既形成於這種文化又是它的代表。

　　反之，胡適也是一種文化表徵，是上個世紀走失了的另一種文化形態。儘管，「胡適」這兩個字，在 20 世紀的文化氣氛中，幾乎就是一個嘲笑的對象。但，正因為胡適所表徵的文化具有自由主義的寬容性，所謂「有容乃大」，因此，它既不以鬥取勝，更不以罵為務，而是在被邊緣化的漫長時間中，像芥子一樣，一點一點生長。這是胡適談自由主義時用過的比喻，我不妨用它來比喻這種自由主義性質的胡文化：「好像一粒芥子，在各種種子裏是頂小的，等到它生長起來，卻比各種菜蔬都大，竟成了小樹，空中的飛鳥可以來停在它的枝上。」[30]今天，這粒芥子就在漸長，時間越長，越會見出它的價值和風範。因此，我相信，一度走失了的胡文化，如果很難屬於文化生態惡劣的 20 世紀，那麼，在 21 世紀，它一定會重反歷史前臺。

---

[30] 〈新約・馬太福音十四章〉，轉引胡適〈自由主義〉，《胡適文集》卷十二，第 808 頁。

三、tolerance 的胡適和 intolerance 的魯迅（Ⅱ）

（一）作為一種「元倫理」的 tolerance

　　tolerance 既然是一種價值理念，它在倫理學上的表現，就不應是一個範疇，而是整個倫理學得以建構的本體性對象。此話的意思是，不是不可以把寬容作為倫理學的一個下位概念，正如中國傳統倫理中常見的那樣，寬容與德性有關，其表現就是涵養和氣量；但這樣的解釋卻大大「小」化了 tolerance 本有的內涵。倫理作為人與人關係的一種構建，所謂「倫，輩也」（《說文》），原指輩分關係，後轉引為人與人之間關係。「理，治玉也」（《說文》），本意為「順玉之文而剖析之」，後泛推為事物之「準則」。那麼，人與人的關係構建，準則為何？答曰：tolerance。以寬容為倫理構建的「理」之所在，使其成為「倫」的普遍準則。很顯然，在這樣的解釋框架中，tolerance 就不是倫理學之下的一個範疇，而是一種「元倫理」。

　　所謂「元倫理」是倫理建構據以展開的邏輯原點。為什麼是「它」──tolerance，而不是別的，成為倫理之「元」？這顯然並非出自人類的自然選擇，而是人類文明發展到一定程度的理性結果。無論從人的自然本性，還是從歷史的實際發展，人與人關係的原初形成，如果不是反寬容，也是非寬容，這是人類走過的漫長歷程昭示給我們的，不妨想一想西方中世紀那血火相連的宗教衝突吧。而寬容最初也就表現為超越血與火的宗教寬容，自由主義先驅約翰·洛克《論宗教寬容》的幾封信乃是人類理性的新曙，儘管它依然局限在宗教徒的範圍內。隨著自由主義在近代文明中的生長，tolerance 的對象範圍也在擴大，從宗教到文化，逐漸成為人類價值的普遍認同。因此，基於對人類社會生活多元化的認知，同時也是為了使多元的人類能夠比較和諧地生活在這個地球上，tolerance 便成為自由主義倫理學的建構之「元」。也因此，自由主義倫理便是一種「寬容倫理」。

（二）「怨恨倫理學」

胡適作為自由主義者，對於「寬容倫理」的認同，非但不成問題，而且身體力行。因此，本篇文章的重點在魯不在胡。Intolerance 的魯迅，其人生字典沒有「寬容」的辭條，而且還將 Intolerance 演繹到極致——也是以自己的身體力行。但，從概念上來說，Intolerance 是寬容的「反對」，而非具體的「應對」。如就對應而言，魯迅對人、對社會所表現出來的倫理傾向是什麼呢？

可以一讀魯迅遺言性質的文獻〈死〉，其中這樣的句子已經成為經典：

「此外自然還有，現在忘記了。只還記得在發熱時，又曾想到歐洲人臨死時，往往有一種儀式，是請別人寬恕，自己也寬恕了別人。我的怨敵可謂多矣，倘有新式的人問起我來，怎麼回答呢？我想了一想，決定的是：讓他們怨恨去，我也一個都不寬恕。」[1]這遺言不僅是魯迅留給家人的，同時也是留給世人的（和緊接其上的「魯七條」即魯迅開給家人的七條內容相比，這一段話顯然更是說給世人聽的）。在對世人的告白中，最引人注目的是最後一句，的確，「一個都不寬恕」一字一頓，擲地有聲，不但是魯迅一生的座右銘，也是最適合於他的墓誌銘。每次讀到這裏，讀到的不但是字面上的句子，而且，還讀出了字面下魯迅那顆「怨恨」的心。不錯，魯迅說的是「讓他們怨恨去」，但我的感覺，分明是魯迅自己在怨恨。不知這是一種怎樣的怨恨，無休無化，死而未已；所謂「人之將死，其言也善」，果如沒有怨恨荼毒於心，又怎會有這般決絕之言。

愛與死是文學永恆的主題，在於它首先是人生或人性的永恆主題。就魯迅言，在死的主題中，泛出了這樣一種怨的聲音；那麼，在愛的主題中呢？魯迅一生，愛情來得甚晚，在記錄愛情過程的《兩地書》中，除了魯迅對許廣平這個小他十幾歲「嫩弟」的開導和關愛外，我們分明還聽到另一種聲音：

---

[1] 《且介亭雜文末編·死》，《魯迅全集》卷六，第 612 頁。人民文學出版社 1981 年。

摘一：「我這幾年來，常想給別人出一點力，所以在北京時，拼命地做，不吃飯，不睡覺，吃了藥校對，作文。誰料結出來的，都是苦果子。一群人將我做廣告自利，不必說了；便是小小的《莽原》，我一走也就鬧架……。我才知道犧牲一部分給人，是不夠的，總非將你消磨完結，不肯放手。我實在有些憤怒了。[2]」

摘二：「我先前為北京的少爺們當差，耗去生命不少，自己是知道的……，不過先前利用過我的人，知道現在不能再利用，開始攻擊了。長虹在《狂飆》第五期上盡力攻擊，自稱見過我不下百回，知道得很清楚，並捏造了許多會話（如說我罵郭沫若之類）。其意蓋在推倒《莽原》，一方面則推廣《狂飆》的銷路，其實還是利用，不過方法不同。他們專想利用我，我是知道的，但不料他看出活著他不能吸血了，就要殺了煮吃，有如此惡毒。……山西人究竟是山西人，還是吸血的。」[3]

摘三：「我先前何嘗不出於自願，在生活的路上，將血一滴一滴地滴過去，以飼別人，雖自覺漸漸瘦弱，也以為快活。而現在呢，人們笑我瘦弱了，連飲過我的血的人，也來嘲笑我的瘦弱了。……於是也乘我困苦的時候，竭力給我一悶棍，……這實在使我憤怒，怨恨了，有時簡直想報復。我並沒有略存求得稱譽，報答之心，不過以為喝過血的人們，看見沒有血喝了就該走散，不要記著我是血的債主，臨走時還要打殺我，並且為消滅債券計，放火燒掉我的一間可憐的灰棚。我其實並不以債主自居，也沒有債券。他們的這種辦法，是太過的。我近來的漸漸傾向個人主義，就是為此」。[4]

讀魯的人都知道，以上三段文字，其實遠不止這三段，幾乎就是針對一個人：高長虹。高長虹小魯迅 17 歲，是魯迅最早接觸、扶持、幫助、合作過的年輕人。但這種關係，僅維持一年有半，便告破裂。其中原因，以往魯研界一概推之高長虹，其實老少雙方都不能辭其咎。雙方

---

[2]　《魯迅景宋通信集》，第 186-187 頁，湖南人民出版社 1984 年。
[3]　《魯迅景宋通信集》，第 222 頁。
[4]　《魯迅全集》卷十一，第 249 頁，1981 年。

關係的惡化,《兩地書》中多有反映。本是魯迅和「嫩棣棣」兩人吐訴心跡的地方,可是魯迅經常吐訴的卻是另外一種內容。當然,這也是一種「訴」,一遍讀過,即能從文字中感受到那種「吃虧了」的怨。尤其「摘三」,意味非常。因為,魯迅和許廣平的書信以《兩地書》為名出版時,已經經過了魯迅的刪改;而「摘三」的原信寫於 1926 年,到 1933 年編訂時,魯迅舊怨未忘,還特地對這一段作了增衍、渲染和強化。只要把原信和增補後的信放在一起比對,恐怕沒有人不感慨:這麼多年過去了,那怨恨不僅絲毫沒有淡化,反而歷久彌深。

無論愛與死,魯迅都不能忘懷於怨恨,他這一輩子到底是生活在什麼之中呢?他是以什麼心態面對他所生活的世界?魯迅既然不屑寬容,而這種不寬容顯然又出自「怨恨」,那麼,是否可以用這個詞反指他自己的心理傾向和倫理傾向呢?我想,可以。魯迅是從怨恨心理走向怨恨倫理,「不寬容」就是這種怨恨的倫理表現。這種怨恨,幾乎浸透了魯迅雜文。魯迅一生中的最後十年幾乎就生活在他和「怨敵」的怨恨中,反過來說,那些「怨敵」也都生活在魯迅後十年的生活中。魯迅和他的「怨敵」,既構成了魯迅的生活世界,也構成了「魯迅」這樣一種20 世紀的文化存在。

愛與恨是倫理學的一對範疇,這之間,以誰作為倫理學的出發點,便會形成不同的倫理取向。很顯然,胡適的「寬容倫理學」是愛以為其出發點。「大宇宙中談博愛」的胡適,是先談宇宙後談博愛的,而博愛和寬容庶幾就是互文。當然,在西方談博愛,有一個宗教背景,大家都是上帝子民,都是兄弟姊妹。因此,胡適談這個問題時,也就拉出了中國先秦諸子中唯一有宗教傾向的墨子。墨子倡「兼愛」,正與「博愛」同。按照胡適的解釋,墨子的宗教就是「天志」,而「兼愛」就是天之志也。也許,我可能會不滿於胡適談博愛時的宗教索引,果如去其宗教背景,在自由主義的語境中,博愛精神不是寬容精神,又是什麼。

魯迅的「怨恨倫理學」不是沒有愛,而是在倫理比重上,恨大於愛;在倫理排序上,恨又是愛的前提。就前者,魯迅說:「我的可惡有時自己也覺得,即如我的戒酒,吃魚肝油,以望延長我的生命,倒不盡是為

了我的愛人，大大半乃是為了我的敵人。」[5]這話其實就是，我的生命，倒不盡是為了我的愛，大大半乃是為了我的恨。至於後者，魯迅又說：「在現在這『可憐』的時代，能殺才能生，能憎才能愛」。[6]，能憎才能愛，作為一種魯迅傳統，被他的後來者承繼了下來。上個世紀 90 年代中期，一位著名作家以「拒絕寬容」一文引起了一場有關寬容的討論。這位作家這樣表白自己：「我絕不『寬容』。相反我要學習那位偉大的老人。『一個都不饒恕』！」這位作家為什麼會如此決斷？原來他認為：「不會仇恨的人怎麼會『寬容』呢？」基於這種理解，他奉勸「那些言必稱『寬容』的人」，「還是先學會『仇恨』吧，仇恨罪惡，仇恨陰謀，仇恨對美的踐踏和蹂躪。仇恨有多深愛就有多深，仇恨有多真切愛就有多真切。」[7]這樣的話語，儘管也談到愛、談到寬容，但其立足點，卻是恨。這種表述已經十分明白地昭告，什麼叫「怨（仇）恨倫理學」了。只是讓人疑惑：一個人如果充滿仇恨，他（她）用什麼去寬容？恨與寬容之間，原無相容之地。但，這樣的思路或邏輯，完全來自魯迅。

憎愛邏輯在魯迅那裏就是這樣清楚明白。問題是，「能憎才能愛」的愛，又是一種什麼樣的愛呢？魯迅緊接著引用匈牙利詩人裴多菲的詩表白：「我的愛並不是歡欣安靜的人家／花園似的，將平和一門關住／其中有『幸福』慈愛的往來／而撫養那『歡欣』，那嬌小的仙女／我的愛，就如荒涼的沙漠一般——／一個大盜似的有嫉妒在那裏霸著／他的劍是絕望的瘋狂／而每一刺都是各樣的謀殺。」[8]這種愛，不是歡欣，不是幸福，而是嫉妒的劍和絕望的瘋狂，它和憎，又有什麼兩樣？從憎生出的愛，非正常如此，可見，在「怨恨倫理學」的倫理譜系上，如果從恨出發，即使有愛，亦為扭曲。

而況，這種愛，僅為私愛，至於寬容性質的博愛更是無地彷徨。如果把上述這首用以自釋的詩和魯迅的愛，約略作比，便可印證這一點。

5　《墳‧題記》，《魯迅全集》卷一，第 4 頁，1981 年。
6　《且介亭雜文二集‧七論「文人相輕」》，《魯迅全集》卷六，第 405 頁。
7　〈拒絕寬容〉，轉引《複印報刊資料‧文藝理論》1995 年 7 期第 188 頁。
8　《且介亭雜文二集‧七論「文人相輕」》，《魯迅全集》卷六，第 405-406 頁。

這是魯迅寫給許廣平的「愛的宣言」:「……看見我有女生在座,他們便造流言……他們大抵是貌作新思想者,骨子裏卻是暴君酷吏,偵探,小人。如果我再隱忍,退讓,他們更要得步進步,不會完的。我蔑視他們了。我先前偶一想到愛,總立刻自己慚愧,怕不配,因而也不敢愛某一個人,但看清了他們的言行思想的內幕,便使我自信我決不是必須自己貶抑到那麼樣的人了,我可以愛!」[9]請注意「我可以愛」的整個語境,不正是蔑視加憎恨嗎?然,這一段,是示愛、還是抒憤?我搞不清。信裏的「他們」自然包括高長虹和他的「狂飆」盟友。在這憎愛並擁的「宣言」中,寬容在那裏,相反,「每一刺都是各樣的謀殺」,於是,小魯迅17歲的高長虹有「福」了:

「我已決定不再彷徨,拳來拳對,刀來刀當」,還要「比他的嘮嘮叨叨的長文要刻毒得多」。[10]——魯迅對許廣平如是說;

「只要我敢於搗亂,什麼『太陽』之類都是不行的」,而且「給他更其痛哭流涕」。[11]——魯迅又對韋素園如是說。

以上一系列話語,已經很清楚地勾勒出什麼叫「怨恨倫理學」。一個人的心裏空間是有限的,如果它充滿了憎恨,無論這憎恨是誤會還是其他,寬容也就難以存身了。

(三)黑暗時代中的希望與絕望

寬容倫理學和怨恨倫理學因其出發點不同,其倫理取向,不獨對人,對社會也是憎愛有別。魯迅身處黑暗的時代,對那個時代和社會,真可謂:豈一個「恨」字了得。胡適呢,胡適對黑暗當然也身同感受,畢竟和魯迅同處一個時代一個社會。但胡適的痛恨與魯迅顯然不同,魯迅對社會的痛恨帶有本體性,因為家世的原因,他自小對這個在他看來

---

[9] 《魯迅全集》卷十一,第 275 頁。
[10] 《魯迅全集》卷十一,第 212 頁。
[11] 《魯迅全集》卷十一,第 520 頁。

是「可詛咒」的社會就沒有什麼好感，隨著入世漸深，對這個世界的憎恨也與日俱深，以至絕望（直到 30 年代誤讀蘇俄，才有一百八十度的回轉）。有這樣兩段文字可以說明怨恨倫理為什麼之於魯迅是一種必然。這是魯迅的自謂：「我小的時候，因為家境好，人們看我像王子一樣；但是，一旦我家庭發生變故後，人們就把我看成叫花子都不如了，我感到這不是一個人住的社會，從那時起我就恨這個社會。」[12]1956 年，寓居美國的胡適在日記中也寫下一段類似的話：「房兆楹兄給我看他的〈魯迅的祖父〉稿本，此文甚有趣味，可以使我們知道，魯迅早年確因其祖父曾有犯重罪，『斬監侯』，而受親友冷落的苦痛。致有憤世多疑忌的心理！」[13]胡適的話屬於知人論世。和魯迅相比，胡適沒有魯迅少年時的心理創痛，但卻有魯迅不曾有過的留美經歷——「我到美國，滿懷悲觀」，「但不久……美國人出自天真的樂觀與朝氣給了我很好的印象……數年之間，就漸漸治療了我少年老成的態度」。[14]因此，胡適固然也憎恨那個社會，但這種憎恨，不僅不具本體性、原發性和切身的個人性，而且更多是在和西方文明及英美社會比較的意義上，才生發而出。所以，同為憎恨，在魯迅那裏，慣常的表現是絕望，甚至希望也是絕望；而在胡適那裏，不但從沒有絕望，就是在別人絕望時，也總是充滿著希望。這就不難明白，為什麼魯迅是一個悲觀主義者，而胡適是一個樂觀主義者——1940 年代末的外國記者都稱胡適為「不可救藥的樂觀者（the incurable optimist）。

北洋時期，在「希望」這個題目下，胡適和魯迅都做過文章。胡適寫的是詩，魯迅則是散文詩。散文詩之於魯迅，無疑是他表露自己心態的最佳文體。一部《野草》徑可看作是中國的第一部「惡之花」，但它同時也是魯迅內心隱晦的自我曝光。在〈希望〉這一篇中，和黑夜肉搏疲倦了的魯迅，儘管希望「用這希望的盾，抗拒那空虛中的暗夜的襲

---

[12] 轉引王曉明《無法直面的人生》第 13 頁，上海文藝出版社 1993 年。
[13] 《胡適日記全編》卷八，第 455 頁，安徽教育出版社 2001 年。
[14] 胡適〈我的信仰〉，《胡適文集》卷一，第 14 頁，北京大學出版社 1998 年。

來」，但也深知，「盾後面也依然是空虛中的暗夜」，所以，這希望是「沒奈何的自欺地希望」。然而，自己的青春卻被這希望「陸續地耗盡」了，於是，魯迅「放下了希望之盾」，耳畔響起了裴多菲的「希望之歌」：「希望是甚麼？是娼妓：／她對誰都蠱惑，將一切都獻給；／待你犧牲了極多的寶貝——／你的青春——她就棄掉你。」就這樣，在「希望」的題目下，魯迅寫出了「絕望」的詩章。但，魯迅畢竟是魯迅，他的深刻在於，雖然絕望著，同時也懷疑著，甚至懷疑這絕望：「絕望之為虛妄，正與希望相同」[15]——這句話，也是出自裴多菲，魯迅引用了一遍，然後又用它收尾，也就是說，魯迅自己深化了對它的看法：絕望是一種虛妄，希望也是一種虛妄，在這一點上，兩者相反，卻又居然相同。那麼，到底是絕望，還是希望？我們看到，魯迅在這希望的虛妄與絕望的虛妄這兩重虛妄之間，「荷戟獨彷徨」。

　　胡適的「希望」詩寫於 1921 年，60 年後，卻作為臺灣校園歌曲在大陸流傳開來：「我從山中來，／帶得蘭花草；／種在小園中，／希望花開好。／一日望三回，／望到花時過；急壞種花人，／苞也無一個！／眼見秋天到，／移花供在家；／明年春風回，／祝汝滿盆花。」[16]和魯迅的「希望」比，這首詩形雖古體，內容卻簡單淺顯得多，但它又很明白地表露了胡適希望常在的一貫心態。胡適對這個社會沒有先在的仇恨，也就沒有因仇恨而帶來的絕望。社會固然黑暗，黑暗固然痛恨，但信奉自由主義漸進理論的胡適，又不希望用「火與劍」一下子解決問題，而是注重寸進尺長的努力；因此，即使黑暗，胡適也能從平常的努力中看到點滴的進步，這進步本身，就是希望所在。1947 年夏，胡適在北平廣播電臺作過一次廣播講話，那時的政局，已經有了一個天翻地覆的大反轉，它對中國自由主義運動的發展已經極為不利。不僅大批知識份子自覺不自覺地左轉而去，就是信奉自由主義的人也對形勢抱以悲觀。

---

[15] 《野草·希望》,《魯迅全集》卷二，第 178 頁（本節所引魯迅文字俱出此文），1981 年。
[16] 《胡適日記全編》卷三，第 492-493 頁。

此時的胡適卻作了一個明顯不合時宜的講話，題目是「眼前世界文化的趨向」。他談的實際上就是我們今天的「全球化」的問題，在胡適看來，世界文化的一個共同趨向，就是「民主的政治制度」。但胡適似乎料到有些人會嘲笑自己，因為，當時時髦的政治制度已經不是英美的民主政治，而是蘇俄的「集體專制」了。但胡適並不為尾從時髦，他堅持認為：「從歷史上來看世界文化的趨向，那民主自由的趨向是三四百年來的一個最大目標。一個最明白的方向。最近三十年的反自由，反民主的集體專制的潮流，在我個人看來，不過是一個小小的波折，一個小小的逆流。我們可以不必因為中間起了這一個三十年的逆流，就抹煞那三百年的民主自由的大潮流，大方向。」[17]同樣，在一年以後的又一個講演中，針對更加濃厚的失敗主義傾向——有人說「這個輸麻將還打什麼」，有人甚至叫「胡適之準備作俘虜吧」——胡適依然認為，這「集體專制」的三十年在三百年的民主自由的歷史長流中，「只是一個小反動」，「雖然這兩個東西我們無從證明那一個好，依我的看法，民主自由一定得到最後勝利」。[18]這是胡適半個世紀前說的話了，當時是空谷足音，今天則正在應驗。「眼見秋天到」卻能預見「明年春風回」，其間還橫跨長達數十年之久的自由主義寒冬，可見胡適那洞穿歷史的眼光。讀過胡文，我不禁寫下這樣的眉批：胡適可能不夠深刻，但他在人類發展大方向的把握上，不僅沒有錯過，也沒有動搖過。魯迅在對舊社會舊文明的批判上雖然很深入，但要說到人類發展大方向，他，沒有胡適拎的清。

　　因著希望與絕望的不同，實際上更是因著「寬容倫理」和「怨恨倫理」的不同，在應對社會黑暗所取用的方式上，胡魯之間就出現了根本的區別。胡適一以貫之的方式是「漸進的努力」，在胡適看來，社會既是黑暗的，也是可以改造的。1922 年，胡適決定一邊做學術，一邊問政治，他花了極大的精力辦政論性的《努力》週報。第一期上的「發刊詞」，就是胡適特地寫的「努力歌」：「『這種情形是不會長久的。』／朋

---

[17] 胡適〈眼前世界文化的趨向〉，《胡適文集》卷十二，第 672 頁。
[18] 胡適〈當前中國文化問題〉，《胡適文集》卷十二，第 681 頁。

友，你錯了。／除非你和我不許他長久，／他是會長久的。／『這種事要有人做。』／朋友，你又錯了。／你應該說，／『我不做，等誰去做？』／天下無不可為的事，／直到你和我——自命好人的——／也都說『不可為』，／那才是真不可為了。／阻力嗎？／他是黑暗裏的一個鬼；／你大膽走上前去，／他就沒有了。／朋友們，／我們唱個《努力歌》；／不怕阻力！／不怕武力！／只怕不努力！／努力！努力！／阻力少了／武力倒了！／中國再造了！努力！努力！」[19]歌詞固然一般，但它卻表現了青年胡適「再造中國」的積極心態。

　　魯迅並非不是個努力者，由於化解不開的怨恨，魯迅的努力至少在1926 以前，帶著病態色彩。如果胡適的努力是「積極的努力」，那麼，魯迅的努力則是「絕望的抗戰」。這是魯迅自己的話：「我的作品，太黑暗了，因為我只覺得『黑暗與虛無』乃是『實有』，卻偏要向這些作絕望的抗戰」。[20]抗戰本身是一種努力行為，但它不是出於希望，而是因為絕望。在另一封信中，魯迅對許廣平延伸了自己這一思想：「至於『還要反抗』，倒是真的，但我知道這『所以反抗之故』，與小鬼截然不同。你的反抗，是為了希望光明的到來罷？我想，一定是如此的。但我的反抗，卻不過是與黑暗搗亂。」[21]與黑暗搗亂，很難說是一種對社會負責任的態度。就在這封信中，魯迅對許廣平聲稱自己「是人道主義與個人主義這兩種思想的消長起伏」，所以，「忽而愛人，忽而憎人」。那麼，魯迅的個人主義是什麼性質的呢？在未修改的原信中，魯迅說的是「個人的無治主義」，[22]無治即無政府，亦即魯迅的個人主義帶有無政府性質。這種「憎」以為特色的無政府的個人主義，魯迅就自己翻譯過的蘇俄小說《工人綏惠略夫》做過很好的描述，其一：「然而綏惠略夫臨末的思想卻太可怕。他先是為社會做事，社會倒迫害他，甚至於要殺害他，

---

[19]　胡適〈努力歌〉，《胡適日記全編》卷三，第 660-661 頁。
[20]　《魯迅景宋通信集》，第 12 頁。
[21]　《魯迅全集》卷十一，第 79 頁。
[22]　《魯迅景宋通信集》，第 69 頁。

他於是一變而為向社會復仇了，一切都是仇仇，一切都破壞。」[23]其二意同其一：「『個人的無政府主義者』，《工人綏惠略夫》裏所描寫的綏惠略夫就是。這一類人物的命運，在現在，——也許雖在將來，是要救群眾，而反被群眾所迫害，終至於成了單身，忿激之餘，一轉而仇視一切，無論對誰都開槍，自己也歸於毀滅。」[24]把以上魯迅的話連貫起來，可以理出一條穿越它的線：

「恨這個社會」→「向社會復仇」→「絕望的抗戰」→「無論對誰都開槍」

這就是「怨恨倫理學」在社會倫理上的邏輯表現。這種「恨」字當頭的無政府個人主義，與此前胡適提倡的「有益於社會」的「健全的個人主義」正相反，它的行為，可以出自在他自己看來是良好動機的「意圖倫理」，但卻全然不顧其後果，因此，在「責任倫理」上，它既不對社會負責，甚至也不對自己負責。這裏，魯迅雖然說的是綏惠略夫，但半是綏惠略夫，也半是魯迅自己。以上「摘三」，魯迅憤言「我近來的漸漸傾向個人主義」，已經足夠說明問題。

（四）「憎的豐碑」

說「我近來的漸漸傾向個人主義」時的魯迅，是在 1926 年，這時魯迅已經進入他人生的最後十年，這十年，魯迅的問題實在是多。思想、立場、價值取向現在都可以放下不論，單就 Intolerance，就被魯迅發揮得窮形盡相。1926 年後，魯迅身上的以「（兼）愛」為特徵的「人道主義」已經消失，代之而起的則是他逐漸信奉的馬克思主義的「階級論」。而「憎」以為特徵的「個人主義」，也發生質的變化，「無治」（無政府的）蛻變為「專治」（無產階級的）。人道主義的「愛的大纛」倒下之後，個人主義又脫胎換骨，名存實亡。這時魯迅身上剩下的，也就是一個「憎」

---

[23] 轉引（日）藤井省三《魯迅比較研究》，第 113 頁，上海外語教育出版社 1997 年。
[24] 《魯迅景宋通信集》，第 12 頁。

了。剩下的加上新添的，就是「憎」與「階級論」的組合；由於階級鬥爭理論原本就是一種社會憎恨理論，因此，這一組合進一步形塑了魯迅，它使魯迅的文化形象形變為一座碑──「憎的豐碑」，碑上就鑴這六個字：「一個都不寬恕」。

不寬恕的魯迅（包括他的不寬容──在魯迅那裏，寬容和寬恕是串用的，儘管它們的意思並不一樣）對寬恕的看法大約有這樣幾種，其中前兩種筆者已經指出過：一是怯，二是卑。魯迅首先「疑心這話（指寬恕──筆者注）是怯漢所發明，因為他沒有報復的勇氣」，既而又懷疑「是卑怯的壞人所創造，因為他貽害於人而怕人來報復，便騙以寬恕的美名。」[25]在卑、怯之外，魯迅還以為寬恕既是枉又是謊。「『犯而不校』是恕道，『以眼還眼以牙還牙』是直道。中國最多的卻是枉道」。何謂枉？該行直道而不行，卻行恕道，結果吃虧了。用魯迅形象的說法：「不打落水狗，反被狗咬了」。[26]魯迅這個「不寬恕」亦即「不吃虧」的邏輯，幾十年後被「後魯迅」們發揚光大，不僅是打，而且「再踏上一隻腳，叫它永世不得把身翻」。至於謊，魯迅這樣說：「全然忘卻，毫無怨恨，又有什麼寬恕可言呢，無怨的恕，說謊罷了。」[27]說這話的魯迅其實是在說一個有關他和他弟弟的童年以及風箏的故事。

〈風箏〉中「我」的小兄弟喜歡玩風箏，但「我」卻認為它「是沒出息孩子所做的玩藝」，因而不准。但有一天，「我」無意在自家堆積雜物的小屋子裏發現弟弟正在做風箏，便很憤怒地將快要完工的風箏「擲在地下，踏扁了」。長大以後，「看了一本外國的講論兒童的書」，才知遊戲是兒童正當的行為，玩具是兒童的天使。這才悔悟當年自己的作為無異於「精神的虐殺」。文章到這裏，應該說是一篇相當深入的反思。但，下面文意一轉，當「我」試圖補過，去討弟弟的寬恕時，弟弟對「我」述說的故事卻記不得了：「『有過這樣的事麼』？他驚異地笑著說，就像

---

[25] 《墳‧雜憶》，《魯迅全集》卷三，第 223 頁，1981 年。

[26] 《墳‧論「費厄潑賴」應該緩行》，《魯迅全集》卷三，第 273 頁。

[27] 《野草‧風箏》，《魯迅全集》卷二，第 184 頁。

旁聽別人的故事一樣」（引同上）。失望了的「我」，便憤憤說出了上面那句話。於是，一篇本來是深刻的反思，最終卻反轉為對寬恕的輕率否定。

其實，弟弟如果沒有忘記，但卻示以忘記，這本身就是寬恕的一種表現。難不成還真的要等對方說：「我可是毫不怪你呵」，那固然也是方式一種，但也太戲劇化了，反不如這忘卻，彼此都不尷尬。然而，「我」確是在等這句話，因為，只有這樣，「我的心一定就輕鬆了」。原來，在「我」那裏，寬恕只是求得他人的原諒，從而得到自己的心安。然而，僅僅把「我」當作寬恕的賓體而不是主體，沒有對寬恕的切身體驗，是無以否定寬恕的。寬恕，本義上不是「寬恕我」，而是「我寬恕」。當我作為寬恕的主體，寬恕便意味著受難和受難的擔當，它不把「難」以報復的方式施於施己者。因此，寬恕原不是魯迅所說的「怯」，或者弱，相反，它是堅強，是一種堅強的承擔力量，這種力量在印度的甘地、美國的馬丁•路德•金和南非的曼德拉、圖圖等人身上都有過傑出的展現。

退一步，果如弟弟真的忘了，那也是一種寬恕。忘記本身就是寬恕，否則又怎麼會忘記？耿耿於懷倒是不寬恕的表徵之一。而魯迅的不寬恕，未必就不表現在他對怨恨的「全然不忘卻」上：「兩三個年頭，不算太長久。被『正人君子』指為『學匪』，還要『投畀豺虎』，我是記得的。做了一點雜感，有時也涉及這位西瀅先生，我也記得的。這些東西，『詩哲』是看也不看，西瀅先生是即刻叫它『到應該去的地方去』，我也記得的」。[28] 魯迅先生不要「太」記得！然而，也就是這個陳西瀅，1925-1926 年因女師大風潮而引發「陳魯論戰」的陳西瀅，魯迅是一輩子也忘不了了。以後的十年，無論文章，還是書信，只要能涉及，哪怕繞上一個彎，魯迅都要捎罵他一下。比較有意思的是，陳西瀅說「學匪」，並未指明是魯迅，即使是罵，那麼魯迅又是如何應對，從魯迅的「記得」中，我們知道：是陳西瀅「罵」了魯迅，而魯迅只是「涉及」陳西瀅。

「無怨的怨，說謊罷了」，就魯迅而言，倒是實話。無怨則無怨，有怨則報復，所以，魯迅始終找不到怨的理由，怨在他那裏，就剩下了

---

[28] 《而已集•革「首領」》，《魯迅全集》卷三，第 472 頁。

騙和謊。然而，這是魯迅有所不知。在恕與怨之間，不是怨之有無，而是，恕是怨的一種昇華。它的邏輯，與其說無怨而恕，無寧說從有怨而恕到恕而無怨。不妨通過一段故事來表述這一點吧，這個故事發生在美國。就像魯迅對英美不感興趣一樣，胡適則言必稱英美。因此，我並沒有把握，假如魯迅有可能讀到這個故事，他會改變對寬恕的看法。

一位美國婦女和她的五個孩子出外度假，假日最後一天，她的7歲的最小的孩子失蹤了，一天晚上，劫持者甚至打來電話，她以為會有希望，但對方只不過為了嘲弄她。女兒最終被害了，罪犯也落入法網。本來，殺人償命，這很公平，但她決定放棄報復，轉而要求檢察官採納另一項判決：終身監禁。她的要求，獲得了滿足。

「我承認，一開始我真想親手殺了這個傢伙，但他的罪行結案後，我深信我最好和有益地選擇莫過於寬恕」——這位母親如是說。為什麼？「受害者的家屬當然有權感到憤怒，這是人的正常反映，但是始終抱著復仇心理的人，最終只能給罪犯又送去新的受害者。他們為過去困擾、折磨，無法解脫，生活質量受到嚴重損害」。不僅如此，這位母親說：「我終於認識到，真正的正義不是懲罰，而是恢復，不一定恢復原來的面目，而是恢復本應該具有的狀態。」顯然，這裏的恢復，是指人與人之間關係的恢復，因為「在我信仰的希伯來和基督教的教義中……上帝尋求的不是懲罰、毀滅或把我們置於死地。祂總是不懈地努力著，幫助和撫慰我們、讓我們恢復與和解」。所以，這位母親表示：寬恕，就是「我要對殺害我女兒的兇手行使的正義」。[29]

寬恕是正義，和寬恕是謊、是怯、是卑、是枉，是多麼不同的兩種價值判斷。這兩個不同的判斷實際上來自兩種不同的人際倫理學，那位母親所奉持的顯然是寬容倫理，它以愛為基點，儘管她把這種愛歸諸上帝，所以在痛苦之後，她還是能放下怨恨，力圖使破裂的人與人的關係在上帝的名義下得到和解和修復。但在怨恨倫理學那裏，這一切是不可

---

[29] 以上故事及引語俱轉引（南非）圖圖《沒有寬恕就沒有未來》，第 117-118 頁，上海文藝出版社 2002 年。

能的，同時，那位母親的做法也是不可思議的，它需要的不是什麼和解，而是復仇，並且復仇就是正義。兩種倫理，兩種表述，如果把問題僅僅放在猶太—基督的背景下，可以看出，復仇倫理出自《舊約》，而寬恕倫理則出自《新約》。魯迅的復仇思想，《舊約》即為其資源之一（另一資源則是東歐弱小民族的反抗文學和復仇文學——如密茨凱維支、裴多菲等人的作品）。

　　如果離開宗教——也許，就我個人而言，似乎更願意在宗教外來談這個問題，因為，我以為，體現這兩個判斷的，更是兩種不同性質的文明，當然不是什麼基督文明和非基督文明，例以胡適，平生持守容忍與寬恕之道的他，卻是個堅定的無神論者。胡適對容忍的認同，根本上是源於近代以來逐漸主流化的自由主義。自由主義本身就內涵著寬容，而且它也正是從宗教寬容發變而來，又推廣開去，從而成為近代文明尤其是近代政治文明的最重要的價值表現。比較之下，魯迅復仇意識所體現的文明形態，更多帶有近代之前的意味，魯迅有關復仇的文本，經常讓人感到一種血腥濺出的蠻古氣息，揮之難去（而且還不僅是這一點，括而言，魯迅思想在其構成上，是近代與前近代的「拼盤沙拉」，駁雜不純。這一點，胡適是沒有的，他的思想在理性層面上，是充分的近代化。魯迅思想較胡適豐富，但胡適比魯迅清晰）。在舊文明中浸淫既久、習染還深，又本能地拒斥新文明中的自由主義——至少，自由主義不允許一個人快意恩仇地報復，它主張訴諸法律；因此，這寬容和寬恕，本是人類文明發展的最重要的成果之一、同時也是 20 世紀中國文化最稀缺也最珍貴的價值資源，不幸在魯迅筆下淪為卑、怯、謊、騙。

　　否定寬容，提倡報復，鄙視寬恕，欣賞復仇：這就是魯迅。在他的有關文本中，一面是 intolerance 的坦陳，一面就是報復、復仇的告白：

　　「風聞有我的老同學玄同其人者，往往背地褒貶我，褒固無妨，而又有貶，則豈不可氣呢？今天尋出漏洞，雖然與我無干，但也就來回敬一箭罷：報仇雪恨，《春秋》之義也。」[30]

---

[30] 《集外集‧我來說「持中」的真相》，《魯迅全集》卷七，第 56 頁，1981 年。

——報仇雪恨：話說得有點玩笑，但卻是實情。

「被毀則報，被譽則默，正是人情之常。誰能說人的左頰既受愛人接吻而不作一聲，就得援此為例，必須默默地將右頰給仇人咬一口呢？」[31]

——並不明白左頰接吻和右頰咬一口有什麼關係，卻明白了什麼叫反咬一口。

「我的心也曾充滿過血腥的歌聲：血和鐵、火焰和毒，恢復和報仇。」[32]

——想起了魯迅的另一句話：「……我的思想太黑暗」。[33]

「不知道我的心之特別壞，還是脫不出往昔的環境的影響之故，我總覺得復仇是不足為奇的，……但有時也想：報復，誰來裁判，怎能公平呢？便又立刻自答：自己裁判，自己執行；既沒有上帝來主持，人便不妨以目嘗頭，也不妨以頭嘗目。」[34]

——以頭嘗目，是賺，以目嘗頭，是賠：復仇沒有公平，只有扯平，儘管還是扯不平。

「我要『以眼還眼以牙還牙』，或者以半牙，以兩牙還一牙，因為我是人，難於上帝似的銖兩悉稱。如果我沒有做，那是我的無力，並非我的大度，寬恕了加害於我的人。還有，有些下賤東西，每以穢物擲人，以為人必不屑較，一計較，倒是你自己失了人格。我可要照樣的擲過去，要是他擲來。」[35]

——報復，有時不就是用穢物擲來擲去。

還可以再讀讀〈復仇〉（一）、〈復仇〉（二）、〈女吊〉、〈鑄劍〉……，我就是從以上篇什不斷感知魯迅那憎入髓骨的「怨恨倫理學」。

[31] 《華蓋集續編·無花的薔薇》，《魯迅全集》卷三，第 259 頁。
[32] 《野草·希望》，《魯迅全集》卷二，第 177 頁。
[33] 《魯迅景宋通信集》，第 69 頁。
[34] 《墳·雜憶》，《魯迅全集》卷一，第 223 頁。
[35] 《華蓋集續編·學界的三魂（附記）》，《魯迅全集》卷三，第 209 頁。

（五）「一個都不寬恕」的是誰

　　頭上的題目是本文的最後一個問題，本不想提出，但還是提出。怨恨也好，一個都不寬恕也罷，魯迅所怨恨和不寬恕的，到底是誰呢？問題又繞回到魯迅的〈死〉，請注意讀：「我的怨敵可謂多矣，倘有新式的人問起我來，怎麼回答呢？我想了一想，決定的是：讓他們怨恨去，我也一個都不寬恕。」這裏，「讓他們怨恨去」的「他們」，就是魯迅的「怨敵」，那麼，「他們」是誰？

　　魯迅一生經歷過三個時代，滿清、北洋和國民黨。這三個時代都是魯迅眼中的黑暗時代，魯迅一生都在同它們作鬥爭（當然，魯迅 30 歲時清政府已經倒臺，可以不算了）。那麼，魯迅不寬恕的，是以「軍權」把持國家的北洋軍閥，還是以「黨權」宰製社會的國民黨？不用說，魯迅當然反對它們，但「它們」不是「他們」。它們不但無從構成魯迅的怨敵，而且，從魯迅實際寫作情況看，他與「怨敵」鬥，同他與 20 世紀黨、軍兩權的黑暗體制鬥，文字上不過什一之比。誰都知道，魯迅後十年的批判精力，大都投放在作為個人的怨敵上。

　　這些怨敵，說到底，和魯迅一樣，都是些「握筆的文人」。這些文人被魯迅稱作「怨敵」，他們可以開一張長長的名單，比如陳西瀅、比如高長虹、比如顧頡剛、比如梁實秋、比如施蟄存……，這些名字至今都列隊在魯迅「不寬恕」的帳簿上。在這些「握筆的文人」面前，魯迅驍勇慣戰，毫不容情；而且嬉笑怒罵，妙筆生花。如果說，魯迅和北洋軍閥鬥、和國民黨鬥，打的是他自己所說的「壕塹戰」；那麼，和這些文人鬥，魯迅則是走出壕塹了，那只「金不換」直可謂筆筆見血、劍劍封喉。不用說，倒下的不是魯迅，而是他的對手。20 世紀，能夠戰勝魯迅的文人，不知有誰見過。不過，勝負不論，我的疑惑是，這些文人和魯迅彼此是有過「交相惡」的文字，這樣的關係，大差不離的說法應該叫「文敵」或「論敵」，然而，魯迅卻稱之為「怨敵」。

　　這裏，相反不相成的肯定是胡適。胡適和魯迅一樣，都是 20 世紀的文化名人，他一生經歷了比魯迅還要多的各種各樣的論戰，同樣，也

頂帶了比魯迅還要多的各種各樣的罵名，論敵的比例，照邏輯，也當算術級乃至幾何級的增長。但，你能說胡適有一個「怨敵」嗎？

怨：從心，夗聲，所謂怨從心生。只要你把對方當怨敵，它就如願所是；而你不把對方當怨敵，它就不存在。因此，怨敵之有無，正也是「怨恨倫理」和「寬容倫理」分際所在。

四、tolerance 的胡適和 intolerance 的魯迅（Ⅲ）

（一）tolerance：「來之不易的珍貴的成就」

「『tolerance』一詞，在牛津、朗曼或韋伯斯特大辭典都解作對不同於己的信仰、思想和行為的容忍和承認，其前提是任何人都具有自我判斷的權利，即只有自己才知道什麼是適合於自己的，什麼又是自己所最需要的。17 世紀英國革命中頒布的 The Act of Toleration（漢譯《寬容法》）即是在宗教領域對此權利的確認，隨後這種確認被及人類生活的其他方面。」[1]

以上是留美學者程映紅先生有關寬容的一段文字。西方中世紀的社會構成是「政教合一」，自由主義在宗教領域中形成，爭取信仰自由，由此導致政教分離，其自由又從宗教外溢，逐步向政治、文化等延伸。今天，寬容終於在很大程度上成為世界文明所公認的普世價值之一，走到這一步，對人類自身來說，並不容易；因為，人和人類，從它的歷史習慣，或者，徑直從它的基因構造來說，是拒絕寬容的。直到我寫這篇文字的今天，在中國知識界，寬容作為普世價值之被承認，至少還是問號。

在程文中，「被譽為『美國基督教會中首屈一指的思想家』的尼布林，曾為 Collier 百科全書撰寫了長達數千字的『tolerance』的詞條，將它定義為『一種和思想及行為與眾不同者建立和維持共同體的品質和能力』。鑒於人類曾經有過漫長的血與火的不『Tolerance』的歷史，尤其是『Tolerance』首先又是在宗教生活中被確認——而這恰恰是一個最容易激起褊狹和狂熱的領域，因此尼布林稱這是人類一項『來之不易的珍貴的成就』（difficult and rare achivememt），其對社會和諧所具有的價值是無論如何估量也不會過高的。」（引同上）

---

[1] 程映虹《西窗東眺・話說「寬容」》，第 76 頁，青島出版社，1998 年。

（二）「伐異」與「容異」

　　和歐洲不同，中國屬於非原發性宗教傳統的國度，在中國民間社會，宗教寬容基本不是問題，歷史上也不曾發生過遍布血火的宗教戰爭，如歐洲那樣。但，這並不說明中國就是一個寬容的國度，它的不寬容，更集中體現在這個民族的政治社會中。由於中國自三代以下始終是一個權力高度集中的政治社會，這個社會因其高度的專制性，歷無寬容可言；而且從《尚書》、《周易》以降的經史子集，也根本缺乏政治寬容這樣的思想資源。這種狀況，一直到歷史進入 20 世紀方才有所改觀。改觀的依然不是政治社會本身，相反，從威權到極權，它的不寬容，終其百年，已臻極致。改觀的是現代中國的政治思想，它在中國兩千多年的傳統政治這一厚黑之幕上，輸入了新的價值之光。寬容作為一種政治理念——雖然是外來的，卻終於在本土的政治思想中萌蘗。奉持這一理念的大體是中國自由主義的一群，而胡適就是它的代表。

　　需要指出，說寬容出現於現代中國政治思想，並不等於說中國現代政治思想就是寬容的。不是的。寬容在現代政治思想史上僅僅是很邊緣的部分，經常為人所詬病，比如指責它軟弱、妥協、不徹底。20世紀的政治思想和政治現實配套，依然是不寬容為其主流，這一點，並不難於在魯迅那裏得到言論上的證印。就 20 世紀的政治思想史言，胡魯兩位，胡是繞不過去的一家，魯卻未能獨立成家。這並不因為魯迅對政治的直接發言，要比胡適少得多；更在於魯迅不似胡適，儘管具其明確的政治意見和傾向，卻無有在理論形態上的知識貫通。但，從魯迅的政治意見和傾向看，他和主流無疑同調。非主流的胡適，因執著於寬容，直到今天，依然是「軟弱、妥協、不徹底」的代名詞。

　　設若如尼布林所說：寬容是「一種和思想及行為與眾不同者建立和維持共同體的品質和能力」，那麼，這裏的共同體就是「共和」性質的。共和的含義不在團結一致、和衷共濟，而在求同存異，甚至關鍵是「存異」。因為所「共」之「和」是「和而不同」之「和」。因此，一個共和政體，必得有「不同」的政治力量存在；如果只有「同」一種力量在政

治舞臺上，我們只能說是「偽共和」。按照這種理解，共和政治就是一種寬容政治，它應該從制度上保證不同政治力量的存在和競爭。競爭勝出者，當容自己的反對力量存在，不應用政治權力打壓；競爭失敗者亦應容對手之勝利，不應尋求暴力以推翻。早在 1914 年，章士釗——這是魯迅的對頭之一——在他主編的《甲寅》雜誌上發表長篇政論〈政本〉，文章開門見山：「為政有本，本何在？曰在有容。何謂有容？曰不好同惡異」。[2]章氏為什麼視寬容為為政之本，又為何把不好同惡異視為寬容？要在避免兩個字「專制」。他在文注中引嚴復翻譯的孟德斯鳩的話：「夫專制之國，其性質恒喜同而惡異，彼以為異者亂之媒也」。[3]因此，所謂不寬容「其在政治，尤有甚焉。專制者何？強人之同於己也。人莫不欲人之同於己，即莫不樂專制」。[4]原來，「同」與「和」的區別，在於「和」允許不同，而「同」則不允許不同，而且這個「同」則必「同於己」，此即專制也。根據歷史經驗，章士釗揭陳那種專制性的「偽」共和：「大凡共和之成，每由革命，舊制初復，首難者即欲出其理想之組織，施之國家……一國最強之權，握於少數之主動者，彼恒易濫用其權，強人就己。殊不知物之不齊，乃物之情，獨裁無上之君，且不能執一以馭萬，何況以共和之名相號召乎。」[5]這一段議論既是歷史的，又是超前的，的可謂有其針對性。

政治寬容就是不好同惡異，否則必然走向專制：這是章的不俗之見。章士釗後來也有過從政經歷，他能否做到自己之所說，恐怕還是問題。否則他為什麼要革魯迅的職呢？這裏有沒有假公濟私？這姑且不論，就言而言，〈政本〉乃是一篇談寬容政治的好文章。魯迅和章士釗同年，他們之間就女師大風潮一事有著嚴重的政治過節。這個事件中，章士釗如果是「知易行難」，即寬容易知而難為的話；魯迅則是「知行合一」，即對寬容在知行上雙重否定。如果章士釗在言論上還強調「不

2 章士釗〈政本〉，《為政尚異論》，第 91 頁，上海遠東出版社，1996 年。
3 章士釗〈政本〉，《為政尚異論》，第 91 頁，第 106 頁。
4 章士釗〈政本〉，《為政尚異論》，第 91 頁，第 96 頁。
5 章士釗〈政本〉，《為政尚異論》，第 91 頁，第 98 頁。

好同惡異」的話，相反，魯迅公開標舉的卻是「黨同伐異」。那一段時間，魯迅多次論及這個詞，他對它的態度似乎成了一種表態，比如，在痛打落水狗的議論中，魯迅就聲稱「一言以蔽之：『黨同伐異』而已矣」。[6]落實到章士釗頭上，就有了這麼一段：「我常說，我不會批評，我只能說自己的話，我是黨同伐異的。的確，我還沒有尋到公理或正義。就是去年的和章士釗鬧，我何嘗說是自己放出批評的眼光，環顧中國，比量是非，斷定他是阻礙新文化的罪魁禍首，於是，嘯聚義師，厲兵秣馬，天戈直指，將以澄清天下也哉？不過意見和利害，彼此不同，又適值在狹路上遇見，揮了幾拳而已。所以，我就不掛什麼『公理正義』的金字招牌。那時，以我為是者我輩，以章為是者章輩；即自稱公正的中立的批評之流，在我看來，也是以我為是者我輩，以章為是者章輩。其餘一切等等，照此類推。再說一遍：我乃黨同伐異，『濟私』而不『假公』」。[7]魯迅的話說得率直。但，人們經常是放過「惡」卻更討厭「偽」。一個人嘴上寬容，行為不濟，則是偽善無疑。這時有人公然聲張相反一套，所謂「惡在明處」，其危害儘管更大，卻可能被忽略，而聲張本身反給人以率直的好感。當年盧梭如此，這次魯迅也是這樣。可是，再率直，黨同伐異可以成為一種標舉的價值嗎？魯迅對此可謂一而再、再而三了：「此後又突然遇見了一些所謂學者，文士，正人，君子等等，據說都是講公話，談公理，而且深不以『黨同伐異』為然的。可惜我和他們太不同了，所以也就被他們劃了幾下，──但這自然是為『公理』之故，和我的『黨同伐異』不同」。[8]這段話針對的是包括陳西瀅在內的「現代評論派」，從中不難感受到魯迅的憤激；但憤激的結果卻反過來強化黨同伐異，至少這不是負責任之為。女師大風潮，就它是一樁公共事件而言，它已具備一定的政治性，這裏唯能強調的就是公理和正義。至於什麼是公理和正義，可以據實以揭、依理而辯。豈可因對方用了這個詞，

6　《墳·論「費厄潑賴」也該緩行》，《魯迅全集》卷一，第 275 頁，人民文學出版社，1981 年。

7　《集外集拾遺補編·新的世故》，《魯迅全集》卷八，第 152 頁，1981 年。

8　《華蓋集·題記》，《魯迅全集》卷三，第 4 頁，1981 年。

自己反而就張「黨同」之旗？「黨」者，偏私、偏袒者也。在一樁業已
發生衝突的公共事務上，公然宣稱自己就是偏私與偏袒，這似乎只能讓
人歎息：不知其可也。換之，黨同伐異作為人類社會生活中的一種負價
值，在天性上我們未能倖免，在行為上我們亦難於豁免；因此，即使行
之不及，需要的也應是對它保持足夠的省覺與自製，又怎能公開誇示
呢。在這個問題上，魯迅甚至不及他身邊的年輕人高長虹。高在寫給魯
迅的一封信中，很明確地說：「黨同伐異，我認為是客觀的真理，然我
不願拿它作主觀的態度」。[9]這裏的主客之分是必要的，當章士釗論政治
不寬容必將導致專制時；那麼，魯迅在主觀上聲稱不寬容的黨同伐異，
其價值導向在人類社會生活中又將導向哪裏？

也許，魯迅不是沒有他堅持黨同伐異的理由，他這樣說：「世間都
以『黨同伐異』為非，可是誰也不做『黨異伐同』的事」。[10]魯迅的話，
前半句是對的，黨同伐異可以是事實判斷，卻不能成為價值判斷，在價
值上，怎麼說它都是一種「非」。然而，魯迅的後半句，如果是指自己，
這裏可以不論；如果是泛指，事實就未必盡然。至少他所說的那個「誰」，
我們可以請出胡適。

30 年代的魯迅是左翼大師，他去世後，具有自由主義認同的蘇雪
林同時給蔡元培和胡適寫信，信中對魯迅大加痛斥。在那封著名的胡適
回信中，胡適很不客氣地批評了蘇雪林，責備蘇對魯迅的詆毀「尤不成
話」，「此是舊文字的惡腔調」。對一貫溫和的胡適來說，這樣的話已經
說得夠重，何況蘇還是自己的學生，同時又是女性。不知道這是不是魯
迅的「伐同」，當然不是「伐」是批評。這其實正是女師大風潮中陳西
瀅所說的「在『黨同伐異』的社會裏，有人非但攻擊公認的仇敵，還要
大膽批評自己的朋友」。另外，胡適一邊批評蘇雪林，一邊又實實在在
地為魯迅評功擺好，用一個段落專門指出魯迅在新文學史上的創作業績

---

[9]　高長虹〈給魯迅先生〉，見《魯迅論爭集·上》第 302 頁，中國社會科學出
　　版社，1998 年。
[10]　《華蓋集·並非閒話（二）》，《魯迅全集》卷三，第 125 頁，1981 年。

和研究業績,並告誡蘇雪林對魯迅要「惡而知其美」。鑒於胡魯的不同的政治陣營和魯迅生前多次對胡適的謾罵,胡適此舉是不是魯迅所說的「黨異」?是,亦非是。準確地說,是「容異」。

如果說魯迅不喜歡差異的話,胡適卻很能容忍差異,包括政治差異。就政治差異的容忍而言,1932 年,時在北大的胡適就北大學潮寫過這樣一段文字:「學校對於一切政治派別,應該有同一的公道待遇,不應該特許某一黨派公然掛招牌設區分部,而不許別的黨派作政治活動(建按:這話顯然是衝著國民黨說的);但同時學校也應該教導學生彼此互相尊重異己的主張。彼此尊重異己的主張是政治生活的首要條件。」[11]出於這樣的認知,胡適在容忍異己、尊重異己的同時,甚至直接幫助異己。下面這個例子,就來自當時北大的左翼激進分子千家駒。也就是胡適寫上述那段文字的 1932 年,千家駒是北大經濟系即將畢業的學生,同時也是學生運動的帶頭人。是年,胡適在雜誌上讀到他的文章,非常欣賞。因此,千畢業時,胡適主動向北大的陶孟和推薦他工作。按千家駒的說法,「後來陶孟和一打聽,我是北大學生會的一個頭頭,是北大著名的搗亂分子,可能是共產黨,陶先生便躊躇起來了」。然而,胡適卻對陶說「搗亂與研究工作是兩碼事,會搗亂的人不一定做不好研究工作,況且一個研究機關,你怕他搞什麼亂呢?」在胡適的說服下,陶孟和終於把千家駒接納進了由自己主持的社會調查所。千進去後,便著手翻譯馬克思的《資本論》。千家駒說得很明白:「胡是明知道我的政治立場而堅決介紹我進研究所的」。兩年後,千家駒到北大經濟系教書因為同樣的原因而使接受者猶豫,其成功,依然是胡適從中作伐與解釋。1980年代,千家駒回憶了這一段往事,然後歸結:「以上經過說明胡先生明明知道我是服膺馬克思主義的,在政治立場上我們是不同的,我堅決反對國民黨,但他並不以此歧視我,而且處處提拔我,幫我的忙,他從沒有想以他的政治思想強加於我或企圖影響我,而處處表現出一種寬容精

---

[11] 胡適〈論學潮〉,《胡適文集》卷十一,第 225 頁,1998 年。

神，即儒家的『恕道』」。[12]這樣的話出自一個政治左派之口，似更能說明問題。這裏的寬容，不是倫理學上的什麼度量，而是政治寬容。只是要指出，政治寬容並非如千家駒所說，是儒家的「恕道」。恕道的要義在於「己所不欲，勿施於人」，而政治寬容則是「己之所欲，勿強施於人」。就此而言，恕道的另一面就沒有這麼寬容了，它奉持的原則是「己欲立而立人」。問題是，如果己之所欲並非人之所欲，而它卻要以己「立」人，此勢必走上章士釗「專制者何？強人之同於己也」的路。但，胡適的「容異」化解了這種可能，他非但不強人同己，甚至真切地幫助政治異己，這就遠非恕道所能擔待。此事堪以表明，胡適具備了如尼布林所說的「一種和思想及行為與眾不同者建立和維持共同體的品質和能力」（這裏，不是「與眾不同」而是「與己不同」）。

（三）「民主」與「革命」的異讀

胡魯在政治上的寬容與不寬容，從他們對「民主」與「革命」的異讀中也可見出。

需要插上一筆的是，1987 年，李澤厚先生曾發表〈胡適　陳獨秀　魯迅〉一文，文章縱論五四的三位先驅，最後卻這樣總結：「陳、胡的思想和作品（包括思想的、政治的、文藝的和學術的），今天已基本過時而不需要重讀了，但魯迅卻至今仍可以激動著人們。『前不見古人，後不見來者』」。[13]如此斷言，理據何在？原來，李先生認為，「在中國近代思想史上，只有他（魯迅）才是真正深刻的」（同前文），而胡適呢，「胡適在政治上或政治思想上毫無可言。他的政治見解、主張和觀念都極其淺薄（如所謂『五鬼——貧窮、疾病、愚昧、貪汙、擾亂鬧中華』之類）、無聊和渺小到可以不予理會。」（同前文）這樣的比較在今天看

---

[12] 千家駒〈憶念〉，轉引《胡適評說八十年》第 70-71 頁，中國華僑出版社，2003 年。

[13] 李澤厚〈胡適　陳獨秀　魯迅〉，《中國思想史論・下》第 941-942 頁，安徽文藝出版社，1999 年。

來實在令人吃驚。如果僅僅談思想、尤其是政治思想，李先生的評價甚至可以打反。

「民主」作為現代政治思想無以繞過的一個命題，它在魯迅那裏，早期是一個被否定的概念，晚期則是一個被取代的概念。從早期到晚期，魯迅都沒弄懂民主到底是怎麼回事，但這並不妨礙他對民主的批判。1907 年，留學日本的魯迅作〈文化偏至論〉，該文頻頻談及民主。由於這時魯迅深受章太炎的影響，因此，他對民主的談論，不僅亦步亦趨於其師，而且和其師一樣，不懂而論，所論愈多，離民主旨趣愈遠，結果走向了反民主。在魯迅看來，法蘭西革命之後，「政治之權，主以百姓，平等自由之念，社會民主之思，彌漫於人心。流風至今，則凡社會政治經濟上一切權利，義必悉公諸眾人」，這樣一種狀況，魯迅只是客觀陳述，他的評價卻是否定的。因為整個社會「以大歸乎無差別」，從而導致「同是者是，獨是者非，以多數臨天下而暴獨特者」。[14]可以看出，這裏，魯迅對民主的理解是「以多數臨天下」，而且還「暴獨特者」。在另一個場合，魯迅把這種「以多數臨天下」的民主稱為「眾治」或「眾數」，認為它「見異己者興，必借眾以凌寡，託言眾治，壓制乃烈於暴君」。（同上）魯迅甚至把這樣的民主和專制作了對比：「古之臨民者，一獨夫也；由今之道，且頓變而為千萬無賴之尤，民不堪命矣，與興國究何與焉」。（同上）言下之意，民主不過是與「獨夫的專制」相對應的「眾治的專制」。因此，他提出的興國方略是：「是非不可公於眾，公之則果不誠；政事不可公於眾，公之則治不郅」。（同上）顯然，這是徹底反民主的精英主義。至此，魯迅已經從「眾以凌寡」的不寬容走向了相反的「用庸眾為犧牲」而「一導眾從」的另一種不寬容。另外，在文中其他地方，魯迅按照他反民主的邏輯，也一反近代以來與民主相因應的立憲國會。面對這樣一種中國從未有過的政治文明，魯迅的發問是：「將以眾治為文明，則西班牙波陀牙（即葡萄牙）二國，立憲且久，顧其國之情狀又何如矣？」（同上）

14　《墳·文化偏至論》，《魯迅全集》卷一，第 56 頁，人民文學出版社，1981 年。

　　魯迅的發問，適足以顯示他自己對民主、憲政、代議制等，其瞭解之情狀又如何。魯迅的反民主，在於他沒讀懂民主。所謂民主，絕非魯迅「以多數臨天下」的「眾治」。不過，在魯迅對民主的誤讀上，這個民主的確是不寬容的，它確有其「眾以凌寡」和「暴獨特者」的一面，比如，蘇格拉底作為一個獨特者就為「眾數」所「暴」，魯迅舉的這個例子應該說沒錯。但，錯的也依然是魯迅。魯迅充其量只瞭解古希臘廣場意義上的「直接民主」，而對自己所不屑的以立憲代議形式出現的現代民主，則所知闕如。說起來，「民主」與「科學」是五四的兩張旗，科學不論，民主問題，在魯迅、陳獨秀和胡適那裏，居然是三人之間有兩人不懂。魯迅一輩子也沒懂，陳獨秀直到人生晚年，才徹底憬悟（這些啟蒙者本是給人啟蒙的，可是，民主之「蒙」，恰恰就在這些啟蒙者身上。以其昏昏，使人昭昭，豈不滑稽乎！這是五四啟蒙運動的一個「內在的弔詭」，至今還沒引起我們的注意）。那麼，我們就注意一下胡適吧，這是真正懂民主的一個。胡適一輩子都在談民主，而且從各個角度談。他談民主很特出的一點，就是強調它的寬容。胡適說：「民主的真正意義只是一種生活方式……民主的生活方式，千言萬語，歸根只有一句話，就是承認人人各有其價值，人人都應該可以自由發展的生活方式。一切保障人權，保障自由的制度，根本上都只是承認個人的價值，根本都只是要使得那種承認個人價值的生活方式成為可能。換句話說，民主的生活方式根本上是一種個人主義的生活方式。」[15]（本節胡適引語俱同此）在胡適這以「寬容」為表徵的民主論中，是沒有魯迅「眾以凌寡」那種情況的，甚至，胡適好像就是針對當年的魯迅在發言：「民主的生活方式，在政治制度上的表現，好像是少數服從多數，其實他的最精彩的一點是多數不抹煞少數，不敢不尊重少數，更不敢壓迫實數，毀滅少數」。少數如此，個人亦然。在現代代議民主下，魯迅所舉的蘇格拉底的例子是不會出現的；因為，正如胡適道破：「尊重少數人的自由，尊

---

[15] 胡適〈四十年來中國文藝復興運動留下的抗暴消毒力量〉，轉引《胡適論爭集・下》第 2829 頁，中國社會科學出版社，1998 年。

重每個個人的自由，……才是民主的真意義」。這一真意義，胡適用一句中國古話作了精彩的表達：「無眾寡，無大小，無敢慢」。

以上兩種民主，一為「胡民主」，一為「魯民主」，孰為真民主？眾寡關係上，民主是「眾寡無慢」，還是「眾以凌寡」，亦即，民主是寬容，還是不寬容，誰更懂民主？推而言，李澤厚上述就（政治）思想論胡魯，兩人比較，又到底誰深刻、誰淺薄？

真是不比不知道。

當然，魯迅的民主論是他早年的看法，可是，在民主問題上，魯迅不像陳獨秀，他只有早年沒有晚年。當晚年陳獨秀重新思考民主，並且思考得那麼深入時，晚年魯迅不僅沒有調整早年對民主的偏見，卻因其新的價值認同，「民主」一詞反而消失了，取而代之的是「專政」。有誰見過 30 年代的魯迅談民主，至於「專政」，我倒可以送上一節：「『蘇聯是無產階級專政的，智識階級就要餓死。』──一位有名的記者曾經這樣警告我。是的，這倒恐怕要使我也有些睡不著了。但無產階級專政，不是為了將來的無階級社會麼？只要你不去謀害它，自然成功就早。」[16]難道這就是李澤厚先生所說的「深刻」？只是深刻的魯迅直到永遠睡著了也沒明白，早就成功了的蘇俄專政，才無避他早年惕然於心的「眾以凌寡」。

從「民主」到「革命」，寬容與否，依然可以構成胡魯之間的價值分野。對魯迅所盛讚的蘇俄革命，胡適不是沒有過認知上的誤區，比如，他說過：「俄國的大革命，在經濟方面要爭取勞農大眾的利益，那是我們同情的」，可是往下，胡適又指出：俄國大革命的「階級鬥爭的方法，造成了一種不容忍，反自由的政治制度，我認為那是歷史上的一件大不幸的事。這種反自由，不民主的政治制度是不好的，所以必須依靠暴力強力來維持他，結果是三十年很殘忍的壓迫與消滅反對黨，終於從一黨

---

[16]　《南腔北調集‧我們不再受騙了》，《魯迅全集》卷四，第 430 頁，人民文學出版社，1981 年。

的專制走上了一個人的專制。」[17]可見，胡適的不革命甚至反革命，是因為這種暴力革命一旦成功，則必然「剷除一切反對黨」（胡適）。民主政治，與其是魯迅所認為的「眾治」，毋寧是一種「政黨政治」，它的基本條件，就是有兩個互為作用和互為反對的政黨存在，一在野，一在朝。當革命必須依靠暴力時，當暴力又不容反對黨存在時，專制已經開始了，儘管它可以聲稱自己是民主，甚至是真正的民主。但它的偽劣在於，它已經破壞了反對黨存在這一民主政治的最基本的條件。胡適把這一條件不復存在的政治制度，稱之為「反民主的集體專制」。因此，無論是張揚民主，還是警惕革命，不難看出，胡適都是以「寬容」理念貫通於論述之中的。

然而，胡適到底是胡適，魯迅也依然是魯迅。胡適反對革命是因為革命後暴力因其慣性而剎不住車，魯迅擔心的卻是革命後暴力沒有貫徹到底，以致功虧一簣。1927 年，魯迅寫下了〈慶祝滬寧克復的那一邊〉，文中涉及俄國革命，他引用了列寧的一段話：「第一件事就是不要陶醉於勝利，不要驕傲；第二件事就是要鞏固自己的勝利；第三件事就是要徹底消滅敵人，因為，敵人只是被打敗了，但是還遠遠沒有被徹底消滅。」[18]所謂「徹底消滅」，顯然就是肉體消滅了。但，魯迅卻盛讚，說：能說出這種話，「俄國究竟是革命的世家，列寧究竟是革命的老手」（引同前），並由此及彼，把蘇俄革命的經驗引入到對中國歷史的反思：「前年，我作了篇短文，主張『落水狗』還是非痛打不可，就有老實人以為苛酷，太欠大度和寬容……在中國，歷來的勝利者，有誰不苛酷的呢……只是他嘴上卻說著什麼大度和寬容……事實上，到現在為止，凡有大度，寬容，慈悲，仁厚等等美名，也大抵是名實並用者失敗，只用其名者成功的。然而竟瞞過了一群大傻子。」[19]魯迅的陳述固然是事實，

---

[17] 胡適〈眼前世界文化的趨向〉，《胡適文集》卷十二，第 672 頁，北京大學出版社，1998 年。

[18] 《集外集拾遺補編‧慶祝滬寧克復的那一邊》注 7，《魯迅全集》卷八，164 頁，1981 年。

[19] 《集外集拾遺補編‧慶祝滬寧克復的那一邊》，《魯迅全集》卷八，第 162 頁，

於是，事實判斷也就成了魯迅的價值判斷。這種判斷表現在他對辛亥革命的經驗總結上，就有了對應的表達：「民元革命時，對於任何人都寬容（那時稱為『文明』），但待到二次革命失敗，許多舊黨對於革命黨卻不『文明』了：殺。假使那時（元年）的新黨不『文明』，則許多東西早已滅亡，那裏會來發揮他們的老手段？」[20]一直到去世前一年的 1935年，魯迅依然無改自己的看法：「二十四年前，受了所謂『文明』這兩個字的騙。到將來，也會有人道主義者來反對報復的罷，我憎惡他們。」[21]辛亥革命失敗的原因，在魯迅這裏，原來也就兩個字：「欠殺」。之所以如此，還是因為上了「寬容」這種「文明」的當。如果這也是魯迅的政治見解，它和以上列寧所述的第三點是一個脈系。不妨注意一下有列寧引語的這篇文章的寫作日期：1927 年 4 月 10 日。這篇文章，魯迅是為當時已取得很大勝利的北伐革命而寫，他是擔心國民黨重蹈歷史覆轍，所以，才一廂情願地談及蘇俄經驗並辛亥教訓，意在鼓勵其繼續革命。始料不及的是，僅僅兩天，就發生了歷史上馳名中外的「四‧一二事件」，蔣介石果然借鑒了蘇俄革命的「殺」的經驗，又汲取了辛亥革命「欠殺」的教訓，舉起了屠刀。蔣介石當然不需要讀魯迅的文章，但，他之所作所為，正不違魯迅所言所論。於是，輪到魯迅「目瞪口呆」了，「我一生從未見過有這麼殺人的」（魯迅自己的話），他甚至再也不肯把這篇文章編入自己的文集而任其散佚（該文是魯迅去世後由許廣平找出來編入《集外集拾遺補編》的，時為 1938 年）。可見，深刻如魯迅也沒料到，暴力的屠刀一旦舉起，無論革命的，還是反革命的，都不問青紅皂白。1927 年有「清黨」，1950 年代不也有「肅反」麼。無論說的和做的，共用的都是同一種政治思維，它的表現說穿了也就是中國歷史上以殺來解決問題的「老手段」。有這樣的手段，就有這樣的論客。魯迅對此只有認同，無有超越；而且對胡適所提倡的近世以來作為政治文明的「寬

1981 年。
[20] 《兩地書‧三五》，《魯迅全集》卷十一，第 102 頁，人民文學出版社，1981 年。
[21] 〈書信‧致蕭軍、蕭紅〉，《魯迅全集》卷十三，第 250 頁，人民文學出版社，1981 年。

容」，還諷貶再三，甚至憎惡。至此，我們也大致可以明白，在胡魯那裏，什麼叫「最堅決」、「不妥協」、「徹底」，什麼又叫「軟弱」、「妥協」、「不徹底」。

然而，關於辛亥革命，魯迅有魯迅的看法，他人有他人的看法。看法與看法又是如此相左。在魯迅「痛打落水狗」之列的章士釗，當然也有自己的看法。這裏只錄不評，補為參照：

> 滿清乍倒，愚執筆於上海《民立報》，見夫舉國若狂，一往莫復，曾將奢呂梅因之說，反復說明，意在促革命者之注意，使不懷極端之見，視政質為前清所有者，悉毀之而不顧，人物為前清所重者，悉拒之而不接，以致釀成反響，更生政變。……雖黨人失敗，是否全由新舊社會之不相容，尚待推論，而彼未能注意於利益不同之點，極力為之調融，且挾其成見，出其全力，以強人同己，使天下人才盡出己黨而後快，又其中有所謂暴力分子者，全然不負責任，肆口謾罵，用力擠排，語若村嫗，行同無賴，因之社會之情以傷，陰謀之局以起，則事實俱陳，無可掩也。[22]

1922 年，胡適也有對辛亥革命以來的十年局勢的看法，亦補參照：

> 我們覺得這十年的民國史上，政黨的狹窄態度，彼此不容忍對方的主張，專鬧意見，確是大亂的一個大原因。[23]

只是以魯迅的深刻來看，胡章的議論恐怕都屬「大傻子」之列了。

（四）「威權」，還是「極權」

如果追述上一部分李澤厚先生對胡適的評價，當他認為胡適的思想尤其政治思想淺薄、無聊、渺小到可以不予理會時，那麼，他緊接著提

---

[22] 章士釗〈政本〉，《為政尚異論》，第 99 頁。
[23] 胡適《關於〈我們的政治主張〉的討論》，《胡適文集》卷三，第 348 頁，1998 年。

出的問題又是什麼呢:「唯一值得注意的是,胡適由一個主張西方民主的自由主義者,為何會最終走向了蔣介石的獨裁政權。」[24]該問題是個老問題了,它當然不是李澤厚最先提出,早在 1950 年代,郭沫若等人就拎出它來,作為胡適甚至不止是胡適而是整個中國自由主義的罪證。當然,李澤厚也不是最後,直到今天,這個問題依然常老常新,被人們刻刻掛在嘴頭。當年胡適們的取捨,似乎最大限度地「敗壞」了自由主義本來就並不好聽的聲名。人們實在難以想通,自由主義既然追求的是自由,怎麼會和獨裁走到一起呢?

　　凡是提出這樣問題的人,不妨先行考量一下自己的政治學知識。

　　蔣介石政權的確是「獨裁」政權,獨裁人人痛恨,因此,人們往往忽略不同獨裁之間的區別。根據 20 世紀的現代政制來看,它至少存在著兩種獨裁形態,一種是「威權型獨裁」,一種是「極權型獨裁」。這兩種不同形態的獨裁有其共同性,如黨、政、軍權力往往壟斷於一人之手,並且按胡適所說這種權力還不受法律限制。但,它們之間的不同似乎被忽略了。如果說「威權型獨裁」基本上是一種傳統型獨裁的話,「極權型獨裁」則是它的現代形態。這種獨裁表現為「政治全能主義」,它從兩個方向上把政治權力發揮到極致:一是權力的範圍,一是權力的程度。前者,權力走向「無限」,即政治權力滲透於社會每一空間,它使經濟、文化和一般社會生活都高度政治化。整個社會已然沒有公共領域和私人領域的區分,沒有民間社會可言。社會的邊界在哪裏,權力的半徑就指向哪裏。後者,權力走向「無形」,作為一種深度滲透,政治權力以「意識形態」的方式進入看不見的思想、觀念、意識和人心。思想範疇本是人的自由的最後的領地,當初,自由主義爭自由也是從這裏起步,從而導致政教分離。而意識形態恰恰是以「有形」入「無形」,試圖進行思想整合和控制,使之走向新的政教合一。因此,美國的漢娜‧阿倫特特別強調意識形態在極權主義統治中的首要地位,後來的極權主

---

[24] 李澤厚:〈胡適　陳獨秀　魯迅〉,《中國思想史論‧下》第 918 頁,安徽文藝出版社,1999 年。

義研究者如弗里德里希和布熱津斯基也共同地把極權主義的第一個特徵視為「無所不在的官方意識形態」。

根據我個人閱讀，胡適最早使用「極權」概念是在《獨立評論》時代，尤其是赴美後的 1941 年。該年夏天，他應邀在美國密西根大學作政治講演，題為「民主與極權的衝突」，該講演接著發表在《美國政治社會科學學會年報》上。這個英文講演的題目雖然是意譯，但並不走形，因為胡適文中大量使用「極權」這個概念。胡適根據美國《紐約時報》上馬克思・伊司曼的文章，不僅歸納了包括以上兩點在內的極權體制的二十個特點，以此和民主體制進行比較；並十分明確地把極權體制鎖定在當時的三個國家上：社會主義蘇聯、納粹主義德國和法西斯主義義大利。1947 年，胡適又有「兩種根本不同的政黨」一文，它實際上是上文的繼續，儘管文中沒有用「極權」這個詞。但，胡適所做的甲式政黨（以英美政黨為代表）和乙式政黨（以蘇俄政黨為代表）的條款性比對，也依然是在比較民主與極權的不同。應該說，這樣的對比對於胡適，帶有自我清算的性質；因為他曾經在一定程度上認同過蘇俄革命。然而胡適一旦認清革命後蘇俄政制的極權面目，他自然要做出反向的選擇。

和極權體制相反的當然是民主體制。可是，對中國自由主義來說，這不是一個現成的體制，而是一個在現實土壤中尚待形成的體制。因此，胡適與其說是選擇民主，毋寧說是選擇有可能走向民主的體制土壤。比較而言，1949 年以前的國民黨體制，是在「民主體制」和「極權體制」之間的一個「威權體制」。它儘管也是獨裁的（就像極權體制可以是非獨裁的一樣），但比之極權，它的權力有相當的限制。如上，極權政治的範圍無遠弗屆，而威權體制有國家與社會的區分，它的許可權不可能由國家向社會無限延伸。一般情況下，這個政權並不干涉民間社會和私人領域的存在，也不干涉私有經濟和市場。另外，威權體制不搞意識形態，它是一種有形的權力且止於有形，沒有以意識形態統一意識的訴求，也不進行思想控制和表態。由於政教分離，宗教、信仰、文化等領域中的事務，不是國家包辦，而是取決於個人或各自不同的社群。

國民黨從本質上來說，是蘇俄性質的政黨，這是胡適的論定。比如它搞一黨專制、搞黨化教育、搞新生活運動、搞一個政黨、一個領袖、一個主義等，都是向極權靠攏的表現。但由於各種機緣、條件和因素，它直到自己交出權力的那一天，也沒有完全蘇俄化，充其量是搖擺於「威權」與「極權」之間。另外，根據胡適的判斷，「孫中山究竟是受英、美政制影響最深的人，所以他雖然採用蘇俄黨制，終不肯承認一黨專政是最後境界，只承認是過渡到憲政的一個準備時期。」[25]這個時期，胡適還可以在國民黨外辦《新月》、辦《獨立評論》。雖然，這些雜誌可以被查封，就像查封了還可以再辦；但極權體制卻不需要這樣，它預先就不讓你出現。因此，當年儲安平談自由的「多少有無」，放到這裏，威權體制就是自由的多與少，極權體制則是自由的有與無。

這就是 20 世紀中國自由主義之難，它不是在民主與極權之間選擇，而是在「威權」與「極權」之間選擇。胡適斥極權而擇威權，並非對它認同，而是一種基於「寬容」的考量。這裏的寬容不是別的，是一種制度空間，或者說，寬容就在於空間。力主政治寬容的胡適緊盯的不是民主自由滿天飛的口號，而是它可以播種的土壤。極權體制作為一種剛性體制，權力之外無空間，內裏也不存在轉圜的餘地。因此，民主口號滿天飛，卻著不了地。威權不然，它有它權力不達到的地方，這地方再小，也有一個「寬度」，可以「容納」不同的聲音。比如，你能想像極權體制也會容有《獨立評論》這樣的刊物甚至刊名嗎？獨立的空間在哪裏？而威權，這個空間，外在於體制，它恰恰就是可以播撒民主種子的土壤。自由主義正是在這塊土壤上開展自己的工作，並試圖以漸進的方式，一寸一寸拓展之。它之所以反對蘇俄式的暴力革命，是因為推翻威權的暴力需要集聚更大的暴力，這種暴力一旦被集聚，就不可避免地極權化，當它摧毀威權的暴力時，連同被摧毀的勢必包括那原本就弱小的空間，於是，民主與自由徹底失去生長的土壤而僅流於滿天飛的口號

---

[25] 轉引胡頌平《胡適之先生年譜長編初稿‧六》，第 1962 頁，臺北，聯經，1984 年。

——試問這是歷史、還是紙上的推理？由此可見，胡適的選擇不僅是可以解釋的，而且不能不說他具有相當高明的政治眼光。

這樣的眼光，魯迅就不具備。只要讀讀 1930 年代魯迅謳歌蘇聯的雜文，那些一廂情願的簡單的甚至是幼稚的表態，就讓人為曾經深刻過的魯迅汗顏不已。魯迅對蘇俄體制的認同，在於魯迅不懂現代政治，他深諳的倒是由他所揭發的那些充斥著「老手段」的傳統吏治；同時也在於他的視野不開闊和資訊不對稱，他既不能直接瞭解蘇聯，又更多受身邊的人的影響，比如瞿秋白；除此之外，也不能不說，魯迅自身的不寬容的精神氣質，使他比較容易和極權體制產生一定程度上的契合。

須知，極權體制的基本表現之一，就是不寬容，尤其是在思想文化上。

1933 年，魯迅作〈華德焚書異同論〉，事緣希特勒上臺後大肆焚書，國內有批評者將其類同於當年焚書坑儒的秦始皇。魯迅對這種比況不滿，遂作文為秦始皇辯護。當人們說到希特勒燒書像秦始皇時，魯迅覺得希特勒豈可與秦始皇相比，因為「可比於秦始皇的車同軌，書同文……之類的大事業，他們一點也做不到」：這是為秦始皇一褒。至於燒書，魯迅則認為「冤枉得很」，冤何？魯迅直陳：「不錯，秦始皇燒過書，燒書是為了統一思想」：這是為秦始皇一饒。焚書坑儒，本是無可饒辯的罪惡。放到千秋萬代，也只這一句。可是，魯迅不僅認同，而且為其提供「是為了統一思想」的合理性，這就讓人看不懂了。其實也好懂。魯迅下面又說：秦始皇「收羅許多別國的『客卿』，並不專重『秦的思想』，倒是博采各種的思想的。」[26] 博采各種思想作為自己的統治思想，一邊；另一邊則燒書焚毀民間思想，或不讓民間有思想：所為者何？按魯迅的意思，不就是要用自己的統治思想來「統一思想」嗎。什麼叫思想專制、什麼叫意識形態，這就是了。如果有誰對上述極權體制的意識形態分析尚有不甚，那麼，就請讀讀這裏吧，這裏有一個活生生的例子。在這個例子之外的是胡適。胡適對秦始皇的焚書坑儒也有發言，他恰好是在極

---

[26]　此段引語俱見《准風月談·華德焚書異同論》，《魯迅全集》卷五，第 213 頁。

權體制形成的框架內談論這個問題。不過，魯迅的「統一思想」在胡適那裏是用另外一個詞「上同」（即「同於上」），這個詞來自中國先秦時的墨子。胡適稱墨子思想為「中國古代極權政治的起來」。為什麼？因為上同「就是下面一切要上同，所謂『上同而不下比者』，——就是一種極權主義」。只是胡適認為墨子沒有機會實現自己的極權主張，但，秦始皇卻替他實現了。秦始皇的「帝國成立後，極權制度仍繼續存在，焚書坑儒，毀滅文獻，禁止私家教育。……所謂極權主義的哲學思想：極權國家不但起來了，而且是大成功。」[27]

一個焚書坑儒，兩種不同的評價。評價中的胡適和魯迅，同時也把自家的思想曝露得清清楚楚。

在魯迅認同秦始皇燒書統一思想之前，1920年代末，針對國民黨黨治剛剛開始時的思想專制，胡適發起了「人權運動」。作為盟友之一，梁實秋先生在《新月》雜誌上發表「論思想統一」，反對的就是統一思想。他說：「思想這件東西，我以為是不能統一的，也是不必統一的」（是不是與魯迅相反成趣）。他批評國民黨所仿效的蘇俄，說：「在俄國，他們是屬行專制主張思想統一的」。於是，梁實秋這樣表態：「我們現在的要求是：容忍！我們要思想的自由，發表思想的自由，我們要法律給我們以自由的保障。」[28]當然，這是梁實秋與國民黨過招，在此不表，他反正是被魯迅誣為國民黨的「乏走狗」了。現在要說的是他和魯迅的過節，過節之一便是關於「無產階級文學」的論爭。梁是反對無產階級文學的，認為它既沒有理論，也沒有作品（只有宣傳）；更反對它的不寬容，要把非無產階級的文學統統打倒。他說：無產階級文學「用不著高呼打倒資產的文學來爭奪文學的領域，因為文學的領域太大了，新的東西總有它的位置的。」[29]魯迅是怎麼回答的呢？魯迅認為「這好像『中

---

[27] 胡適語俱見〈中國古代政治思想史的一個看法〉，《胡適文集》卷十二，第180頁。

[28] 本段引述見梁實秋〈論思想統一〉，轉引《胡適文集》卷五，第557-563頁，北京大學出版社，1998年。

[29] 梁實秋〈文學是有階級性的嗎？〉，轉引《二心集·「硬譯」與「文學的階級性」》，《魯迅全集》卷四，第208頁。

日親善，同存共榮」之說」，「是一種欺騙」（我看不出欺騙在哪裏）。然後強調：「無產者文學是為了以自己們之力，來解放本階級並及一切階級而鬥爭的一翼，所要的是全般，不是一角的地位」。[30]好一個「全般」與「一角」，話說得再清楚也不過了。梁實秋視無產者文學為無產階級文化之一翼，由文學而文化，唯無產一家而無有其他。這叫什麼？如果上面是「統一思想」，這裏就是「統一」文學和文化了，當然是由無產階級來「統一」。「統一」即「大一統」，因此，「所要的是全般」實質上就是無產階級專政在文學文化領域中的延伸。從上述的思想「統一」，到這裏的文學「全般」，這兩個詞已經表白了極權體制在思想文化領域內的訴求。請不要小看一兩個詞，它不經意就洩漏了語用者的一貫的心態。

只是，我不知道，魯迅對蘇俄體制的認同，是不寬容本身就內傾著極權的可能，還是因為認同於極權而變得更加不寬容。但，可以肯定的是，不寬容和極權之間，在邏輯上是一種「互文」。

（五）「兩種相反的勢力」

tolerance 的胡適和 intolerance 的魯迅，這個題目，從哲學、倫理到政治，歷時半年，做了三篇，今告結束。結束之際，想到了胡適 1947年和當時英國駐華大使的一次談話。那位大使對胡適說，中國是個「小世界」，處境正與「大世界」同樣困難。「大世界的問題是兩種相反的勢力，———個 tolerant 的勢力，一個 intolerant 的勢力——正在『武裝和平』之下維持現狀」。[31]中國這個「小世界」不論，胡適和魯迅分別選擇了「大世界」中這兩種不同的勢力，由於這兩種勢力的根本不同，胡魯也就被根本地區別開來，這也是沒有辦法的事。就此而言，本文不想在胡魯之間搞調和，而是要把他們的不同盡可能分疏清楚。儘管胡適不是沒有可非議的地方，比如他晚年大談寬容時卻缺乏對抗爭的強調；

---

[30] 《二心集·「硬譯」與「文學的階級性」》，《魯迅全集》卷四，第 208 頁。
[31] 轉引胡頌平《胡適之先生年譜長編初稿·六》，第 1962 頁，臺北，聯經，1984 年。

魯迅也不是沒有可汲取的資源，比如相對於胡適的「不合作」和「體制外」。但在基本價值的判斷上，本文認為，寬容的胡適因著他的「寬容」，是一個需要「去蔽」並弘揚的對象，尤其在今天；同樣，不寬容的魯迅也因其「不寬容」，則是一個需要「解魅」並重新認知的對象。寬容、還是不寬容，到今天依然不幸是世界上兩種不同的政治力量，相信胡魯當年各自不同的選擇，可以成為我們今天的資鑒。

五、歧路

（一）「有的……有的……有的……」
　　　「或是……或是……或是……」

「五四」是一個「結」。

歷經「五四」的人，不管後來分歧多大，說起那場轟轟烈烈的「新文化運動」，分明都難以忘卻。1930 年代，魯迅「卻顧所來徑」，不免發出這樣的感慨：

> 後來《新青年》的團體散掉了，有的高升，有的退隱，有的前進，我又經驗了一回同一戰陣中的夥伴還是會這麼變化，並且落得一個「作家」的頭銜，依然在沙漠中走來走去。[1]

「蒼蒼橫翠微」，時間一晃又過去了二十多年，到 1950 年代，胡適幾乎重複了魯迅這層意思，只是感慨更為深致：

> 在近四十年前開始的「中國文藝復興運動」──又叫做「新思潮運動」，「新文化運動」，最普遍但最不正確的名稱是「五四運動」，……在這個中國文藝復興運動的近四十年的過程中，有好幾位急先鋒或是早死了，或是中途改道了，或是雖然沒有改道而早已頹廢了，──只剩下我這一個老兵總算繼續不斷的努力工作了四十年。[2]

魯謂：「有的……有的……有的……」
胡曰：「或是……或是……或是……」

---

[1]　《南腔北調集·〈自選集〉自序》，《魯迅全集》卷四，第 456 頁，人民文學出版社，1981 年。

[2]　胡適〈四十年來中國文藝復興運動留下的抗暴消毒力量〉，轉引《胡適論爭集·下》，第 2815 頁，中國社會科學出版社，1998 年。

　　無論胡魯，半是感慨，也半是遺憾。

　　在胡魯各自不同的感慨與遺憾中，不知道對魯迅而言，胡適是「高升」呢、還是「退隱」，可以肯定不會是「前進」。轉對胡適，魯迅可能「早死」了，也可能「中途改道」，卻肯定不會是「頹廢」。胡魯之間，胡適對魯迅的評價向來趨高，此正如魯迅對他的評估卻一路下行，以至不堪。

　　如果不以胡魯眼光，而是自己來看。出離「五四」的胡魯，其實都是「前進」的，只是前進在不同的路徑上，而且漸行漸遠。所謂「物兩為歧」，如果不搞價值預設，他們兩人是勞燕分飛，互為歧路了。然而，在思想史的層面，價值評價終屬難免，這時，胡魯之間，誰又為歧？

　　本文試圖面對這個問題。

（二）〈我的歧路〉

　　看起來，胡適不甚滿意「五四」這個稱謂，他自己較一貫的叫法是「文藝復興」。最通常的叫法是「新文化運動」，胡魯有時還稱它為「思想革命」。但，在後人眼中，它分明是一場「啟蒙運動」，顯然這是在比附法國大革命前那場具有世界性意義的思想文化運動。

　　稱謂固然繁多，但就這場運動的內容來看，也就兩大塊：白話文和新思潮。前者如果在文學範圍，後者則屬思想史。只是以上那些稱謂主要是針對新思想而不是白話文。就新思想而言，陳獨秀、胡適和魯迅，是其中鼎立的三位。陳獨秀是這場運動中新思想介紹的始作俑者，就像胡適是新文學運動的發起人一樣，而自稱「聽將令」的魯迅本來是啟蒙運動的後來，但後來居上，他的作品和作品以外的因素使他在大陸中國，時間愈久，聲譽愈隆，以至對前兩位形成反超和遮蔽。長期以來，只要提起五四，魯迅便是第一尊偶像。按毛澤東在不同場合的說法，陳獨秀是五四運動的「總司令」（但半路出走且是空頭），胡適的功績好像就在白話文。唯有魯迅，不僅是五四啟蒙的化身，而且他的方向也成了五四以來新文化的方向。

在五四新文化中，陳、胡、魯雖然話語各有側重，但都是在思想文化（包括文學）的框架內運作。這種價值趨同，使他們（當然不止這三人）構成了魯迅所說的「新青年」團體，這個団體若干年來全力開展對中國舊傳統的批判。在這場聲勢浩大的思想批判中，根據美國普林斯頓大學周質平先生的研究，如果不論別人而僅就胡魯，應該說胡適是走在魯迅的前面。周先生曾做過一個有意思的比較：「胡適在1918年7月寫了〈貞操問題〉，發表在《新青年》第5卷第1號上，強烈地批判了女子單方面守節、殉夫等不人道的傳統。一個月後，魯迅在《新青年》第5卷第2號上，發表了〈我的節烈觀〉，他們的看法是基本一致的。胡適在1918年7月，作〈我的兒子〉詩，反對傳統的孝道，他要他的兒子『做一個堂堂的人』，而不要做『孝順的兒子』。這首詩發表在1919年8月3日第33期的《每週評論》上；兩個月以後魯迅在《新青年》第6卷第6號上寫了〈我們現在怎樣做父親〉，批判了以父母為本位，而不以子女為本位的親子關係。」比較之後，周先生的結論是「這樣在時間上一前一後相繼出現論題相同、態度相同的文章，絕不能以單純的『偶然』作為解釋。魯迅所受胡適的影響是不能輕易忽視的。」[3]如果周說成立，就不止是影響，而是「捷如影響」。

可是，這樣一個互相影響互相滲透的團體，蜜月難久，五四剛結束，就逐步「有的……有的……有的……」，「或是……或是……或是……」了。以整個二十年代為一個時間段，可以看到，是魯迅始終堅持啟蒙理念，始終在思想文化領域內作持久戰，始終把「改造國民性」視為拯救國運的根本。而陳獨秀丟下啟蒙去搞政治去了。胡適呢，從表面上看，也丟下思想文化，轉而面向政治了。當然，陳胡有著根本的不同，陳搞政治的方式是組黨，而胡只是以知識份子的身份辦刊論政。但這三人之間兩人出軌，都不符合魯迅的價值理路，因此魯迅遂有「荷戟獨彷徨」之歎。放下陳獨秀不談，胡適的轉向，即使在當時，就頗有議論。當胡適主辦了一份以政論為主的週報《努力》時，時在《晨報副刊》的孫伏

3　周質平《胡適與中國現代思潮》第29-30頁，南京大學出版社，2002年。

盧寫信給胡適，說：「我總有一種偏見，以為文化比政治尤其重要；從大多數沒有智識的人，決不能產生什麼好政治。從前許多拋了文化專談政治的人現在都碰了頭回過來了，為什麼先生一定也要走一走這條不經濟的路子？大多數人所以敬仰先生，換言之，『胡適之』三個字之所以可貴，全在先生的革新方法能在思想方面下手，與從前許多革新家不同……。現在先生拋棄……這些可寶貴的事業，卻來作〈政論家與政黨〉一類文章，我知稍有識者必知其不值。」[4]這個孫伏盧就是魯迅的弟子孫伏園，伏盧是其筆名。他的話不但有其相當的代表性，而且直接和魯迅是一脈。直到 1925 年，魯迅在給許廣平的信中，也是這樣說：「最初的革命是排滿，容易做到的，其次的改革是要國民改革自己的壞根性，於是就不肯了。所以此後最要緊的是改革國民性，否則，無論是專制，是共和，是什麼什麼，招牌雖換，貨色照舊，全不行的。[5]孫魯師弟，推重的都是思想文化，而且相當排斥政治。「專制」與「共和」俱屬政治範疇，因此，魯迅除了國民性以外，對當時所有的（當然也包括胡適的）政治努力，根本不屑一顧。

「物兩為歧」：自「新文化運動」後，魯迅堅持「改革國民性」；胡適則轉向「改革政治」。由於魯迅的方向能夠續上「新文化運動」以思想文化為主導的價值譜系，胡適卻表現出大幅度的偏離；因此，胡適不妨自知之明，在接到上述孫伏盧等人的來信後，索性答以一篇類似自供狀的文字，題目就是〈我的歧路〉。面對（一）孫伏盧勸他談思想文化而反對他談政治，（二）另一位不贊成他談思想文化卻支持他談政治，（三）後一位只希望他全幅精力都用在政治上而不談其他，胡適禁不住慨歎：「這真是我的歧路了」，「我在這三岔路口，也曾遲回了三年；我現在忍著心腸來談政治，一隻腳已踏上東街，一隻腳還踏在西街，我的頭忍不住還是回望著原來的老路上！伏盧的怪我走錯了路，我也可以承認」。[6]這老路，就是思想文化的路，魯迅在這路上「改革國民性」，胡

---

[4] 轉引胡適〈我的歧路〉，《胡適文集》卷三，第 361 頁，北京大學出版社，1998 年。
[5] 《魯迅景宋通信集‧八》第 22 頁，湖南人民出版社，1984 年。
[6] 胡適〈我的歧路〉，《胡適文集》卷三，第 363 頁，北京大學出版社，1998 年。

適在這路上「價值重估」。俱未往，然而，魯迅依舊，胡適「變節」。他既然自認「走錯了路」，這「錯路」云云，也就是所謂的「歧路」。

（三）〈文化偏至論〉

為什麼，在價值評估的意義上，脫離思想文化而取道政治就是歧路呢？

無論魯迅的「改革國民性」，還是胡適的「改革政治」，對他們來說，都是改造中國。這樣兩條路，在邏輯上或事實上本可以殊途同歸，並行不悖，至少不必就此責彼，尤其是當它出自個人選擇時。但，胡適自謂「歧路」，魯迅則曰「偏至」。這其中，已經包含一種可以稱作「獨斷論」的東西。

在魯迅那裏，非常明確，改造中國，唯有「改革國民性」，其他免談。對政治動作，他根本不信任，聲稱「見過辛亥革命，見過二次革命，見過袁世凱稱帝，張勳復辟，看來看去，就看得懷疑起來」。[7]從懷疑到否定，時人的政治努力，比如胡適鼓吹的「好人政府」、「議會政治」等，魯迅本能地不以為然。這段話雖非明指胡適，卻也可以看作針對：「大約國民如此，是決不會有好的政府的；好的政府，或者反而容易倒。也不會有好的議員的；現在常有人罵議員，說他們收賄，無特操，趨炎附勢，自私自利，但大多數的國民，豈非正是如此的麼？這類的議員，其實確是國民的代表。」[8]政治否定之後，怎麼辦？魯迅開出了他的老藥方：「我想，現在的辦法，首先還得用那幾年以前的《新青年》上已經說過的『思想革命』。還是這麼一句話，雖然未免可悲，但我以為除此沒有別的法。」（引同上）

以上魯迅的思路有一正一反兩個特點，反是「反政治」，正則以「思想革命」為正宗。這一思路對他自己來說，淵源甚深，最早可溯自 1907

---

[7] 《南腔北調集‧〈自選集〉自序》，《魯迅全集》卷四，第 455 頁。
[8] 《華蓋集‧通訊》，《魯迅全集》卷三，第 21-22 頁，1981 年。

年他留學日本時所寫的〈文化偏至論〉。由這篇文章所奠定的魯迅思想，
一直到 1920 年代末接受馬克思主義止，始終是魯迅的指導思想。它既
是魯迅思想的發源地，又是魯迅日後指歸動作的深度背景。可以看到，
魯迅五四時的「思想革命」來自「偏至」，「改革國民性」來自「偏至」，
反對胡適等人的各種政治作為還是來自「偏至」。在這篇文章中，魯迅
先後伸出他的兩隻手，一隻手「掊物質」，一隻手「排眾數」。何謂「物
質」，即黃金黑鐵，亦即富國強兵，這是指「洋務派」幾十年來在物質
層面上所做的西化努力。而「眾數」即「眾治」即「民主」，它針對的
是戊戌維新以來立憲派在政治制度上所做的努力。在魯迅眼中，這兩種
努力不過是兩種不同的「文化偏至」，「橫取而施之中國則非也」。豈獨
為「非」，甚至是「新疫」：「二患交伐，而中國之沉淪遂以益速矣」。由
「偏至」導致「偏廢」，魯迅不僅在他自己的思想上徹底放棄了這兩個
層面，以至對別人的努力也一概否定。這就解釋了為什麼五四後他對胡
適等人的政治作為如此反感。

　　破而後立。魯迅既反「物質」亦反「眾數」，在破的廢墟上，魯迅
全力推出他自己的救國之道：「立人」。「立人」就是立人的精神個性，
所謂「張靈明」「任個人」是也。「緣督以為經」，在魯迅看來，只有抓
住「人」才是抓住「本」，前兩者則是「現象之末」。當然，魯迅筆下的
「人」即「個人」，已經間雜了濃厚的唯意志主義、尼采主義、無政府
主義、精英哲學等色彩，這裏不遑析論；但這「立人哲學」和魯迅五四
時的「思想啟蒙」分明遙相呼應，它們都是從人入手，而且也都是從思
想文化和精神個性的角度切入。不同在於，留學日本時的魯迅是從正面
立人，呼喚人的精神個性；五四時的魯迅更多是從反面立人，轉而批判
國民性。兩者殊途同歸。但，無論留學日本，還是五四啟蒙，魯迅的問
題首先還不在「立人」（儘管「立人」問題多多），更在魯迅「立人」時
對其他價值努力的一概排斥。如果在對前兩者排斥的基礎上純然走精神
個性的道路來立人，則勢必凌空蹈虛於一元主義的「文化獨斷論」。因
此，魯迅在批判前兩種「文化偏至論」時，他自己卻陷入了問題更嚴重

的「第三種偏至」──「立人」偏至（日本時）和「國民性」偏至（五四前後）。

如果宕開一筆，這「第三種偏至」影響大矣，不止影響魯迅，直到1980年代，文革結束，借官方「思想解放」運動而發生的知識份子「新啟蒙」，由它對1840年至五四運動這一現代化過程所作的歷史敘事，其「三段論」之概括，還是暗自這個「偏至」。按照這個「三段論」，海運以來的歷史第一段是「船堅炮利」的洋務運動，它是在器物層面上做現代化的努力。然而這種「師夷之長技以制夷」的努力到中日甲午海戰時被證明是失敗了，於是遂有作為現代化歷史第二段的「戊戌變法」。這是康梁等人從政治入手，它雖然比器物層面更進一步，因為東方比西方差的不僅是器物，同時也是制度。但，不僅戊戌變法轉瞬失敗（這喻示著政治改良此路不通），即使辛亥革命的成功，換湯不換藥，也沒有給中國帶來實質性的變化。兩次失敗後，現代化的第三波，也就是五四式的思想啟蒙應運而生。按魯迅所說的「根柢在人」，「人立而後凡事舉」（〈文化偏至論〉），器物與制度，都要由人來操縱與運作。因此，人的問題才是現代化的根本，而人的啟蒙也就是根本問題的解決。這樣一個從物質到政治再到思想啟蒙的「三段論」，正因應於魯迅從雙重否定到單一肯定的「剖物質」→「排眾數」→「倡立人」。它分明是一個逐步內化和深化的價值選擇系統，一步步逼進現代性的核心。由於在大陸中國，五四啟蒙是以魯迅為首席，因此魯迅的「深刻」意義再度被凸現。相形之下，在其他層面上努力的則不免流於「淺薄」。豈止是淺薄，凡放棄思想啟蒙而嘗試他途，就是「歧路」，胡適便是一個證據。

1980年代的知識份子借助這一「三段論」，其實是為自己的新啟蒙張目，因此，它在體制提出的「四個現代化」（都是當年器物層面上的現代化）之外，又提出了新的命題「人的現代化」。不否定這一命題的意義，哪怕就是在今天。只是這一命題沒有意識到當年魯迅的誤區，即「反政治」的價值取向。比如，也是在1980年代，相對於體制的「四個現代化」，有人提出了「第五個現代化」，它不是人的現代化而是制度現代化。對此，知識份子的熱情顯然要比啟蒙的熱情低得多，甚至不聞。

「人的現代化」和「政治制度的現代化」實際上活化了當年胡魯兩人的分歧，歷史總是重演；然而，整個 80 年代，知識界的價值側重，始終是文化啟蒙而非後者（這既與當時知識界主要由人文知識份子擔綱有關，當然也有關於那個時代的形格勢禁）。而那個年代的血與火的終結，再度宣告了思想啟蒙這一價值單位的破產。

21 世紀的今天，當年胡魯面對的問題經由 1980 年代再度由我們面對，假如我們繼承魯迅的是五四啟蒙、思想革命的話，那麼，「五四」之後，胡適所進行的制度努力——這是大半個世紀被忽略的努力——我們今天還能再忽略嗎？進一步，即使不取魯迅的偏至思維，那麼，魯迅的思想啟蒙和胡適的制度努力兩不廢存，這其中是否還有一個孰重孰輕、孰主孰從的選擇？刻下，這個選擇在同時可以作為價值資源的胡魯中，誰更切要？——胡、還是魯？

正是這些問題的存在，才使以下的討論具有最切近的意義。

（四）「歧路」中的胡適

林毓生先生多次批評五四中人有「藉思想、文化解決問題」的一元論傾向，這一傾向在以上魯迅的言動中表現最凸出。反「眾治」亦即「反政治」的魯迅是一個簡單的獨斷主義者，他試圖以思想文化尤其是所謂國民性「化約」政治與其他。至於胡適，問題就比較複雜。作為五四中人，不能說他沒有「藉思想、文化解決問題」的傾向，但，他到底又不曾落入文化獨斷論的窠臼。如果從「知行」角度分析，可以看出胡適在這一問題上的矛盾，亦即「知」的層面，胡適確有對思想文化的倚重，並企圖借它來解決政治問題；而在「行」的層面，胡適分明又突破了自己的認知框架，顯示出「亦思想亦政治」的二元特點。

胡適看重思想文化，當然和他的知識份子身份有關。儘管留美時就養成了關心政治的習慣，但他回國伊始，卻發誓「二十年不談政治」。根據胡適自述，1917 年他從太平洋上回國，船到日本橫濱時，先聽到張勳復辟的消息，船到上海時，又看到出版界、教育界的孤陋與沉寂，

於是便認為作為政治事件的張勳復辟並不奇怪，根子卻在思想文化和出版教育上。自此便下決心不談政治，而是「要想在思想文藝上替中國政治建築一個革新的基礎」。[9]這樣的心路歷程應該和魯迅一樣了，甚至策略也一樣，都是要從文藝入手。並且我們已經知道，作為思想啟蒙的先驅，胡適比魯迅要進入得早。幾年下來，他寫了八、九十萬字的文章，只有一篇與政治有關（自云）。

　　但是，思想啟蒙的任務並沒有完成，那個替政治建築的基礎也沒有竣工，胡適便忍不住「毀諾」談政治了，以至他自己都不得不以「歧路」自謂。其實這個「歧」在胡適那裏體現出兩重含義：一，如果以思想文化為正宗，那麼，切入政治就是歧路了。二，它同時也隱有「多元」的意思，即胡適自謂的「三岔口」。就後一意思言，可以看到，胡適在談政治的同時，並沒有放棄思想文化，他自己的話，一隻腳在東街，一隻腳還在西街。比如，當胡適決意把談政治作為文化之外的「新努力」，並把自己主編的刊物稱名為《努力》時，針對讀者的提問，他這樣回答：「我們這個報並不是『專』談政治的。政治不過是我們努力的一個方向。……我們這幾年所以不談政治，和許多不談政治的人略有不同：我們當日不談政治，正是要想從思想文藝方面替中國政治建築一個非政治的基礎。現在我們雖然因時勢的需要，不能不談政治問題，但我們本來的主張是仍舊不當拋棄的，我們仍舊要兼顧到思想與文藝方面的。」[10]胡適把思想文藝視為政治的基礎，這在認識上顯然有問題。不是說思想與政治沒有關係，但並不是基礎與被基礎的關係。政治的基礎不是建築在思想文藝上，而是建築在「利益」上。作為公共事務的政治大抵是保障私人利益，同時提供公共利益。政治上的分爭也通常表現為不同集團之間的利益博弈。然而「利益」卻是五四啟蒙最缺乏的辭彙，胡適對此亦無所認知。但，考其言未若察其行，胡適在認識上固有不足與偏差，就「行」而言，他的努力卻是在政治和思想文化上同時展開，兩未偏廢。

9　胡適〈我的歧路〉，《胡適文集》卷三，第 363 頁。
10　胡適〈我的歧路〉附錄三，《胡適文集》卷三，第 369-370 頁。

因此，把魯迅的獨斷論放在胡適身上是不合適的，林氏的「藉思想文化解決問題」如包括胡適，那也是沒有注意到胡適的複雜性而把他和魯迅一道「化約」了。

胡適的淡入政治，如其所言，是被「激」出來的，也是被「逼」出來的。

「逼」：「以前我們是不談政治的，結果政治逼人來談」，「正如穆罕默德不朝山，山朝穆罕默德一樣」[11]──這是胡適並不多見的幽默。另外，胡適籌備《努力》時，向北京員警廳遞交申請，卻被駁回，理由是房東不同意，這顯然是藉口。本來，自陳獨秀的《每週評論》被當局封禁後，胡適就希望有人出來重辦一份公開的、正誼的好報，但等了兩年多，沒人出頭，失望之下，自己擔綱。誰知出師不利，當局不許，這也是一種「逼」。因此，當他的朋友王雲五們勸他別辦了，只專心著述和做教授時，胡適的態度反倒很堅決：「我實在忍不住了」，「現在政府不准我辦報，我更不能不辦了」。[12]於是，「逼」出來的胡適在1922年2月4日的日記中記道：「今天另立一呈子，再請立案，措辭頗嚴厲」。[13]結果呢？查胡適同年3月31日的日記，最末一條是：「我們要辦的《努力》週刊，今日批准了；批上還要我們『慎重將事，勿宣傳偏激之言論』！」[14]

「激」：「我現在出來談政治，……其實大部分是這幾年的『高談主義而不研究問題』的『新興論界』把我激出來的」。[15]在胡適看來，那些「主義」論者閉口不談具體的政治問題，卻大談無政府主義和馬克思主義。於是胡適從實驗主義介入，這便有了那場「問題與主義」的討論。胡適的基本觀點是「多研究些問題，少談些主義」。儘管胡適自己奉行的也是一種主義：實驗主義。但實驗主義並不像其他主義提供一種意識形態性質的社會遠景，也不提供放之四海而皆準的抽象教條，它只提供

---

[11] 轉引胡頌平《胡適之先生年譜長編初稿》（二），第358頁，臺北聯經版，1984年。

[12] 《胡適日記》卷三，第552頁，安徽教育出版社，2001年。

[13] 《胡適日記》卷三，第544頁，安徽教育出版社，2001年。

[14] 《胡適日記》卷三，第599頁，安徽教育出版社，2001年。

[15] 胡適〈我的歧路〉，《胡適文集》卷三，第365頁。

一種方法，解決具體問題的方法。在這場討論中，胡適說：「我們不去研究人力車夫的生計，卻去高談社會主義；……不去研究安福部如何解散，不去研究南北問題如何解決，卻去高談無政府主義；我們還要得意洋洋誇口道，『我們所談的是根本解決』。老實說吧，這是自欺欺人的夢話，這是中國思想界破產的鐵證，這是中國社會改良的死刑宣告。」[16] 胡適的話今天聽來依然中肯。「根本解決」則必然導致獨斷論，持論者把它所奉行的「主義」視為解決一切問題的不二法門。胡適敏感於此，緊緊踩住問題而力反「一籃子」解決的各種主義。回顧剛剛過去的 20世紀，我們是不是吃夠了各種「主義」的苦，那種冠冕堂皇的「主義」是不是給中國帶來了深重的災難。值得一提的是，面對這一剛剛萌藥但又非常危險的思想傾向，胡適見微知著，其識見之深、揭發之早，預料之準，遠為時人所不及。因此，這樣的聲音雖然過去了八十多年，但聽起來，即使對今天，還是那麼發人深省：「我們是不承認政治上有什麼根本解決的。世界上兩個大革命，一個法國革命，一個俄國革命，表面上可算是根本解決了，然而骨子裏總逃不了那枝枝節節的具體問題；雖然快意一時，震動百世，而法國與俄國終不能不應付那一點一滴的問題。我們因為不相信根本改造的話，只信那一點一滴的改造，所以我們不談主義，只談問題……只存一個『得尺進尺，得寸進寸』的希望，然後可以冷靜地估量那現實的政治上的變遷。」[17]

然而，事情不斷起變化。也正是因為冷靜估量現實政治的變遷，當時和北洋政府較勁辦《努力》的胡適，在雜誌一年有半之後，卻決意讓它自動休克。原因在於北洋統治下那種「豬仔政治」和「反動政治」的不可救藥，這種政治到了登峰造極的地步，就是曹錕的賄選，這使胡適忍無可忍。由於《努力》的時評特點，致使在事務上談政治已到「向壁」之地步，而況胡適自云「為盜賊上條陳也不是我們愛幹的事」。[18]在政治不通的情況下，胡適再度偏向思想文化。按他的打算，《努力》暫時

---

[16] 轉引胡頌平《胡適之先生年譜長編初稿》（二），第 364 頁。

[17] 胡適〈這一周〉，《胡適文集》卷三，第 401 頁。

[18] 胡適〈與一涵等四位的信〉，《胡適文集》卷三，第 399 頁。

停刊，以後俟機改為月刊或半月刊，「從此以後，《努力》的同人漸漸地朝著一個新的方向去努力。那個新的方向便是思想的革新」，「我們還應該向國民思想上多做一番功夫，然後可以談政治的改革」。[19]這樣的想法，又折回五四，試圖重新接續啟蒙香火。「《新青年》的使命在於文學革命和思想革命。這個使命不幸中斷了，直到今日」，胡適認為「我們今後的事業，在於擴充《努力》使他直接《新青年》三年前未竟的使命，再下二十年不絕的努力，在思想文藝上給中國政治建築一個可靠的基礎」。[20]這個基礎論幾乎根深蒂固了，這是胡適的問題。但可以逆挽的是，胡適總是以自己的「行」校正著「知」的偏差。他不但同時表明，如果新雜誌出臺，「專從文藝思想方面著力，但亦不放棄政治」；（同上）而且事實上，胡適以後二十年乃至一生的努力，其權重所在，在政治而不在思想文藝。《努力》之後的《新月》，《新月》之後的《獨立評論》，《獨立評論》之後的《自由中國》，在在都是胡適政治努力的蹤跡。

據此，在文化與政治兩個維度上同時動作的胡適，但也是在「知行」上有著明顯不一致的胡適，他的「歧路」是歧誤之歧、還是並分兩歧、抑或兩者兼具，也就見仁見智了。

（五）「偏至」中的魯迅

1907-1927 年，十年抄古碑可以不論，二十年來的魯迅思維似乎沒有什麼變化，心不旁騖地單打一，以「立人」為鵠的，以思想革命為方式，艱巨地從事著人類靈魂改造的偉大工程。這個工程的名字就叫「改革國民性」。

從早年留日時的「立人」到五四前後的「改革國民性」，這一時間流程如果倒過來可能更合邏輯，即通過「改革國民性」來「立人」。當然，「國民性」問題魯迅在日本時就關注了，甚至在啟蒙後的 1930 年代，

---

[19] 胡適〈一年半的回顧〉，《胡適文集》卷三，第 396-397 頁。
[20] 胡適〈與一涵等四位的信〉，《胡適文集》卷三，第 400 頁。

魯迅對它依然掛懷，它幾乎纏繞了魯迅一生。在這個問題上，魯迅容或有他深刻之處，換言之，過往我們正是從這一點指認魯迅如何深刻；但，究竟是深刻，還是偏至，「國民性」話語到了這裏，不妨讓它成為問題。

魯迅對「國民性」的關注，最早應當是許壽裳的回憶。許魯 1902 年先後抵達日本，這一對朋友「見面時每談中國民族性的缺點」，經常涉及到的是這樣三個問題：「（一）怎樣才是理想的人性？（二）中國民族中最缺乏的是什麼？（三）它的病根何在？」討論往還中，兩人達成的共識是：「對於（一），因為古今中外哲人所孜孜追求的，其說浩瀚，我們盡善而從，並不多說。對於（二）的探索，當時我們覺得我們民族最缺乏的東西是誠和愛，——換句話說：便是深中了詐偽無恥和猜疑相賊的毛病。……至於（三）的癥結，當然要在歷史上去探究，因緣雖多，而兩次奴於異族，認為是最大最深的病根。」[21]那麼，如何解決「國民性」問題呢？魯迅第一次形成自己的想法似乎是在仙臺學醫時看了那場幻燈片之後。這是我們都很熟知的故事，日俄戰爭在中國爆發，一個充當俄國偵探的中國人被日本人抓住後行刑，而圍觀者同樣也是中國人，臉上並顯出麻木的神情。這一幕對魯迅刺激很大，自此「我便覺得醫學並非一件緊要事，凡是愚弱的國民，即使體格如何健全，如何茁壯，也只能做毫無意義的示眾的材料和看客……，所以我們的第一要著，是在改變他們的精神，而善於改變精神的是，我那時以為當然要推文藝，於是想提倡文藝運動了。」[22]這裏如果停下來和胡適做一比較，可以發見，同樣推重文藝，在胡適那裏是為了改革政治並給它提供一個思想基礎，而魯迅則是通過它來改變國民性。胡適的「政治／文藝」路線和魯迅的「國民性／文藝」路線，看起來都在文藝上用力，但其中的不同是很顯然的。如果去掉他們倆人那個可以作為「公分母」的文藝——多少人以此對胡魯作思想文化上的簡單的「通分」，以至模糊了這個「分子式」中更重要的不同；那麼，剩下的不同就是上面說過的胡魯在五四之後的

---

[21] 轉引《魯迅年譜》（一），第 93-94 頁，人民文學出版社，2000 年增訂版。
[22] 《吶喊‧自序》，《魯迅全集》卷一，第 417 頁，人民文學出版社，1981 年。

價值分殊:「政治導向 vs 國民性導向」。胡適的導向固然有問題,如上述,用文藝與政治對接,註定畫不成方圓;魯迅呢,他的導向(用文藝來改變精神又把精神視為「第一要著」)就能解決國民性的問題了嗎?

　　此路不通。魯迅很快就感到了寂寞。在他看來,一個人的主張,有贊同,就是促其前進,有反對,也是促其奮鬥,怕就怕什麼動靜也沒有。而提倡文藝運動的魯迅偏偏就碰上了這尷尬,這是他的感慨:「獨有叫喊於生人中,而生人並無反應,既非贊同,也無反對,如置身毫無邊際的荒原,無可措手的了,這是怎樣的悲哀呵,我於是以我所感到者為寂寞。」(同上)於是,歸國後的魯迅心如止水,一人躲在北京的 S 會館裏默默地鈔古碑,一鈔就是近十年,血也鈔得漸漸冷下去。魯迅的復出,已是在新文化運動開始之後。他與其是在錢玄同的鼓動下,其實更是在陳胡掀起的這場文化運動的熱潮感召下,以「聽將令」的自謙重新開筆。魯迅雖然重出江湖,但他對所謂的「文學革命」並沒有多大熱情,因為他本意就不在文學而在文學以外。他的意圖之一,便是以文藝的方式「將舊社會的病根暴露出來,催人留心,設法加以療治的希望。」[23]於是,他的「改革國民性」實際上更多地變成了「國民性批判」,而他的小說,比如《阿 Q 正傳》等,也就成了國民性批判的載體;當然,這並不妨礙這些小說照樣取得相應的藝術成就。由於胡適和魯迅儘管為了各自不同的目的,但都在文藝這個「公分母」上著力;因此,也許是出於同道之感吧,1922 年春,正值胡適籌辦《努力》之際,魯迅卻勸胡適多在文學上努力。這是胡適的記載,1922 年 3 月 4 日這一天,上午,胡適約來了魯迅之弟周作人和燕京大學校長司徒雷登等三人,一道談周作人到燕大教書事。三方會談,其中胡適是介紹,在胡介紹人看來,「他們談得很滿意」。下午,胡適又與周氏兄弟即「啟明、豫才談翻譯問題」,「豫才深感現在創作文學的人太少,勸我多作文學。我沒有文學野心,只有偶然的文學衝動。我這幾年太忙了,往往把許多文學的衝動錯過了,很

---

[23]　《南腔北調集·〈自選集〉自序》,《魯迅全集》卷四,第 455 頁。

是可惜。將來必要在這一方面努一點力」。[24]胡適的話總是那麼實在，他其實知道自己只有文學的衝動，而缺乏文學的才具。儘管在魯迅的勸說下心有所動，並自許將來；但，他分明口不應心，他的心已在即將出臺的《努力》上。因此，就「將來」而言，我們看到的是，當魯迅繼續以小說「批判國民性」時，胡適卻在做政論而問鼎國家政治了。

除了小說外，五四前後的魯迅投身「思想革命」時，他的另一方式就是隨筆和雜文。這些文章在啟蒙的大纛下，不妨類分為二，一類是「舊文明批判」，一類是「國民性批判」，當然這兩類有時也交織一起。前者，魯迅自云其文章：「有的是對於扶乩，靜坐，打拳而發的；有的是對於所謂『保存國粹』而發的；有的是對於那時舊官僚的以經驗自豪而發的；有的是對於上海《時報》的諷刺畫而發的。」[25]魯迅在這一類文章中所做的工作，與胡適類似，也與陳獨秀類似，他們的文章構成了《新青年》的主體，確實起到了振聾發聵的作用。但，這些文章之外，特屬於魯迅的，而且和他小說構成對應的，則是他的「國民性批判」。和小說的隱晦相比，魯迅雜文中的國民性批判則顯得如此直接和揚厲：「中國人的不敢正視各方面，用瞞和騙，造出奇妙的逃路來，而自以為正路。在這路上，就證明著國民性的怯弱，懶惰，而又巧滑。」[26]對於懶惰（這也是胡適批評過的問題），魯迅在與他人的通信中，不滿足於對方把它的表現視為「聽天認命」和「中庸」，而是倒過來深挖：「我以為這兩種態度的根柢，怕不可僅以惰性了之，其實乃是卑怯」。[27]而「卑怯」，魯迅又顯得更加痛恨：「中國國民性的墮落，……最大的病根，是眼光不遠，加以『卑怯』與『貪婪』……」。[28]「可惜中國人但對於羊顯凶獸相，而對於凶獸則顯羊相，所以即使顯著凶獸相，也還是卑怯的國民。」[29]無論「瞞和騙」、也無論「卑怯」，包括在日本時就批評的「詐偽無恥」

---

[24] 《胡適日記》卷三，第569頁，安徽教育出版社，2001年。

[25] 《熱風·題記》，《魯迅全集》卷一，第291頁，人民文學出版社，1981年。

[26] 《墳·論睜了眼看》，《魯迅全集》卷一，第240頁。

[27] 《華蓋集·通訊》，《魯迅全集》卷三，第26頁。

[28] 《魯迅景宋通信集·十》第30頁。

[29] 《華蓋集·忽然想到（七-九）》，《魯迅全集》卷三，第61頁。

等，可以看出，魯迅的「國民性批判」，如他所說，大體是「先行髮露各樣的劣點，撕下那好看的假面具來」。[30]

在現象層面上，也只是在現象層面上，魯迅的「國民性批判」很精彩。可是，「撕下假面具」也好，「發露劣點」也罷，都不是目的，目的是要「救正」和「療治」（魯迅語）。就這一點而言，魯迅做得如何？一個世紀以來，「國民性」問題已經成為魯迅神話之一，或者說它是魯迅神話中最重要的內容。對它，我們給予了過多的認同和稱讚，而稱讚又無不集中到魯迅的「深刻」上。只是這裏有一個問題，深刻如魯迅，其批判不可謂不力，然而，他解決國民性問題了嗎？爾後，我們蹈襲魯迅的思路，也言必稱國民性批判，可是，這個問題解決了嗎？沒有，絲毫沒有。一個世紀下來，魯迅所「發露」的國民性症狀樣樣存在，病勢無改。以一種經驗主義的眼光，魯迅的批判既然那樣無與倫比，而他的努力乃至一個世紀的努力又居然這樣勞而無功；那麼，是不是批判本身就有問題？奇怪的是，我們不僅沒有過這樣的質疑，反而把勞而無功當成了魯迅「深刻」的證據：瞧，魯迅所揭露的問題並沒有過時，今天我們依然需要魯迅。

尋醫問診，因病發藥。「國民性批判」這一貼藥所以無效，首先就在於對其病根的判斷上，魯迅有誤，而且一誤再誤。早在日本魯迅就關注民族性「病根何在」，「當然要在歷史上去探究」，可是，探究到的原因是什麼呢，他和許壽裳多次討論，其結果，「兩次奴於異族，認為是最大最深的病根」。把病根推到「異族」上，魯迅走錯了房間。如果說魯迅那時年輕，那麼到了新文化運動期間，他對病根的看法又有一變：「昏亂的祖先，養出昏亂的子孫，正是遺傳的定理。民族根性造成之後，無論好壞，改變都是不容易的」。[31]這時，病根又遊走到「遺傳」上，魯迅再一次進錯了房間，這次錯得更遠。出於這一認知，魯迅悲情難抑：「難道所謂國民性者，真是這樣地難於改變的麼？」[32]悲觀中的希望：

30　《華蓋集・通訊》，《魯迅全集》卷三，第 26 頁。
31　《熱風・三十八》，《魯迅全集》卷一，第 313 頁。
32　《華蓋集・忽然想到（一-四）》，《魯迅全集》卷三，第 17 頁。

「幸而誰也不敢十分決定說：國民性是決不會改變的。……這或者可作改革者的一點慰藉罷。」（同上）讓魯迅產生慰藉的是什麼呢，原來是《新青年》大張的兩面旗子之一「科學」。「我總希望這昏亂思想遺傳的禍害，不至於有梅毒那樣猛烈……即使同梅毒一樣，現在發明了六百零六，肉體上的病，既可醫治；我希望也有一種七百零七的藥，可以醫治思想上的病。這藥原來也已發明，就是『科學』一味。」[33]以「發露」來批，以「科學」來治，這樣就能解決國民性的問題？問題是，國民性與科學何干？魯迅這一味「七百零七」的藥非但不科學，反而是科學的迷信。

不僅病未「根」到點子上，就是病的稱名也不無問題。什麼叫做「國民性」？這原本是一個殖民性的話語，它是來到中國的傳教士（比如魯迅多次提及的美國傳教士史密斯）對漢族人群體性格的描述與歸納。在洋教士眼裏，中國人和西方人相比，大致愛面子、守靜、重群體而輕個體等。本來這種描述具有一定的人類學或比較人類學的意義，可是經日本人的翻譯尤其是梁啟超等人的引進，「國民性」話語成了一種問題話語，國民性也成了中國問題的癥結，好像此症不解，中國的振拔改進則無以為之；所以，梁啟超要「新民」，魯迅要「立人」。到了魯迅這裏，由於「國民性」已經徑直偏至到「劣根性」，這「劣根」種種，如「卑怯」、「瞞騙」、「詐偽」等又無不範屬負面性的道德指認。道德用以規範人性，當然是指人性的幽暗方面；因此，這些病象就不能以「國民性」冠之，它實在是「人類性」的通病，有誰能說漢民族以外的族群就沒有「卑怯」、「瞞騙」和「詐偽」呢？即以阿 Q 的「精神勝利法」而論，不是說外國人讀了後，也聲稱自己是阿 Q 嗎。這固然顯示了魯迅人物形象的概括性；但，這概括既然超越了單一民族的畛域，我們又為什麼要把人類的和人性的弱點專利為自己的「國民性」呢？

病名不確，病根未尋，這病想治也難。更難的是，魯迅治病只用單一的方子，而況這又是一個偏方。說偏，蓋因為魯迅所揭示的毛病，是

---

[33] 《熱風・三十八》，《魯迅全集》卷一，第 313 頁。

一種道德症候和精神痼疾，他要改變這樣的道德精神狀況，卻又是從精神自身入手，比如以「科學」來治，又以「文藝」來引。問題是，精神能治精神的病嗎？就像今天，面對諸多道德敗落，一味呼喊什麼以德而治是無濟於事的，病像固在道德精神領域，而病因卻在精神道德之外。過分相信思想文化的力量，相信精神的內在超越，應該說，是中國傳統文人慣有的毛病（比如漢宋而下的「正意誠心」），魯迅作為現代文人，儘管如此痛恨傳統，但在這一點上，卻和傳統如出一轍。然而，精神是救治不了精神的，啟蒙教育也好，思想革命也罷，「卑怯」、「瞞騙」、「詐偽」，哪怕你一而再再而三地批判，也不會有多大改觀。因為它們雖不是不可以批判——就此而言，批判是必要的；但，批判卻不能解決問題——這也是批判者必要明白的。魯迅明白嗎？看他的主張：「祖先的勢力雖大，但如從現代起，立意改變：掃除了昏亂的心思，和助成昏亂的物事（儒道兩派的文書），再用了對症的藥，即使不能立刻奏效，也可把那病毒略略屬淡。如此幾代之後待我們成了祖先的時候，就可以分得昏亂祖先的若干勢力，那時便有轉機。」[34]

魯迅分明是一條道往下走了。為這改變國民精神的「第一要著」，黃金黑鐵也不要，立憲國會也反對，唯精神而精神，且立志窮數代之力來打這場曠日無期的持久戰，真不知魯迅「伊於胡底」。偏至中的魯迅並沒意識到，僅靠精神這一架獨木橋，哪怕就是幾代之後，「國民性」改不了，「立人」也難以立。

（六）〈《政治概論》序〉（１）

在引入胡適這篇並不為人注意但又極為重要的文章之前，還要從1921年的六月三十日說起，這不妨是一個插曲。

是年是月是日，胡適的老師杜威及其妻女在華訪問兩年後準備回國了，臨行前北京的北大等五團體以公餞形式為其送行。席間，杜威一家

---

[34] 《熱風‧三十八》，《魯迅全集》卷一，第313頁。

三口遞次被邀發言，他們的發言以及送行者梁啟超胡適等人的發言俱由《晨報》的孫伏園記載又發在《晨報》上。其中杜威夫人的發言講了一個小故事，她說：「我到高師上課去，看見一間教室，有四個學生在那裏，一個人正在奏鋼琴，兩個人正在拉不同的兩種弦琴，一個人正在高聲朗誦。這樣的情形，在一間房內，可以有異調異器而竟同時發展，各不相妨，這是從前少見的。這個故事，是我到中國來所得的最可寶貴的紀念品，什麼事體都可以用他來說明。」故事後，杜威夫人稍作發揮，她就她在中國各地的見聞（亦即當時山西福建廣東諸地政治和教育等各項事業並舉的狀況）說：「這是我終身忘不掉的紀念，就是和一室內各事其事的學生一樣，能用異器異聲異調去找相當的諧和，無論什麼好的事總抵不上這一件。將來找到一個大家共同的目的，漸漸的異途同歸，這才是中華民國真正統一這一天。」[35]杜威夫人稱讚的是什麼呢，一個國家在各個方面的多元努力。她的稱讚真實地寫照了當時中國的情形，即以胡魯而論，五四之後，各自分頭，異調異器而同時發展。這是一個良好的生長態勢，無論魯迅繼續思想革命，還是胡適轉向政治努力，儘管兩者之間輕重有自，偏差或存，但，都為當時的中國所需要，而且並不互相排斥。

　　然而這各事其事的雙方，在認知上卻不一樣。胡適問鼎政治的同時，並不反對思想啟蒙，甚至他的政治努力也是一種啟蒙，政治啟蒙。魯迅不然，他在深入思想革命時，乃是悠悠萬事，唯此為大，除了一個國民性，並不相信任何其他，尤其是政治。於是，致力於政治的胡適和批判國民性的魯迅便構成了問題。這個問題應當不在胡適這一邊，而在魯迅。魯迅為什麼「反政治」？這裏就涉及魯迅在當時認知上的一個「潛邏輯」。在魯迅看來：「立人」優先，只有「立人」問題解決，才能言及政治及其他。因此，不妨再一次把前邊魯迅的話引渡到這裏：「大約國民如此，是決不會有好的政府的；好的政府，或者反而容易倒。也不會有好的議員的；現在常有人罵議員，說他們收賄，無特操，趨炎附勢，

---

[35] 轉引《胡適日記》卷三，第 345 頁。

自私自利，但大多數的國民，豈非正是如此的麼？這類的議員，其實確是國民的代表。」說完這席話，魯迅便重提「思想革命」，表示除此之外，「沒有別的法」。魯迅的話看似有理，但，這個邏輯如果是自洽的，那麼，中國民主政治至少要等幾代之後甚至更遠；因為，魯迅自己就把改革國民性的日程表拉到幾代之後（並且才能完成若干）。「俟河清，人壽幾何」！進而言，魯迅的邏輯已經遠遠地超出魯迅的預料，因為無論當時還是後來的執政者（比如北洋、國民黨……）無不把不能實行民治的理由一股腦推到國民身上。

問題在國民嗎？

「我的朋友張慰慈博士做的這部《政治概論》，雖是預定作高級中學教科書用的，其實是一部一般國民應該閱讀的一部政治常識教科書」。[36]這是胡適〈《政治概論》序〉的開頭，書作者張慰慈是專攻政治的留美博士，時為北大教授，當然也是胡適的老朋友。在這篇序言中，胡適面對的問題是：「民治的政治制度有沒有製造良好公民的效力？」（引同上，本章Ⅰ、Ⅱ兩部分再引此文不另注）。這其實就是上面魯迅的問題。魯迅的邏輯，沒有好國民，便不會有好政府，因此，國民問題不解決，民治問題談不上。相反，胡適認為，問題不在國民，而在政府。即使國民有問題，也可以推行民治；因為民治本身，就有製造良好公民的效力。這篇序言，固不是針對魯迅而是張慰慈；但由於張、魯問題具有某種一致性，因此，它也可以旁作對魯迅問題的回答。

在張著中，胡適抓住的是這樣的段落：「有人說，好人民須由民治或共和政體造就出來的。人民只有在民治制度之下才能得到政治上的訓練，才能變成好公民。反轉來說，人民如果沒有執行政治的權利，永不能得到那種相當的政治訓練，永沒有做好公民的機會。」這其實就是胡適的觀點，可是，張慰慈作為專攻政治的留美博士，頗不以為然，他說：「這樣一種觀念，在理論上也許是很對的，但在事實上卻是沒有根據的。」胡適對張慰慈的不以為然也不以為然，因而他的序言，與其說是

---

[36] 胡適〈《政治概論》序〉，《胡適文集》卷三，第 322 頁。

評價這本書，還不如說和張慰慈討論這個問題。問題的癥結是，現行的國民狀態下，能不能行民治。如果撇開張慰慈不論，按魯迅的邏輯是「不能」，而胡適卻說「能」。兩種不同的回答，由此區分出兩種不同的方案，魯迅是要用思想革命來塑造國民，胡適則是以民治本身來改變。魯迅的思路已然明確，那麼胡適呢？願聞其詳。

胡適主要是根據英美等民治國家的經驗來進入這個問題。他把民治的發展，分為兩種，一種是原發性的，即一個民族自己逐漸演進出民治制度，如英美；一種是後發性的，它則採用別國之成制，如我們。在胡適看來：「民治制度最先進的國家也不是生來就有良好公民的；英國今日的民治也是制度慢慢地訓練出來的」。原發性國家如此，那麼後發性國家呢？胡適很清楚地指出：「至於那些採用現成民治制度的國家，他們若等到『人民的程度夠得上』的時候方才採用民治制度，那麼，他們就永永沒有民治的希望了。」胡適的話有兩個方面的針對性，一是張慰慈、魯迅這樣的知識界人士，另一則是當時的統治層。張魯等人屬於認知上的問題，後者則純粹是藉口，比如當時主政北洋的吳佩孚就是以「組織未備，鍛煉未成」為理由，其中鍛煉指的就是民眾的鍛煉。後來國民黨也是以訓練民眾為由搞「訓政」而不搞「憲政」。胡適不是不注意民眾本身的問題，可是這一問題在當局是無限期的藉口，在魯迅又是「幾代之後」亦無果。怎麼辦？胡適的看法是：現在就實行。因為「民治制度所以有被他國採用的可能，全靠制度有教育的功用」。把制度本身視為一種教育，是胡適的「識見」，這種識見當時並不多見，魯迅不說，同樣留美且專攻政治甚至拿了博士的張慰慈就不持此見，這就很能說明問題。不言而喻，啟蒙是教育，但，制度也是教育。長期以來，我們看重前者，甚至唯重前者，這是受魯迅影響。不應該排斥魯迅式的思想革命，但就民治而言，制度的教育作用顯然比任何思想革命都更直接、更有效；因為，說到底，民治原不是思想革命所能解決和所應解決的問題。

「民治的制度是一種最普遍的教育制度」，為了說明自己的觀點，胡適「卑之無甚高論」，直接訴諸自己的留美經驗，因而這是一種現身說法：「我在 1912 和 1916 兩年，曾去參觀美國的選舉。我到了投票場，

討得了選票的『樣張』，見了上面的許多姓名和種種黨徽，我幾乎看不懂了。我拿了樣票去問在場的選民，請他們教我。」請注意，胡適請教的都是些什麼人呢？「我故意揀了幾個不像上等人的選民，──嘴裏嚼淡巴菰的，或說話還帶外國腔調的，──不料他們竟都能很詳細地給我解釋」。胡適要說明的是什麼呢？不過就是這樣的人，教育程度是低的，思想革命更是沒有經歷過的，民治照樣可行。胡適的解釋是「那些嚼淡巴菰帶外國腔調的美國選民，他們何嘗讀過什麼《政治學概論》或什麼《公民須知》？他們只不過生在共和制度之下，長在民主的空氣裏，受了制度的訓練，自然得著許多民治國家的公民應有的知識，比我們在大學裏讀紙上的政治學的人還高明得多。」話到最後，胡適已然微諷了。但對體制，胡適就不再客氣，針對當時吳佩孚所謂的「組織未備，鍛煉未成」，胡適在《努力》週報的「這一周」裏反駁道：「若因為『組織未備，鍛煉未成』，就不敢實行民治，那就等於因為怕小孩子跌倒就不叫他學走了。學走是免跌的唯一法子，民治是『鍛煉』民治的唯一法子！」[37]爾後，胡適就吳的邏輯而歸謬：「若依吳佩孚的兢兢懷疑，那麼，我們也可以說：『組織未備，鍛煉未成，究其終極，總統而入選，非軍閥即奸雄；議員而入選，非政棍即財主！』我們何不也改總統為世襲皇帝，改議員為任命的呢？」（同上）吳佩孚「懷疑」是假，搪塞是真，真正懷疑的是魯迅。因此，胡適的話不獨說給吳佩孚聽，論持「國民與議員」關係的魯迅和一味認同魯迅的我們也許更需要聽。只可惜，一個世紀以來，胡適的聲音又有誰聽得進！

　　胡適為什麼在人們普遍認為「人民程度分明夠不上」的時候大力鼓吹民主政治呢？為了儘快推行民治，胡適在 1930 年代不惜把民治稱為一種「幼稚園政治」，以至引起同樣留英美的丁文江、蔣廷黻的嘲笑和不屑。民主政治當然不是幼稚園政治，尤其是那些成熟的民治國家如英美；但民主政治應該從幼稚園的水平開始起，特別是對那些欲採制民憲的東方國家。「幼稚園政治」和立即實行民治是胡適相互配套的兩種主

---

[37] 胡適〈這一周‧廿八〉，《胡適文集》卷三，第 426 頁。

張，其中蘊含了一個非常重要的思想，即：民治是一種政治制度，政治是一種公共生活，制度就是人們為進入這種生活而制定的「遊戲規則」。胡適不滿當時學者論民憲時「陳義過高」，乾脆把民治和遊戲對比，用以說明前者「沒有多大玄妙」。胡適一邊說「民主憲政不過是建立一種規則……」，一邊說這規則「就如同下棋的人必須遵守『馬走日字，象走田字，炮隔子打，卒走一步』的規矩一樣；就如同打馬將的人必須遵守馬將規矩一樣；就如同田徑賽的人必須遵守田徑賽的規矩一樣。」[38] 三個「一樣」是對「制度神話」的消解，民治作為制度，「不是什麼高不可攀的理想」，而是「可以學得到的一種政治生活的習慣」（同上）。因此，胡適的結論是，「憲政可以隨時隨地開始，但必須從幼稚園下手」。（同上）

然而，這二、三十年代就可以推行的民憲，直到今天依然以胡適反駁過的理由為理由而且更加冠冕堂皇。民憲作為人類政治生活的唯一的「正道」，除去客觀條件外，更多是因為體制自身的阻拒而「千呼萬喚出不來」，以至今天我們果欲行憲時，還得從當年的幼稚園開始。遙觀當年胡適，既力反一切推阻民治實行的理由——無論它來自體制，還是知識份子；又強調民治須以幼稚園為起點一步步來——比如他不贊成由中共提出的普選口號而主張從有限制的選舉開始。胡適的政治努力，來自於他那強烈的現實感，堅定而又平實。這在那個時代，即使是英美留學的知識份子群，亦不多見。如果說胡適的聲音被埋沒了一個世紀，那麼，在胡適所面對的時代尚未終結的今天，我們是不是應該格外注意一下他的意見呢。

（七）〈《政治概論》序〉（Ⅱ）

胡適的〈《政治概論》序〉寫於 1923 年 11 月，這正是他致力於政治的年頭，和《努力》上大量的時評不同，這一篇，涉及的是胡適不常

---

[38] 胡適〈我們能行的憲政與憲法〉，《胡適文集》卷十一，第 770 頁。

涉及的政治理論問題。胡適有一個特點，很多問題，不涉及便罷；一旦涉及，雖不見出有多深刻──因為胡適總是在常識層面上說話，從不故弄玄虛；但不深刻的他卻無法不讓你感到他高明，哪怕幾十年後再讀，還是這感覺。此篇即為一例。

也是在 1923 年，魯迅出版了他的第一部小說集《吶喊》。以《阿Ｑ正傳》為代表的《吶喊》既顯示了五四以來新文學運動的創作實績，也顯示了魯迅自己在思想革命中「國民性批判」的實績。這部小說集同時奠定了魯迅在 20 世紀文學史和思想史上的雙重地位，其所以如此，無疑是因為魯迅的深刻。直到今天，面對《阿Ｑ正傳》這樣的作品，誰都不能不以深刻一詞狀之。

1923 年，胡適和魯迅，〈《政治概論》序〉和《阿Ｑ正傳》。

這兩個篇什，一序論，一小說，本無可比，但它們確實表徵了同一時代中的胡魯差異。從序言看，胡適是一個「制度論」者，全文所伸張的就是民治制度的推行及其功用。魯迅呢，是一個「國民性論」者，小說深入揭示的就是人的精神痼疾。儘管胡魯沒有就他們各自的不同作過交鋒，但，即使在那個時代，乃至今天，是「制度」，還是「國民性」，作為知識份子的兩種選擇，其中卻也隱含著內在的緊張。

在魯迅看來，議員來自民選，他們的「收賄，無特操」無不來自國民；有了這樣的國民，政治上的各種弊病也就不奇怪。魯迅的話沒錯，張慰慈也認為，民治並不能免除政治上的弊端，哪怕是英美。也是 1923 年，直奉戰爭中獲勝的曹錕通過賄選，當上了總統。這一醜聞，使胡適也憤怒地稱當時政治為「豬仔政治」，聲稱：「我們還應該向國民思想上多做一番功夫，然後可以談政治的改革」。[39] 看起來，胡魯又走到一起，但，兩人最大不同在於，胡適注重制度，但不是唯制度論者，不是制度迷，而反政治的魯迅則是唯國民性論者，他是從不談什麼政治改革的，除了後來的「改革最快的還是火與劍」，但那已不是改革而是革命了。辛亥革命後的十多年間，是千年中國第一次出現的選舉時代，唯其因為

---

[39] 胡適〈一年半的回顧〉，《胡適文集》卷三，第 396 頁。

第一次，所以勢必出現「賄選」之類的弊病，對此，齒冷的魯迅當然可以揭露與批判；但，強調制度的胡適卻有別樣的見解：「民治的本身就是一種公民教育。給他一票，他今天也許拿去做買賣，但將來總有不肯賣票的一日；但是你若不給他一票，他現在雖沒有賣票的機會，將來也沒有不賣票的本事了。」[40]這樣的看法顯然要比魯迅式的一味批判高明許多。它看到的是，賣票，說明民選這一票還有用。也許，中國的民主政治總是要從賣票甚至打架開始的，這也是幼稚園的第一步，關鍵是要從這一步——哪怕它問題再多——走出去。然而批判論者的批判用意往往是取消，1932年，胡適感慨地說：「試舉議會政治為例：四十二年前，日本第一次選舉議會，有選舉權者不過全國人口總數百分之一；但積四十年之經驗，竟做到男子普遍選舉了。我們的第一次國會比日本的議會不過遲二十一年，但是曇花一現之後，我們的聰明人就宣告議會政治是不值得再試的了。」[41]

對同一問題的考量不同，處置也就不同。面對賄選等各種政治弊端，不懂議會政治也不屑懂的魯迅認為根子在於「國民（性）」，因此，除了改革國民性就沒別的法；而且在魯迅看來，這還是一種「根本」的療法。比較之下，胡適的救治顯然「治標不治本」，注重制度的他，也只是努力在制度層面上糾偏。即以選舉而論，「選票制的改革，從公開的變為祕密的，從記名的變為無記名的，便可以除去許多關於選舉的罪惡。今日中國的選舉壞到極處了；將來我們若想改良選政，一定還得從制度上去尋下手的方法。」在胡適看來，不是人改革好了再搞選舉，而是直接從制度上改革選政。接著胡適介紹了美國的選舉制度，比如，為了防止作弊，規定各個候選人待選舉完畢後須得報告自己收到的選舉費及用途。而胡適1912年在美時，「卻親自看見紐約的省長塞爾曹（Sulzer）因為漏報了一筆選舉費，被人彈劾，竟至於去位受刑罰。」針對曹錕之類的賄選，胡適認為是複選制帶出來的弊病，他因此主張直選，有限制

---

[40] 胡適〈這一周〉，《胡適文集》卷三，第426頁。
[41] 胡適〈慘痛的回憶與反省〉，《獨立評論》第十八號，第12頁。

的直選。又針對直選中選民冊的偽造與虛報，以自己家鄉為例，提出了相應的對策。讀胡適這篇序言，雖然涉及政治理論，但它貼著經驗層面行走，就如何操作而發言，並無我們所慣見的理論上的高蹈（關於這一點，胡適曾自云：「我所有的主張，目的並不止於『主張』，乃在『實行這主張』。故我不屑『立異以為高』。」[42]）

　　正是在這裏，我們看到了胡適和魯迅更深刻的不同。

　　魯迅的深刻在於，他對問題的看法一旦穿過問題本身而切入「國民性」，就是在人性的層面上說話了。話到人性便深刻。然而，把魯迅以上發揭的劣根性排列一下，「卑怯」、「瞞騙」、「詐偽」、「無恥」、「收賄，無特操，趨炎附勢，自私自利」等，泰半都是人性上的毛病。儘管魯迅的救治是「思想革命」，但這革命到底革的是什麼又如何革，恐怕都是問題。顯然，魯迅所革的對象，看似毛病，其實人性，所謂「改革國民性」也就是從根本上改革國民的人性。把人性作為革的對象，難道不讓人驚悚。儘管人性有這樣或那樣的毛病，但如果沒有毛病，還叫人性嗎。因此，改革國民性儘管可能是大家所認為的最深刻的改革，但，人性不可革，它是自然的賜予，革之則性不存。就像魯迅憎惡國人的說謊，說謊其實是人類的一種能力，甚至是本能地自我保護的一種能力，一個人不會說謊，就不會說明真相。我們固然可以反對說謊，也可以制止說謊，但不能因為說謊就拿人性開刀，不能與人性為敵。人性非但不可革，事實上也無以革，因為，既然是人性，想革也革不掉，除非連同腦袋一起去革。以上魯迅對國民弱點的概括，是一種道德概括，他所使用的也都是一連串的道德詞符，因此魯迅的思想革命，其實帶有舊式的道德批判的痕跡，而「立人」也未脫批判基礎上的道德救治。然而，如前指出，道德解決不了道德的問題。在魯迅之前，有宋明「心學」強調道德自省，在魯迅之後，又有文革時強調「靈魂深處爆發革命」，甚至「狠鬥『私』字一閃念」，這些都是一個路徑。然而事實證明，試圖單從道德角度催人從善，或「立人」，結果概以無果而告終。

---

[42]　〈胡適致錢玄同〉，《胡適全集》卷23，第255頁，安徽教育出版社，2003年。

　　胡適不然，五四時胡適的思想革命，也只是觀念啟蒙，而不是什麼改革國民性。五四後，當他致力政治時，大致也能分清「凱撒的歸凱撒，上帝的歸上帝」，政治的歸政治，道德的歸道德，並不試圖以道德解決政治問題。雖然也一度鼓吹「好人政府」，但這好人，一半是品德可靠，一半是才具可為。當然，前一半也是問題。有著半個問題的胡適，畢竟和魯迅不同，他並非認為政治生活就可以不要道德，只是他不是在道德上解決了人的問題，再來問鼎制度，乃是制度優先，依憑制度來制約人。序言中這樣的話是值得記取的：「我們不能使人人向善，但制度的改革卻能使人不敢輕易為惡」。是切入人性使人改善，還是切入制度止人從惡，這就是胡魯的根本的不同了。當魯迅面對人性的劣點而欲開刀人性時，胡適分明迴避了這一點，他轉而走制度改革的路，用制度來抑制人的幽暗本性而不是從根本上去改革它。上面說胡適「治標不治本」，就在於這個「本」是誰也不能動的。轉從實際言，胡適也不相信那種動「本」的道德救治有什麼用，「什麼『人心丕變』，『民德歸厚』，都不過是門面話」。要緊的是：「第一要給他一個實習做公民的機會，就是實行民治的制度；第二要減少它為惡的機會，使他不敢輕易犯法。」在另外一個篇幅中，胡適這意思表達得更清楚：「民治主義是一種信仰」，信仰什麼呢？「信仰制度法律的改密可以範圍人心，而人心受了法制的訓練，更可以維持法治」。[43]

　　從制度入手，而不是在人性上作文章，並非胡適原創，它是胡適所賴以依憑的西方自由主義的傳統。在林毓生先生看來，蘇格蘭啟蒙主義的大衛・休謨根據孟德威爾的看法「群眾中的至惡者也對公共利益提供過一些貢獻」，因而發展出一個特別強調制度的觀念，這是西方純正的自由主義者一向堅持的一個觀念。用哈耶克的話「休謨希望得到的和平、自由與公正，非來自人們的善良品性，而是來自（健全的）制度——這一制度使得即使是壞人，在他們追逐各種事務以滿足自己的私欲

---

[43] 胡適〈這一周〉，《胡適文集》卷三，第 425-426 頁。

時，也為公共的好處做了事。」[44]其實，這一觀念由來已久，早在休謨之前，洛克的《政府論》中，洛克在其注釋中所引《宗教政治》的作者胡克爾就力主此論，胡克爾的話也許更直截了當：「一句話，除非假定人的劣根性比野獸好不了多少，並針對這種情況作出規定，以規範人的外部行動，使它們不致妨礙所以要組成社會的公共福利，除非法律做到這種地步，它們便不是完美的。」[45]追求完美的人性，還是追求完美的制度，是用人性來構建制度，還是用制度規範人性：是自由主義和非自由主義的區別，也是胡適和魯迅的區別。

根據這個區別，需要並應該進一步指出的是，魯迅正因為制度意識的匱乏，他在國民性批判上用力甚多，但並沒有批到要害上。魯迅一邊指責國民「卑怯」、「瞞騙」和「詐偽」，一邊又把它歸因於中國歷史上的「異族入侵」，如此見解則不及皮相；至於以後又改為「遺傳的定理」，還是未能得其要領。「卑怯」、「瞞騙」等作為人類性的毛病，魯迅把它鎖定為「國民性」，這只能說明該問題在中國的凸出和嚴重。如果在現象層面和魯迅沒有異議的話；那麼，這裏要強調的是，導致國人「卑怯」和「瞞騙」的既不是「異族入侵」，更不是「遺傳定理」，而是並且恰恰是魯迅始終所忽略的「制度」。制度也者，按照以上胡適的邏輯，是人類進入公共生活時的「遊戲規則」。有什麼樣的遊戲規則，就有什麼樣的遊戲習慣，而習慣，久而久之，就是所謂的「性」。換言之，亞里斯多德說「人是政治的動物」，進一步「人也是制度的動物」，有什麼樣的制度，就有什麼樣的動物。因此，國民性的「卑怯」，是因為制度性的「卑劣」，這才是問題的癥結。筆者在另一個場合曾經表示過這樣的意思，這裏不妨就便移來：「很顯然，一個說謊成性的體制肯定養成國民說謊至少是不說真話的習慣，這不是『國民性』而是『國體性』。因為在既定的遊戲規則面前，人本能地會做出『趨利避害』的選擇。如果一個『薩達姆』＋『薩哈夫』式的體制，反說自己是世界上言論、出版自

---

[44] 轉引林毓生《熱烈與冷靜》，第 203 頁，上海文藝出版社，1998 年。
[45] 洛克《政府論》（下），第 84 頁，商務印書館，2003 年。

由最充分的國家；那麼，你怎麼可以想像這個國家中的一般人會說真話呢？他不用計算，也知道自己將要付出的代價是什麼。這時，『卑怯』之類的國民性批判再尖銳再深刻也沒用，要緊的就是要改變這個『卑劣』的遊戲規則。」可惜，魯迅並沒有看清這一點，他抓住了國民「卑怯」的果，卻未抓住制度這「卑劣」的因，這樣的批判還能批到點子上嗎？

（八）新世紀的選擇

自五四和五四以後，本文兵分胡魯，一路逶迤而下，到這裏，是可以做一個小結的時候了。

當年，新文化運動的精神同道，從五四走出，有的轉向政治努力，如胡，有的繼續思想革命，如魯。應該說，胡魯這兩條路是互為分歧的，也是可以互補的，至少是不需要互相排斥的。在這點上，胡適不排斥，魯迅排斥。

就魯迅而言，思想革命是需要的，這革命的內容如果是「批判國民性」，當然也是可以的，但，需要批到點子上。只是「批判國民性」如果是為了改造它，那就非但不可以，並且是十分危險的，至少它是一條無望之途。因此，思想革命中的改革國民性，是一個「正題中的反題」。我們看到，1920 年代思想轉軌前的魯迅，蹀躞於這一「反題」中。

就胡適而言，政治努力是積極的，有關制度論述是精彩的，但，關於政治與思想文藝的關係卻是嫁接錯了的，對政治本質的認識，也是遠未到位的。好在胡適知行不顧，在行的層面，胡適是思想與政治雙重努力的，而且尤重制度建構的。一個世紀以來，就像「國民性批判」指的是魯迅，論及中國的「民主制度」，胡適就是其所指。成為這樣一個象徵，是胡適畢生付出的努力。應該說，胡適的努力，是那個時代的「正題」。

回顧過去了的二十世紀，是一個正題蔽而不障的世紀。這裏固有很多客觀因素的制約，但，知識份子片面受魯迅影響而疏於胡適所關注的制度問題，則是很可以檢討的主觀原因。今天，「立人」，還是「立制度」，胡魯當年的分歧，如果成為二十一世紀的選擇；那麼，是像魯迅那樣二

元對立，還是胡適那樣二元對舉，已經不言自明。在這對舉的二元中，「立人」和「立制度」的關係也非對等，這裏需要有個價值排序。當年魯迅把精神立人視為「第一要著」；那麼，在本文看來，今天需要達至的共識也許是：立人不如立制度，制度優先，制度才是這個價值差序中的「第一要著」，甚至是當務之急。「錯過胡適一百年」[46]，實際上我們錯過的就是這一百年的制度努力。至於魯迅方向上的「立人」，如不偏廢，則不妨修改有三：一、不能再以「改革國民性」的方式來進行。二、立人也不能脫離制度建構而獨立，獨立則不立。三、立人之要，首先也不再是魯迅時代所伸張的意志、精神和個性（儘管知識份子很喜歡），而是「公民教育」的普及。「公民」的權重在「權利」，它既包括一個人的自然權利，也包括他和她的政治權利。沒有權利則「非人」；因此，「立人」的工作，就在於從權利的漠視到權利的覺醒。覺醒了的人，之前，是魯迅筆下的「國民」；之後，是胡適筆下的「公民」。

---

[46] 這是互聯網上一篇紀念胡適文章的題目，這裏借用。

六、合轍

（一）胡魯「合轍」

　　五四新文化運動之後，胡適和魯迅因價值選擇不同而分道揚鑣，從此再也沒有走到一起。但，富有意味的是，就在 1920 年代中後期，對胡適來說是 1926 年，對魯迅來講是 1927 年，分道揚鑣的他們在各自的思想路線圖上卻意外地出現了「合轍」，即他們一致表現出對史達林統治下的「蘇俄式社會主義」的趨同，認肯它的制度和政治試驗。儘管這一「合轍」無助於他們走到一起，但這種不約而同不僅構成他們各自思想歷程中的一個區間，而且也成為 20 世紀中國思想史上的一個怪特的現象。胡魯之間，思想背景不同，對現實看法相左，解決社會問題的方式又南轅北轍，是一隻什麼樣的手，在這個問題上把他們拉到一起。又，他們在蘇俄問題上的態度和表現又各自如何，有否不同。最後，他們的思想歸屬分別是什麼，是否出現他樣變化——這些都是本文有待展開的問題。

（二）莫斯科三日

　　1926 年七月中旬，胡適作為中國代表赴英國開中英庚款會議，他是從北京到哈爾濱，然後乘火車經西伯利亞到蘇聯，在莫斯科逗留三天，再由波、德繼續向西，最後渡英吉利海峽到英國。近半個月的洲際旅行，莫斯科三天，不過是胡適西行中的一個驛站，可正是這短短三天，胡適的思想出軌了，他的「蘇俄認知」使他由英美自由主義向蘇俄式社會主義左傾。

　　根據胡適日記，他是七月二十九日下午兩點到達莫斯科的，八月一日下午三點上車離開。這三天，他先後參觀了蘇聯的「革命博物館」和

莫斯科的「第一監獄」，自認為「很受感動」，也「很滿意」。在這三天中，他接觸了國民黨方面的于右任、共產黨方面的蔡和森和來自美國芝加哥大學的兩位左派教授梅里姆、哈珀斯。從胡適日記，看不出他和于右任談些什麼，但和中國共產黨的蔡和森卻在于右任的寓所不僅「縱談甚快」，甚至于右任回來，兩人「仍繼續辯論」。胡適八月一日離開那天，蔡和森還和劉伯堅特地來談，希望胡適在俄國多考察一些日子。應該說，和蔡和森的談話，對胡適形成了一些刺激，他甚至想因此組黨。另外，那兩位美國教授對胡適在莫斯科時的思想變化，更產生了實實在在的影響，這些影響在一定程度上左右了胡適對蘇俄的判斷。

莫斯科的最後一個晚上，和來自美國的梅里姆長談後，胡適寫信給北大朋友張慰慈，信中說：

> 此間的人正是我前日信中所說的理想主義的政治家；他們的理想也許有我們愛自由的人不能完全贊同的，但他們的意志的專篤，卻是我們不能不十分頂禮佩服的。他們在此做一個空前的偉大的政治試驗；他們有理想，有計劃，有絕對的信心，只此三項已足使我們愧死。[1]

胡適在這裏贊同的是蘇俄的政治試驗。這試驗具有烏托邦性，胡適卻給與一而再的肯定：

> 在世界政治史上，從不曾有過這樣大規模的『烏托邦』計畫居然有實地試驗的機會。……我們的朋友們，尤其是研究政治思想與制度的朋友們，至少應該承認蘇俄有作這種政治試驗的權利。我們應該承認這種試驗正與我們試作白話詩……有同樣的正當。這是最低限度的實驗主義的態度。[2]

---

[1]　胡適〈歐遊道中寄書・二〉，《胡適文集》卷四，第 41-42 頁，北京大學出版社，1998 年。

[2]　胡適〈歐遊道中寄書・三〉，《胡適文集》卷四，第 42-43 頁。

　　除了對政治試驗的讚賞外，胡適不止一次地認同蘇俄教育，認為「蘇俄的教育政策，確是採取世界最新的教育學說，作大規模的試驗。[3]另外，在給徐志摩的信中，針對蘇俄教育的有關質疑，再度為其辯護，「我們只看見了他們『主義教育』的一方面，卻忽略了他們的生活教育的方面，蘇俄的教育制度，……是『遍地的公民教育，遍地的職業教育』。他的方法完全探用歐、美最新教育學說，如道而頓之類……」[4]

　　針對自由主義最敏感的問題，即蘇俄的「專政」，胡適也表現了很大程度的「容忍」。當然，這直接是受美國教授梅里姆的影響。也是在即將離去的晚上，胡適曾以一連串問題請教此人，比如，請他以一個政治學的專家看蘇俄，感想如何。一黨專政而不容反對黨存在，於自由關係又如何。再，所謂「專政」的時期何時可以終了。不許反對黨的存在，那麼，訓政時期（此乃孫中山語彙，美國人未必懂）豈不是無期的延長嗎。這些問題顯然出自自由主義，提出它們，既是一種擔心，也表現胡適在這些問題上的疑惑。

　　那位美國教授是如何回答胡適的呢？

　　「此間作此絕大的，空前的政治試驗，自不容沒有保障，故摧毀一切所謂『反革命的行為』是可以原諒的。向來作 dictator（獨裁者）的，總想愚民以自固權力。此間一切設施，尤其是教育的設施，都注意在實地造成一輩新國民，……此一輩新國民造成之日，即是 Dictatorship（即「專政」，音譯「狄克推多」：筆者注）可以終止之時。」[5]

　　胡適聽了後，評價卻是「此論甚公允」，並當晚就把這席話「學舌」給張慰慈：

> 狄克推多向來是不肯放棄已得之權力的，故其下的政體總是趨向愚民政策。蘇俄雖是狄克推多，但他們卻真是用力辦教育，努力

---

[3]　胡適〈歐遊道中寄書・二〉，《胡適文集》卷四，第 42 頁。

[4]　胡適〈歐遊道中寄書・五〉，《胡適文集》卷四，第 50 頁。

[5]　《胡適日記》卷四，第 235 頁，安徽教育出版社，2001 年。

想造成一個社會主義的新時代。依此趨勢認真做去，將來可以由
狄克推多過渡到社會主義的民治制度。[6]

莫斯科三天，是胡適的自由主義被考驗的三天，這三天，他其實是
順著美國左派學者的思路走，不僅認同了蘇俄的政治試驗，正面評價了
蘇俄的新式「愚民」教育，而且對最為要害的「狄克推多」，也作出了
他一生中的最大程度的保留。在莫斯科期間和離開莫斯科後，胡適一共
給張慰慈寫了三封信，這三封信寄回國內就被編為一組發在當時的《晨
報·副鐫》上，並題名為「一個態度」。胡適的態度早為世人所知，此
次用這個題目，意在表示胡適的態度現在發生了變化。

（三）「我們不再受騙了」

認真說來，魯迅的蘇俄式社會主義傾向，並非始自 1927 年，這只
是一個約數，根據是魯迅 1932 年所作的一篇序。序言中，魯迅是談自
己對年輕人態度的變化而涉及自己思想變化的，「我一向是相信進化論
的，……對於青年，我敬重之不暇，往往給我十刀，我只還他一箭。然
而後來我明白我倒是錯了。這並非唯物史觀的理論或革命文藝的作品蠱
惑我的，我在廣東，就目睹了同是青年，而分成兩大陣營，或則投書告
密，或則助官捕人的事實！我的思路因此轟毀……」[7]

從進化論到唯物史觀，其時間切點，就是國民黨「清黨」的 1927
年，儘管真正的接受，在時間上還要往後。

1927 年年初，胡適離開歐洲到美國，至五月份，又從美國回到上
海。先自東而西，後自西而東，用十個月的時間，胡適整整環球一周。
這十個月間，他的思想歷程似乎相反，自西而東，然後又自東而西，從
自由主義到社會主義，又從社會主義到自由主義，思想的圓周劃出了一
道意外的弧。和胡適一樣，1926-1927 年間，魯迅在國內也行蹤遊移。

6　胡適〈歐遊道中寄書·二〉，《胡適文集》卷四，第 42 頁。
7　魯迅《三閑集·序言》，《魯迅全集》卷四，第 5 頁，人民文學出版社，1981 年。

1926 年夏，胡適離京北上，不久魯迅亦拔劍出京城，南去廈門了。27
年初，胡適由歐赴美，魯迅則從廈大辭教到廣州。「清黨」之後，值胡
適歸國途中，魯迅又決辭中大，為船期所誤，在廣州淹留。十月之初，
從水路抵上海，比胡適遲到四個多月。上海，這遠東的巴黎，這次成為
胡適和魯迅的共同的樓所。

　　儘管胡魯兩人俱在上海達三年之多（後來胡適又北上），但彼此不
事往來。面對蘇俄，他們一度「合轍」，終未「同道」，故無相見和聯手
之可能。而況，上海時的胡適，在同情蘇俄的同時已重返自由主義，魯
迅則正是從上海成為一個蘇俄式的社會主義者。往後十年，魯迅對蘇俄
的關注、紹介和支持，俱抱以非尋常的熱情，並由此形成一種化解不開
的「蘇俄情結」。

　　「我有一件事要感謝創造社的，是他們『擠』我看了幾種科學底文
藝論，明白了先前的文學史家們說了一大堆，還是糾纏不清的疑問。並
且因此譯了一本蒲力汗諾夫的《藝術論》，以就正我──還因我而及於
別人──的只信進化論的偏頗。」（引同上）這是一種委婉，魯迅所讀
的，非僅文藝方面。比如，1928 年二月五日，魯迅在內山書店購得日
文版的恩格斯《社會主義從空想到科學的發展》，年內，他先後又購得
《共產黨宣言》、《論中國革命問題》等一批原著，原著之外，蘇俄書籍
也盡在視野。這年五月開手翻譯俄共（布）中央先後發布的〈關於對文
藝的黨的政策〉和〈關於文藝領域上的黨的政策〉，六月譯文就在《奔
流》上發表。

　　魯迅對蘇俄（包括馬列）的接受頗具自己的特點。和其他知識份子
不同，他接受社會主義甚晚又甚快。甚晚，當五四期間胡適和李大釗等
展開「問題與主義」的討論時，魯迅是置身事外的。當《新青年》裂變
為胡適和陳獨秀／李大釗兩種勢力傾向（自由主義和社會主義）時，魯
迅是兩不介入的。同樣，更早時的十月革命激動了國內知識份子、包括
激動了外在美國的胡適時，魯迅也是聲色不動的。這種主張、那種主張，
這個革命、那個革命，魯迅見多了；因此，在對社會主義的反映上，和
其他向左轉的知識份子相比，魯迅保持了一種審慎而又老到的「遲鈍」。

然而，多年後，面對國民黨的屠刀和創造社的逼宮，魯迅卻又甚快地，幾乎是跑步進入了社會主義。這個過程和他自己的筆名倒吻合——「魯迅」，由「魯」（遲鈍也）而「迅（迅即也）；但，後來的節奏太快，以至使他出現較明顯的思想斷裂。比如，臨1927年還堅持「改革國民性」的他，幾乎看不出過渡就轉到普羅主義的「民粹」。

胡適對馬克思沒有興趣，但他在〈介紹我自己的思想〉時卻能從學理上對馬克思的哲學（並上溯黑格爾）做出剴切的剖析。信奉馬克思的魯迅沒有做過這方面的工作，他對唯物史觀的態度是「信而後用」。因此，他的工作主要是在雜文中宣傳和運用。這樣的運用比較表面化，這從他和梁實秋關於文學階級性的論爭可以見出。至於蘇俄，魯迅則更趨表面，幾乎就是一種宣傳運作。這樣的宣傳文字，和魯迅慣有的批判風格，簡直判若兩人。三十年代初，在其「蘇俄情結」的作用下，魯迅不但為宣傳蘇聯盡一廂情願的義務。而且對蘇俄的讚頌與捍衛也到了不加保留的地步，比如這樣「一幅諷刺畫，是英文的，畫著用紙版剪成的工廠，學校，育兒院等等，豎在道路的兩邊，使參觀者坐著摩托車，從中間駛過。這是針對著做旅行記述說蘇聯的好處的作者們而發的，猶言參觀的時候，受了他們的欺騙。」[8]該文字說明魯迅已經正確地讀出了這幅畫的含義，它的真實性在於，這種做法不僅欺騙了一般的作者，也欺騙過像羅曼·羅蘭這樣的大作家，同樣還欺騙過本國的高爾基。但，魯迅對這幅畫的評價卻是五個字，「無恥的欺騙」（引同上）。到底誰欺騙，是當時的蘇俄、還是這幅畫？實際上，當魯迅在說「無恥的欺騙」時，他已經被「無恥」欺騙了。魯迅至今被譽為這個民族的最深刻的大腦，但如果這顆腦袋都被欺騙的話，那麼，這個民族後來發生的所有，就不難理解。

根據這幅畫，魯迅的總結是：「他們是大騙子，他們說蘇聯壞，要進攻蘇聯，就可見蘇聯是好的了。」（引同上）說話不到一個月，魯迅再次為之辯護，題目乾脆就是「我們不再受騙了」，自然是回擊帝國主

---

[8]　魯迅《南腔北調集·林克多〈蘇聯聞見錄〉序》，《魯迅全集》卷四，第424頁。

義攻擊蘇聯的謠言。這回魯迅面對的不是一幅畫,而是一本小冊子,上面說蘇聯人購買物品,必須要排長隊。魯迅先承認這種說法,隨後為之辯解:「因為蘇聯內是正在建設的途中,外是受著帝國主義的壓迫,許多物品,當然不能充足。」同時指出,小冊子好像是同情蘇聯人民,這其實是「惡鬼的眼淚」。據此,魯迅又總結道:「我們的癰疽,是它們的寶貝,那麼,它們的敵人,當然是我們的朋友了。」[9]從「無恥的欺騙」到「惡鬼的眼淚」,魯迅擁戴蘇俄的這兩個姊妹篇,其基調用毛澤東的語言表達,「凡是敵人反對的,我們就要擁護;凡是敵人擁護的,我們就要反對」。

(四)「萊茵河流進了泰晤士河」

無論胡適的莫斯科三天,還是魯迅的「我們不再受騙了」,這兩位具有世紀性影響的中國知識份子都受騙了。這樣的受騙,在某種意義上,是五四後中國政治文化發生變局的一個縮影。

追索胡適的變化,其實並不在於他到不到莫斯科。莫斯科三日,他只不過看到了一些自己希望看到的東西。關鍵在於,胡適到莫斯科前,思想已經發生變化。1926 年六月,到莫斯科的前一個多月,胡適寫下了〈我們對於西洋文明的態度〉。這篇文章是從物質文明與精神文明的角度對比中西文化的不同。可是在這個框架內,胡適卻並不適當地偏斜到社會政治問題,他說:「十八世紀的新宗教信條是自由、平等、博愛。十九世紀中葉以後的新宗教信條是社會主義。這是西洋近代的精神文明,這是東方民族不曾有過的精神文明。」[10]社會主義問題與精神文明無關,胡適是在淆題。值得注意的是,胡適這時分明已經把「社會主義」視為「自由主義」的一種更高的進化形態。這是胡適以前不曾有過的觀點,正是有了這樣的理念,才會有後來的莫斯科三日。

---

[9]　魯迅《南腔北調集・我們不再受騙了》,《魯迅全集》卷四,第 430 頁。
[10]　胡適〈我們對於西洋近代文明的態度〉,《胡適文集》卷四,第 11 頁。

在胡適看來，十九世紀以來，個人主義的弊病日益暴露，資本主義之下的苦痛也漸漸明瞭。有遠見的人知道自由競爭是不能達到真正的自由平等博愛了。於是，產生兩種救濟方法，一是國家利用權力，制裁資本家，保障被壓迫階級。一是被壓迫階級團結起來，直接抵抗資本家的壓迫與掠奪。就這兩種方法，胡適各有其例，一是英國工黨，一是蘇俄。在說到蘇俄時，胡適這樣說：「俄國的勞農階級竟做了全國的專政階級。這個社會主義的大運動現在還正在進行的時期。但它的成績已很可觀了。」（引同上）這兩個例子在胡適那裏是不分軒輊的，而且他還直接稱讚了蘇俄所取得的成績。尤其在說到「專政」時，胡適不僅沒有反感，揣其語氣，「竟」竟有驚訝和默認的意思。

胡適和魯迅不同，魯迅愛自由，但沒有接受過自由主義的教育，胡適因留學之便，年輕時就受到自由主義的濡染；所以，就胡魯合轍而言，魯迅不令人奇怪，奇怪的是胡適。他這一步是怎麼邁出去的，他的問題出在那裏。

胡適對自由主義的接觸，從他的日記看，主要來自十九世紀的密爾，不獨胡適出國前接觸的是經由嚴復翻譯的密爾，到美國後，胡適的自由主義的思想資源，大致還是來自密爾。1926 年，胡適打算寫一本後來並沒有寫出的「西洋文明」的書，在其列就的提綱中，有一章就是「自由主義」。在這一章的題目後，胡適特意加了一個綱要性的括弧「（Mill & Morley〈穆勒和莫利〉）」。[11]穆勒即密爾，這裏的問題是，在對自由主義作「歷史的敘述」時（這是胡適對自己這本書的要求），可以從密爾開始嗎？密爾以前呢？自由主義本不始自密爾，胡適從密爾寫起，此則說明，他對自由主義的認知，主要是從密爾開始的，而密爾以前的十七、八世紀的古典自由主義，在胡適那裏至少是暫付闕如的。

密爾是英倫自由主義的「但丁」，他是古典自由主義的最後一個人，又是以後格林等新自由主義的先驅。密爾的自由學說深受邊沁功利主義的影響，功利主義落實在社會政治理論中有一個著名的「最大化原則」，

---

[11] 《胡適日記》卷四，第 357 頁。

即追求「最大多數人的最大幸福」。這樣一個大功利原則使古典自由主義的個人本位逐步轉向社會化。而胡適留美期間，正值新自由主義大行其道，1914 年，胡適在日記中概括了兩位美國總統競選人的不同主張：「威爾遜氏所持以為政府之職在於破除自由之阻力，令國民人人皆得自由生活，此威爾遜所謂『新自由』也。」[12]羅斯福的看法相反，帶有濃厚的政府保守傾向。在這不同主張的角逐中，胡適態度很明確，「吾從威氏」（引同上）；而且認為：「今日西方政治學說之趨向，乃由放任主義而趨干涉主義，由個人主義而趨社會主義」。[13]再加上他後來師從實驗主義大師杜威，杜氏其人當時也是一個激進的社會化的新自由主義者。如果說密爾的自由主義邊沁化，而胡適的自由主義又密爾、杜威化，那麼，就不難看出胡適自由主義的缺陷。他是從自由主義的半道入門，少上了古典自由主義這一課。密爾、杜威的學說固無問題，它體現了自由主義自身的發展；但如果學從自由主義，從密爾開始而沒有往前溯，就缺了古典這一課。這一課不能缺，缺了根基不穩。胡適的問題正是從此發生。

這個問題在回國十年間始終存在，只是這一次暴露得更加明顯。在上面那篇文章中，胡適說：「自己要爭自由，同時便想到別人的自由，所以不但自由須以不侵犯他人的自由為界限，並且還進一步要求絕大多數人的自由。自己要享受幸福，同時便想到人的幸福，所以樂利主義的哲學家便提出『最大多數的最大幸福』的標準來做人類社會的目的。這都是『社會化』的趨勢」。胡適的表述顯然是邊沁－密爾式的，這不妨。但他下面接著就說：「十九世紀中葉以後的新宗教信條是社會主義」，在這裏，他把「社會主義」和上面的「社會化」視為一體了。因為下面的論述舉證中，兩者他是混說的，既有蘇俄社會主義的大運動，又有美國累進制所得稅的社會化舉措。這些例子並不同質，但胡適一言以蔽之：「這是『社會化』的新宗教與新道德」。

---

[12]　《胡適日記》卷一，第 373 頁。
[13]　《胡適日記》卷一，第 470 頁。

　　把自由主義的「社會化」與蘇俄式的「社會主義」混淆（這個混淆，在上面提及的那本最終未能寫就的「西洋文明」一書的提綱中也能見到），是胡適自由主義不成熟的表現。就像魯迅熱愛自由不等於他是自由主義者，自由主義社會化當然也不等於社會主義。由於胡適對古典自由主義缺乏基本把握，因而當自由主義的「社會化」和社會主義在某些現象上趨同時，他就看不出兩者的不同（這個毛病非止胡適一人）。1922年胡適發表《五十年來之世界哲學》，其中第七部分是委託高一涵寫的，高也是一個自由主義者，但他卻把社會主義一分為二，說：「自 1880年以後，社會主義已經盛行。激烈的社會主義如馬克思一派，極力主張階級戰爭；穩健的社會主義如英國的 Fabians，又極力的主張改革。這兩派的主張雖然不同，但是有一個共同之點：就是都想把經濟生活完全放在國家或社會的支配之下。」[14]可以說，高一涵和胡適都沒有看出其中一種不是社會主義而是自由主義的「社會化」。它們在高一涵所說的「同」的下面的「不同」原是無可調和的。所謂支配經濟生活，在自由主義「社會化」的框架裏不會破壞原有的社會制度，而社會主義則欲徹底打破之；另外，自由主義「社會化」不會建構人類烏托邦，而社會主義恰恰以它為最高價值。適逢其會的是，當泰晤士河畔的自由主義走向社會化時，受萊茵河影響的俄國又發生了社會主義革命，不能不承認這個革命帶來一些罕見的氣象，它撼動了整個世界，當然也撼動了胡適，於是，學理未清的他把這同樣也是合轍不同道的兩種現象混淆了，「萊茵河流進了泰晤士河」（本指十九世紀末英倫自由主義開始受到德國的影響），因此，當他來到伏爾加河畔時，對蘇俄的政治試驗予以贊同，也就不奇怪。（當然另外一個原因則是蘇聯新氣象和北洋政治腐敗所形成的對比刺激了胡適）。

　　更不奇怪的是魯迅。魯迅一生都未受過泰晤士河水的浸染，他感興趣的是萊茵河。早在 1906 年，魯迅的弟弟周作人留日赴東京時，朋友託他帶兩件東西（羊皮背心和紫砂壺）給也在東京留學的另一位朋友，

---

[14] 胡適〈五十年來之世界哲學〉,《胡適文集》卷 3，第 303-304 頁。

並囑送一位叫宮崎寅藏的日本人代轉。周作人初到日本，地理不熟，語言未通，這事便由魯迅代辦。宮崎寅藏具有社會主義傾向，魯迅與之相見後，又約了個時間一同到當時日本社會主義領袖之一堺利彥所辦的《平民新聞》社晤談。在那裏，魯迅不僅會見了堺利彥，並購得一套《社會主義研究》，這是日本最早專門研究社會主義的雜誌。應該說，這是魯迅第一次受萊茵河水的洗禮，雖未看出它對魯迅立即產生影響，但不失為魯迅 20 年代末傾向蘇俄社會主義的遠因。另外，魯迅生來具有抗爭性，留日時即對俄羅斯和東歐諸國的反抗文學抱有強烈好感，這好感終久不變，而萊茵河的社會主義理論首先就強調階級反抗，以鬥爭求解放。這套理論經由蘇俄社會主義實踐獲得了國家層面上的成功。因此，如果說胡適 1926 年的思想變化使人意外也不意外的話；魯迅晚年的價值取向，有著內在斷裂的一面，但從另一面，從萊茵河到伏爾加，卻也水到渠成。

（五）「新自由主義」

離開莫斯科後，胡適曾寫給徐志摩兩封較長的信，這兩封信同樣發在《晨報‧副鐫》上，編者也加了個題目，即「新自由主義」。這個題目，其實就是胡適在第二封信中提出的主張。

胡適在蘇俄問題上的態度，引起了國內一些朋友的疑惑和不安。他們通過徐志摩向胡適提出幾個問題，胡適在第二封信中作了回答。

回答之前，胡適首先說「我很高興，你們至少都承認蘇俄有作這種政治試驗的權利」。[15]蘇俄的政治試驗是胡適到蘇聯後最感興趣的事，幾封信中他一再強調這一點，因為，這一點符合杜威也符合他自己在國內鼓吹的實驗主義。可是問題偏偏出在這裏。杜威的實驗主義主張應該說是一種美國經驗，這個經驗依託於美國民主制度下個人（或社群）自由選擇的價值框架。所謂試驗不是也不可能是國家行為，相反，國家對

---

[15] 胡適〈歐遊道中寄書‧五〉，《胡適文集》卷四，第 45 頁。

各種只要不是侵犯他者利益的試驗取中立態度。可是，在蘇俄，進行試驗的不是這個國家中的公民個人，而是國家本身。國家不是動用它的「權利」（它根本就沒有權利）而是「權力」來強制推行它所要進行的試驗。如果任何一個國家中的公民個人或社群都是一個「差序格局」，那麼，以國家權力「強制」推行的試驗即使可以滿足和迎合一部分個人或社群的要求，同時也必然傷害另一部分個人或社群的需要。試問，就這另一部分受傷害的個人或社群而言，在國家這個龐大的暴力機構面前，他們的自由選擇在哪裏？因此，在真正的自由主義看來，蘇俄是沒有權力以國家身份作這種（即帶有烏托邦性質的）政治試驗的，它憑什麼？胡適的意見，如果出自道德理想主義之口則不難理解，因為政治試驗必然訴諸某種道德高調以期獲眾；如果它出於自由主義，卻不可思議。自由主義不是道德哲學而是政治哲學，它所看護的是且僅是個人的權利底線。在這個問題上，胡適推衍杜威的實驗主義而罔顧實驗的制度框架和「誰的實驗」，結果使他的自由主義一不小心就閃了腰。

徐志摩向胡適提出的第一個問題是：「蘇俄的烏托邦『在學理上有無充分的根據，在事實上有無實現的可能』」。（引同上）這是一種懷疑的態度，但胡適的回答不免強詞奪理：「什麼叫做『學理上的充分根據』？……這個世界上有幾個制度是『在學理上有充分的根據』……資本主義有什麼學理上的根據？國家主義有什麼學理上的根據？政黨政治有什麼學理上的根據？」[16]咄咄的語氣殊不似胡適。他的回答恰恰暴露了他本人在自由主義學理上的不足。自由主義制度分明有自己學理上的根據，這在洛克、亞當・斯密時代就形成了，它正是胡適不熟悉的古典主義那一塊。而蘇俄「烏托邦」預設的是魯迅筆下所謂的「黃金世界」，這世界在事實上沒有實現的可能，但它卻有它自己的一套「學理」。只是這學理依憑的不是人類的經驗理性，而是盛行於歐陸的建構主義理性，它是按照某種預設的邏輯做一廂情願的推演，然後建構出一個紙上的「黃金世界」，從而使人為之無謂奮鬥。那時的胡適顯然缺乏這樣的

---

[16] 胡適〈歐遊道中寄書・五〉，《胡適文集》卷四，第 45-46 頁。

穿透力，他非但不能從學理上予以詳析，反而以「反學理」的態度為它辯護。

這辯護的要點正是財產所有權。胡適批評了人們對蘇俄大試驗的「最大的一個成見」，「就是：『私有財產廢止之後，人類努力進步的動機就沒有了』。」（引同上）胡適認為情況本非如此，因為無論在共產制或私產制之下，有天才的人總是要努力向上，而大多數凡民也是從來都不努力的。胡適的辯護相當無力，在原典自由主義那裏，財產作為人類生產的動力寫得清清楚楚。其實問題還不在於「人類努力進步的動機」，而在於財產是一種權利，它是屬於個人所有的最基本的權利。在原典自由主義那裏，這種權利價值優先。作為自由主義的無條件的保護對象，財產與人類進步與否無關。胡適的答辯（包括這問題本身）烙上了十九世紀功利主義的印記，他試圖使人明白，即使產權取消，人類照樣可以進步。他不知道，問題的要害不是進步不進步，而是權利不權利。誰也沒有權力為了進步就剝奪個人的（財產）權利。

到了這一步，問題明白了，胡適在蘇俄看中的所謂試驗和為這個試驗所辯護的，正是蘇俄共產制。當朋友們問「蘇俄的制度是否有普遍性」？胡適的回答是「什麼制度都有普遍性，都沒有普遍性。……我們如果肯『幹』，如果能『幹』，什麼制度都可以行。」[17]因此，「你們以為『贊成中國行共產制』是『赤化』，這是根本大錯了。……共產制實在不成什麼問題。」[18]這是胡適欲把蘇俄經驗中國化最清楚不過的表述。至此，胡適的「新自由主義」也就不言而喻了，他說：「……採用三百年來『社會化』（Socializing）的傾向，逐步擴充享受自由享受幸福的社會。這方法，我想叫他做『新自由主義』（New Liberalism）或『自由的社會主義』（Liberal Socialism）。」[19]這自由主義新在何處，也就是像蘇俄那樣把私產共有，這種舉動，胡適稱之為「社會化」。為了落實自己的「新自由主義」主張，胡適甚至想改變自己以往鬆懶的狀況，像

---

[17] 胡適〈歐遊道中寄書·五〉，《胡適文集》卷四，第 48 頁。
[18] 胡適〈歐遊道中寄書·五〉，《胡適文集》卷四，第 49 頁。
[19] 胡適〈歐遊道中寄書·五〉，《胡適文集》卷四，第 47 頁。

蘇聯人那樣積極行動起來，去組黨。「我想，我應該出來作政治活動，以改革內政為主旨。可組一政黨，名為『自由黨』。充分的承認社會主義的主張，但不以階級鬥爭為手段」。[20]這是胡適剛離開莫斯科時所寫的日記，他好像躍躍欲試了。

　　胡適的主張是「新自由主義」嗎？否。他的「社會化」已經不是英倫自由主義的社會化，而是蘇俄社會主義的「國家化」。他把他的「新自由主義」又稱作「自由的社會主義」，在這裏，自由主義的自由僅僅成了社會主義的定語。這不是咬文嚼字。胡適不僅一而再地淆混「社會主義」和「社會化」的不同內涵，而且當他一則認同蘇俄的烏托邦試驗，繼而肯定蘇俄的私產國有，試問，這樣的自由主義和蘇俄社會主義又有什麼區別。不難理解胡適的莫斯科困境，當他和蔡和森激辯時，當蔡和森聲稱自由主義只是資本主義的政治哲學時，深知自由主義也在社會化的胡適，從主觀上很想把「自由主義」和「社會主義」調和起來。事實上，他也一直在這兩個主義的邊際中行走，胡適固然生性熱愛自由，但社會主義的旗幟對作為知識份子的他畢竟也有感召力。只是，終因未能從學理上弄清古典自由主義的底蘊，比如它對財產權利的恪守，這是自由主義包括新自由主義的不可逾越的邊線；因此，胡適調和未成，反而在不自覺中破界了。可以這樣比較，胡適去蘇聯後三年，歐美發生了世界性的經濟危機，凱恩斯主義雖然力主國家對經濟生活的干預，但也不曾以國家名義去觸動私人產權；而胡適到蘇俄僅三天，就在價值理念上跨出了凱恩斯無以跨出的這一步。那麼，是凱恩斯這種「社會化」的自由主義「新」呢，還是胡適這「新」的主義是自由主義呢？

　　準確地說，莫斯科三日對胡適來說是一次「越界旅行」，這時的他儼然是一個「半蘇俄」化的社會主義者。

20　《胡適日記》卷四，第239頁。

（六）在「紅白兩個帝國」之間

魯迅眼中的蘇聯，是全世界無產階級勞動大眾的「麥加」，它的存在是全人類的光明和希望。魯迅一邊大量翻譯蘇聯文學藝術，一邊介紹蘇聯建設的偉大成績，同時更力斥帝國主義反對蘇聯的各種讕言。這些工作，魯迅是自覺的。在「蘇俄情結」的作用下，魯迅以「金不換」之筆擁戴蘇聯和捍衛蘇聯，成為三十年代他自身寫作的一道獨特的風景。

「上海的小市民真是十之九是昏聵糊塗，他們好像以為俄國要吃他似的。文人多是狗，一批一批的匿了名向普羅文學進攻。」[21]這是魯迅給友人信中的話，表現了他對厭惡蘇俄的人的厭惡。也許被魯迅所不屑的上海小市民們並不糊塗，中國這個北鄰對它的南鄰，「要吃」之心一天都沒有停止過。早在上個世紀初，舊俄和日本，就在東北為各自利益打了一仗。新俄成立，禍心未止。東北張作霖之死，過去一直認為是日本人的事，後來蘇俄檔案揭秘，卻是新俄所為。早在 1920 年代，用病榻上的孫中山諄諄告誡年輕的張學良的話說，就是：你們東北身處『紅白兩個帝國』中間。孫中山不管兩個強鄰更換什麼樣的國體外衣，掛什麼圖案的國旗，他一眼就看穿蘇聯與日本的共同本質。」[22]

那麼，魯迅面對「紅白兩個帝國」，又是什麼態度呢。

1931 年「九‧一八」事變發生，日本佔領中國東北。當時左聯的《文藝新聞》向上海著名文化人士發問「日本佔領東三省的意義」。這個發問在措詞上就令人不解，「意義」往往用於積極方面的評價，侵略者打進了自家大門，還有什麼「意義」可言？魯迅的回答是：「這在一面，是日本帝國主義在『膺懲』他的僕役——中國軍閥，也就是『膺懲』中國民眾，因為中國民眾又是軍閥的奴隸；」[23]魯迅這句話有點讓人看不懂。儘管我們知道，魯迅好用反語，也儘管這裏的「膺懲」都打上了引號，但，整個句子還是讓人感到難解。以魯迅對中國軍閥的痛惡，「膺

21　〈魯迅致曹靖華〉，《魯迅全集》卷十二，第 94 頁，1981 年。
22　李潔《文武北洋‧草莽元帥林》，第 190 頁，廣西師範大學出版社，2004 年。
23　魯迅《二心集‧答文藝新聞社問》，《魯迅全集》卷四，第 310 頁。

懲」一詞是能夠傳達出「活該」的意思。如此，倒也正因了發問中的「意義」。可是，第二個「膺懲」呢，它的所指是中國民眾，魯迅用了同樣的詞，打了同樣的引號，而且是同樣的口吻，不知是否可以作同樣的理解。只是，如果不同樣，那麼，這個「膺懲」又是什麼呢？在這裏，不兩立的軍閥和民眾，是無以共一個詞的。

可與之相參的是魯迅次年在北平輔仁大學的一個講演。魯迅說：東北事變後，上海興起許多抗日團體，並都有自己的徽章。「一‧二八」事變中，凡有這種徽章被日本人發現，就難免一死。有些人並不一定抗日，不過把徽章放在口袋裏。還有些人，穿軍服拍照，照片還在，軍服也掛在家裏，自己卻忘了，但日軍一經查出，又格殺勿論。於是魯迅總結：「像這一般青年被殺，大家以為不平，以為日人太殘酷。其實完全是因為脾氣不同的緣故，日人太認真，而中國人太不認真。……這樣不認真的同認真的碰在一起，倒楣是必然的。」[24]殺人是「殘酷」還是「認真」，問題不難分辨。按魯迅的思路，「膺懲」正可用在這裏，認真的「膺懲」不認真的，所以，後者「倒楣」。

然而，以上只是日本佔領東三省意義的一面，更值得注意的倒是另一面。魯迅說：「在另一面，是進攻蘇聯的開頭，是要使世界的勞苦群眾，永受奴隸的苦楚的方針的第一步。」[25]「白」帝國主義打進來了，操得卻是「紅」帝國主義的心。日本人分明佔領的是中國領土，問題的嚴重性卻在它是攻打蘇聯的第一步。「天低吳楚，眼空無物」，本土的利害竟不在計較之中。面對國難，魯迅一步就跨到蘇俄那邊去，好像這事和中國無關（有關的也只是兩個「膺懲」）。應該說，魯迅的判斷不是沒有根據。佔領中國東北後，下一步怎麼辦，日本軍事上層的確發生過分歧，海軍的意見是「北上」，攻打蘇俄，陸軍的意見是「南下」，征服中國。雙方爭執得很激烈。這些情況，魯迅當然不知道。可是，既然不知道，為什麼首先考慮的，偏偏是蘇俄。儘管在魯迅那裏，蘇俄是勞動群

---

[24] 魯迅《集外集拾遺‧今春的兩種感想》，《魯迅全集》卷七，第385-386頁。
[25] 魯迅《二心集‧答文藝新聞社問》，《魯迅全集》卷四，第310頁。

眾的希望。但，接下來的問題是，日本侵略，對世界的勞苦群眾是「苦楚」，為什麼對中國民眾卻是「膺懲」，難道中國民眾不在這「世界的勞苦群眾」之中？短短的一問一答，問的奇怪，答的蹊蹺。面對民族危機，魯迅原是以蘇俄為中心來考慮問題、發布態度的。

1929 年夏，中國和蘇俄這個紅色帝國因「中東路事件」發生短暫的戰爭，戰場就在中國本土，是蘇軍打進了滿洲里。可是，史達林卻指示共產國際發出「保護蘇聯」的號召，於是，上海的街頭就出現了「武裝保護蘇聯」的標語。次年，上海文壇發生「民族主義文學」運動，它主張文學藝術應以喚起民族意識為中心。因為它的國民黨背景，也因為它的反普羅文學，魯迅對它進行了專門的批判。但是，這樣的批判卻和「捍蘇」聯繫在一起。《黃人之血》是「民族主義文學」的代表作之一，它是一部歷史題材的詩劇，按照魯迅概括，它敘述的「是黃色人種的西征，主將是成吉思汗的孫子拔都元帥，真正的黃色種。所征的是歐洲，其實專在斡羅斯（俄羅斯）——這是作者的目標；聯軍的構成是漢，韃靼，女真，契丹人——這是作者的計畫；」[26]概括了作品的內容後，魯迅揭露其用心：「這一張『亞細亞勇士們張大』的『吃人的血口』，我們的詩人卻是對著『斡羅斯』，就是現在無產者專政的第一個國度，以消滅無產階級的模範——這就是露骨的所謂『民族主義文學』的特色。」（引同上）本文對《黃人之血》沒有評價興趣，只是指出它的出現和「中東路事件」這一背景有關。作品或許很差，也沒有什麼不可批判。但需注意，批判者是站在他方立論的，意即在兩國利益發生直接衝突時，堅持階級論的魯迅是站在蘇俄一方來揭穿「民族主義文學」的「險惡用心」。其實民族主義文學並不重要，哪怕它有攻打蘇俄的喧囂，那也是被「中東路事件」激出來的，不但沒有實現的可能，而且實情正相反，蘇俄打了進來。正是在這一背景下，魯迅對「民族主義文學」的批判，實際上和「武裝保護蘇聯」同調，是在用文章捍衛蘇聯。

---

[26] 魯迅《二心集·「民族主義文學」的任務和命運》，《魯迅全集》卷四，第 314 頁。

「中東路事件」兩年後，又發生了「九・一八」，紅白帝國主義輪番給中國帶來災難。魯迅如何看待這之間的關係。如其上，魯迅的判斷是「……『東征』即『西征』的第一步」，「現在日本兵『東征』了東三省，正是『民族主義文學家』理想中的『西征』的第一步」。[27]民族主義文學是否有這樣的「理想」，魯迅有自己解讀的權利，正確與否，是另外一碼事。但，「東征」的實質是「西征」，實際上是魯迅自己的看法。這看法又有了新的進展，即，被佔領東三省的中國人，要跟著日本進攻蘇俄了。這是魯迅的話：「一九三一年九月，日本佔據了東三省，這確是中國人將要跟著別人去毀壞蘇聯的序曲，民族主義文學家們可以滿足的了。」[28]原來《黃人之血》寫的是當年蒙古人征服漢人後，又糾集漢人、契丹人、女真人去打俄羅斯，因此，在魯迅看來，日本人就是當年的蒙古人，中國人就是當年的漢人，他們合夥要向蘇俄進攻。魯迅不僅是解讀作品，更是在判斷現實。但這種判斷是離奇的，它離事實相去太遠。不過，離奇的判斷，卻不離奇地表露了魯迅的心跡，蘇聯，是他心中無以放下的掛礙。於是，緊接而來的句子就看出了魯迅的很不以為然：「但一般的民眾卻以為目前的失去東三省，比將來的毀壞蘇聯還緊要，他們激昂了起來。」（引同上）看來，正是這一般的民眾，沒有喪失基本的判斷力，自己失去了東三省，難道不比毀壞蘇聯還緊要嗎？是自己緊要，還是別人緊要，在民族危機逼近之時，作為階級論者的魯迅以階級為取捨，即使自己失地，卻更關注蘇俄這一無產階級大本營的安危。只是，不公平的是，魯迅的蘇俄情結是單向的，在中國抗戰中，史達林的蘇俄從來就把中國當作自己的東方屏障，抵擋日本人。

1960 年代，一本研究魯迅的書《魯迅——中國文化革命的巨人》，其中一章論及魯迅對蘇俄的態度和表現，題目稱魯迅為「無產階級國際主義的戰士」。這「國際主義」一詞如果對照以上魯迅的對蘇言論，恰

---

[27] 魯迅《二心集・「民族主義文學」的任務和命運》，《魯迅全集》卷四，第 319 頁。
[28] 魯迅《且介亭雜文・中國文壇上的鬼魅》，《魯迅全集》卷六，第 154 頁，1981 年。

如其分。具而言，魯迅身上體現的，是 1970 年代革命現代京劇《龍江頌》中叫做「龍江精神」的國際主義。

（七）面對「狄克推多」

在以上胡魯對蘇俄的各自表情中，或者說，在胡魯這不約而同的「合轍」中，是否可以追索一下相同中的「不同」？事情很顯然，不同道的胡魯雖然一度「合轍」，但考其轍跡，分明又不一樣。

不一樣主要體現在如下兩點：「階級鬥爭」和「無產階級專政」。這兩點其實共一個理路，不同在於，如果說階級鬥爭是獲得政權以前的方式，那麼，無產階級專政則是政權獲得後的階級鬥爭形式。

魯迅從「進化論」到「階級論」，路徑比較簡單、直接。當年「進化論」思路的轟毀，是因為看到「同是青年，而分成兩大陣營」，此陣營，正階級陣營也。甚至早在進化論之前，或者，在接受進化論的同時，魯迅就深受階級意識和階級壓迫的影響。魯迅在談及自己早年讀俄羅斯文學時說：「我們豈不知道那時的大俄羅斯帝國也正在侵略中國，然而從文學裏明白了一件大事，是世界上有兩種人：壓迫者和被壓迫者！[29]魯迅充分評估了這個發現的意義，「從現在看來，這是誰都明白的，不足道的，但在那時，卻是一個大發見，正不亞於古人的發現了火的可以照夜，煮東西。」（引同上）事實上，這話用來闡釋馬克思，方才更合適。魯迅也正是接受了馬克思階級鬥爭的理論後，才能對俄羅斯文學作出這樣的判斷。他所以反「民族主義文學」，是因為在他看來，「民族主義文學」鼓吹「黃色的無產階級，不該和黃色的有產階級鬥爭，卻該和白色的無產階級鬥。」[30]這依然是魯迅自己的讀解，但魯迅的意思其實也就可以反了過來，即黃色的無產階級應該和白色的無產階級聯合起來，和黃色的、白色的資產階級鬥。他所以讚頌蘇聯，也正因為蘇聯以

---

[29] 魯迅《南腔北調集·祝中俄文字之交》，《魯迅全集》卷四，第 460 頁。
[30] 魯迅《且介亭雜文·中國文壇上的鬼魅》，《魯迅全集》卷六，第 154 頁。

階級鬥爭的方式「將『宗教，家庭，財產，祖國，禮教……一切神聖不可侵犯』的東西，都像糞一樣拋掉，而一個簇新的，真正空前的社會制度從地獄裏湧現而出。」[31]從魯迅這段話來看，魯迅眼中的階級鬥爭是非常決絕的，它幾乎是把歷史全部割斷，一切從現在開始。

　　儘管胡適的蘇俄之行使他成了個「半蘇俄式的社會主義者」，但，非蘇俄的那一半首先就在於他不贊成蘇俄式的階級鬥爭。胡適並非不承認階級，但他反對「階級戰爭說指出有產階級與無產階級不能並立的理由」，他批評這種學說「無形中養成一種階級的仇視心，不但使勞動者認定資本家為不能並立的仇敵，並且使許多資本家也覺勞動者真是一種敵人。」在胡適看來「這種仇視心的結果，使社會上本來應該互助而且可以互助的兩種大勢力，成為兩座對壘的敵營，使許多建設的救濟方法成為不可能，使歷史上演出許多本不須有的慘劇」。[32]胡魯兩人都承認階級的存在是一種客觀現象，但魯迅的選擇是「階級鬥爭」，胡適的選擇是「階級互助」。二十世紀的中國顯然選擇了魯迅而沒有選擇胡適，即使在當時，魯迅的聲音也比胡適更具吸引力。但，胡適不改初衷，即使面對蘇俄的巨變，他依然在自己的列車日記中表示，可以「充分承認社會主義的主張，但不以階級鬥爭為手段」。[33]同樣，在那封給徐志摩的信中，當徐志摩問，有沒有「那比較平和比較犧牲小些」的方法，胡適也堅持表示：要「避免『階級鬥爭』的方法，採用三百年來『社會化』的傾向……」。

　　有意思的是，胡適反對階級鬥爭，一個重要的緣由，卻是進化論。進化論本是胡魯共用的價值資源，但，魯迅從進化論走向階級論以求更大的進步時，胡適卻用進化論批判階級鬥爭。在胡適看來：「達爾文的生物演化學說給了我們一個大教訓：就是教我們明瞭生物進化，無論是自然的演變，或是人為的選擇，都由於一點一滴的變異，所以是一種很複雜的現象，決沒有一個簡單的目的地可以一步跳到，更不會有一步跳

---

[31]　魯迅《南腔北調集‧林克多〈蘇聯聞見錄〉序》，《魯迅全集》卷四，第 426 頁。
[32]　胡適〈問題與主義‧四論問題與主義〉，《胡適文集》卷二，第 277 頁。
[33]　《胡適日記》卷四，第 239 頁。

到之後可以一成不變。」據此，儘管說這話時的胡適還在傾向蘇俄，但也指出：「所以武斷的虛懸一個共產共有的理想境界，以為可以用階級鬥爭的方法一蹴即到，既到之後又可以用一階級專政方法把持不變。這樣的化複雜為簡單，這樣的根本否定演變的繼續便是十足的達爾文以前的武斷思想，比那頑固的海格爾更頑固了。」[34]

進化論的核心是進步，但如何進步，是漸進還是激進，這也是胡魯的不同。魯迅放棄進化論而強調階級鬥爭的「火與劍」，某種意義上，就是因為魯迅認為它「改革最快」。不獨最快，而且能夠根本解決問題。然而，在胡適這裏，魯迅的激進不解決任何問題，因為進化總是在過去的基礎上進化，像魯迅盛讚蘇俄那樣以革命割斷傳統，像糞一樣徹底拋掉，然後一切從頭來起，既不必要，也無可能。胡適指出：「世界上兩個大革命，一個法國革命，一個俄國革命，表面上可算是根本解決了，然而骨子裏總逃不了那枝枝節節的具體問題；雖然快意一時，震動百世，而法國與俄國終不能不應付那一點一滴的問題。」[35]胡適抓住的，就是這一點一滴，這樣的進步，只能是漸進。「七年之病，求三年之艾」，這是胡適經常講的話，意思是急不得。因此，真正的進步，不需要階級鬥爭，更無論徹底摧毀傳統。

從階級鬥爭到「狄克推多」，在魯迅那裏，兩者是相通的，因此，他認同階級鬥爭則必然認同專政。胡適不然，他雖然反對階級鬥爭，但對專政，卻顯出一定的猶疑和曖昧。

《解放了的堂‧吉訶德》是蘇聯作家盧那察爾斯基的劇作，由瞿秋白翻譯，出版時魯迅以「後記」的方式對這個劇本作暸解讀。在魯迅看來，這個劇本好就好在它「極明白的指出了吉訶德主義的缺點，甚至於毒害」。那麼，這個缺點和毒害是什麼呢？第一場，吉訶德救出了挨打的革命者，但「革命終於起來，專制者入了牢獄；可是這位人道主義者，這時忽又認國公為被壓迫者了」。他說「新的正義也不過是舊的正義的

---

[34] 胡適〈介紹我自己的思想〉，《胡適文集》卷五，第 508 頁。
[35] 胡適〈這一周‧一〉，《胡適文集》卷三，第 401 頁。

同胞姊妹」，轉而「指革命者為魔王，和先前的專制者同等」。吉訶德的話，尤其是那句「新的正義也不過是舊的正義的同胞姊妹」，如同警句，值得思量，但在劇本作者和魯迅那裏，這正是「毒害」；因此，劇中革命者形象的德里戈針對這種毒害說：「是的，我們是專制魔王，我們是專政的。你看這把劍——看見罷？——它和貴族的劍一樣，殺起人來是很準的；不過他們的劍是為著奴隸制度去殺人，我們的劍是為著自由去殺人。……現在，我們在這個短期間是壓迫者，……因為我們的壓迫，是為著要叫這個世界上很快就沒有人能夠壓迫。」[36]同樣是殺人，同樣是壓迫，只是理由不一樣。此人一席話，不啻於蘇俄的「專政宣言」。對此，魯迅不僅稱讚其人「是有正確的戰法，堅強的意志的戰士」，而且也稱讚這話本身：「這是解剖得十分明白的」，並由此歎息吉訶德「沒有覺悟」。（引同上）當然，在這個問題上，魯迅是充分覺悟的，他的覺悟在於，他自己就有類似德里戈的認知。1932 年，據魯迅文章記載，一位記者對他說：蘇聯是無產階級專政的，智識階級就要餓死。魯迅反駁：「無產階級專政，不是為了將來的無階級社會麼？只要你不去謀害它，自然成功就早，階級的消滅也就早，那時就誰也不會『餓死』了。」[37]這裏的「為了」和上面德里戈的「為著要」是一個邏輯。本著這樣的專政認同，魯迅不但批評作為人道主義者的吉訶德，而且還指向曾經有過類似吉訶德救難行為的高爾基：「吉訶德即由許多非議十月革命的思想家，文學家所合成的。其中自然有梅壘什珂夫斯基，有托爾斯泰派；也有羅曼·羅蘭，愛因斯坦因。我還疑心連高爾基也在內，那時他正為種種人奔走，使他們出國，幫他們安身，聽說還至於因此和當局者衝突。」[38]最後一句，顯然是出於專政的考量，魯迅對當年高爾基援救知識份子的人道之舉，甚不以為然。

---

[36] 魯迅《集外集拾遺·〈解放了的堂·吉訶德〉後記》，《魯迅全集》卷七，第401 頁，1981 年。

[37] 魯迅《南腔北調集·我們不再受騙了》，《魯迅全集》卷四，第 430 頁。

[38] 魯迅《集外集拾遺·〈解放了的堂·吉訶德〉後記》，《魯迅全集》卷七，第401 頁。

面對蘇俄式的無產階級專政，較之魯迅的一面倒，胡適的表現則相形複雜。出於自由主義的本能，胡適是不能接受專制的，他向梅里姆提出的那一連串問題，已可見這一點。但那位美國人的一番謬論，竟然讓他看不出破綻，這委實讓人感到自由主義的脆弱。至於他反轉過來向張蔚慈做說客，說蘇俄雖然狄克推多，但卻認真辦教育。豈不知這教育（即他所說的「主義教育」）正是狄克推多的組成部分。因此，希望通過這種教育塑造新國民（因為胡適認為新國民造成之日，就是狄克推多終止之時），這只能說胡適是在天方夜譚，他因為沒有生活在極權時代，顯然還不懂什麼叫「洗腦」。

離開蘇聯的第二天，胡適在車上和蘇聯的一位外交官員談話，話題的內容還是狄克推多，針對胡適的困惑，那位官員這樣開導：「你不必對於我們的 Dictatorship（專政）懷疑，英美等國名為尊崇自由，實是戴假面具，到了微嗅得一點危險時即將假面具撕去了。……他們也是一種 Dictatorship，只是不肯老實承認。蘇俄卻是言行一致，自認為無產階級專政。」[39]分明是比那美國教授更荒謬的言論，胡適認為「此言甚是有理」（引同上）。胡適不察，英美國家對罷工的「鎮壓」，還說明它有罷工的自由；可是在史達林的蘇俄，卻不需要鎮壓，因為它根本就沒有罷工的可能。

這是胡適的轉折，九月十八號，人在巴黎的胡適和即將回國的傅斯年聊天，話題自然是政治。當傅斯年面對國內政治的凋敝，希望中國出現一個有能力的獨裁者來整飭社會秩序時，這時胡適指傅的想法：「與唐明宗每夜焚香告天，願天早生貴人以安中國，有何區別？況 Dictator（獨裁者）如 Mussolini（墨索里尼）之流，勢不能不靠流氓與暴民作事，亦正非吾輩所能堪。」胡適這一看法在是年十月給徐志摩的信中得到了加固：「我個人的主張……第一，我是不信『狄克推多』制的。……況且『狄克推多』制之下，只有順逆，沒有是非，──今日之豬仔（不

---

[39] 《胡適日記》卷四，第 238 頁。

限於議員），正是將來『狄克推多』制下的得意人物。這種制度之下沒有我們獨立思想的人的生活餘地。」[40]

然而，不到半個月，剛才還聲稱自己是「獨立思想的人」的胡適，思想又不獨立了，這次他受的是羅素的影響。從巴黎返倫敦後，胡適按約定時間拜訪了羅素。在談到狄克推多時，兩人有過對話，據胡適十月十七日的當天日記：「奇怪的很，他說蘇俄的 Dictatorship（專政）辦法是最適用於俄國和中國的。他說，這樣的農業國家之中，若採用民治，必鬧的稀糟，遠不如 Dictatorship 的法子。我說，那我們愛自由的人卻有點受不了。他說，那只好我們自己犧牲一點了。」[41]記完後，胡適又追補一句：「此言也有道理，未可全認為不忠恕。」（引同上）

統觀胡適這次莫斯科之旅，除了認同蘇俄政治試驗外，最掛心的事，與人交談最多的事，就是這個「狄克推多」了。短短的時間，胡適如同患上了「狄克推多」綜合症，思想走了個起伏的「之」字，還沒有走出它的難局。可以看到的是，胡適在這個問題上獨立思考不多，更多是為那些歐美左翼所左右。在那些左翼名牌的似是而非面前，胡適因缺乏明辨的能力而唯唯、而諾諾、而左右搖擺。

所幸，胡適的西行之旅，到此還沒有結束。

（八）胡適「胡適」

就胡露絲想而言，魯迅傾向蘇俄這一節，就是他的思想晚節，歷史沒有給他更多的時間完成新的變化，更準確地說，即使天假以年，信奉普羅的魯迅也看不出有新變的可能。魯迅的思想和生平被自己晚年的言文定格了。胡適比魯迅小十歲，早逝的魯迅進入思想晚境時，胡適適逢中年。人生的路正長，思想蛻變還在發生。不過，就 1926 年底的胡適

---

[40] 胡適〈歐遊道中寄書‧五〉，《胡適文集》卷四，第 49 頁。
[41] 《胡適日記》卷四，第 394 頁。

來說，他的思想和他的名字一樣，正面臨一個「胡適」即「向何處去」的問題。

胡適這次出行，顯示出一個特點：人往何處去，思想就跟到哪。到了蘇俄，思想為之一變。但，蘇俄僅三天，蔡和森未能留住，就到英國去了。英國也非此行終點，胡適還要再「往西去」。結果，人西去，思想也隨之而西。當時，不獨蔡和森要留胡適，就在胡適到了英倫後，國內的李大釗還想拉住胡適再西去的行程。據胡適日記記載：「我的老朋友李大釗先生在他被捕之前一兩月曾對北京朋友說：『我們應該寫信給適之，勸他仍舊從俄國回來，不要讓他往西去打美國回來。』但他說這話時，我早已到了美國了。」[42]

這樣的情況如果是真的，倒很有意思。李大釗為什麼擔心胡適去美國，為什麼要讓他依然取道俄國回來。胡適 1926 年發表那篇〈我們對於西洋文明的態度〉，其中對蘇俄的態度，李大釗應當是知道的，同樣，胡適在蘇聯時和離蘇後，先後給張慰慈和徐志摩的五封信都發在《晨報》上，李大釗也應當知道。儘管胡李之間發生過「問題與主義」的紛爭，但私下兩人依然是朋友，李大釗何嘗不想把老朋友拉入自己信仰的陣營。難得胡適有了這樣的轉變，更何況蘇俄三日又有了近距離的感同身受，即使不能趁熱打鐵，但如果讓胡適隻身西向，那胡適身上已經發生的變化，恐怕又將成為新的變數。

這一段文字類同「誅心」，果如沒有什麼差池，李大釗的擔心還真變成了現實。胡適有著很深的「美國緣」，歐游道中的書信，他可以對英國有深深的不滿，認為「英國不足學」。可是，轉眼到了美國，美國的一切，都讓他讚不絕口。也正是在美國，蘇俄三天的「向左轉」又右轉了回來。

前說，胡適是反對階級鬥爭的，儘管他可以對蘇俄以這一手段所達至的目標保留認同。在美國，親眼所見的一系列的變化，使胡適更堅定了原有的看法。「我可以武斷地說：美國是不會有社會革命的，因為美

---

[42] 胡適〈漫遊的感想・四　往西去！〉，《胡適文集》卷四，第 34-35 頁。

國天天在社會革命之中。這種革命是漸進的，天天有進步，故天天是革命。」[43]胡適指的是什麼呢，就他所看到的而言，首先是稅制的變革，富豪納稅的稅額因累進制俱在百分之五十以上，國家將其用為社會福利。其次則是生產所有制的變局。他針對馬克思資本集中因而所有權也必然集中的理論，指出美國資本集中但所有權卻可以分散。比如，一個公司可以有一億資本，而股票可由雇員與工人購買，所以，這一億元的資本不妨可以有一萬人做股東。如果工人可以購買股票，也就成了小資本家，如果「人人都可以做有產階級，故階級戰爭的煽動不發生效力」。（引同上）在胡適眼中，這都是不用階級鬥爭而達至的社會主義。

其次，關於「狄克推多」，如果胡適在歐洲時的表現還頗為動搖，那麼，是美國重新堅定了他的反專制的信念。這一點，在他回國後的三十年代表現得尤為明顯。三十年代初至抗戰爆發的 1937 年，可以說是胡適的《獨立評論》時代，這一時代的胡適和他的自由主義盟友曾就建國問題發生過著名的「民主與獨裁」的討論。贊成策略意義上的獨裁並以蘇俄、義大利為例的是他的朋友錢端升、丁文江、蔣廷黻們，而擁戴民主並以英美為例的則是胡適，在這次論戰中，胡適毋寧說是孤立的，但也是堅定的。他力主議會政治，反對政治專制。對後者，他批判道：「現代的專制魔王想出一個好法子來，叫一小部分的阿斗來掛一個專政的招牌，他們卻在那招牌之下來獨裁。」[44]胡適這裏所指的，正是蘇俄和義大利。和以上魯迅一邊歌頌蘇俄一邊批判法西斯不同，胡適已然洞悉這兩者間的一致性，他不是一揚一抑，而是把極左專制和極右專制當作一個對象來批。然後，在比較專制和民主的根本不同時，胡適進而指出：「民治國家的阿斗不用天天干政，然而逢時逢節他們干政的時候，可以畫『諾』，也可以畫『No』。獨裁政治之下的阿斗，天天自以為專政，然而他們只能畫『諾』而不能畫『No』。」（引同上）不能說「No」，乃是專制批判的畫龍點睛之筆，其到位、其精彩至今無人能右出。胡適

---

[43] 胡適〈漫遊的感想·三　一個勞工代表〉，《胡適文集》卷四，第 33 頁。
[44] 胡適〈答丁在君先生論民主與獨裁〉，《胡適文集》卷十一，第 530 頁。

這篇文章寫於 1934 年十二月，而以上魯迅批判吉訶德而力挺蘇俄政制的文章寫於 1933 年十月，兩文間隔不過一年之差，然，彼此識見之隔，又何止能以時間計。

以上，經過美國的再度洗禮，回國後的胡適，從「半蘇俄」重返英美自由主義。但，這種確認如果沒有問題，也不等於最後問題的解決。對於胡適來說，他和魯迅，「轍」未同完，徹底作別蘇俄，還有一節路要走。

（九）歸程

可以比較的是，胡魯「合轍」不僅都經歷了一個十年之久的長時段，而且細算起來，胡適的時間比魯迅還要長。在魯迅尚未轉向蘇俄的 1926 年，胡適已經很明確的發表自己對蘇俄的臆見，那時他顯然是把蘇俄和整個西方文明視為一體，看不出它和英美在制度上的差異。第二次赴美，這個問題解決了，但，歸國後的胡適對蘇俄的看法儘管有很大的不同，卻沒有根本的轉變。可以看到的是，到 1936 年魯迅去世，魯迅的思想劃上了休止符，胡適的態度依然延伸著對蘇俄的保留。

胡適保留的是什麼呢。從二十年代到三十年代，胡適對蘇俄的態度是一道減法。二十年代，他很自然地減去了他所反對而魯迅認同的蘇俄式階級鬥爭。三十年代，又減去了他曾動搖過而魯迅卻不曾動搖的蘇俄式專政。然而，減到這裏，胡適就停步了，他止於他自己稱頌過的蘇俄政治試驗。胡適不僅是一個自由主義者，同時也是杜威意義上的實驗主義者。他一直認為蘇俄所做的一切是試驗，而且有權進行這種試驗。在這一點上，他無法不對蘇俄抱「同情之理解」。1930 年代，在他主政的《獨立評論》上，不但時有認同和肯定蘇俄建國的文章；他本人甚至還想在雜誌上建議，劃東北為特區，在那裏進行蘇俄式的試驗。當然這個主張終因怕犯忌而沒有公開發表。這就說明，從三十年代前期到中期，甚至以後，胡適在「蘇俄認知」上的問題並沒有全部解決。

　　胡適的「蘇俄認知」，包括魯迅的「蘇俄情結」，當然都有國際背景的大原因，1930 年代，是全球向左轉的時代，尤其是 1929 年世界性經濟危機的發生和蘇俄第一個五年計劃的成功。前者，資本主義的毛病充分暴露，儘管它其實可以通過自身調節而救治；後者，計劃經濟獲得成功，也儘管它自身無以救治的毛病被表面的成功所遮蔽。胡適和魯迅，雖然很難不為這股世界風潮所動，但，作為有良知的知識份子，他們「面蘇」畢竟更有他們的各自的理念。《新青年》之後，胡適和魯迅在很多問題上往往形同涇渭，這一次在蘇聯問題上的「合轍」，不是偶然的，而是出於一個共同的價值理念：無產階級的自由與解放。

　　魯迅的「蘇俄情結」很大程度上是「解放」情結，他樸素地認為，蘇俄方式就是無產階級的解放方式。而胡適在離開蘇聯的路上，對自由主義作了一個「三部曲」的闡發：「歷史上的自由主義傾向是漸漸擴充的。先有貴族階級爭自由，次有資產階級爭自由，今則為無產階級爭自由。」[45]因此，為了無產階級的自由解放，這樣一種「意圖倫理」，像一隻暗中的手，使胡魯兩人出現了罕有的一致。不過，在無產階級的自由解放上，魯迅方式是社會主義的，胡適方式是自由主義的。魯迅由於沒有英美自由主義的底子接受蘇俄很方便，不方便的是胡適，他的自由主義應該和他所保留的蘇俄政治試驗互相抵牾。但，胡適為什麼遲遲發現不了這其中的矛盾呢。

　　檢討起來，問題還在於，胡適雖然認同自由主義的價值取向，但從學理角度追究，他又是「含混」的。1934 年底，胡適在概括 20 世紀以來的世界發展大勢時說：「這個新發展的最可注意之點在於無產階級的政治權力的驟增，與民主政治的社會化的大傾向」。「前者的表現實例，有蘇俄的無產階級專政，有英國的勞工黨的兩度執政」。後者呢，歐美國家「一切『社會』的立法，都是民主政治社會化的表現」[46]

　　胡適的話蘊含著多重問題：

---

[45] 《胡適日記》卷四，第 239 頁。
[46] 胡適〈一年來關於民治與獨裁的討論〉，《胡適文集》卷十一，第 512 頁。

一，他重複了自己在二十年代所犯的錯誤，不知道蘇俄的專政和英國工黨執政是質不同的兩回事，一個是槍桿子上臺，一個是選票上臺，無法相提並論。

二，蘇俄無產階級專政就是無產階級政治權力的驟增？魯迅可以這麼認為，胡適卻不可以，否則又如何理解他自己所說的蘇俄專政只能說「諾」不能說「No」。這兩句話前後相隔不到十天，卻一矛一盾，讓人難以思議。

三，更重要的是下面，他把蘇俄的政治試驗和西方民主政治納入一個譜系，把前者看作是後者的邏輯的發展。「大戰之後，這個趨勢繼續發展，就使許多民治國家呈現社會主義化的現象。至於蘇俄的以純粹社會主義立國，更不用說了。」必須要說的是，民治國家社會化，質異於「蘇俄的以純粹社會主義立國」，兩者不能齊觀。而所謂「凡能放大眼光觀察世變的人，都可以明白十八九世紀的民主革命，和十九世紀中葉以後的社會主義運動，並不是兩個相反的潮流，乃是一個大運動的兩個相連貫又相補充的階段；乃是那個民治運動的兩個連續的大階段。」（引同上）大運動，大階段，實際上是胡適自己在「大混淆」。

就第三點而言，這是胡適二十年代老毛病在三十年代的重演或變形。明明是相反的潮流，卻說成是一致的，遞進的，那麼，試問胡適自己，此刻力批蘇俄專制又所為若何？同一時期的兩種作為卻矛盾如此而不自知。其實，早在 1926 年，胡適發表對蘇俄的認同時，他的朋友任鴻雋就寫信提醒他：「依我的觀察，迷信『狄克推多』是由不信『德謨克拉西』來的，而現時俄國式的勞農專制，正與美國式的『德謨克拉西』決勝於世界的政治舞臺。」[47]任鴻雋的話如果是說二戰後「冷戰」格局的形成，堪為至當；但，這句話的時間提前量是二十年，不能不說任鴻雋獨具隻眼。然而，他的話胡適不但沒有聽進去，反而在十來年後要把這「決勝於世界的政治舞臺」的兩種反對力量併為一途。

---

[47] 〈任鴻雋致胡適〉，《胡適來往書信選》上，第 411 頁，中華書局，1979 年。

　　「曲徑通幽處，禪房花木深」。正如普羅主義者的魯迅，思想歸程是蘇俄，其路徑是直的；胡適作為自由主義者，他的歸程是英美，但其路線圖卻是曲的。也正如前面已經指出，有著很深「美國緣」的胡適在蘇俄發生的問題，到了美國就解決了一半；剩下這一半，他在中國是解決不了的，還須等到他再次赴美，去感受自由主義的「禪房花木」。1937年中國抗戰爆發，胡適因而有了再度赴美的機緣，之前，在即將停刊的《獨立評論》上，胡適就一篇有關蘇聯的文章作「編輯後記」，道：「這幾天蘇俄國內清黨清軍的驚人消息又佔據了世界報紙的首頁地位，又使我們心裏不能不重新估計這個新國家的巨大試驗究竟有多大的穩固性。」[48]消息是「驚人」的，口氣是平靜的；國家是「新」的，試驗還是「巨大」的：好一個態度含混。但，畢竟，對這種政治試驗一直抱有認同感的胡適終於要對它「重新估計」了。

　　‥‥‥‥‥

　　待胡適真正能作出價值重估時，人已在美國若干年，其明確的時間標誌恐怕是 1941 年。這年夏天，胡適應邀在美國密西根大學作了次講演，題為「民主與極權的衝突」，這個講演於胡適，等於是對自己以往的「蘇俄認知」做了徹底的清算。自此，胡適仿佛變了個人，一系列的講演和政論，都是在批判史達林式的蘇俄極權。1954 年，胡適在《自由中國》雜誌社的一次講演中對自己早年的蘇俄傾向作了「公開懺悔」，這時的他，不僅早已徹底回向自由主義，而且逐漸從自由主義轉到它的右邊。特別是 1950 年代在美蘇兩大陣營的「冷戰」格局中，胡適因為自己曾有過的越軌，使他對自由主義應有的「社會化」心有惕厲。五十年代寓居美國時，當年和他論戰的蔣廷黻曾建議發起一個「社會黨」，胡適的態度是「我不贊成。我是一個自由主義者，其主要信條乃是一種健全的個人主義（individualism），不能接受各種社會主義信條。」[49]蔣氏要組的黨，分明是自由主義性質的，但，胡適弓杯蛇影了，他似乎還

48　胡適〈編輯後記〉，《胡適文集》卷十一，第 779-780 頁。
49　《胡適日記》卷八，第 320 頁。

是沒弄清自由主義社會化和蘇俄社會主義的區別。蘇俄式的社會主義要不得，但並不能不要自由主義的社會化。

在自由主義的道路上，看來有兩個胡適，早年的胡適越界過左，晚年的胡適呈保守而又趑趄不前。

七、動物上陣

（一）從「鳥」字說起

動物上陣，從「鳥」字說起。這樣的題目，說的是「罵」。

罵在胡適和魯迅那裏，本有明顯的反差。說魯迅罵人，並不奇怪：「我的雜感常不免於罵」，[1]自己說的。

奇怪的可能是胡適，說他也罵，怕有人不信。但，這回，不信也得信，這是我親眼看到的，當然是在書上。

大約是 1915 年，這時胡適正在美國做庚款留學生。據他自己說，當時在學校，每月總要收到一張來自華盛頓清華學生監督處寄來的支票。支票信封裏，也總有一張由主辦處書記私下插入的小傳單。傳單的作者叫鍾文鼇，是位教會學校出身的好好先生。他對改革中國社會充滿熱情，在每月寄出的信封裏，總要夾一張自己寫的宣傳品，內容大致是這樣：不滿二十五歲不娶妻。廢除漢字，改用字母。多種樹，種樹有益。這三條，胡適最反感的是第二條。他認為語言文字是世界上最保守的東西，比宗教還保守，豈能輕言廢除。平時看到這傳單，也就是往字紙簍一扔。但這次，胡適實在煩了，就不客氣地「回敬」了一下，說是回敬，其實就是罵：「像你這樣的人，既不懂漢字，又不能寫漢文，〔而偏要胡說什麼廢除漢字〕，你最好閉起鳥嘴！」[2]說實話，讀到這裏，我覺得非常不舒服，真有「望之不似胡適」之感。這倒不是邵建先生有潔癖，見不得髒字，私下裏，朋友中，我也罵，比如罵當道，解恨出氣，未妨不可。但就是見不得文章罵。畢竟一個是私人場合，一個是公共領域，兩個空間不一樣。文章是「公器」，它可以交流天下，卻不容罵人口水。中國自古有「敬惜字紙」的傳統，那字紙如是罵人口水塗抹過的，又如

---

[1] 《而已集·意表之外》，《魯迅全集》卷三，第 496 頁，1981 年。
[2] 《胡適口述自轉》，《胡適文集》卷一，第 308-309 頁，北京大學出版社，1998 年。

何叫人敬惜。民諺:「寧可跌在屎上,不可跌在紙上」。屎可以洗掉,洗不掉的是白紙黑字。只好為胡適歎息:先生「也」跌了。但,又為他逆挽,1915,不才二十四歲嗎,血氣正旺,口無遮攔呀(胡適出國前,在《競業旬報》的文章上曾有「膿包皇帝,混帳聖賢」之類的罵語,並聲稱自己「吾其好罵人哉」,其時,歲則十五、六)。

不料,我的逆挽多餘,歎息變成了自歎:書讀何其粗陋也。

記不得是多天以後,又翻書到原地,不經意發現這罵人話後有個小小的〔4〕,是章節附註了。就翻過去,注者唐德剛有這樣一句話:「胡氏中文原文用字文雅得多,這句『俗語俗字』是筆者根據他的英文稿翻出來的」──原來如此。

但,這寬慰的聲音未曾消歇,事情就一波三折了。在胡適寫於 1921 年的詩歌〈雙十節的鬼歌〉中,又出現了唐德剛所謂的「俗語俗字」,這回不是唐氏捉刀代筆,而是胡適親口所罵,罵的是當時的北洋軍閥。詩曰:「大家合起來/趕掉這群狼/推翻這鳥政府/起一個新革命/造一個好政府」。[3]毫無詩意且不說,這「鳥政府」和幾十年後的「不須放屁」,大同小異,都是惡例。因此,我上面那套議論,毫不客氣,移植到此。不過這次看書仔細了,下面的注也沒漏過,注中注明此詩「收入《嘗試集》時刪去」。胡適為什麼刪詩,是不是怕惡風流被,我不得而知,也無從考之,卻但願如此。

流風所及,不能免俗,30 歲以前的胡適,偶爾罵罵,而胡適 30 歲以後,就不像《水滸》中的李逵,幾天不吃肉,嘴裏就淡出個「鳥」來了。但,他或許不知道,他以「鳥」罵北洋政府,有人則以「鳥」罵他。不知這是不是現世報。

胡適作為新文化運動的領袖之一,同時作為北大教授,受到青年們的擁戴是正常的,而且胡適向來也不避自己包括知識界對青年負有「導師」的責任。於是,當「胡適等人擺出『導師』的面孔,妄圖把青年引

---

[3] 胡適〈雙十節的鬼歌〉,《胡適文集》卷九,第 178 頁。

上脫離革命，脫離現實鬥爭的邪路」時[4]，一篇題名為「導師」的文章出現在《莽原》週刊上，內容是告誡青年不要尋導師。文章寫得差強人意，最後一段倒很有特色：「青年又何須尋那掛著金字招牌的導師呢？不如尋朋友，聯合起來，同向著似乎可以生存的方向走。你們所多的是生力，遇見森林，可以闢成平地的，遇見曠野，可以栽種樹木的，遇見沙漠，可以開掘井泉的。」我一邊看，一邊笑：一邊不要青年尋導師，一邊自己卻又導起來。導到最後，是這樣一句：「問什麼荊棘塞途的老路，尋什麼烏煙瘴氣的鳥導師！」[5]——前一句，邵建我不太懂；後一句，我魯迅不是導過了嗎？原來，導師還是要的，只是不要「鳥」導師。這「鳥導師」不姓「鳥」，姓「胡」，向胡適射出這一暗箭的不是別人，是魯迅。

　　說魯迅並不一味反對導師，倒不是說他後來又尊列寧為「革命導師」，而是另有參證。《莽原》內部的韋素園為魯迅製作了一個「思想界權威」的大廣告登在當時北京的報紙上，也是《莽原》內部的高長虹「看了真覺『瘟臭』，痛惋而且嘔吐。試問，中國所需要的正是自由思想的發展，……然則要權威者何用？」[6]因此，高長虹見到魯迅時，便把這看法說了出來。魯迅呢，先是「默然」，然後說：「……權威一語，在外國其實是很平常的！」。高長虹本要說：「外國也不儘然，再則外國也不足為例」，但是，他終於沒有說出來，而是「我那時也默然了」（引同前）。兩個「默然」之間，還夾著一個細節。北大教授陳源陳西瀅譏諷魯迅，說：「不是有一次一個報館訪員稱我們為『文士』嗎？魯迅先生為了那名字兒幾乎笑掉了牙。可是後來某報天天鼓吹他是『思想界的權威者』他倒又不笑了。」[7]於是，魯迅笑著回答：「至於『思想界的權威者』等等，我連夜夢裏也沒有想做過，無奈我和『鼓吹』的人不相識，無從勸

---

[4]　《魯迅年譜》第二卷，第 204 頁，人民文學出版社，1981 年。
[5]　《華蓋集・導師》，《魯迅全集》卷三，第 56 頁。
[6]　高長虹〈一九二六，北京出版界形勢指掌圖〉，轉引《魯迅論爭集》上，第 312 頁，中國社會科學出版社，1998 年。
[7]　《華蓋集續編・不是信》，《魯迅全集》卷三，第 227 頁。

止他。」[8]然而，事實並非如此，韋素園隨魯迅編《莽原》，打下手，魯迅豈能不認識。不知道完全可能，「不相識」就撇得太過，而過猶不及。當然，這是細節，不是大節，提過便休。只是從魯迅與高長虹的對話裏不難看出，導師或權威之類（這兩者名異實同），魯迅並不一概反對。

《華蓋集》正續編時期的魯迅，火氣特別旺，一會兒「鳥導師」，一會兒「鳥公理」（〈「公理」的把戲〉），一會兒「鳥趣味」（〈有趣的消息〉），一會兒「鳥相干」（〈我還不能「帶住」〉）。其他本子還有，真是「鳥」得帶不住了。除「鳥」之外，集子中亦有「走狗」、「狗屁」、「屎橛」之類，說實話，這「動物上陣」的架勢，看得人「烏煙瘴氣」。

《華蓋集》怎麼成了罵人集？

（二）罵：作為一種文化表象

罵，已經成為 20 世紀百年文化中的一個重要表象，這個文化，就是「五四新文化」（本文為方便姑且襲用這個並不合適的詞，因為「五四」和「新文化」不是一個價值譜系）。自 1915 年開始的所謂「新文化運動」，是在自己的罵聲中長大的，並且形成了一個「罵」以為特徵的傳統。這個傳統，迢遞百年，勢不弱減，經久之下，已濡染為一種文化無意識，滲透於我們的文化習慣中：不但使我們對罵熟視無睹，喪失了一個文明人起碼的「髒」感；並且，罵不但理直氣壯，反而成了審美，我們學會了對它的欣賞，還送上一連串由衷的禮讚：「罵得好」、「罵得妙」、「罵得精彩」。這類辭彙，非但不絕於耳；而我們讀魯迅文章，無論當年，還是今天，取用的正是這個態度。最近的例子就是剛剛去世的李慎之，慎之先生對魯迅已有深刻反思，然而，當他的老友李普先生稱讚魯迅文筆時，他還是這樣回應：「是啊，你看他那篇罵梁實秋的〈「喪

8　同上，第 227-228 頁。

家的」「資本家的乏走狗」〉寫得多好」。[9]既是「罵」，還談什麼「好」？嗜痂的我們啊，居然以痂為美食而不自知：這就叫「積習」。

　　五四以前的新文化運動實在為 20 世紀的中國文化開了一個不好的頭。儘管它在傳播西方新思想新文化方面以及推行白話文方面厥功居偉，但，它對傳統文化的態度和自身的進行方式不能不說大有問題。新文化運動的主將是陳獨秀和胡適，最能鼓噪的則是副將錢玄同，魯迅，用他自己的說法是「聽將令」的。這幾位之中，錢玄同罵風獨開，他在寫給陳獨秀的信中這樣說：「唯選學妖孽所尊崇之六朝文，桐城謬種所尊崇之唐宋文，則實在不必選讀」。[10]六朝文和唐宋文有沒有必要選讀，因人而異，錢氏當然有權說「不」，這是他的看法；然而，他又有什麼權利把與他看法相反的人，即那些尊崇六朝文和唐宋文的人罵為「妖孽」和「謬種」呢？這是不是文化霸道主義？以罵為新文化鳴鑼開道，而後這罵又內化為新文化構成的一部分，這就使得所謂新文化「似新還舊」。而況，「選學妖孽」「桐城謬種」，是對當時站在文化保守主義立場上的另一撥知識份子的妖魔化（當然，當時的文化保守主義也對新文化運動妖魔化，這場文化運動的糟糕之處，就是文化人之間的「互妖魔化」）。文化論爭以至於人身攻擊，就已墮入末流。其時，錢氏的罵人話還有「放屁、吃糞、奴才、賤丈夫」等，它們像病毒性感冒一樣流行開來。今天，我們回首將近一百年前的新文化運動，不得不說，這種罵字開張的文化風習，或者說，這罵本身，實為新文化軀體內部的「肺結核」。

　　同為新文化運動中人，胡適和魯迅對錢氏之罵態度殊異。1919 年 2 月，正值新文化運動之中，胡適致錢玄同「醜詆」某君的信裏明確表示：「適意吾輩不當亂罵人，亂罵人實在無益於事」；即使是自己的文化對立面，「也決不可痛罵他」。[11]魯迅呢，下面這段話是他在 1935 年說的，事後很久了，「五四時代的所謂『桐城謬種』和『選學妖孽』，是指做『載

9　轉引李普〈我們大家的公民課教師〉，丁東編《懷念李慎之》，第 13 頁，香港時代潮流出版社，2003 年。

10　轉引魯迅《集外集‧選本》之注 14，《魯迅全集》卷七，第 139 頁，1981 年。

11　〈胡適致錢玄同〉，《胡適來往書信選》（上），第 24 頁，中華書局，1979 年。

飛載鳴』的文章和抱住《文選》尋字彙的人們的，而某一種人確也是這一流，形容愜當，所以這名目的流程也較為永久。除此之外，恐怕也沒有什麼還留在大家記憶裏了。到現在，和這八個字可以匹敵的，或者只好推『洋場惡少』和『革命小販』了罷。前一聯出於古之『京』，後一聯出於今之『海』。」[12]魯迅的話甚可玩味，與其是表白他對錢氏罵人的態度，不如是在說一種心得。五四別的什麼都給人忘了，唯獨這罵人的八個字卻留了下來，這未必不是個訣竅。後人視今，安知不如同今人視昔。30 年代不也是一場又一場的文化混戰嗎，幾十年後，誰能拎得清，拿什麼留在後人的記憶裏？於是，魯迅也貢獻出了罵人的八個字：「洋場惡少」、「革命小販」──前一個罵的是施蟄存，後一個是罵楊邨人。這裏，魯迅很自信，認為自己這八個字可以和錢玄同「匹敵」──這似乎是在比罵。比沒比過呢，就其歷史影響而言，魯迅的八字聯是無法比同錢氏的，就像 30 年代無法與五四匹敵一樣。儘管，在某種意義上，當年是錢玄同把魯迅帶進了新文化運動，但後來，魯迅根本就看不起這個人。這次，魯迅破例稱讚了他，說這八個字「形容愜當」。那麼，我們今天不妨也問問自己：「桐城謬種」、「選學妖孽」，是魯迅的「愜當」呢、還是胡適所說的「亂罵」。

轟轟烈烈的新文化運動結束了，新文化運動的幾位代表人物也都分道揚鑣了。陳獨秀終於離開文化走上了組黨直接幹政治的道路，於是可比的也就是剩下的胡適和魯迅了。胡魯儘管對政治有不同程度的興趣，且具有不同的政治傾向，但畢竟終生也沒有離開過思想文化這一塊。所以，真正能夠代表 20 世紀新文化的，也還是胡魯兩人。然而，五四以後，這兩人在文化上是「二水中分白鷺洲」，一個代表自由主義，一個代表左翼。於是，我們就不能像以往那樣，籠統地說什麼「五四新文化」，因為，在這個名頭下，實在有著自由主義的「胡文化」和左翼「魯文化」之別。那麼，五四之後的新文化是「胡」還是「魯」，則要看你站在哪

---

[12] 《且介亭雜文二集·五論「文人相輕」──明術》，《魯迅全集》卷 6，第 384 頁，1981 年。

裏說話。如果是在大陸，那麼，我們的新文化傳統肯定姓魯不姓胡，五四新文化時位居主流的胡適早就「三十年河西」被邊緣化了，以至成為否定的對象；而五四時「聽將令」的魯迅則已取代胡適走向中心，搖變為主將和文化旗手。

既然大陸這一支新文化以魯迅為道統，罵，就在邏輯之中。這罵本來就結核於新文化剛剛發育的身體內，至二、三十年代，它在魯迅雜文中充分發散，使得這種新文化一路亢陽，蹈厲風發，中經四、五十年代，病勢無改，至文革則全體發作。文革，如果去掉它的政治層面，僅僅在文化意義上，它確乎是罵文化的一次大爆發，大字報就像 30 年代的雜文，成了罵文化的不二載體。然而，事情沒完，文革姑且結束，但一種文化習慣卻不會輕易去勢，20 世紀末一場所謂的自由主義與新左派論爭，使我們又瞠目於某些新左人士對當年罵風的光復。作為一個世紀性現象，罵，可謂貫穿 20 世紀文化終始。如果我們以 1949 為界，如果我們又具有一定的歷史主義觀點，那麼，後半個世紀的罵，尤其是文革那件事，並非無源之水、無本之木，在 30 年代和五四之前，不難找到自己的遠因。就像當年胡適應儲安平之邀，為《觀察》寫下的題辭：「要怎麼收穫，先那麼栽」。20 世紀前半葉，我們是怎樣栽種這棵新文化之樹的呢。

當然得指出，20 世紀中國文化，1949 以後，是「左」的清一色；但 1949 以前，卻是左右雜呈的文化亂色。構成此一文化格局的，不獨有傾向蘇俄的文化左翼，還有肩出三民主義旗幟的國民黨右翼。罵這樣一種文風，實際上為左右兩黨所共用。魯迅作為一位左翼文化大師，他既受到來自左翼陣營、即他所謂「同一營壘」人的哄罵，同時，罵他的也不缺國民黨右翼分子。胡適呢，待遇和魯迅一樣，同樣遭受來自左右兩翼的攻擊。比如魯迅和借魯迅之名的瞿秋白從左邊罵胡適（包括「新月」文人））是「劊子手」、「皂隸」、「奴才」、「毒於蛇」、「賣廉恥」，國民黨鐵桿分子則從右邊罵胡適是「餘孽」、「豎儒」、「敗類」、「賊」。更有甚者，像對臺戲一樣，前共產黨領袖瞿秋白（依然假魯迅之名）指責胡適「出賣靈魂的秘訣」，前國民黨黨魁胡漢民則威脅胡適，聲稱不與

其「共中國」。結果呢，叫後人看來，罵的雙方掉在一個檔次上。能夠超脫這雙方的，恰恰就是被雙方所共罵的胡適。胡適恪守一個原則：「君子絕交不出惡聲」[13]，所謂不出惡聲，就是不趟你這溝渾水，就是出淤泥而不染，就是不與汙濁共沉淪。因此，左右之外，屬於中間派的胡適，你還真不能不說他是 20 世紀中國文化的一道清流。

只可惜，20 世紀的文化市場——姑且用這麼個詞吧——和貨幣市場一樣，經常是劣幣逐良幣。

（三）胡適對罵的態度

以前的一個篇幅中，我曾說：「挨了一輩子罵的胡適有一個大致的態度：罵不還口。正如他自己說：別人罵我，罵對了，我替他高興，罵錯了，我替他急。」這句話顯然是加工後的轉述，多少有美化之嫌，不如還其原本：「我受了十餘年的罵，從來不怨恨罵我的人。有時他們罵得不中肯，我反替他們著急。有時他們罵的過火了，反損罵者自己的人格，我更替他們不安。如果罵我而使罵者有益，便是我間接於他有恩了，我自然很情願挨罵。」[14]這是 1930 年春胡適寫給楊杏佛信裏的一段話。事情起因於楊杏佛的一次講演，在講演中楊罵了胡，後來講演在當時的《民國日報》上發表，楊杏佛覺得不妥，特地寫信給胡適，作了相應的解釋。胡適回信，說了不止上面的那些話。雖然這段話仔細讀過，還是覺得胡適多少有點怨氣，誰對挨罵會「情願」呢。但，胡適的話還是可信的，他的態度畢竟坦蕩誠正，而且更可貴的，是他把這態度保持了一輩子，這就是「從來不怨恨罵我的人」。可以和這句話比對的，是魯迅去世前寫在〈死〉中的那句話：「我的怨敵可謂多矣」。什麼是怨敵，就是罵過魯迅並為魯迅所忌恨的人。胡適因為從不怨恨罵他的人，所以，他不如魯迅，一個怨敵也沒有。最能說明問題的是，魯迅一生

13　《胡適日記全編》卷五，第 416 頁，安徽教育出版社，2001 年。
14　〈胡適致楊杏佛〉，《胡適來往書信選》（中），第 11 頁，中華書局，1979 年。

罵過胡適多少次，還把自己的名字租給別人罵，但，胡適把魯迅當怨敵了嗎？

在胡適看來，罵人過火，會「反損罵者自己的人格」，所以胡適保持不罵。這裏罵人過火的「罵」，就不是一般的指責、攻擊，而是動用了侮辱性的辭彙，比如，唐德剛借胡適之口罵「鳥嘴」的便是。而「反損」是指侮辱性的辭彙，在侮辱了對方人格的同時，也侮辱了自己的人格；因為，人和人是相通的、一樣的。今天我們在街上，有時看見兩人吵架，一個罵得不堪，另一個則說，你罵你自己，就是這意思。用動物罵人，根本上說，是人尚未脫離動物時的「蠻性遺留」，它可以是一種文化現象，但絕不是文明現象。文明是文化的進化形態，人類待有文字，方稱文明。而我們用這作為文明標誌的文字罵人，不但侮辱了對方，侮辱了自己，也侮辱了我們的文明。胡適罵不還口，是他自己人格上的一種「自潔」，也未必不是出於對文明的「自潔」。魯迅不然，他奉持的原則是《舊約》中的「以眼還眼，以牙還牙」，以罵還罵。罵，特別是侮辱性的，魯迅並非不知其「穢」，但，他的方式是：「有些下賤東西，每以穢物擲人，以為人必不屑較，一計較，倒是你自己失了人格。我可要照樣的擲過去，要是他擲來。」[15]一個擔心擲過來，「反損罵者自己的人格」，一個不憚擲過去，「自己失了人格」。在對人格「損失」的態度上，胡魯涇渭。

魯迅去世後，蘇雪林寫信給胡適，附寄了她給蔡元培的信，兩信中，蘇雪林痛陳魯迅之非，其中不乏罵詞，並表示要作一篇〈魯迅論〉的文字，詢問胡適，「允許不允許」發在由他主編的《獨立評論》上。挨了魯迅一輩子罵的胡適在回信中責備了蘇雪林（需要指出的是，蘇雪林的信，果如去其罵人之語，她對魯迅和當時文化形勢的判斷及憂慮，包括她對胡適的提醒，切中肯綮，本值得嚴重關注。可是自信的胡適啊，不以為然，聽不進去。他大意了、也掉以輕心了，以至「今日復何悔」，要到 1948 年除夕，他和傅斯年兩人淚飲之時。惹得我這個後來人書讀

---

[15] 《華蓋集續編‧學界的三魂（附記）》，《魯迅全集》卷 3，第 209 頁，1981 年。

至此，喟然而歎：「相濡以沫，不若相忘於江湖」——早幹啥去了。當
然，我這是「《春秋》責備賢者」。作為後話，我可能另外再表）。

這就是胡適對蘇雪林的批評：

> 關於魯迅，我看了你給蔡先生的信，我過南京時，有人說起你此
> 信已寄給他了。我很同情於你的憤慨，但我以為不必攻擊其私人
> 行為。魯迅狺狺攻擊我們，其實何損於我們一絲一毫？他已死
> 了，我們盡可以撇開一切小節不談，專討論他的思想究竟有些什
> 麼，究竟經過幾度變遷，究竟他信仰的是什麼，否定的是什麼，
> 有些什麼是有價值的，有些什麼是無價值的。如此批評，一定可
> 以發生效果。餘如你上蔡公書中所舉「腰纏久已累累」，「病則謁
> 日醫，療養則欲赴鎌倉」……皆不值得我輩提及。至於書中所雲
> 「誠玷辱士林之衣冠敗類，廿五史儒林傳所無之奸惡小人」一類
> 字句，未免太動火氣（下半句尤不成話），此是舊文字的惡腔調，
> 我們應該深戒。[16]

我不知道，假如魯迅地下有知，讀了這信，會是什麼看法。魯迅罵
胡適，就像習慣性流產一樣，胡適並非不知，「魯迅狺狺攻擊我們」，即
是知了。所謂「狺狺」，也是罵人，蘇雪林用此在前，胡適不審，沿用
於後，不管怎麼說，也是失足。但，觀其整體，論人終究持平，尤其下
一節對魯迅文學創作和小說史研究的稱讚，更見出胡適的胸襟。而蘇雪
林的批評，主要不在於她對魯迅的看法，而在於她的那個「火氣」以及
由此所導致的文字。這個「火氣」，就是胡適五、六十年代經常提起的、
包括也是在給蘇雪林信中專門作過解釋的「正義的火氣」，有時胡適又
寫作「正誼的火氣」。在胡適看來，『正義的火氣』就是自己認定我自
己的主張是絕對的是，而一切與我不同的見解都是錯的」，並進一步指
出「一切專斷，武斷，不容忍，摧殘異己，往往都是從『正義的火氣』

16　〈胡適致蘇雪林〉，《胡適來往書信選》（中），第 339 頁，中華書局，1979 年。

出發的。」[17]可以補充一句，罵人這一件事，也是從「正義的火氣」出發的，蘇雪林就是例子。因為自覺正義，所以就可以使用衣冠敗類、奸惡小人之類的字句。殊不知，胡適歷來是有事說事，有理說理，一向不搞文字攻訐，也看不慣這類攻訐文字。

蘇雪林比胡適小不到十歲，但在胡適面前是執弟子禮的，所以胡適在信中不客氣地批評了她，反對那種罵文字。魯迅呢，魯迅20年代曾在北京的世界語專門學校上過課，在他回該校學生呂蘊儒的一封信中，也涉及到罵這個問題，魯迅的態度顯然就不一樣。一開頭就表示：「我極快慰於開封將有許多罵人的嘴張開來，並祝你們『打將前去』的勝利」。[18]不知道開封的具體的事是什麼，因此不好評判；但這慫恿本身是否就有問題呢，畢竟這是老師給學生的信，能鼓勵學生把罵人的嘴都張開來？下面是魯迅給學生的進一步指導：「罵人是中國極普通的事，可惜大家只知道罵而沒有知道何以該罵，誰該罵，所以不行。現在我們須得指出其可罵之道，而又繼之以罵。那麼，就很有意思了，於是就可以由罵而生出罵以上的事情來的罷。」（引同上）真是「罵亦有學」、「罵亦有道」啊，而且還「很有意思」。以魯迅和魯迅文章對年輕人的巨大影響和感染，它是會光大為一種風習的。在這一點上，胡適就不成氣候。魯迅那篇罵胡的「鳥導師」發表後，就有青年來信，特地稱頌罵人的那一段：「先生：『你們所多的是生力，遇見森林，可以闢成平地的，遇見曠野，可以栽種樹木的……尋什麼烏煙瘴氣的鳥導師！』可真痛快之至了。」[19]罵人文字不但寫得痛快，看得也痛快。可惜胡適就不會寫這類文字，那也是沒辦法的事。他的文字走平易一路，內中貫穿的是一種清醒大於熱情的理性精神，當然滿足不了一味沉浸於熱情中的年輕人。這一點，胡適並非不知，他在1936年寫給周作人的信中有這樣一段坦白：「我在這十年中，明白承認青年人多數不站在我這一邊，因為我不肯學時髦，不能說假話，又不能供給他們『低級趣味』，當然不能抓住

[17] 《胡適日記全編》卷八，第787-788頁，安徽教育出版社，2001年。
[18] 《集外集拾遺‧通訊（復呂蘊儒）》，《魯迅全集》卷七，第271頁，1981年。
[19] 轉引《集外集‧田園思想（通訊）》，《魯迅全集》卷七，第89頁，1981年。

他們。」[20]罵，就是一種低級趣味。然而，胡適並不打算改變自己。同一年，蘇雪林在上面那封信中很直率地告知胡適：《獨立評論》雜誌的「態度因為過於平和，持論因為過於穩健的緣故，色彩未免不甚鮮明。青年讀慣了那些慷慨激昂、有光有熱的反動文字，再讀《獨評》當然會發生不能『過癮』之感。」[21]蘇雪林其實該知道，胡適寫文章，壓根就不圖別人的「痛快」和「過癮」。所以，胡適只好這樣回答：「然而我們又不甘心做你說的『慷慨激昂，有光有熱』的文字」，為什麼？因為，「我們（至少可說我個人）的希望是要鼓勵國人說平實話，聽平實話。這是一種根本的療法」。[22]可惜這種「根本的療法」根本就沒起作用，胡適那一套，是冬葛夏裘，根本不合時宜。平實話沒幾人能聽進去，尤其是青年。熱血是要「激」的，激情是要「煽」的。誰抓住了青年，誰就抓住了時代。胡適抓不住青年，青年卻抓住了魯迅。因此，「新文化運動」後，「魯文化」不斷壓倒「胡文化」，良有以也。

（四）魯迅罵人的策略

〈魯迅罵人的策略〉是魯迅與創造社發生衝突時，一位署名「黑木」的人就魯迅罵人方式所寫的一篇文章。文不長，照錄：

> 魯迅之筆，以酸尖刻薄而出名，其罵人也，亦有其一定之「孫子兵法」，茲為介紹如下：
> 罵西瀅時代：做隨感錄罵，在小說裏面罵，在給旁人寫的序文裏面罵，回答旁人的信內罵。化名做文章來罵。
> 罵高長虹時代：做隨感錄罵，拼湊別人寫好的文章來罵，在給旁人的信上罵，做考證介紹文時罵，寫小說罵，引用古人的典故來罵，在自己作品的序文裏面也罵。

---

[20] 〈胡適致周作人〉，《胡適來往書信選》（中），第297頁，中華書局，1979年。
[21] 〈蘇雪林致胡適〉，《胡適來往書信選》（中），第326頁，中華書局，1979年。
[22] 〈胡適致蘇雪林〉，《胡適來往書信選》（中），第337頁，中華書局，1979年。

今也，罵革命文學家時代：寫隨感錄罵，用假名字寫隨感錄罵，集對方的人的文句來罵，在旁人作品的按語上罵，給旁人的回信上罵，借旁人的來函，叫弟弟們化名來幫著罵，在啟事裏面罵。黔驢技，止於此，新的出，再介紹。[23]

這樣的文字顯然是對魯迅的攻擊。不是不可以指出魯迅罵人的「孫子兵法」，而且大體也沒錯；但，何必要說「黔驢技」，魯迅終究不是黔驢；雖然，罵亦有技。僅就技而言，以上不過是方式的歸類，離技還差那麼一點。這個「黑木」顯然沒注意到魯迅此前寫於 1925 年的一篇文章：「中國老例，凡要排斥異己的時候，常給對手起一個諢號，——或謂之『綽號』。這也是明清以來訟師的老手段；假如要控告張三李四，倘只說姓名，本很平常，現在卻道『六臂太歲張三』，『白額虎李四』，則先不問事蹟，縣官只見綽號，就覺得對方是惡棍了。」[24]這段話幾乎就是魯迅的夫子自道。我少時知道的梁實秋，便是從魯迅那裏。其時，還不明白其人其事，卻先知道了「乏走狗」。文章的題目就讓你未見其人，先聞其「名」。現在方知「乏走狗梁實秋」原是「白額虎李四」的家傳。可歎我不是縣官是讀者，也給魯迅算準了，「先不問事蹟」，「就覺得對方是惡棍」。以後，我又陸續知道了「寡婦主義」楊蔭榆、「革命小販」楊邨人、「才子＋流氓」創造社、還有「洋場惡少」施蟄存，等等。

為什麼我「先不問事蹟」，「就覺得對方是惡棍」呢？這就是「名」的作用。胡適與國民黨論戰的《人權論集》中，有一篇專論「名」的文章，叫〈名教〉，是批評國民黨標語文化的。其中論述，很給人啟發。胡適指出，中國人對「名」以及「名」所具有的不可思議的神力之崇拜，已經相當於西方人對上帝的崇拜了，所以，中國如果有宗教，不妨就是「名教」。胡適舉了個例子：「小孩跌了一交，受了驚駭，那是駭掉了『魂』了，須得『叫魂』。魂怎麼叫呢？到那跌跤的地方，撒把米，高叫小孩

---

[23] 轉引《恩怨錄：魯迅和他的論敵文選》下，第 551 頁。今日中國出版社，1996 年。
[24] 《華蓋集‧補白》，《魯迅全集》卷三，第 103 頁，1981 年。

的名字，一路叫回家。叫名便是叫魂了。」[25]這就是名教的一種表現。既然「『名』就是魂」，名能表現魂，那麼，起名就非常重要，它要先聲奪人。從起名角度，是「善名命善，惡名命惡」，而從接受角度，「善名便引起我愛敬的態度，惡名便引起我厭恨的態度。」因此，這「名」本身，率先就給一個人定了性，同時也先在地決定了人們對此人的態度。比如，和任何事蹟無關，也在任何事蹟之前，「孺子牛」與「乏走狗」，兩「名」一出，善惡已判。這就是「名」的訣竅，由此導出罵的技巧，不罵人的胡適尚且洞察，善罵者自然更諳此道。（本段引語，俱出〈名教〉）

然而，未完。在上面那個「叫魂」的例子後，胡適並未住筆，而是繼續「例」了下去：

「小孩漸漸長大了，在村學堂同人打架，打輸了，心裏恨不過，便拿一條柴炭，在牆上寫著詛咒他的仇人的標語：『王阿三熱病打死。』他寫了幾遍，心上的氣便平了。

他的母親也是這樣。她受了隔壁王七嫂的氣，便拿一把菜刀，在刀板上剁，一面剁，一面喊『王七老婆』的名字，這便等於亂剁王七嫂了。

他的父親也是『名教』的信徒。他受了王七哥的氣，打又打不過他，只好破口罵她，罵他的爹媽，罵他的妹子，罵他的祖宗十八代。罵了便算出氣了。」

第四個例子是魯迅，舉這個例子的不是胡適，而是我。1926 年 3 月 18 日，「民國以來最黑暗的一天」。這一天，段祺瑞執政府在國務院門前用槍刀射殺請願者四十多人，其中多是學生，而且還有魯迅的學生，劉和珍、楊德群兩位便是。這一血案使魯迅奮筆寫下了我們都很熟悉的〈紀念劉和珍君〉，它多次被選入中學課本。然而，這篇文章寫在事後，離慘案已經兩個星期了。就在慘案發生的當日，魯迅就有文字，它由九個斷片構成，其中一個，就是我要舉的「第四例」：

「中國要和愛國者的滅亡一同滅亡。屠殺者雖然因為積有金資，可以比較長久地養育子孫，然而必至的結果一定要到的。『子孫繩繩』又

---

[25] 胡適〈名教〉，《胡適文集》卷四，第 53 頁，北京大學出版社，1998 年。

何足喜呢？滅亡自然較遲，但他們要住最不適於居住的不毛之地，要做最深的礦洞的礦工，要操最下賤的生業……」[26]

初讀時不敢相信自己的眼睛，再讀時依然心有餘悸，現在把它打上電腦，剩下的已是唶歎了。並不想掩飾自己的失望，看到這樣的字句；儘管我過往佩服魯迅的批判精神和他的尖銳深刻。就此刻而言，它與批判無關，更無論深刻與尖銳。用最消極的口氣，也只能說，先生真的「出離憤怒」了，而且也出得太遠了。這種做法其實就是一個字：咒。它與上面那個小孩和村婦，並無二致。屠殺者固然令人齒恨，但怎消用這種又原始又陰巫的方式。況，所咒還不是屠者本人，而是他們的後代（讀讀三個「最」吧，尤其最後一個，「轉營」一般令人不堪設想）。後人何辜，卻要承擔先人罪惡。天下也沒有這樣的株連法。然而，沒有這樣的株連法，卻有這樣的株連文化，我指的是文革。文革也是一種文化，一種反文明的文化。它的表現倒很豐富，其中一點，便是文革早期最流行的口號：「老子英雄兒好漢，老子反動兒混蛋」。混蛋兒，難道不能口誅以咒嗎？我不知道，這兩者之間是不是有某種精神鏈結。

附補一句，魯迅的咒，已不是第一次了。

（五）因罵而區別

據題，我們可以稍微領略一下胡魯之間的文化不同。

一篇〈女師大的學潮〉……，自然要看一看，原來是贊成楊蔭榆校長的，和我的論調正相反。做的人「是一個女讀者」。[27]女師大學潮的具體情況不在本篇論列，這位女讀者因為和魯迅的論調正相反，因此，在另外一篇文章中，魯迅不屑地說：「據我所記得的，是先有『一個女讀者』的一封信，無名小卒，不在話下」。[28]應該說，這不是討論問題的態度，至少一點平等都沒有。女師大學潮，本身就很複雜，看法不同

---

[26] 《華蓋集續編・無花的薔薇之二》，《魯迅全集》卷三，第 263 頁，1981 年。
[27] 《華蓋集・並非閒話》，《魯迅全集》卷三，第 75 頁，1981 年。
[28] 《華蓋集・「碰壁」之餘》，《魯迅全集》卷三，第 115 頁，1981 年。

是正常的，為什麼先就要用這樣的語氣和辭彙。尤其是「無名小卒」的「卒」，魯迅特地加了個「女」字旁，可惜電腦裏打不出這個字，它是魯迅的自造（「婰」）。讀著這樣的句子，你都可以看到魯迅的表情。更合適地說，這不是「漫罵」是「嫚罵」。嫚者，輕侮、倨傲也。《漢書·高帝紀下》：「上嫚罵曰『豎子能為將乎』」。與這裏的「無名小卒，不在話下」，真是兩個嫚罵，聲氣婉若。

1947 年，胡適做過一次廣播講話，題目是「眼前世界文化的趨向」，這個趨向分三點，第三點就是近三百年來的全球化性質的民主大潮。這個講話遭到了很多人的反對，甚至抗議（有沒有人罵，可以想知，但胡適用的是抗議這個詞），抗議的也正是胡適所強調的第三點。面對這「和我的論調正相反」的反民主的抗議，胡適特地作文回應，題為「我們必須選擇我們的方向」。他是不會把與自己論調相反的人視為無名小卒的，而是在陳述自己的看法前先向反對者道謝：「我很歡迎這些批評，因為他們給我一個解釋說明的機會」，[29]禮讓後才再度解釋為什麼說民主自由是近三百年來的歷史大潮，而蘇俄專制為什麼是近三十年來這個民主大潮中的一個反動。這篇文章（也包括之前的「眼前世界文化的趨向」）是胡適最優秀的政論之一，不僅在於他身處逆流所表現出來的歷史眼光，同時也在於字裏行間所體現出來的文化氣度和風格。在自由主義看來，我可以不同意你的觀點，但卻要捍衛你說話的權利。而捍衛對方說話的權利，並不僅僅給對方說話以機會，在一個非專制社會，誰也不能禁止人家說話。因此，這條原則在日常文化交往中更多表現為，對反對自己的話和人表示起碼的尊重，這是權利對權利的尊重、人格對人格的尊重。即使不同意對方的觀點，也只能用平等的態度說理辨析，絕不可認為自己的觀點「對」便以「對」凌人，甚至施罵於人。在這一點上，胡適不難於做到而魯迅做到很難，這就是胡魯平時不同的文化訓

---

[29] 轉引胡頌平《胡適之先生年譜長編初稿》第六冊，第 1988 頁，臺北，聯經，1984 年。

練。這訓練的不同就導致了「胡文化」和「魯文化」在文化風格上的差異，儘管以上僅是「一斑」。

魯迅當年和也是左翼的創造社發生衝突，曾經寫過一篇〈我的態度氣量和年紀〉。一位化名「弱水」的小將（潘漢年的哥哥潘梓年）對魯迅出口不恭：「『老頭子』的確不行了吧」，魯迅應聲道：「弱水這一位『小頭子』」。[30]寸鋒不讓。「小頭子」既是老頭子的應對，也可差擬於〈理水〉中的「鳥頭」了，至少客觀上它含帶這雙關。整篇文章無關大體，如題，也就是在年齡、態度和氣量上計較，斤斤計較。環顧左近篇什，不是去沒去過咖啡店，就是醉眼是否陶然，要就什麼閒暇不閒暇之類（包括前此與陳西瀅論戰時的什麼籍與系），多大的事，統統做成了文章。雖然頂戴著各式名頭，更多還是私人意氣相向。明譏暗刺一樣不缺，自然更短不了罵（我指的是互罵）。今天這些被我們稱之為「文化批判」和「文化論戰」的文章，其實不乏無謂的「口水戰」，不寫也罷。要說文化，未必有幾多，但，這互罵本身，倒是一種耐人尋味的文化現象。

也是 20 年代，胡適應邀到武漢講演，在他的日記中，有這樣的記載：「我這回來，挨了不少的罵。湖北一班共產派的學生出的《武漢評論》出了一個『歡迎』的專號，其實全是謾罵。」[31]這些謾罵，胡適大段大段地摘錄，我不妨也轉錄一條：「胡先生，你的乖巧，比那八大胡同的名妓還要可愛，不過你的妍頭已經很多了，味已嘗夠了，你那清倌人招牌下了罷！江漢不少的遊女，你不來好了！」[32]這些少左們，不知讀了誰的書，一說話必淪於罵，罵必牽扯人格（寫到這裏，請允許我附贈一個段落：「才子原是多愁多病，要聞雞生氣，見月傷心的。一到上海，又遇見了婊子。去嫖的時候，可以叫十個二十個的年輕的姑娘聚集在一處，……自己是才子，那麼婊子當然是佳人」──魯迅[33]）以上的謾罵抄完後，胡適還給自己作了個解釋：「我在上文保留了一些妙論，

---

[30] 《三閒集・我的態度氣量和年紀》，《魯迅全集》卷四，第 111 頁，1981 年。
[31] 《胡適日記全編》卷四，第 212 頁。
[32] 同上，第 215 頁。
[33] 《二心集・上海文藝之一瞥》，《魯迅全集》卷四，第 291-292 頁，1981 年。

並不因為我對湖北學生界不滿意，只因為有些話太妙了，我捨不得割愛。」[34]於是，事情到此結束。胡適有沒有作文章回敬這些——恕我套一個成詞——「小頭子」呢？沒有。沒有本身，也是一種態度、氣量和年紀。胡適一輩子挨的罵要比魯迅多得多，魯迅集子中有多少回罵的文字，可是這類私相攻訐的東西，胡適不曾有過一篇。因為胡適既無此「雅趣」，也無此閒暇、閒暇和閒暇。那麼，胡適到底忙什麼呢？都是在 20 年代末，也都是在上海，魯迅和創造社的「小頭子」們打拼後，胡適就開始了一場論戰，一場有關政治文化性質的論戰，對手是剛剛當權的國民黨。它由「人權與約法」為首發，要在以「人權」揭批國民黨的「黨權」。現在看來，這次批判猶如世紀之擊，一發就擊中了 20 世紀為害至深的一個問題，說它是「世紀病灶」亦不為過。今天，這個問題的要害誰都能意識到，而當時，卻是黨禍之始：這就是胡適的眼光。他分明知道自己最要做的和不要做的是什麼。姑不說這眼光，魯迅並不具備；而且，像胡適這樣以一連串文章，與國民黨面對面的論爭，亦為魯迅不取。《魯迅全集》中，正面與國民黨較量的文字，不知道在別人眼裏能數出幾篇。魯迅的方式，更多是把一些譏刺性的句子和段落「壕塹」在某個篇幅中。當然，方式不同，乃各人選擇。但胡適始終把自己的文化精力投放在制度建設的大方向上，從不涉足文人間的相互糾纏；而這種糾纏牽扯了魯迅多少精力，乃至魯迅常以「無聊」自歎。這中間的區別，其實也可看出胡魯兩種文化的不同的精神境況。

（六）「是」，就可以罵嗎

「即使在我以為是直道而行，他們也可仍以為『尖酸刻薄』」。[35]

魯迅這話果如反過來：在你看來是尖酸刻薄，在我看來是「直道而行」。

---

34 同上，第 218-219 頁。
35 《三閒集・我的態度氣量和年紀》，《魯迅全集》卷四，第 110 頁，1981 年。

　　從層次上講，罵是一種市井行為，從心智上說，罵又是一種非理性，從性質上論，罵更是反文明的表現。這樣一種文化不倫，如果能夠堂而皇之地進入寫作公共領域，肯定需要道德上的理由，比如「直道」。沒有這個理由，自己也覺得心虛。30 年代，有人批評上海文壇老是罵來罵去的讓人看熱鬧，魯迅反駁道：「在『罵』之中，有的較合於『理』的，居然來加以評論的人，就該放棄了『看熱鬧的情趣』，加以分析，明白的說出你究以為那一面較『是』，那一面較『非』來。」[36]中國古代佛禪有「道在屎尿」一論，意思是有悟性的人可以「屎裏覓道」。這裏是「罵亦有道」，因此，也不妨在罵中求其是非。不用說，說這話的魯迅認為自己是「直道而行」，因此，罵自屬「是」的這一面。

　　不但魯迅這樣認為，認同並欣賞魯迅罵人的，包括前此的我，也是如此。茅盾的內弟孔另境這一說法頗有代表性：「一個人罵人是完全站在個人的利害觀點上自然是不行的，而先生的罵人卻是站在正義的觀點上的，他是代表著光明的中國的一切成份，打擊一切醜惡分子，表面雖針對著某一個人某一樁事，而其實他是在打擊那朽腐社會的鬼魂。」[37]這一段話才幾行字，又是「完全」，又是「一切」，一邊是完全的對，叫「光明」，另一邊則一切的錯，叫「鬼魂」，如此簡單的二元對立，倒是五四新文化以來的思維特色和語言特色，這且不說；就說魯迅罵人吧，也是因為「正義」。

　　因為「是」、因為「直道」、因為「正義」，就可以罵人嗎？這不妨就是胡適所說的「正義的火氣」了。

　　「正義」是一種善。但，在觀念層次上，什麼是善，就像什麼是正義一樣，不同的人和不同的社群往往有不同的看法，很難用一根尺子去衡量。中國宋代哲學家呂伯恭的八個字「善未易察，理未易明」頗為胡適稱道。「善未易察」，那麼，和善對應的惡，不也可以說是「未易察」的嗎。在東方政教合一的國家，色情就是一種惡，禁止色情則為善；但

[36] 《且介亭雜文二集‧七論「文人相輕」——兩傷》，《魯迅全集》卷六，第405頁，1981年。
[37] 孔另境〈我的回憶〉，《魯迅回憶錄》中，第551-552頁，北京出版社，1999年。

在英美憲政制度下，色情是不是惡則因人而異，在不以色情為惡的人那裏，它是一種被保護的自然權利，保護它則是善。於是，作為善的正義落實在這裏就有兩種，一種是禁止色情，另一種則禁止這種禁止。從這兩種不同的善惡觀和正義觀可以看出，現代社會，正義也好，善也罷，包括惡，它們並不共用一個內涵（就像魯迅式的復仇主義認為「正義就是復仇」，而胡適式的寬容主義則認為「寬容即正義」）。因此，誰都不能自以為是正義，是直道，就把罵人的嘴張開來。

罵人的嘴一旦張開，「正義的火氣」就不是正義了。晚年胡適在另一個場合談到這個問題時說：「我勸告一切學人不可動火氣，更不可動『正誼的火氣』，動了火氣，——尤其自己認為『正誼的火氣』，——雖有方法最嚴謹的學人……，都會失掉平時的冷靜客觀，而陷入心理不正常狀態，即是一種很近於發狂的不正常心理狀態。」[38]以上說過，從心智上講，罵是一種非理性，如果罵是出於正義，正義也被這種非理性的火氣劫持了。魯迅曾對許廣平表白自己：「研究系應該痛擊，但我想，我大約只能亂罵一通，因為我太不冷靜，他們的東西一看就生氣，所以看不完，結果就只好亂打一通了。」[39]以後，魯迅又一次對許廣平說：「不過因為神經不好，所以容易說憤話」，[40]魯迅的自況，正是胡適所說的情形。我們很難相信這沒有理性的亂罵亂打是正義所為。對方文章還沒看完，便由著火氣說憤話，先別談什麼正義，連起碼的責任都談不上。是不是意識到自己披露的這情節實在有問題，幾年後，魯迅在出版《兩地書》時，第一段話就被不露痕跡地刪去了。

進而言，罵人的嘴一旦張開，不但「非」正義，而且「反」正義。所謂「先生的罵人卻是站在正義的觀點上」是說不通的，無論你站在什麼觀點，罵人，是且只能是正義的反動。在自由主義那裏，正義的兩種形態——實質正義和程序正義——乃是後者重於前者。如前，作為道德理由和目的動機的正義乃因人而異，因此，你說你是因正義而罵，那也

---

[38] 轉引胡頌平《胡適之先生年譜長編初稿》第十冊，第 3690 頁。
[39] 《魯迅景宋通信集》，第 194 頁，湖南人民出版社，1984 年。
[40] 《魯迅景宋通信集》，第 236 頁，湖南人民出版社，1984 年。

是你自己所認為的正義。很可能，被罵的人，他的正義內容和你不一樣，甚至相反，但卻不妨也是正義的：這是實質正義的多元形態。多元即衝突，如何解決這衝突，自由主義的做法是強調程序正義。所謂程序，就是過程，就是過程中行為主體的方式與手段。和實質正義不同，它擱置了行為主體的目的動機、道德理由等主觀層面的內容，而是盯牢該主體由此而採取的行動。在這裏，實質正義難於有一個統一標準，而程序正義則必須標準統一，否則，社會生活難以維繫。其實，程序正義也就是一個遊戲規則，它恪守的原則是：你可以出於正義，也可以不出於正義，還可以出於不正義，出於什麼都行，不行的就是你不能因為你的行為而傷及其他。這個正義落實在行為主體那裏，就是方式的正義和手段的正義。因為真正對人造成傷害的，不是動機目的，而是行為。所謂方式和手段，就是對行為的要求。現在來看所謂「站在正義的觀點上」，這其實是說，罵乃出於正義。兩者的關係式：正義是罵的動機，罵是正義的手段。如上，你的動機是否正義誰都不清楚，因此可以不談；要談的只有這個正義，即正義的手段。罵，作為一種語言暴力，它是對被罵的權利侵害，比如人身權和人格權。因此，當你張口罵人時，你的行為已經違反了僅存的正義——手段正義。正義沒有了，有的只是不正義。於是，我們看到了一個沒想到的「道德弔詭」：從正義出發，卻走向反正義。

正義離罪惡，有時只有一步之遙。如果我們的目光能夠穿過魯迅、孔另境的話，從語層表面向下，把捉它的「潛邏輯」，那麼，問題更嚴峻。「直道而行」「站在正義的觀點」，包括我們所說的「罵的對」，無非是說，只要我是對的（正義的、直道的），我就可以罵。這個邏輯，乃是一種「目的論」邏輯（亦可稱「動機論」邏輯），它的表現正如魯迅自己所說：「我以為只要目的是正的——這所謂正不正，又只專憑自己判斷——即可用無論什麼手段。」[41]魯迅的這句話，我已經不止一次分析了，所以抓住它不放，既是因為它是魯迅的一貫的思想，也是魯迅思

---

[41] 《兩地書・十九》，《魯迅全集》卷 11，第 68 頁，1981 年。

想中最危險的部分,同時它也最具迷惑力,至少,魯迅自己就被它迷住而不自知。

我說「目的論」邏輯是魯迅的一貫思想,乃是根據魯迅自己的話:

「只要能達目的,無論什麼手段都敢用……」[42]

「革命者為達目的,可用任何手段的話,我是以為不錯的」。[43]

「謀生之道,則不擇手段。……以為『問目的不問手段』是共產黨的口訣,這是大錯的。人們這樣的很多,不過他們不肯說出口」。[44]

既然為了目的——何況是正義的目的,可用無論什麼手段;那麼,罵,僅是手段之一,不還可以動用包括罵在內的其他嗎。那麼,不妨就看看這個「包括罵在內的其他」:

> 1966 年 8 月 18 日,史無前例的「文化大革命」剛剛開始,北京 101 中學紅衛兵從天安門遊行歸來,激情滿懷地要幹一番驚天動地的革命大事業!怎麼幹呢?鬥壞人!於是一群紅衛兵……把老師陳實坤揪了出來,從腰上解開牛皮武裝帶,劈頭蓋臉地抽了上去,打得半死之後,又將他扔進學校蓮花噴泉池裏。……一邊叫嚷著「造反有理」、「痛打落水狗」,一邊扔石塊……就在陳老師拼命地躲避開水花,咬著牙抓住荷花池欄杆的剎那間,「通——」一塊石頭砸在他身上……。他剛剛觸到欄杆的手鬆開了,「通」——像一塊大石頭,一下砸到了水中,當他沉於水底時,水花息了。這正是下午 4 時 14 分……[45]

這篇文章的題目叫「青春是可怕的」,其實,可怕的不是青春,而是那種「目的論」或「動機論」的邏輯。借用馬克斯‧韋伯的概念,「目的論」是一種不計責任、不顧後果的「意圖倫理」,它的通俗表述不妨

---

[42] 《集外集拾遺補編‧新的世故》,《魯迅全集》卷八,第 154 頁,1981 年。

[43] 《南腔北調集‧答楊邨人先生公開信的公開信》,《魯迅全集》卷四,第 628,1981 年。

[44] 《三閑集‧通信》,《魯迅全集》卷四,第 100 頁,1981 年。

[45] 轉引《大學人文讀本‧人與國家》第 25 頁,廣西師範大學出版社,2002 年。

是，只要我的目的是正義的，哪怕它血流成河。如上，紅衛兵的作為，正是出於他們自己認為的「正義的目的」，即「激情滿懷地要幹一番驚天動地的革命大事業」，他們的行為——罵、打、砸——無不是出於這個意圖所採取的方式和手段。可以這麼說，如果不是激情滿懷地出於什麼「正義的目的」，這群少男少女不可能這樣不擇手段地致人於死地。手段的殘忍，因其違反人性，它須要有一個道德理由支撐。這個理由不但越崇高越好，自己才能不覺其殘忍；並且那個崇高的目的還會讓人產生道德感動的眩暈，為自己戰勝了人類或人性的弱點，比如同情心、憐憫心。就這個事件而言，恰恰是那個正義的目的在這裏助紂為虐，因為它不問手段。這個故事讓我們活生生地看到，在一個「只要能達目的，無論什麼手段都敢用」的文化中，邪惡是怎樣煉成的。其實，不獨這個事件，文革中所有在今天看來是罪惡的行徑，當時都可以在目的論的大紅傘下得到價值庇護。這一切，想必魯迅始料未及。然而，我們能過多責怪這些少男少女嗎，他（她）們成長的文化環境和所接受的教育，包括耳濡目染，在在都是目的論的，是目的優先，是目的決定一切，是目的排斥其他的。沒有人告訴他（她）們，目的和手段要統一，手段和目的一樣重要，甚至更重要。也沒有人告訴他（她）們，一個人是什麼樣的人，不在於他（她）的動機是什麼，而在於他（她）的行為。

只是，這樣的文化已是「胡文化」而非「魯文化」了。胡適在〈我的信仰〉一文中，明白地說：「明白承認行為的結果才構成我們道德意識的責任」[46]。把責任落實在行為和結果上，而非動機和意圖上，這樣的道德意識，也借用上述馬克斯·韋伯的概念，分明是一種與「意圖倫理」正相應對的「責任倫理」了。「責任倫理」不對意圖和動機負責，而是強調對自己的行為及其後果負責。在這一捉對的範疇中，胡適不排斥「意圖倫理」，但顯然目光更盯在「責任倫理」上，這是因為胡適深慮於「一個錯誤的政治或社會改造議論，卻可以引起幾百年的殺人流

---

[46] 胡適〈我的信仰〉，《胡適文集》卷一，第 21 頁。

血」[47]——而「目的論」恰恰就是這樣一種既是錯誤又是不負責任的議論，尤其當它被用於政治或社會改造方面時。不獨如此，再往前追，還可以發現，胡適早年留學美國，就在日記中用英文抄錄了剛多賽的一段文字，其第一句：「It is not enough to do good, one must do it in a good way」[48]（做好事是不夠的，必須用好的方式去做）。「做好事」如果是動機，「好的方式」就是手段，而「必須」所強調的不是目的是手段。這就是「責任倫理」意義上的目的與手段的統一而手段比目的更重要，同時這也是「胡文化」得以形成的自由主義資源之一。

不妨注意一下上述紅衛兵「痛打落水狗」的精神資源。

文革的極左政治文化和三十年代的左翼傳統，難道沒有一定干係。上海灘的姚文元和姚文元們不知是吃誰的奶長大的。

（七）罵的錯舛

胡適臨去世前，又遭到了新一輪的圍攻，說他既不懂哲學、也不懂文學、還不懂史學，總之，什麼都不懂。不過，這還是輕的，重的，就是那種帶有人格攻擊的謾罵了，並且要打倒。照例，胡適對此一概不理，最多，也就是說說：「我不懂，我胡適住在臺北，與他們有什麼壞處」，為什麼「要徹底打倒我胡適」。倒是有一位旁觀者看不下去，寫信給胡適：「適之先生：我在《政治評論》和《中外建設》兩本雜誌上看見幾篇批評（毋寧說『詆毀』來的恰當些）的文章，心裏很難過。我並非為你難過，而是替那些脫不了哺乳動物的本性『好鬥』的文人悲哀」……[49]這話說得極有意思，「好鬥」是文人本性，看看 30 年代的上海灘就可以知道，沒料到，這本性居然來自哺乳動物，想想也有道理。但，書還沒放下，魯迅的話就翻上了記憶。連忙另換。這一本，有 1930 年時魯迅寫給章廷謙的信，僅在一個小小的段落中，就排著這樣的字句：「賤胎

---

[47] 同上。
[48] 《胡適日記全編》卷一，第 519 頁。
[49] 轉引胡頌平《胡適之先生年譜長編初稿》第十冊，第 3860 頁。

們一定有賤脾氣，不打是不滿足的」，「此外，大約有幾個人還須特別打幾棍，才好」，「這兩年來，水戰火戰，日戰夜戰，敵手都消滅了，實在無聊，所以想再來鬧他一下，順便打幾個無端咬我的傢伙，倘若鬧不死，明年再來用功罷。」[50]「與人奮鬥，其樂無窮」，這是魯迅在上海灘的自我寫照。只是上面信中的「好鬥」，到了魯迅這裏叫「用功」。

以鬥為功，以罵為用；鬥字當頭，罵在其中：這樣來概括魯迅和「魯文化」，相信不致走樣。可是，以「鬥罵」為傳統，這個傳統流貫於20世紀，它最終給我們帶來的是什麼呢？文化災難。文化的生長，靠的是建設與積累，不是靠「戰」。像文革時的戰歌：「拿起筆，作刀槍，口誅筆伐上戰場」，是戰不出一個正常和健康的文化形態的。30年代是這樣，60 年代也是這樣。就算戰勝了，到底還是一片文化荒蕪。如果說，戰呀，鬥啊，已經沒脫哺乳動物，那麼，罵呢？尤其那種「動物上陣」式的。罵人不嫌嘴臭，動不動「狗」自口出，陳西瀅是「走狗」，梁實秋是「乏走狗」，施蟄存除了「惡少」，還是「叭兒」。這「狗系列」和前面的「鳥系列」，直讓人擔心，動物上陣，會不會先自與動物為伍。

讀過魯迅，也讀了些陳西瀅、梁實秋和施蟄存，他們是「狗」嗎？我找不到根據，無論是從他們的文章，還是行跡。我只知道，是魯迅罵他們為「狗」。這裏，魯迅最痛恨的是陳西瀅，罵的影響最大的是梁實秋，而罵的最沒有道理的則是施蟄存。施蟄存不論，他是無辜挨罵。就陳、梁而言，人非聖賢，孰能無過。就算他們的行跡很有問題（注意，我說的是「就算」），你可以指責，就事論事，卻不必罵。前幾天，我的一位朋友（北京的王東成先生）打來電話，他說了這樣一句話，我以為很精彩：「我們不能寬容惡，但卻可以寬容惡人」。惡，指事而言，因其傷及他人，故不能寬容。但，事不能寬容，人卻可以寬容，因為人無不有過，改了就好。在這裏，人與事分得清清楚楚。把這道理移用此處，就可以看出罵的問題。罵，是「罵人」不是「罵事」。它抓住了人，放過了事；於人有傷，於事無補。這是「罵」所必然導致的人事錯舛和本

---

[50]　《魯迅致章廷謙》，《魯迅全集》卷十二，第 5 頁，1981 年。

末倒置。胡適五四前就說過「亂罵人實在無益於事」。之所以於事無益，在於罵人者罵人本來就不是為了解決問題，而是為了宣洩、為了出氣；它的非理性，往往可能使本來可以認錯的也報以非理性的態度而不買帳。高長虹作為魯迅罵人的旁觀，說：魯迅「罵人不是把他罵得不能說話，或者罵得敬悔，卻罵得人不能不回罵」。[51]事情本身不重要了，罵與回罵倒成了要務。於是，漫罵的嘴彼此都張了開來。

對於漫罵，30 年代的上海文壇有過批評。當時《申報・自由談》發表〈關於批評〉一文，指出：「看過去批評的論爭，我們不能不說愈是那屬於無味的謾罵式的，而愈是有人喜歡來參加」，這種「謾罵式的批評」，「我們不認為是批評」。[52]對此，魯迅專門作〈漫罵〉一文為漫罵辯護，文章結尾，魯迅辨稱：「漫罵固然冤屈了許多好人，但含含糊糊的撲滅『漫罵』，卻包庇了一切壞種」。[53]這個邏輯不妨叫：為了正義，可以冤屈。它的可怕在於，它和 1927 年汪精衛在武漢的作派（寧肯殺錯也不放過）曲徑暗通。往後，1957 年的反右擴大化，也是這個牌理。但，這一邏輯在自由主義那裏根本行不通，它毋寧反過來，寧可放過，也不冤屈。根據魯迅的「固然」，人們似乎很難不這樣想，魯迅為了不放過他認為的「壞種」而冤屈了幾多好人。

魯迅為漫罵辯護，至少沒有意識到，儘管漫罵有他所出具的正面理由，但它給社會、給年輕一代會帶來什麼樣的文化影響。「那時在我們的談話裏把罵人看得像現在的抗敵一樣光榮」，說這話的高長虹是在回憶當年和魯迅過從甚密時的情況：「我那時寫罵人的文字也不少了，魯迅還時常表示不滿」。[54]這一對老少很快各自就嘗到了苦果。兩人反目後，高長虹居然罵魯迅是「狗」，而魯迅從來不以這樣的詞罵高長虹——這是魯迅的量。高長虹實在太過分，這種罵，帶有瘋狂性。魯迅在任何意義上都不是狗，就像梁實秋在任何意義上也不是狗，尤其不是乏走

---

[51] 轉引《魯迅論爭集》上，第 338 頁。中國社會科學出版社 1998 年。
[52] 轉引《花邊文學・謾罵》，《魯迅全集》卷 5，第 431 頁，1981 年。
[53] 同上。
[54] 轉引《魯迅論爭集》上，第 332 頁。中國社會科學出版社 1998 年。

狗一樣。但，高的過分，和當年他們以罵來彼此薰陶，是不是有一定關係。文化是耳濡目染的，也是承傳的，年輕一代染上罵習，而且罵得更厲害，文化老輩有一定的責任。高長虹不但與魯迅有衝突，與魯迅的弟弟周作人也有衝突，周曾經諷刺過高，高在給周的信中有這樣的話：「我們是低頭真理的，我們願以我們的生命做保證。像你，主張寬容而又自命老人的人，如其真的看出我們有什麼錯處，正應該和氣地告訴我們，我們一定願意接受。但你卻不告訴，而只是譏笑，……使我拋棄了那種態度而來學步你的譏笑！唉，我現在多麼失悔呵！」[55]高的話，懇切、真切、痛切。是的，年輕人往往是學步的，譏刺如此，罵亦如此。周作人善譏，魯迅善罵。從魯迅那裏，高長虹學步了什麼，魯迅在《奔月》中有影射高的情節，根據小說中的「齧鏃法」一說，便可知其師承。失悔的高長虹呵，「和氣地告訴我們」，那你應該去找胡適呀，就怕胡適的和氣，饜足不了你那好鬥的激情。在這一點上，你和魯迅天生是老少一對。

　　1926 年，身在天津的胡適給正在北京酣戰的陳西瀅、魯迅、周作人合寫了一封「勸和信」。因為「女師大學潮」，這三位京華學者各逞意氣，混鬥一團。應該說，胡適實在看不下去了，不僅「越到了後來，你們的論戰離題越遠」，而且，「當日各本良心之主張就漸漸變成了對罵的筆戰」。然而胡適說得很婉轉：「你們三位都是我很敬愛的朋友，所以我感覺你們三位這八九個月的深仇也似的筆戰是朋友中最可惋惜的事」。胡適惋惜的是什麼呢？是朋友的分裂嗎，當然。然而更使胡適惋惜的是這「對罵」所造成的社會影響。胡適聲稱：「我是一個愛自由的人，──雖然別人也許嘲笑自由主義是十九世紀的遺跡，──我最怕的是一個猜疑、冷酷、不容忍的社會。我深深地感覺你們的筆戰裏雙方都會含有一點不容忍的態度，所以不知不覺地影響了不少的少年朋友，暗示他們朝著冷酷、不容忍的方向走！這才是最可惋惜的」。[56]同樣感到惋惜的還有李四光，這位因兼差而無辜受累的地質學家對這場文人惡鬥感到

[55] 同上，第 338 頁。
[56] 轉引胡頌平《胡適之先生年譜長編初稿》第二冊，第 629-630 頁，

憂心忡忡，他在給徐志摩的信中這樣說：「無論如何，我總覺得罵人是一件不好的事，不管你罵勝了還是罵敗了；在個人方面沒有得失，在社會上卻有極大的惡果。……誰是誰非，我們姑且不論，但是最可惜的，是一般看報紙的青年，在不知不覺間已經染上汙泥。如果他們將來變本加厲的罵起來，這個社會還可以居住嗎？」[57]這最後一句令人心驚。不幸的是，胡適和李四光的憂慮並非多餘。事實證明，甚至歷史證明，他們的擔憂不僅是事實，而且是歷史：上面的高長虹不就是事實的應驗嗎，後來也即「將來」的紅衛兵不是變本加厲的張口就罵，外加抬手就打嗎，這是不是一種文化承傳？漫罵對文化生態的破壞，我們的確低估了；它對社會環境和人性的汙染，我們也低估了；以及由此所造成的巨大的歷史性的負面影響，我們更低估了。我們長期糾纏的，倒反是罵得對與不對之類，這樣的錯舛令人啼笑皆非。

在魯迅罵人的作品中，〈辱罵和恐嚇決不是戰鬥〉是一個特例。如題，它表明了魯迅對罵人的否定態度，這種態度在魯迅那裏是多麼難能可貴。特別是看到魯迅把罵人視為「上海流氓的行為」和「一種壞脾氣」，真是要為魯迅歡呼；儘管，此前魯迅罵過梁實秋是「乏走狗」，此後又罵施蟄存是「叭兒」。遺憾的是，前後都不說，就在同這一篇幅，就在這篇幅下面不遠，就出現了這樣的字眼：叭兒狗——「這一份遺產，還是都讓給叭兒狗文藝家去承受罷」。[58]這叭兒狗不是具指，是泛罵，題文之間，喜劇如此。我真不知道，是魯迅認為這不是罵，還是罵已成為不自覺。文章最後，看到魯迅依然認同宋人黃庭堅的「嬉笑怒罵，皆成文章」（魯迅寫為「喜笑怒罵，皆成文章」），這才知道，魯迅反對的是「辱罵」，但不反對一般的罵，包括「怒罵」。只是我又不知，什麼罵不是辱罵，有無辱之罵嗎。退一步，罵人為狗，是怒罵、還是辱罵，抑或兩者兼具……。

嗚呼，我還真搞不懂這些罵的名堂。

---

57 轉引《恩怨錄：魯迅和他的論敵文選》上，第 134 頁。
58 《南腔北調集·辱罵和恐嚇決不是戰鬥》，《魯迅全集》卷四，第 453 頁，1981 年。

（八）「由罵而生出罵以上的事情來」

從「罵」入手，本文以魯迅為個案，以胡適為比照，對 20 世紀新文化作一次切片檢查，以揭示其文化病理。這個問題，早在上個世紀 90 年代中期，道德理想主義上升之時，筆者對當時文壇上的罵風有所感覺，就想動筆。當時的感覺是，文人之間罵來罵去，使得讀者不是在「讀」而是在「看」，看熱鬧的「看」，看誰罵得更精彩。這「看」就如同上海灘無聊看客「白相相」一般。其實，30 年代，上海灘那些報屁股上互相吵罵的文章就是讓人「白相相」：作者罵得快意恩仇，編輯忙得不亦樂乎，讀者看得津津樂道，真是皆大歡喜。然而，文風由此墮落，文化由此偏斜，這偏斜又在歷史上一路延宕下來。這都是問題。記得當時寫過一篇〈「混戰」與「默殺」〉，涉及 30 年代和魯迅，有批評，但遠未盡意。今續之以再，算是還願。

文章一開筆，就感到它的內涵並不是由「動物上陣」這個題目所能打發，罵，僅僅是個現象，關鍵在於「由罵而生出罵以上的事情來」。當罵成了一種世紀性的文化（表像）時，這個事情就是要指出這種文化其所由來，包括它的價值隱患；同時也要指出，我們今天如何進行新的文化選擇。當然，罵作為一種文化，其形成並非始自 30 年代，而是結胎於五四之前。如果尋根究底，它又基因於中國傳統文化，是傳統文化中舊文人沿襲下來的一種惡習。但，新文化自命為「新」，它在反對舊文化時，卻複製了舊文人的那一套，所以我說它「似新還舊」。罵，即為其舊症之一，隱含在這罵之後的那種絕對性思維則更成問題。問題是，有了這樣的五四新文化，就會有 30 年代，有了 30 年代，就會有 60 年代。這既非出於某一個人的虛構，也不是誰在這裏附會：

五四年代的「選學妖孽」、「桐城謬種」

30 年代的「洋場惡少」、「叭兒」、「走狗」

60 年代的「牛鬼蛇神」、「殘渣餘孽」

　　請問這是邵建先生「瓜蔓抄」，還是它們原本就一個藤。由於本文是胡魯研究系列中的一篇，文章的重點落在 30 年代和魯迅，五四未能更多涉及，只是在溯源時提及，以備對 20 世紀新文化有一個宏觀檢討。

　　這種檢討如果比較細緻的話，可以看出，五四新文化並非鐵板一塊。即以其主要人物而論，胡適、陳獨秀、魯迅，包括錢玄同，他們就有明顯的不同。在這個「他們」中，真正不同的是胡適，胡適是他們中的一個例外，而且是孤立的例外，後幾位的組合則形成了另一個「他們」。「他」與「他們」的對比，就決定了五四新文化的去向。錢玄同上面說過，此處不論。就胡適而言，在提倡白話文之始，人還在美國，就致信陳獨秀：

> 此事之是非，非一朝一夕所能定，亦非一二人所能定。甚願國中人士能平心靜氣與吾輩同力研究此問題。討論既熟，是非自明。吾輩已張革命之旗，雖不容退縮，然亦決不敢以吾輩所主張為必是而不容他人之匡正也。[59]

　　這是一種理性的態度，非絕對論的態度，討論的態度，真正的文化建設的態度。然而，陳獨秀的回信是這樣：

> 鄙意容納異議，自由討論，固為學術發達之原則，獨於改良中國文學當以白話為正宗之說，其是非甚明，必不容反對者有討論之餘地；必以吾輩所主張這為絕對之是，而不容他人之匡正也。[60]

　　這是獨斷論的態度，絕對的態度，不容討論的態度，也是文化專制的態度。那麼，魯迅呢？三人行而兩人對立，他傾向於那一方？請看魯迅五四後的一段自白：

> 我總要上下四方尋求，得到一種最黑，最黑，最黑的咒文，先來詛咒一切反對白話，妨害白話者。即使人死了真有靈魂，因這最

---

[59] 轉引胡適〈容忍與自由〉，《胡適文集》卷十一，第 827 頁。
[60] 同上。

> 惡的心，應該墮入地獄，也將決不改悔，總要先來詛咒一切反對
> 白話，妨害白話者。[61]

這是以上陳獨秀態度的偏激化、非理性化和極端化，而且無以復加。如果錢玄同僅僅是罵，這裏是比罵更捨得一身剮的「咒」。在咒之外，可以看見內文還有這樣兩句，一句是：「只要對於白話文來加以謀害者，都應該滅亡」，另一句也是：「只要對於白話文來加以謀害者，都應該滅亡！」

這樣一種文化，連罵帶咒，而且包含內在的獨斷與專制，再加上那種激進的絕對化傾向，如果說「新」，不知道新在哪裏。然而，這卻是20世紀文化之始，孕化之初就胎位不正，後來的30年代、60年代等，不過是它的複製、擴大、變形與惡化。

胡適雖然是五四新文化的首倡，是新文化之源，但「形勢比人強」，上面舉出的那個數量化的對比，「他」與「他們」的對比，就註定了他的邊緣化，也註定了五四後新文化的命運。因此，面對「五四新文化」，如果要問「誰的新文化」，就不是胡，而是陳與魯。陳後來從事政治，胡魯五四後也文化分流，形成了不同的「胡文化」與「魯文化」。但，分化在後，萌芽於前，新文化運動之始，他們的價值分殊就清清楚楚。

20世紀以來，中國大陸這一支的新文化就在抑胡揚魯的文化主旋中結束。今年是2003年，為新世紀文化創制之始，它距上個世紀新文化運動的1915年，還差短短的12個年頭。此刻，反觀上個世紀的文化歷程，並檢討其得失，其實是在為本世紀文化招魂。歷史大門的鑰匙往往藏在過往歷史的密室裏。回頭看，近一個世紀以來打進歷史暗箱從而被冷藏起來的「胡文化」，恰恰能給21世紀的文化創制提供良好的價值參系。這裏說的「胡文化」（包括相對應的「魯文化」），在精神層面上，主要不是指語言文化、學術文化、藝術文化等，而是指思想文化、政治文化和倫理文化，或者說，是文化在思想、政治、倫理等領域的體現。就「胡文化」而言，它在思想上的自由主義，政治上的和平主義，倫理

---

[61] 《朝花夕拾·〈二十四孝圖〉》，《魯迅全集》卷二，第251頁，1981年。

上的寬容主義，以及文化形態上的多元主義和文化思維上的非絕對主義等，是 20 世紀的文化缺環（因為「魯文化」不但沒有這些內容，而且在價值上正好相反），也是 21 世紀文化構建的重心所在。當然，「魯文化」也是一種價值資源，並非喪失生命力，它的體制外的批判性，正可補「胡文化」之不足，也為新世紀之所需。只是，就 21 世紀的文化創制而言，那種偏斜於「動物上陣」的文化形態，是不是應當遜位於整體上體現了自由主義文明的「胡文化」。

因此，在新世紀的文化方向上，本文寫到這裏，也就剩下四個字：回到「胡適」。

八、有無之間

（一）原「流言」

「流言」一辭，最早因於周公乎？

白居易有詩：「周公恐懼流言日，王莽謙恭未篡時」。不說王莽，周公乃文王之子，武王之弟，成王之叔。這樣的身份，在那樣的時代，遭遇流言，也只有恐懼。後來，周公寫了一首題為「貓頭鷹」的詩給成王，剖明心跡，這就是《詩經‧豳風》中的「鴟鴞」。這首禽言詩「為鳥言以自比」，一開頭就指控「惡鳥」貓頭鷹，然後訴說自己的艱辛，詩的最後，這只小鳥作了這樣的自我描述：「予羽譙譙／予尾翛翛／予室翹翹／風雨所漂搖／予唯音嘵嘵」。金啟華先生翻譯：「我的羽毛稀而少／我的尾巴枯焦焦／我的窩兒晃搖搖／雨還打來風又飄／直嚇得我呀喳喳叫」。「嘵」，毛注「懼」也。

流言也者，是指流播開去的謠言或謊言，它無中生有、捕風捉影、三人成虎、曾母投杼。常常風不知從何而起，青萍之末轉眼就變成了滿城風雨。雖是口耳之間，但，風雨飄搖，人人自危。以上周公的恐懼，並非來自多麼強大的力量，僅僅是兄弟間的一句話：「武王既喪，管叔及其群弟乃流言於國，曰：『公將不利於孺子』」（《尚書‧周書‧金縢》）。這個孺子就是年幼及位的周成王，公則周公旦。哥哥武王去世，侄子成王還小，於是周公攝政。但他的另一位哥哥管叔和弟弟蔡叔、霍叔等便在國中流布謠言，說周公攝政是想篡權。在權力至上的王權社會，這一句話便足以要周公的命。所以流言雖出口舌之軟，但卻鋒於刃劍。多少政治家、政客、文人、志士、名流乃至普通人倒在流言之下，而歷朝歷代的流言家們又無不深諳這殺人無血、索命不償的「流言政治學」。

（二）流言記憶

自周公而後，近三千年的歲月過去，「時間永是流駛，街市依舊太平」。但，天平之下，流言如故，流言世家不乏。這次，一個小小的流言便降臨在一個不是生在周朝但卻與這個朝姓相同的少年身上，使他初窺人世叵測。

魯迅在《朝花夕拾》中，至少有兩篇涉及自己少年和青年時的流言遭遇，一篇〈瑣記〉，一篇〈藤野先生〉。這兩個文本，在某種意義上，可以視為魯迅有關「流言記憶」的書寫。其中〈瑣記〉瑣記了他年少在家鄉紹興時的一些生活碎片。文章寫得從容舒展，尤其開頭「衍太太」這一人物，著墨不多，但給人印象深刻。魯迅父親故去之後，魯迅經常到衍太太家裏去，和她以及她的男人談閒天。在年少的魯迅眼中，衍太太雖有些毛病，但還是一個可以信賴的人。其時，魯迅遇到了苦惱，有許多東西要買，看的和吃的，但卻沒有錢。有一天談到這裏時，衍太太便接：母親的錢，你拿來用就是，還不是你的麼。魯迅說母親沒有錢。衍太太說可以拿首飾去變賣。魯迅說首飾也沒有。衍太太說那是你沒留心，又說，到大櫥的抽屜裏去看看吧，角角落落地尋去，總可以尋出一點珠子之類的東西⋯⋯。

「這些話我聽去似乎很異樣，便又不到她那裏去了，但有時真想去打開大櫥，細細地尋一尋。大約此後不到一月，就聽得一種流言，說我已經偷了家裏的東西去變賣了，這實在使我覺得有如掉在冷水裏。流言的來源，我是明白的。」那就是衍太太，是她先唆使魯迅，然後又把他出賣。多年之後的魯迅念及此，記憶仍是那樣的深刻：「但那時太年輕，一遇流言，便連自己也彷彿覺得真是犯了罪，怕遇見人們的眼睛，怕受到母親的愛撫。」[1]這是魯迅生平第一次遇上流言，他顯然還缺乏應對能力，顯得怕得很。怕遇見人們的眼睛，因為那些眼睛充滿了懷疑；怕受到母親的愛撫，因為無以面對母親的寬容。魯迅為什麼怕？自己不是並沒有做什麼嗎？流言的要害，往往在於「有無之間」，讓你難於辯解

---

[1] 《朝花夕拾・瑣記》，《魯迅全集》卷二，第 292 頁，人民文學出版社，1981 年。

也無從辯解，如果硬要辯解，則往往越描越黑。魯迅的確沒有變賣家中的首飾，但他確也有「去打開大櫥」的念頭。流言在這有無之間乘隙而出，來回游移，若有若無，把捉不定。果如你要辯解，首先便找不到對象，向那些「眼睛」們去說嗎，怕那些「眼睛」越發懷疑，向自己的母親去說嗎，怕母親也越發寬容，而這兩者都是魯迅無法忍受的。所以面對流言，因了自己曾有過的念頭，少不更事的魯迅只落單了一個「怕」。此正如周公三千多年前的恐懼，你說是攝政，他說是篡權，攝政是「有」，篡權是「無」，有無之間的事，嘴皮上又如何能釐得清。

流言紛紛，周公只好走為上策，暫時避地於楚。年少的魯迅呢，和周公一樣。緊接著流言那個段落，魯迅筆鋒一轉：「好。那麼，走罷！」（引同上）這一走，就走出了紹興，來到了南京，然後又走出了南京，來到了東京，「東京也無非是這樣」，又來到了仙臺。一路行蹤，儼然為流言所逐。可是，仙臺也並非桃源，流言還是像蒼蠅一樣纏住了魯迅。

據緊接著〈瑣記〉而來的〈藤野先生〉記載，有一天，一個學生會的幹事來到魯迅的住處，要借他的講義看，看了一下，並沒有帶走。然而，走了後，魯迅卻收到一封匿名信，第一句便是「你改悔吧」。改悔什麼呢，原來上一年度藤野先生的解剖學考試，魯迅考得還可以，一百餘人，沒有落第，僅在中間。日本學生便犯了疑，信中說考試題目，藤野先生在講義上做了記號，魯迅又預先知道，所以才有這成績。照理，這已經不完全是流言，匿名固然保留了它的特點，但哪有流言是直衝本人而去的呢。中國是弱國，就像中國學生能及格就值得懷疑，流言也不需在他人中繞來繞去，直奔主題就可以了。

敏感的魯迅，「我這才回憶到前幾天的一件事。因為要開同級會，幹事便在黑板上寫廣告，末一句是『請全數同學到會勿漏為要』，而且在『漏』字旁邊加了一個圈。我當時雖然覺得圈得可笑，但是毫不介意，這回才悟出那字也在譏刺我了，猶言我得了教員漏泄出來的題目。」[2]此「漏」非彼「漏」，這段文字漏泄出來的資訊是，流言不但使得魯迅懼

---

[2]　《朝花夕拾‧藤野先生》，《魯迅全集》卷二，第305-306頁。

怕，也使他草木皆兵。一個「漏」字，何以畫圈？效如「那趙家的狗，何以看我兩眼」？別人眼裏一個為強調而加圈的「漏」字，魯迅看來是譏刺自己，這有點像阿Q諱「光」一樣，魯迅忌的是「漏」。一個細節，可見流言已經多麼嚴重地傷害了魯迅的神經。

「終於這流言消滅了」。魯迅這次沒有走，而是報告了藤野先生，有幾個和魯迅熟識的同學也很不平，一同去詰問那個學生幹事，並要求公布檢查的結果。事情平息後，魯迅最終還是離開了仙臺，不是因為流言，而是覺得醫學救國無望。離開仙臺後的魯迅，已經在流言中長大，從此走上了「以筆為旗」、拯救國民靈魂的道路。〈藤野先生〉結尾，魯迅望著藤野先生黑瘦的照片，「使我忽有良心發現，而且增加勇氣了，於是點上一枝煙，再繼續寫些為『正人君子』之流所深惡痛絕的文字。」（引同上）

（三）「罵出流言家的狐狸尾巴來」？

1925～1926年間（上半年），魯迅把自己的精力主要就放在與「正人君子」的筆戰上，筆戰的重點之一，就是流言。

此時的魯迅早已「此一時彼一時」，在流言面前已然沒有年少時的怕，而是經驗老到，遊刃有餘。不但「『流言』總不能嚇啞我的嘴」（《華蓋集·我的「籍」與「系」》），而且「我總要罵出流言家的狐狸尾巴來」（《朝花夕拾·瑣記》）。說這話時的魯迅，他所罵的流言家就是他一生最痛恨的「正人君子」陳西瀅。

陳魯交惡，事緣1925年發生的「女師大學潮」。女師大原來的校長是魯迅的摯友許壽裳，他被迫辭職後，繼任者是美國哥倫比亞大學獲得教育學碩士學位的楊蔭榆。許去楊就，學生中「驅許擁楊」的一撥和看不慣這班「楊黨」的另一撥，就成為日後風潮的隱患並果然在風潮中兩軍對壘。1924年下半年，三個學生暑假後因為江浙軍閥之戰，直到十一月才返校。學校照章做退學處理。學生為之求情，但楊蔭榆執意不允。風潮由此發生。學生對楊長校後的諸多的清規戒律和家長作派不滿，加

上這一件事，因此，1925 年一月，校學生自治會通過一項決議，反對楊氏其人繼續長校。但，四月，新任教育總長章士釗支持楊，聲稱要「整頓學風」。於是到了五月，矛盾就像開了鍋。五月七日，一次校性集會，獲得章支持的楊蔭榆登臺主持會議，反楊的學生用噓聲把她撐下臺。九日，楊為此召開校務會議，議決開除包括許廣平在內的六名學生。十一日，學生方召開緊急會議，宣告楊已被否認為本校校長，並派人把守校門，不許其入校。幾個月來的衝突終於在短短幾天白熱化，它同時也在陳西瀅和魯迅之間開闢了這場衝突的另一戰線。

　　在這一風潮中，陳西瀅和魯迅分別站在對立的兩邊，魯迅是倒楊一派的贊助者，陳西瀅在輿論上支持楊蔭榆。在這之前，陳魯各自都有與風潮相關的文字，但互不相干。兩人之交火，是陳西瀅發在《現代評論》上的一則「閒話」（後來結集時題名為〈粉刷毛廁〉）。「閒話」後半部分主要針對魯迅等七位教授為聲援學生在《京報》上發布的〈對於北京女子師範大學風潮宣言〉。陳在文中說：「閒話正要付印的時候，我們在報紙上看見女師大七教員的宣言。以前我們常聽說女師大的風潮，有在北京教育界占最大勢力的某籍某系的人在暗中鼓勵，可是我們總不敢相信。這個宣言語氣措辭，我們看來，未免過於偏袒一方，不大平允。」接著，為了證明其偏袒，陳文徵引了一大段〈宣言〉中的句子，然後結尾：「這是很可惜的。我們自然還是不信我們平素所很尊敬的人會暗中挑剔風潮，但是這篇宣言一出，免不了流言更加傳布得厲害了。」[3]

　　魯迅的「宣言」是五月二十七日發布的，陳在三十日的雜誌上就做出了上述反應，連寫帶發，前後不出三天，所以魯迅諷刺道「這回的反響快透了」。其實反響更快的還是魯迅，反駁陳西瀅〈閒話〉的〈並非閒話〉就寫於五月三十日，立即就發在六月一日的《晨報・副刊》上。六月二日，魯迅意猶未盡，又寫了〈我的「籍」與「系」〉，發於六月五日的《莽原》週刊。前後不到一星期，陳魯之爭就完成了第一個回合的「短平快」。

---

[3]　轉引《魯迅論爭集・上》，第 151-152 頁，中國社會科學出版社，1998 年。

　　就本文而言，我關注的並非學潮本身，而是學潮中的「流言」，以上敘述文字只是討論流言的必要的事件背景。就事件本身而言，我首先反對楊氏的「寡頭專制」，同樣也惋惜於那些倒楊派的「群眾專制」。一邊是「暴君」，另邊是「暴民」。楊氏確有「家長」作風，但學生，據我所讀資料，也可稱得上是「小將」了。暴君與暴民，或小將和家長，地位雖不平等，角色可以互換，且彼此舉事作派以及她們的思維方式和心態，卻也差不多。有權者濫用權力，無權者的權力也發揮得淋漓盡致。我無法不首先痛責楊蔭榆，她畢竟處在風潮的主導方面，因而要負主要責任；但我也無法不料想，無權者一旦獲得權力，恐怕也只是「輪流」而已，她們未獲權力時的作為不都看到了嗎。更何況，該事件之後，還有複雜的派系因素存在。尤其，陳的文章首挑「流言」一詞，魯迅抓住它大做文章，以至後來的爭戰，你「流言」來我「流言」去，意氣相對，離事愈遠，反使流言本身成了讀者的聚焦（它事實上也是魯迅這時期雜文中的高頻詞）。那麼，下面，我索性也就不談事件談流言了。

　　也是在五月三十日，魯迅寫信給許廣平說：「西瀅文託之『流言』」。這是魯迅對陳的〈閒話〉的基本看法，因此，他的〈並非閒話〉主要也就是揭穿流言。魯迅說：「『流言』本是畜類的武器，鬼蜮的手段，實在應該不相信它」。至於陳西瀅文中所說的那些，魯迅的態度是：「這些『流言』和『聽說』，當然都只配當作狗屁」。[4]

　　可是，「畜類」也好，「狗屁」也罷，魯迅罵得儘管凌厲，但陳西瀅並沒有散布流言。流言往往來自「聽說」，也借自「聽說」，但，聽說既可捕風捉影，亦能有案可稽。現在，看陳西瀅是不是散布流言，就要考一考他的「聽說」。如果陳文只有這一句：「以前我們常聽說女師大的風潮，有在北京教育界占最大勢力的某籍某系的人在暗中鼓勵」，然後再根據這「聽說」下結論，還真有輕信、播布之嫌，但，他下面就徵引了一大段由魯迅執筆的七教授「明白質直」的支持學生的文字，那麼，上面的「聽說」至少就在這裏落實了。「聽說」中不曾指明的「某籍某系」，

4　《華蓋集·並非閒話》，《魯迅全集》卷三，第 76 頁，人民文學出版社，1981 年。

也由魯迅自己道明「國文系浙籍教員」。事實也正是這樣,查魯迅五月十八日給許廣平信:「聽說學校當局有打電報給家屬之類的舉動,我以為這些手段太毒辣了。教員之類該有一個宣言,說明事件的真相,幾個人是可以的」。[5]魯迅說做就做,這個「該有」的宣言很快就有了,它由魯迅起草,草畢後,不是需要幾個人嗎,就由另一教授馬裕藻轉請其他幾位簽名,結果一共是七個。這七位,大都國文系,除了一個外,又都浙江人。因此,「某籍某系」可以坐實。至於那句話中更刺目的「暗中鼓勵」,我們還是看魯迅五月十八日給許廣平的信:「然而,世界豈真不過如此而已麼?我還要反抗,試他一試」(引同上)。在緊接著的回信中,許廣平對魯迅表白:「讀吾師『世界豈真不過如此而已麼?我還要反抗,試他一試。』的幾句,使血性易起伏的青年如小鬼者,頓時在冰冷的煤爐上加起煤炭,紅紅地在燃燒,然而這句話是為對小鬼而說的麼?」[6]魯迅的回信很直接:「現在老實說一句罷,『世界豈真不過如此而已麼?……』這些話,確是『為對小鬼而說的』」。[7]先不說此時許魯之間情感急劇升溫的戀人關係,一個老師,一個學生,又值風潮緊張之際,上述那些話,是不是「鼓勵」。又鑒這是兩人的私人通信,直到30年代才公開出版,放在當時,也是「暗中」了。當然,此「暗」不是煽陰風,點鬼火,而是光明正大。由此可見,魯迅責西瀅〈閒話〉「託之『流言』」,是沒有道理的。陳的文章,從行文大體到關鍵句乃至關鍵字,樣樣都有事實的依據。

「近來有些人,凡是自己善於在暗中播弄鼓動的,一看見別人明白質直的言動,便往往反噬他是播弄和鼓動,是某黨,是某系;正如偷漢的女人的丈夫,總願意說世人全是忘八,和他相同,他心裏才覺舒暢。」(〈並非閒話〉)這才是典型的魯迅風格,也是魯迅對陳西瀅有針對性的反擊。問題是,陳文是用七教授自己的文字說話,魯迅反過來責陳並非不可以,只是證據呢?不難發現,當陳西瀅說七教授偏袒時,魯迅便引

---

[5] 《魯迅景宋通信集》第 64 頁,湖南人民出版社,1984 年。
[6] 《魯迅景宋通信集》第 65 頁。
[7] 《魯迅景宋通信集》第 68 頁。

陳文，說這也是偏袒，證據便是你自己的文字。可是，在「暗中播弄鼓動」問題上，似乎只能說，魯迅沒有提出證據也提不出證據因而是自說自話了。如果據實分析，事情發展到五月時，並沒有資料顯示陳西瀅是如何「播弄鼓動」的，事實上他也無此必要，甚至無此可能。比之魯迅，他既不在這個學校上課，又沒有自己的學生，尤其是許廣平這樣關係的學生，陳幾乎可以說是一個「局外人」。他可以在輿論上公開支持楊蔭榆，他也確實是這樣，但卻找不到「撥弄鼓動」的對象，更無論形跡。因此，當魯迅說陳西瀅是「反噬」時，其實是自己的反噬沒有反到點子上。

也許是陳文中的「某籍某系」刺痛了魯迅，〈並非閒話〉後，魯迅又立即寫出了〈我的「籍」與「系」〉，一是自辯，一是表明自己對流言的態度。前者，「某籍某系」四個字在陳文中只一提而已，魯迅卻專門作文，還以此命題，不知魯迅對這四個字為什麼敏感如此又反感如此。後者，魯迅這樣說：「我常常要『挑剔』文字是確的，至於『挑剔風潮』這一種連字面都不通的陰謀」，我至今還不知道是怎樣的做法。何以一有流言，我就得沉默……如果流言說我正在鑽營，我就得自己鎖在房裏了；如果流言說我想做皇帝，我就得連忙自稱奴才了。」按照魯迅的邏輯往下順，豈不正是，你說我鼓勵學潮，我就袖手旁觀了？多有意思。可見陳文的「聽說」是事實，並非散布流言。說它是流言，也只是表示委婉。更有意思的是省略號之前，魯迅說陳西瀅的「挑剔風潮」連字面都不通，這恐怕只能是魯迅自己有問題。「剔」本身就含「挑」「撥」之意，唐・張祜〈贈內人〉：「斜拔玉釵燈影畔，剔開紅焰救飛蛾」，這「剔開」難道不就是「撥開」。因此，陳西瀅的「挑剔風潮」就是「挑撥風潮」，不但不存在字面不通的問題，而且修辭巧妙，詞中有味。陳用前者而非後者，我個人以為，「挑撥」一詞純屬貶義，而「挑剔」則顯得緩衝得多，這正是陳西瀅的方式，就像魯迅張口「暗中播弄鼓動」而陳卻說「暗中鼓勵」一樣。陳的〈閒話〉，前半部說的是學生，語氣並不客氣，甚至還有魯迅提起的「臭毛廁」（這個比喻也不是罵哪個人，而是指女師大風潮所造成的狀況），文章後半部，由於所指是北京七教授，

因此，陳西瀅措辭克制，點到為止。如果比對一下陳魯兩個文本，文章氣度包括人的氣度，正耐人尋味。

（四）風潮中的插曲

關於流言，在「女師大風潮」中，在陳魯論戰往還和「流言」的互擲中，還有一個與風潮無關也與魯迅無關的插曲，饒有意味。

一九二六年一月二十日，陳西瀅給風潮中反楊的另一重要人物、魯迅的弟弟周作人寫信，稱謂：「先生今天在晨副罵我的文章裏，又說起『北京有兩位新文化新文學的名人名教授……揚言於眾曰，『現在的女學生都可以叫局』。……請先生清清楚楚的回答我兩句話：(1)我是不是在先生所說的兩個人裏？(2)如果有我在內，我在什麼地方，對了誰揚言了來？」[8]所謂「叫局」，用今天的話，庶幾就是「出臺」。第二天，周作人回信說：「(1)先生在不在那兩位名人裏邊，只請先生自省一下，記得說過那句話沒有，就自然知道。……(2)那句話我是間接聽來的，如要發表說話的名字，必要先得那位中間見證的允許。所以請再等我兩三天，俟問過那位之後：再當明白奉答。」[9]這第一點的回答明白極了，如果自己沒說還問什麼。但次日，周作人再次回答時說：「前日所說聲言女學生可以叫局的兩個人，現經查考，並無先生在內，特此奉復。」[10]

周作人在另一篇文章中也承認這話是「聽人家傳說」，據傳說而作文，很容易變成散布流言，尤其傳說屬於捕風捉影的話。但這次情形有點複雜，因為這話是經過陳西瀅的嘴。陳西瀅收到信，就給北大日語系教授張鳳舉寫信，因為他說這話時有張在場。張和周氏兄弟很熟，周氏兄弟失和衝突時，作人之妻羽田信子打電話求援，到場的兩人中就有張鳳舉。張同時與「現代評論派」陳西瀅等人也有交往，是個兩邊都活絡的人物。一次在西山臥佛寺，陳西瀅、丁西林、張鳳舉以及一位陳西瀅

8　轉引《魯迅論爭集·上》，第 201 頁。
9　轉引《魯迅論爭集·上》，第 201 頁。
10　轉引《魯迅論爭集·上》，第 202 頁。

不願露其姓名而稱之為「B君」的四人聊天，由這位「B君」說了所謂「叫局」的話（這也是陳不願透露他的姓名的原因），陳西瀅附和道：「我也聽 A 君說過，不過這是叫人不能相信的。」當「B 君」說，這是他朋友親自看見時，陳還堅持：「要有，也是私娼假冒女學生的名字罷了」，大家討論了一會兒，陳西瀅最後說「我總不能信」。[11]現在，陳在信中要張回答當時情形是不是這樣，因為，以張和周的關係，這話很可能是張「轉述」過去的。陳的估計沒錯，傳話的正是張鳳舉，他回信了，向陳道歉「這次事完全是我誤傳的結果」。

傳話的固然是張鳳舉，但，我不知道是不是「誤傳」。這裏有兩種可能，一、張的確是誤傳，周則據此作文，因而是「誤傳的誤傳」。二、張並未誤傳，周卻擇其所需做文章，而張為了息事寧人，把責任拉到自己身上。張到底如何向周述說，現在誰也搞不清了，歷史的真相往往很難明白，此即一例。只是有一點可以肯定，陳西瀅說了「叫局」的話，卻是在非肯定的意義上。如果張如實轉述，周的文章就是別有用心。如果張是誤傳，周則因「誤傳的誤傳」而難免於散布流言了。這裏，可以再一次看到流言的特徵，即「似有還無」。陳西瀅確有此話，是為有；但陳有此話卻無此意，是為無。因此，這件事於周作人相當不利，不僅不能根據「聽說」做文章，更不能在聽說的基礎上還聲稱對方「揚言於眾」。陳、張等四位明明是朋友聊天，把別人私下的話搬上報紙，讓其進入公共領域，這才是真正的「揚言於眾」。當陳西瀅據此反駁周作人時，周卻說：「雖然照字義說來他對了三個朋友說那也就可以說『眾』」。[12]這是狡辯，看來，周作人並不明白「私人場合」和「公共領域」的界分所在。

以「聽說」為文，害莫大焉。陳西瀅以「聽說」為文，惹動魯迅那樣反感；周作人以「聽說」為文，讓陳西瀅抓個正著。可見這種「耳食之言」，不足為憑也好，足以為憑也罷，都能攪出是非。但文人卻偏偏捨不得這「聽說」，尤其當它有利於自己時。就是魯迅，也不例外。「我

---

[11] 轉引《魯迅論爭集・上》，第 202 頁。
[12] 轉引《魯迅論爭集・上》，第 209 頁。

的文字中，大概是用別人的原文用引號，舉大意用『據說』，述聽來的類似『流言』的用『聽說』。」[13]甲乙都以聽說來攻擊對方，故文壇難以安寧。我們今天看到的二、三十年代的文人論爭，多少是由「聽說」發端，或有稽，或無由，然後彼此吵個不歇，也辯個不清。其實這裏面有多少價值呢，我總懷疑直到今天我們仍高捧為「文化論戰」的那些篇什。

具有喜劇性的一幕出現了，螳螂捕蟬，黃雀在後。就在陳西瀅抓住周作人不放時，他自己也因一個致命的錯誤給魯迅抓住了。這個「致命的錯誤」同樣來自「聽說」。此時，已是「女師大風潮」的後期，陳魯論爭由風潮而起，也早已轉向其他。在陳西瀅看來，魯迅的文章沒有一篇「不放幾枝冷箭」，不但「散布流言」，有時還「捏造事實」。當然，他這話，既是說魯迅，也是說周作人。他幾乎是向這失和的兄弟同時開火。上面和周作人你來我往才僅兩三天，這廂又開始轉向魯迅。在寫給徐志摩的信中，有這樣一個段落：「他常常挖苦別人抄襲。有一個學生抄了沫若的幾句詩，他老先生罵得刻骨鏤心的痛快，可是他自己的《中國小說史略》卻就是根據日本人鹽谷溫《支那文學概論講話》裏面的『小說』一部分。其實拿人家的著述做你自己的藍本，本可以原諒，只要你在書中有那樣的聲明。可是魯迅先生就沒有那樣的聲明。」[14]這實際上是在指控魯迅「抄襲」。對於以著述為生命的文人來說，還有什麼罪過大於這一項、又有什麼侮辱大於這一樁呢，魯迅的憤怒不難想見。

魯迅的著述是否抄襲學界已有公論，我沒有做過專門比較，就不發言。魯迅自己當時做了相當有力的反駁，其中這樣的句子深得我心：「兩書異點如何……在這之前，我以為連陳源教授自己也不知道底細，因為不過是聽來的『耳食之言』。不知道對不對？」[15]我欣賞的是「不知道對不對」。在我讀魯的過程中，感到魯迅是敢於「以為」也敢於判斷的，並因此帶來了不少失誤。比如這裏「我以為」的內容就沒有經過查證，如果僅憑「以為」判斷，則顯得武斷，甚至貽人口柄。尾碼這一句，是

---

[13] 《華蓋集·不是信》，《魯迅全集》卷三，第225頁。

[14] 轉引《魯迅論爭集·上》，第207頁。

[15] 《華蓋集·不是信》，《魯迅全集》卷三，第230頁。

一種態度上的保留，並非可有可無。確定的內容以不確定的方式表述，是使自己不陷於被動。這樣的表述處理，魯迅文中並不多見。

就像陳西瀅估計是張鳳舉傳話給周作人沒錯一樣，魯迅這次的「我以為」也沒有估計錯。陳西瀅的確不是經過自己的考證而指責，他是根據聽說來的「耳食之言」。他這次所犯的錯誤和他剛剛指責過的周作人一模一樣，周是聽張鳳舉所言，他也是聽張鳳舉所言。揭祕的不是別人，是和陳西瀅同屬「現代評論派」的胡適。1930 年代，胡適在給蘇雪林的信中說及這個問題：「魯迅自有他的長處。如他的早年文學作品，如他的小說史研究，皆是上等工作。通伯先生當日誤信一個小人張鳳舉之言，說魯迅之小說史是抄襲鹽谷溫的，就使魯迅終身不忘此仇恨！……說魯迅抄鹽谷溫，真是萬分的冤枉。」[16]如按胡適所說，陳西瀅的錯誤是嚴重的，更糟糕的是他複製了自己批評過的錯誤。其緣由，這半年來被魯迅盯得太緊，幾乎每一篇閒話，都要挨罵。淤積日久，發洩於一朝，但顧出氣，罔究其他。結果被氣昏了頭的陳西瀅剛指責魯迅「散布流言」，就立即自我掌嘴了。

只是，胡適這裏的話也並非沒有問題。「說魯迅抄鹽谷溫，真是萬分的冤枉」，就怕胡適自己也沒有做過專門研究便發言了。尤其說張風舉是「小人」就更不敢使人輕信，因為這也許僅僅是胡適個人的看法。如果張鳳舉也是在一次聊天時對陳西瀅說：聽說魯迅的書有抄襲鹽谷溫的地方，那麼，他在這個事件中就不用負什麼道德責任，談資而已。負責任的只能是把談資寫進文章而「揚言於眾」的人。陳西瀅不是什麼「誤信」，而是為我所用他人的話。胡適是在為陳開脫，把責任推到張的身上。由於我們看不到張自己如何說，就不能簡單相信說話的這一方，歷史上很多事就是無從索解而永遠存疑的，比如，你能從證據上說清周氏兄弟失和的原因嗎？長期以來我們歸咎於那個日本女人（當然這是國人的好傳統），這恰恰是我們只聽了說話一方的聲音，未說話一方的聲音卻聽不見。而未說話者（比如那個信子）未必就不是魯迅所說的「赴訴無門」。

---

[16] 〈胡適致蘇雪林〉，《胡適來往書信選・中》第 339 頁，中華書局，1979 年。

（五）「必求其人以實之」

「現代社的同人，算我最沒有涵養。他們遇見無論什麼誹謗，都付之一笑。固然他們的生平事蹟，和發表的言論，都足夠做他們人格的保證，用不著自己再加剖白；可是他們的修養有素，於此可見。我就常常忍不住要說幾句話了。可是也只顯得我的無聊吧了。」[17]這是陳西瀅在陳魯論戰後所發出的慨歎。他說的那些「現代社的同人」我讀不多，稍微多一點的是胡適，能感覺胡適大致就是那種「無論什麼誹謗都付之一笑」的人，不加追究，也不做辯解，更不在公共領域借此聲張。當然，這話不能絕對，1930 年時，不意而來的一次政治流言並沒有讓他瀟灑地付之一笑，但，他卻有自己的方式。

因 1929 年的「人權運動」，胡適和國民黨的關係相當緊張，上海待不下去了，即將離滬赴北大任教時，他在《民國日報》上讀到了國民黨中央委員胡漢民在立法院的一次講演，題為「談所謂言論自由」。內云：「最近見到中國有一位切求自由的所謂哲學博士在《倫敦泰晤士報》上發表一篇長長的論文，認為廢除不平等條約不是中國急切的要求。……在他個人無論是想借此取得帝國主義的贊助和榮寵，或發揮他『遇見溥儀稱皇上』的自由，然而影響所及，究竟又如何呢？此其居心之險惡，行為之卑劣，真可以『不與共中國』了。」[18]就這一段文字而言，即使胡適有這樣的文章這樣的話，亦屬言論自由，而一個執政黨的政要憑藉體制力量說出這種帶政治脅迫的話，雖然好似伸張我民族大義，但分明是在壓制言論自由。何況，胡適是否有此文，還是一個問題。幾十年過去，怎麼這麼熟悉的行文方式，怎麼這麼一樣的口吻！氣不打一處來時，卻發現我急了，當事人卻不急。胡適寫信給胡漢民：「我知道先生自己不會看《泰晤士報》，必定有人對先生這樣說。我盼望先生請這個人指出我在哪一天的《倫敦泰晤士報》上發表過何種長長的文章或短短的文章，其中有這樣一句『居心險惡，行為卑劣』的話。倘蒙這個人把

---

[17] 轉引《魯迅論爭集‧上》，第 185 頁。
[18] 轉引《胡適來往書信選‧中》，第 32 頁。

原來的報紙剪下寄給我看看，我格外感謝。」（引同上）胡適除了示要證據，既不從辯，亦不事駁，心氣平和，波瀾不驚。地地道道的胡適方式。

和上述陳西瀅一樣，胡適直接質諸當事人。和陳不同的是，陳魯（包括周）那種文人紛爭，都是要用發表來逼迫對方並洗刷自己的。胡適則不，只要你拿不出證據，也就與我無關了，他並不要對方難堪，更無意攪動公共領域。半個月後，對方沒有回音，胡適又寫了一封信過去，還是請對方「剪寄原報」。十天後因偶然讀到胡政之的〈新都印象記（二）〉一文，其中有胡漢民的話：「近有人對取消不平等條約，在外報上表示懷疑，此直越乎言論自由之範圍，殊為不當。本人近有一文，論〈所謂言論自由〉，即為此而發。」[19]於是又寫信給胡政之，詢問胡漢民說這話時，是否提到自己（胡漢民的講演影射胡適，但沒有提其名）。胡政之的回答很明確：「展堂確對弟提及大名……只知彼〈所謂言論自由〉一文，係對大作而發耳」。另外還告知胡適：「來函受過北平公安局檢查」，[20]並把那只帶有檢查圖記的信封隨函寄給胡適，提請注意。此時的胡適因反「黨治」而得罪國民黨不久，「黨治」口號又正是胡漢民提出，以與蔣介石政爭；因此胡的講演衝著胡適而去也就不足為奇。胡適自滬往平，可謂一路兇險，但胡適日記卻不著絲痕。此刻胡漢民一邊張揚不與胡適「共中國」，另一邊，北平公安局卻暗暗地對他進行書信檢查。此一細節，堪見國民黨對胡適的態度和胡適當時的處境。

這期間，胡漢民的秘書處回了一信給胡適，稱：「胡先生諳熟英文之友人曾言，我國要求撤廢領事裁判權之照會到達英國不久，倫敦《泰晤士報》即發布社說，稱述中國某哲學博士之言論，備言中國司法與政治種種不善，……以反證中國政府要求撤銷領事裁判權之無當云。」[21]又是「聽說」！比照上面，胡漢民明明是說某博士的「一篇長長的論文」，這裏卻又變成了《泰晤士報》自己的「社說」，只不過「稱述」了中國某博士之言：前後顛倒如此，又如此不負責任。況且，為文根據，並非

---

[19] 轉引《胡適來往書信選·中》，第 35 頁。
[20] 〈胡政之致胡適〉，《胡適來往書信選·中》，第 36-37 頁。
[21] 〈胡漢民隨從秘書處致胡適〉，《胡適來往書信選·中》，第 34 頁。

親見，只是他人「曾言」。憑一個莫須有的「聽說」就大肆攻擊，挑撥公憤，並利用手中的政治權力對當事人進行缺席審判，如此諳熟的「流言政治學」，又是一種什麼「居心」和「行為」。

在下，胡漢民秘書處的回信就匿名問題作了說明：「胡先生以某哲學博士所言竟為帝國主義者維護其在華特權之藉口，此與國家民族之利益衝突實甚，或晚近極端言言論自由者之過，故於談所謂言論自由之一稿中縱論及之，而始終不欲舉著論者之姓名，殆亦朱子『必求其人以實之，則鑿矣』之意歟？」（引同上）好一個詭辯！本來，這個講演是專對胡適的，現在好像是泛論某種現象了，故「縱論及之」。嘴巴是圓的，舌頭是軟的，用魯迅引《鬼谷子》的話，真是「雖復能復，不失其度」。至於所引朱子，雖不清楚原來的上下文，顯然，胡漢民的引用是在「穿鑿」的意義上，但為什麼不是「確鑿」呢？根據講演的語境，由於你是公開指控，就非「確鑿」不可，不僅「必求其人以實之」，還得「必求其事以實之」。人、事俱實，方能說話。否則，不是捏造事端，就是散布流言。

與體制不睦而導致的政治流言，也就在「三胡」的幾通信函中結束了。應該說，國民黨沒有進一步打壓胡適。但，胡政之對朋友的關心負責和胡漢民居高臨下的政治威嚇倒是各人各自面目，而胡適的臨風從容、不懼不怒則更風標獨具。

（六）都是「月亮」惹的禍

魯迅和陳西瀅的流言之爭落幕後，用魯迅自己的說法：「北京大學教授陳西瀅開始發表這『魯迅』就是我，由此弄到段祺瑞將軍將我撤職，並且還要逮捕我。我只好離開北京，到廈門大學作教授」。[22]這是魯迅自述離京赴廈的原因。在另外一個場合，魯迅又說：「那時候，因為段

---

[22] 《集外集拾遺補編‧自轉》，《魯迅全集》卷八，第 362 頁，1981 年。

祺瑞總理和他的幫閒們的迫壓，我已經逃到廈門」。[23]魯迅此言不確；非但不確，且是「深文」。把段祺瑞和陳西瀅放在一個語境中又就其一事而論之，不動聲色就給人以一個主子一個幫閒的感覺，而且自己離京出逃，也就是這兩人上下其手。然而，陳西瀅人非其然，魯迅離京，亦事非其然。陳西瀅從來就不是什麼幫閒，更談不上段祺瑞的幫閒，他在《現代評論》上批評北洋軍閥和段祺瑞的文字，已能說明這一點。而魯迅出京，既無涉於段祺瑞，更不關陳西瀅。魯迅的科長職務被撤除是當時的教育總長章士釗，時間是 1925 年八月，段祺瑞只是按批覆程序「照准」而已，按常規也沒有國府總理直接撤科長的事（如此寫法，是魯迅另有肺腑）。而且在「段祺瑞將軍將我撤職」和「還要逮捕我」之間，魯迅刻意省略了許多。章士釗撤職魯迅，魯迅不服，便與他打官司，結果臺下的科長贏了臺上的總長。也是在段祺瑞任上，魯迅官復原職，時為 1926 年一月。這一節，魯迅不知為什麼省下了。此時魯迅既未因「迫壓」離京，也未因勝利離京。事過不久，發生了「三‧一八」慘案。之後，段執政府通緝包括魯迅在內的五十人。但，不到一個月，段祺瑞大勢已去，倉皇下臺，那個通緝令也不了了之。待到魯迅離京，已是風平浪靜的八月份了，同行者為許廣平。如果硬要說「迫壓」，那也是「愛情」。魯迅略過這些，把自己離京與段陳因果，儘管只是短短兩句，但用心之精、文筆之練，讓人生歎。

可是，魯迅來到廈門不久，流言也就追了過來。如果前一次流言是圍繞學運，這次卻變成了愛情。上一次流言，在魯迅看來，是他所討厭的「正人君子」，這次呢，魯迅為流言所困，卻是一撥繞著他轉並以他為中心的人。

1926 年十一月份，先同魯迅一道辦《莽原》後又和魯迅分裂的高長虹在《狂飆》雜誌上發表了一首詩，是總題為「給──」這一組詩中的一首：

23　《且介亭雜文‧憶韋素園君》，《魯迅全集》卷六，第 65 頁，1981 年。

我在天涯行走／月兒向我點首／我是白日的兒子／月兒呵，請你
住口。

我在天涯行走／夜做了我的門徒／月兒我交給他了／我交給夜
去消受。

夜是陰冷黑暗／月兒逃出在白天／只剩著今日的形骸／卻了當
年的風光。

我在天涯行走／太陽是我的朋友／月兒我交給他了／帶她向夜
歸去。

夜是陰冷黑暗／他嫉妒那太陽／太陽丟開他走了／從此再未相見

我在天涯行走／月兒又向我點首／我是白日的兒子／月兒呵，請
你住口。

這首詩在上海發表不久，就生出一種奇怪的流言，而且馬上從北京
傳給了人在廈門的魯迅。用魯迅自己的話：「那流言，是直到去年十一
月，從韋素園的信裏才知道的。他說，由沉鐘社聽來，長虹的拼命攻擊
我是為了一個女性，《狂飆》上的一首詩，太陽是自比，我是夜，月是
她。」[24]這當然也算一種解讀，不僅詩中的三個抒情形象被分別坐實為
高長虹、魯迅、許廣平，而且詩的意思被說成是高長虹把許廣平讓給了
魯迅，所謂「月兒我交給他了／我交給夜去消受」。

本來，詩就是詩，不必搞什麼對號入座，上面朱子的話用在這裏才
算合適：「必求其人以實之，則鑿矣」（穿鑿）。現在既然有這種無聊的
索隱派，非把詩中的三個隱喻坐實不可，並企圖確定為「三角戀」；那
麼，如果有這樣的事實，其解說也未嘗不可。問題是，這三人之間儘管
相互認識，但，壓根就沒有構成過所謂的三角。高長虹是攻擊魯迅，但
並非魯迅奪了他的所愛。許廣平是認識高長虹，但她（他）們卻沒有過
感情上的往來。高長虹知道許廣平，是從魯迅那裏，因了她給《莽原》
的稿子。後來他（她）們通了八、九次信，可是並沒有見面，但沒見過
面的高已能覺得魯迅與她關係很好。他（她）們的唯一一次見面，是在

---

[24]　《兩地書‧一一二》，《魯迅全集》卷十一，第275頁，1981年。

魯迅住處,但是彼此並沒有說話,而且以後連通信也斷了。這就是高與許之間的全接觸,用多年以後高長虹的話,許廣平「留給我唯一的印象就是一幅長大的身材」。

魯迅從韋素園那裏接獲資訊,即將它視為「流言」。流言可以任它流,關鍵在於當事人對它的態度,寧信其有而不信其無,還是相反。面對這一不意到來的「桃色傳聞」,魯迅的態度是什麼呢?

在回覆韋素園的信中,魯迅作了如下三種分析:「至於關於《給──》的傳說,我先前倒沒有料想到。《狂飆》也沒有細看,今天才將那詩看了一回。我想原因不外有三種:一,是別人神經過敏的推測,因為長虹的痛哭流涕的做《給──》的詩,似乎已很久了;二,是《狂飆》社中人故意附會宣傳,作為攻擊我的別一法;三,是他真疑心我破壞了他的夢,──其實我並沒有注意到他做什麼夢,何況破壞──因為景宋(即許廣平,作者注)在京時,確實常來我寓,並替我校對,抄寫不少稿子。」[25]到此為止,魯迅的態度是冷靜的、客觀的,三種分析也不無道理。可是往下,魯迅開始走偏,把注意力集中到了第三種:「倘這推測是真的,則長虹大約在京時,對她有過各種計畫,而不成功,因疑我從中作梗。其實是我雖然也許是『黑夜』,但並沒有吞沒這『月兒』」(引同上)。關於如何閱讀文學作品,魯迅曾經有過這樣的批評:「中國人看小說,不能用賞鑒的態度去欣賞它,卻自己鑽入書中,硬去充一個其中的角色……,滿心是利害的打算」。[26]可是,在高詩面前,魯迅似乎犯了他自己指出過的毛病。不但把流言當真,而且立即進入狀態:「如果真屬於這末一說,則太可惡,使我憤怒。我竟一向在悶葫蘆中,以為罵我只因為《莽原》的事。我從此倒要悉心研究他究竟是怎樣的夢,或者簡直動手撕碎它,給他更其痛哭流涕。」(引同上),完了,還咬緊一句:「只要我敢於搗亂,什麼『太陽』之類都不行的」。(引同上)

---

25 〈魯迅致韋素園〉,《魯迅全集》卷十一,第 519 頁。
26 〈中國小說的歷史變遷〉,《魯迅全集》卷八,第 350 頁,1981 年。

　　給韋素園信後，魯迅就向身邊的章川島打聽「太陽」、「月亮」到底是怎麼回事，這才知道，傳聞「早已有之」。儘管查不出流言所自，但卻知道了是誰在傳播，原來泰半是魯迅身邊的人，比如孫伏園、李小峰、章衣萍、王品青等。魯迅這才知道：「我竟從不疑及玄倩之流到我這裏來是在偵探我，雖然他的目光如鼠，……我有時請他們在客廳裏坐，他們也不高興，說我在房裏藏了月亮，不容他們進去了。」[27]如果流言來自陳西瀅們，魯迅心裏或許還好過些，但播布它的偏偏是自己的親兵。想到自己這些年來，為提攜青年能盡力就盡力，付出了那麼多……，「然而」——魯迅在給許廣平的信中作了如上怨訴之後，筆鋒一轉：「男的呢，……看見我有女生在座，他們便造流言。這些流言，無論事之有無，他們是在所必造的，除非我和女人不見面。」（引同上）所謂流言，是指傳播的謠言。如果事出於無，即魯迅和許廣平終於沒有任何關係，「月亮」之說就是流言了。如果事出於有，比如魯迅和許廣平確實互生情感，並因此離京為新生活作準備，那麼，「月亮」之說，雖然也是「流」，一直流，但並非是流言。在事實既成之後，魯迅仍指「女生在座」而傳出的話為流言，看來魯迅對流言，不是看它言否確實，而是看它流傳與否，這恐怕說不過去。這裏的問題更在於，如果說魯許之戀不是流言，而高、魯、許的三角關係則為無稽；那麼，魯迅斥前者為流言，而對真正是流言的後者又如此深信，並煽動自己的憤激，就令人難免扼腕了。他對許廣平說：「我這才明白長虹原來在害『單相思病』（這「單相思病」是魯迅單邊認為），以及川流不息的到我這裏來的原因，他並不是為《莽原》，卻在等月亮（事實正相反，那時的高長虹每週去一次魯迅家給魯迅送稿，不是為「月亮」而是為「莽原」）……『我是夜，則當然要有月亮的』（順便再一次表示自己需要許廣平），還要做什麼詩，也低能得很（魯迅是師，高長虹是徒，在師傅面前，徒弟自然低能）。那時就做了一篇小說，和他開了一些小玩笑（一個足見其低能的玩笑）」。[28]

---

[27] 《兩地書‧一一二》，《魯迅全集》卷十一，第 276 頁。
[28] 同上，第 275 頁。

高長虹以詩抒情，魯迅以小說開玩笑，說是開玩笑，其實是報復。用中間一個插段，意在暴露高的低能。這是《故事新編》中的〈奔月〉，小說共三章，中間一章有兩個形象，一個是「弈」，作為射日者，該形象乃魯迅自指（記得魯迅那句話：「只要我敢於搗亂，什麼『太陽』之類都不行的」），另一形象則是隱喻高長虹的「逢蒙」。「逢蒙」本是「弈」的弟子，就像高長虹當時追隨魯迅。可是，這個「逢蒙」不但忘恩負義，藝成叛師，而且還妄加謀害。「只見對面遠處有人影子一閃，接著就有一枝箭忽地向他飛來」，「逢蒙」對恩師出手了。然而，「弈」連馬都不停就回了一箭，兩枝箭射在一起，向上擠成了個「人」字才落到地上。雙方過招九個回合，「弈」的箭先用完了，「逢蒙」卻還有一枝，正對著「弈」的咽喉。說時遲，那時快，這一箭射中了「弈」的嘴，他翻身落馬，倒在地上。「逢蒙」以為對方已死，掛著微笑走了過來，不料剛剛近前，「弈」卻張開眼，翻身坐了起來，吐出箭，對「逢蒙」道：「你真是白來一百多回」（高長虹自稱到魯迅住處有一百多回），「難道連我的『嚙鏃法』都沒有知道麼？這怎麼行。你鬧這些小玩藝兒是不行的，偷去的拳頭打不死本人，要自己練練才好」。說罷一陣「哈哈哈」的大笑。整個一「老江湖」，慚得「逢蒙」無以抬頭。這「嚙鏃法」不就是反咬一口麼，連這都料不到，只會寫詩，高詩人確實低能得可以。

不僅小說，而且雜文，比如〈新時代的放債法〉，魯迅亦有很精彩的攻高段落。總之，魯迅因流言而導致「心造的仇恨」（魯迅語），把無辜的高長虹當作了真正的「情敵」。這個事件，就其原因，「都是月亮惹得禍」，但，事出有因，查無實據，在有因無據這樣一個「有無之間」，魯迅信其有而不信其無，結果為流言所中，使高，也使自己，一道做了它的犧牲。

（七）「You can't beat something with nothing」

作為具有世紀性影響的知識份子，胡適與魯迅一樣，一生中離不開罵，也少不了流言。在這兩者面前，胡適的態度和魯迅不一樣，他顯然

是另一種風範。比如，罵魯迅者甚多，可是魯迅罵人也不少。不少所謂論戰，其實就是由雙方對罵構成。這種情況，在胡適那裏一次也不曾出現。你罵你的，我不跟你糾纏。正如他在給蘇雪林信中說：「他們用盡方法要挑怒我，我總是『老僧不見不聞』」。[29] 這是胡適對罵的態度，也是他對流言的態度。所謂不見不聞，不但不回你，甚至連辯解也懶得。以逸待勞，流言就一任其流好了。

胡適對罵和流言的態度，包括方式，一是因為忙，實在顧不過。比如三十年代，胡適既要在北大教書、還要忙文學院教務，同時又要編每週出刊的《獨立評論》，況且還有繁多的社會事務，這就和專門在報紙上填文章的自由作家不同，後者因為專吃稿費，沒事還要在報紙上生事，一點小事更要折騰好幾個來回。所以，胡適不可能把精力用來對付那些無止境的罵和流言，不值得也。另外，更重要的，是胡適主觀上的自信。三十年代，面對左派攻擊，他這樣說：「今年美國大選時，共和黨提出 Governor Landon（蘭敦州長）來打 Roosevelt（羅斯福），有人說：『You can't beat somebody with nobody』（你們不能拿小人物來打大人物）。我們對左派也可以說：『You can't beat something with nothing』（你們不能拿沒有東西來打有東西的）。我們只要有東西，不怕人家拿『沒有東西』來打我們。」（引同上）這是胡適對美國競選語言的活用，庶幾可以縮為一個成語。如果再轉用一下，胡適「沒有東西」的「無物之物」正是流言的特性，人又豈能被這「無物之物」所擊倒？所以，「周公恐懼流言」，胡公卻「人言不足懼」——「不怕人家拿『沒有東西』來打」。出於坦然，他對流言的方式也就是「以無對無」，不加理會。這其實是一種高度的輕蔑，魯迅說：「最高的輕蔑是無言，而且連眼珠也不轉過去」。[30] 此語似為胡適言。

關於胡適的流言往往與政治有關，流言的類型，主要也不是口耳相傳或私人書信，而是報章所載。常常情況是這樣，分明見諸鉛字，但有

---

[29] 〈胡適致蘇雪林〉，《胡適來往書信選‧中》，第 338 頁。
[30] 《且介亭雜文末編‧半夏小集》，《魯迅全集》卷六，第 597 頁，1981 年。

時不是胡適所言，有時不是胡適所意，經由報紙流布，遂引動公憤，招致批判。比如上次胡漢民的講演就是一例，但胡適只是私下致函胡漢民，而不作公開申辯，這樣處理對自己極為不利，因為大眾很難搞清真相，往往聽信一面之言，尤其當它來自公共領域時。這就是胡適罵名眾多的原因，罵他的人，往往還出於民族大義。

　　一九三三年，河北危急，國民政府派黃郛和日本進行保全華北的談判。出於對國力的估計，胡適在《獨立評論》上發表了〈保全華北的重要〉，強調以妥協方式而停戰的重要與必要。這篇文章惹火了他的學生和朋友傅斯年傅孟真，傅特地寫了封類似決裂信給胡適，聲稱要脫離《獨立評論》，儘管還緩衝了一句，說主張不同不至於影響到私交。胡傅相交甚深，傅尚且「大生氣」，何待別人。可是，胡適接了信，並不做任何辯白。待他自北平到南京，見到了傅斯年，方知傅之所見，不是《獨立評論》，而是日本新聯社發的「摘要」。日本人根據自己的需要對這摘要錦上添花，加了「中日親善不至於被馮玉祥破壞了的」這原文所沒有的一段，而這一段胡適認為「是最容易使人生氣的」。這是日本人製造的流言，就像當年魯迅所碰到的一樣。這流言至少對傅斯年起到了挑撥離間的作用，怪的是胡適視而不見，並不公開澄清。到了南京，也只是和傅孟真一人私下交流，結果呢，胡適在日記中寫道：「今天孟真說，他見了我的原文，他的氣平多了」。[31] 可是，傅孟真一個人的氣好平，畢竟傅是知胡的，別人呢？胡適在三十年代抗戰前夕負責任的「低調」言論，不知給自己帶來了多少麻煩。別的不說，也是一九三三年胡適在報章上的一次談話，帶出了魯迅的（其實是瞿秋白的）〈出賣靈魂的秘訣〉。文章說胡博士「不愧為日本帝國主義的軍師」，他的談話是為日本人「上條陳」，因此，也是「出賣靈魂的唯一的祕訣」。胡適到底是不是日本人的軍師，他的言論是不是為日本人上條陳，他自己是不是一個出賣靈魂的人，時到今天，早已不是問題。然而，推諸當時，讀了魯迅文章，又兼魯迅文筆的感召，又會有多少人不像魯迅那樣認為呢。事實也

31　《胡適日記》（六），第 216 頁，安徽教育出版社，2001 年。

正如此。可是，在胡適這一邊，我們看到的依舊是無言以辯。「沉默呵，沉默呵！不在沉默中爆發，就在沉默中滅亡」（魯迅）。胡適既沒有在沉默中爆發，也沒有在沉默中滅亡，而是在沉默中讓時間見證了自己。也是在那次談話中，胡適對傅斯年說：「(1)凡出於公心的主張，朋友應相容忍，相諒解。(2)凡立一說……我們只應對症下藥……，我們的責任是對我們自己的人說真話；豈可因為怕外國人聽見就不敢說真話？」[32]胡適的話，不妨別解，凡出於公心的主張和負責任的言論，既不怕外國人拿去如何如何，也不怕自己人蜚短流長。亦即，身正不怕影子歪，只要自己有東西，就別怕人家拿流言之類的「沒有東西」的東西來打。語曰「流言止於智者」，解釋正所謂不必。

三十年代初，胡適的朋友楊杏佛在一次講演中批評「走江湖的博士」江亢虎，緊接著又批評了還是在中國公學時當過自己老師的胡適。可是記者在《民國日報》發稿時，不知有意無意，卻把「『江胡』乃暗指兩姓，故混為一談」。於是，江亢虎和胡適之都成了所謂的「走江湖的博士」。這是一種侮辱，而且是公開的。蔡元培先生見到報紙，與楊說及此事，楊遂感不安。於是專門寫信胡適，埋怨記者「顛倒錯誤」，該記的不記，沒有的又無中生有。本來報紙就是流言地，記者為了出效果，蒼黃反覆，刻意而為，此種可能也未必就不存在。這時的楊杏佛只好一邊開脫自己，一邊小心陪不是，請胡適「幸勿介意，得暇當面罄」。[33]第二天，胡適給楊杏佛回信，信末，胡適這樣說：「報紙記載講演，非有訓練，每多謬誤；我也常是此中的一個犧牲者，故決不會因此介意於你。」[34]我也是此中的一個犧牲者，說明胡適對流言的殺傷力洞若觀火，此刻他推己及人，既顯示了對流言的「智」的態度，也顯示了一種「寬容」。

胡適最後一次遭遇「流言」（這不妨是流言的一個特例），應當是他七十歲時的事了。一九六〇年，臺灣《自由中國》雜誌的雷震因為組織

---

[32] 同上，第 218 頁。
[33] 轉引《胡適來往書信選‧中》，第 11 頁。
[34] 轉引《胡適來往書信選‧中》，第 12 頁。

反對黨被蔣介石逮捕下獄。如果蔣介石還能容忍雷震辦一個爭取言論自由的雜誌的話，那麼，在國民黨外組織一個反對黨就遠遠超出了他所能容忍的限度。雷震組黨很重謀略，他一直想借助胡適的聲望，拉他做精神領袖，既能撐住這個黨，也能緩解一些來自國民黨的政治壓力。胡適事實上也表示過道義上的支持，儘管身不介入，且對其策略亦有所不滿，比如認為不要叫「反對黨」而可以叫「在野黨」，以減少對國民黨的刺激。雷震被捕前已經準備召開反對黨的成立大會，特意寫信給時在美國開會的胡適，詢問其歸期，說這個成立大會一定得等先生回來才舉行。可是不待胡適回歸，自己卻下獄了。這個事件驚動了太平洋兩岸，國內外記者紛紛採訪胡適，問其對事件的態度。胡適態度是明朗的，他不是抗議國民黨，而是為雷震申辯，並願意出庭為其作人格擔保。九月廿一日，胡適在紐約寓所接待了從臺灣來的記者李曼諾，其間談及雷案中組織反對黨的事，胡適表態說：「在這個天翻地覆的時候，我覺得組織在野黨要更加慎重將事。尤其是許多人贊成我來組織這個黨。我是沒有這份興趣的。我要弄政治，還要等到七十歲才來嘗試嗎？目前我的精力還希望把自己的《中國思想史》及《中國白話文學史》好好完成就夠了。」[35]然而，十月份記者在臺灣報紙上撰文時卻說：「胡先生雖已七十歲了，但卻要搞政治試試看」。[36]言下之意，胡適還就是要搞反對黨。這正是蔣介石最忌諱的一件事，且又當雷震因反對黨而被捕的最敏感時刻。這樣的文字不管記者有意無意，或是出於什麼考慮，哪怕是善意的和積極的（我甚至以為記者是想借輿情對胡「逼宮」，否則胡無以謝天下。當然，這只是我的推測），都已具流言品質，它在公共領域中的出現，於胡適顯然不利。雷案發生後，胡的言動使胡蔣關係已形微妙。蔣約見胡而胡忍不住談及雷案時，據胡適自己記載：「總統忽然講一件舊事。他說，去年□□回來，我對他談起，『胡先生同我向來是感情很好的。但是這一兩年來，胡先生好像只相信雷儆寰，不相信我們政府。』」

---

35 胡頌平《胡適之先生年譜長編初稿》（九），第 3338 頁，臺北聯經版，1984 年。
36 同上，第 3347 頁。

末了，還反問胡適：「□□對你說過沒有？」[37]看似漫不經心，但卻語含威儡，這是蔣介石的方式。因此，回過頭來看，記者的那篇文章，給胡適在上下兩方都帶來了被動。胡適的態度依然很寬容，也是在一次訪問中，他說：「我覺得新聞界的朋友對我都很好。他們有時候把我的話多記一句，或少記一句，或記錯一點，他們並不是故意的，——我也無從更正起。」，然後就舉了剛才那個例，說：「這話恰是一百八十度的相反了。這位小朋友七八年前在國內採訪時，我就認識她，她這種錯誤是無心的」。[38]無心也、有心也，誰也不知道。只是胡適的話倒符合他生平一以貫之的原則：「待人要在有疑處不疑」。

（八）和光同塵

「我一生中，給我大的損害的並非書賈，並非兵匪，更不是旗幟鮮明的小人：乃是所謂『流言』」。[39]魯迅深受流言茶毒，但流言像雲、像霧又像風，魯迅恨之入骨又抓不住，只好感歎說：流言，「造的是一個人還是多數人？姓甚，名誰？我總查不出；後來，因為沒有多工夫，也就不再去查考了，僅為便於述說起見，就總稱之為畜生。」（引同上）

對流言者如此，那麼對自己呢，魯迅這樣表白：「說起來慚愧煞人，我不赴宴會，很少往來，也不奔走，也不結什麼文藝學術的社團，實在最不合適於做捏造事實和傳布流言的樞紐。只是弄弄筆墨是在所不免的，但也不肯以流言為根據，故意給它傳布開來，雖然偶有些『耳食之言』，又大抵是無關大體的事。」[40]魯迅的話是把自己和流言推得遠遠，這裏先不「觀其行」，只是「聽其言」，這話本身就耐人琢磨。誰說流言只是流竄於「宴會」、「往來」、「社團」中，流言其實更容易在「弄弄筆墨」時播布。君不見，上述關於胡適的流言不正是在公開發布的筆墨中

---

[37] 《胡適日記》（八），第 724 頁，安徽教育出版社，2001 年。
[38] 胡頌平《胡適之先生年譜長編初稿》（九），第 3347 頁，臺北聯經版。
[39] 《華蓋集·並非閒話〈三〉》，《魯迅全集》卷三，第 151 頁。
[40] 《華蓋集續編·不是信》，《魯迅全集》卷三，第 222 頁。

流出來的嗎。如果魯迅承認自己也偶有些「耳食之言」（其實魯迅慣以「聽說」作文），那麼就要當心了；否則，一不留神，就會使自己成為自己憎惡的那種人。

「梁實秋教授充當什麼圖書館主任時，聽說也曾將我的許多譯作驅逐出境」。[41]這說的是什麼事呢，據《魯迅全集》的注釋者解釋，1930年前後梁實秋在擔任青島大學教授兼圖書館主任時，曾取締館藏馬克思主義書籍，包括魯迅所譯的《文藝政策》在內。顯然，全集的注釋者是根據魯迅的說法來注釋的，但魯迅的說法有個要命的「聽說」。關於「聽說」，魯迅前面自己就說得很清楚：「我的文字中，……述聽來的類似『流言』的用『聽說』。」魯迅一邊聲稱自己「不肯以流言為根據」，一邊就放手「述聽來的類似『流言』的用『聽說』」；而且還「揚言於眾」，「故意給它傳布開來」，甚至不惜一而再。半年後，魯迅在另一篇文章中舊話重提：「為了我的《吶喊》在天津圖書館被焚毀，梁實秋教授掌青島大學圖書館時，將我的譯作驅除」。[42]這次，乾脆連「聽說」都省了。莫非流言不比謊言，重複兩遍就成了真理？

魯迅去世後，自由主義知識份子梁實秋寫過一篇〈魯迅與我〉，其中談到了這件自己被魯迅點名的事（梁只看到了魯迅的一篇文章）：「我離開上海到青島……但是魯迅先生並未忘懷我。他在給曹靖華譯《蘇聯作家七人集》做的序文裏又提到我，說我把他的著作從青島大學的圖書館裏驅逐出去了，其實沒有這樣一回事。這樣的事只有在獨裁的國家如蘇聯德意志才能發生。我信仰服爾德的一句名言：『我不贊成你所說的話，但是我拼命擁護你說那話的自由！』我對魯迅先生也抱同樣的見解。」[43]

原來，「其實沒有這樣一回事」，只是魯迅「聽說」了，就「弄弄筆墨」而已。

---

[41] 《且介亭雜文二集·「題未定」草（六－九）》，《魯迅全集》卷六，421頁。

[42] 《且介亭雜文末編·曹靖華〈蘇聯作家七人集〉序》，《魯迅全集》卷六，第553頁。

[43] 《魯迅回憶錄（中）·魯迅與我》，第746-747頁，北京出版社，1999年。

是否可以重複魯迅自己在前邊說過的話：

「『流言』本是畜類的武器，鬼蜮的手段，實在應該不信它」。

「這些『流言』和『聽說』，當然都只配當作狗屁」。

遺憾的是，魯迅為什麼會陷入話語自指的尷尬？

解鈴繫鈴，「某種流言，大抵是奔湊到某種耳朵，寫出在某種筆下的。」[44]

（九）一封公開信與「流言政治學」

陳仲山，本名陳其昌，河南人，生於一九〇二年，二十年代初就讀於北京大學哲學系。據他的朋友回憶，讀書時陳就喜歡聽魯迅的課，看魯迅的書，長期以來對魯迅懷有景仰之情。二十年代末、三十年代初，陳根據自己的信念成為托派人士，和魯迅一樣居住上海，但和魯迅沒有往來。一九三六年初，上海左翼文壇內亂，爆發了一場關於兩個口號的口水戰：「國防文學」，還是「民族革命戰爭的大眾文學」。看起來是兩個口號之爭，實際上爭的不是口號，而是話語權。陳其昌看了魯迅的文章，以為魯迅的主張和自己（即「托派」）的政治意見比較接近。於是署名「陳仲山」給魯迅寫了一份信，不僅陳述了自己對當下政治形勢的看法，而且給魯迅寄了幾本自編的刊物《鬥爭》與《火花》。當他把信寫好後給自己的托派盟友看時，一位朋友還提醒他別把魯迅想得太簡單了，並建議他不要寄，以防魯迅把信公開發表出去。

果如朋友所料，這封私人來信，魯迅不僅公開發表（未徵得發信人同意），也公開回覆，並且回信同時發在兩個雜誌上，這就是著名的〈答托洛斯基派的信〉，曾經被收入中學課本。這封信末尾注明是魯迅口授，O.V.筆寫。這 O.V.則是馮雪峰。據馮雪峰回憶，魯迅收到信時，正在病中，自己去看他，他拿出這封信，「憤恨地說：『你看！可惡不可惡！』」。馮看了後建議「他們自己碰上來，你迎頭給他們一棍罷！」魯

---

[44] 《華蓋集·並非閒話》，《魯迅全集》卷三，第 77 頁。

迅表示答應，又沉著臉說了句「可惡不可惡！」但因為生病，不能動筆，因此，兩天後馮又上魯迅處建議，「請他說個大意由我筆錄，寫幾句公開信作答」。魯迅同意了。回信發表後，馮還提供了一個細節，魯迅翻看雜誌時是很高興的，幾天後還笑著說：「我們還是便宜了托派！他們的來信沒有比我的回信低兩格排，這樣，我們就把來信和回信平等看待了」。[45]

　　以上是馮雪峰的說法，但不能偏信，這裏至少還可以參照胡風的說法。收到陳信後，「魯迅看了很生氣，馮雪峰拿去看了後就擬了這封回信」。在胡風看來，由於「國防文學」放風，說「民族革命大眾文學」是托派口號，馮寫這封信就是為了闢謠。馮寫好信後，「約我一道拿著擬稿去看魯迅，把擬稿念給他聽了。魯迅閉著眼睛聽了，沒有說什麼，只簡單地點了點頭，表示了同意」。胡風也有一個細節，等魯迅病好後，他去探望魯迅，談到馮雪峰的代筆，說：「雪峰模仿周先生的語氣倒很像……」，「魯迅淡淡地笑了一笑，說：『我看一點都不像』。」[46]

　　這是兩個互有出入的版本，所以並置如此，是因為我想弄清，這個帶有「流言政治學」的文本，到底姓「魯」還姓「馮」。按馮的說法是姓「魯」，自己只是執筆；按胡的說法則姓「馮」，儘管經過了魯迅的同意。本來，文章只是個人的事，也不勞後人去煩神。只是像史達林、毛澤東那樣的政治領袖，才需要自己口授，別人執筆，甚至別人捉刀，自己簽名，因為這種文章已經代表組織。這次，其實不止這一次，魯迅享受的就是這種規格，結果把文章搞得「亦馮亦魯」。後人還在這馮魯之間，打起了無謂的官司。

　　不管這篇文章姓什麼，如果要知道什麼是左翼話語傳統、什麼是左棍、什麼是簡單化、什麼是不講證據就扣帽子、什麼是無情打擊，它都齊了。可惜，這些精彩之處實在顧不上，此刻，我只關注它的「流言政治學」。

---

[45]　《魯迅回憶錄（中）·黨給魯迅以力量》，第 795-796 頁，北京出版社，1999 年。
[46]　《魯迅回憶錄（下）·魯迅先生》，第 1382-1383 頁，北京出版社，1999 年。

「因為你們的高超的理論為日本所歡迎，我看了你們印出的很整齊的刊物，就不禁為你們捏一把汗，在大眾面前，倘若有人造一個攻擊你們的謠，說日本人出錢叫你們辦報，你們能洗刷得很清楚麼？這決不是因為此前你們中曾有人跟著別人罵過我拿盧布，現在就來這一手以報復。不是的，我還不至於這樣下流，因為，我不相信你們會下作到拿日本人錢來出報攻擊毛澤東先生們的一致抗日論。你們決不會的。」[47]

流言政治學的特點就是對自己的政治對手用流言施以攻擊，從而在政治上置對方於死地。它不僅可以傳播流言，更可以直接製造流言。它可以從政治入手，也可以從道德包抄。其內容，可以捕風捉影，還可以無中生有。而方式，可以明白如話，亦可以含糊其辭。說它是「學」，其實是術。所謂不學無術，學則有術。果如學在流言，其術亦即魯迅所謂的「搗鬼有術」。搗鬼有術，也有效，特別是外患危急，人心怨沸之際，哪怕是一個並不高明的流言，只要乘勢而起，你擋都擋不住。前例就是明末幹城之將袁崇煥，驍勇如他，卻非死於戰場，而是喋血於由流言政治學所挑起的釜沸般的民憤。

由馮雪峰執筆的這個文本，可謂得其心傳。

什麼叫「日本人出錢叫你們辦報」？話不知從何而起，卻橫空而現。在前文胡適被胡漢民所控的事件上已經說過，公共領域說話，尤其是指控性的，必得一個字「實」。非且「必求其人以實之」，更得「必求其事以實之」。現在，這件事實際上有沒有、發沒發生，倒不重要。有意思的是說話本身，居然是假設性的；而其緣由，卻是因為雜誌印得好。以假設而指控，地地道道的「莫須有」。該言論的妙處在於，如果實有其事，我不是說了嗎？如果無有其事，我不是假設嗎？運用之妙，在於進退有據。從「聽說」到「倘若」，從播布流言到製造流言，這「倘若」不過是流言製造的一個吞吞吐吐的幌子。它一旦流傳開去，口耳之間，三人成虎，有誰還細審那個虛而又虛的「倘若」。九・一八以來，中日交惡甚深，抗日民情日上。戰爭逼到了家門口，卻有人用日本人的錢辦

---

[47] 《且介亭雜文末編・答托洛斯基派的信》，《魯迅全集》卷六，第 588 頁。

報，而其主張又為侵略者所歡迎，這次第，不就是在出賣國家利益？因此，「倘若」猶如一支以虛帶實的暗箭，其奧在於「搞鬼精義，在切忌發揮，亦即必須含蓄。蓋一加發揮，能使所搞之鬼分明，同時也生限制，故不如含蓄之深遠。」[48]這「深遠」的結果，作者當然很清楚：「你們能夠洗刷得清楚麼」。

所以，當我讀到「倘若有人造一個攻擊你們的謠」，我的第一反應是，不是「倘若」，而是有人在造謠，就在（說話）現場。至於下面彎來彎去，還要辯白：「這決不是因為此前你們中曾有人跟著別人罵過我拿盧布，現在就來這一手以報復」，整個就是「此地無銀三百兩」。這個「拿人錢」的情結對魯迅而言其來有自，當年和梁實秋論戰時，有此一節，再早，與陳西瀅論戰時，亦有此一節。一節一節，耿耿於心，這次就轉嫁到陳其昌身上。只是，這樣說便也罷了，下面卻來了個莫名其妙的轉圜：「不是的，我還不至於這樣下流，因為，我不相信你們會下作到拿日本人錢來出報攻擊毛澤東先生們的一致抗日論。你們決不會的」。先復後復，出爾反爾，有似德里達式的後現代，書寫於前，又自我顛覆於後。然而，德里達是筆墨遊戲，這裏卻是拿人家的政治生命當遊戲。

「奇文共欣賞，疑義相與析」。這裏但有「奇文」，卻沒有「疑義」。因為，陳其昌他們根本就沒有用過日本人的一文錢。魯迅說「我看了你們印出的很整齊的刊物，就不禁為你們捏一把汗」，可是這刊物印得很整齊，「是同志們節衣縮食並悶在亭子間上揮汗勞動的產品」，而且「正因為財力不濟，《鬥爭》已從週刊變為半月刊，聽說又快要降為月刊了」。這是陳其昌看到雜誌上魯迅的公開信後，給魯迅回信中的陳述。魯迅的信對陳其昌是一個很大的打擊，長期的景仰毀於一旦；尤其拿日本人的錢辦報一說，更是使陷入政治困境和經濟困境中的他們痛心無比。他在信中對魯迅說：「我寫信向你談政治問題，但不幸你的覆信的全篇避開政治問題不談，而卻因為從前誰罵過你拿盧布的乘機在我，甚而不止在我身上發洩積恨。誰罵過你，我不知道」。因此，就拿錢一事，陳其昌並不

---

[48] 《南腔北調集・搞鬼心傳》，《魯迅全集》卷四，第 616 頁，1981 年。

客氣「假如布列派能從日本人拿錢辦報，那它一定要像你們那樣，公開的一本本一種種的出書出雜誌，並公開擺在四馬路出賣，即不然，也仍可以交給日本人書店在玻璃內張廣告出賣，而決不須這樣自印自散了。」[49]

信末，陳其昌希望自己這封信能夠在發魯迅公開信的雜誌上發表，因為有些事必得公開澄清，如果讀者只見一面之言而導致偏信，對另一面來說，肯定是不公正的。而且，陳其昌還希望和魯迅真正的討論甚至「論戰」一些政治問題。然而，他的「誠懇的請求」如同石沉大海，魯迅不是沒有收到他的信，因為魯迅日記中已經記上了一筆；但他顯然沒有理會陳其昌，而是以沉默了此公案。

了猶未了……

幾個月後，魯迅便去世了，壽終正寢。

幾年以後，陳其昌也死了，死不見屍。

陳其昌因何而死又死於誰手？這位當年被視為高超理論為日本侵略者所歡迎的陳其昌，因抗日而死，死於日本人之手。

二千年底，陳其昌的兒子陳道同先生著文〈陳其昌之死〉，讀來令人唏噓。一九四二年，陳其昌在上海因抗日情報工作被抓，敵特抄家時，在床下發現了正是那些據說是印得很整齊的《鬥爭》與《火花》，身份徹底暴露，敵特如獲至寶，押著他揚長而去。幾十年後，陳道同先生對自己父親的被捕這樣說道：

> 1942 年發生的案中案悲劇，正是由於這些「違禁」出版物的被發現才暴露出來的。我曾想，假如當年不把這些非常刺眼的油印小冊子放在家中就好了。父親的真實身份就不會暴露，就有了與敵偽周旋及營救的餘地，悲劇也就不會發生。把這麼多的，表示自己信仰、思想、修養和身份的油印品放在人口眾多的斗室之中，這顯然不符合地下工作者最起碼的安全要求。父親難道不知道嗎？如果從 1926 年他參加中國共產黨之時算起，他從事地下

---

[49] 〈陳仲山致魯迅〉，轉引《一個都不寬恕》陳漱渝主編，第 708、711 頁。中國文聯出版公司，1996 年。

工作已 16 年了。是大意麻痺嗎？他在他的同志中是素以小心謹慎出名的。他不得不與家人合居，這正是他暴露身份的一個重要原因。它從側面反映了一個實情：他和他的同志們當時都處於經濟窘迫之中，他們無力營造一個安全的存儲倉室。這種情況與某些責難之詞相去十萬八千里。[50]

關於陳其昌之死，陳文略有敘述。當年深秋的一個晚上，一個出獄的牢友曾到過他家，告知他的父親在九月的一天被叫出去後就沒有回來了。當時他還沒往深處想，直到抗戰勝利後才知道，那再也沒有回來的日子就是自己父親的遇難日。至於陳其昌到底是怎麼死的，作為兒子的陳道同並不知道。這裏，我姑且徵引兩年前《羊城晚報》上的一篇介紹陳其昌的文章作個交待：「抗戰爆發之後，陳其昌因替重慶搜集情報被日憲兵逮捕，搜查中發現有托派刊物而被定為『共產黨大案』。陳其昌被關在監獄中，受盡拷打，始終不吐一字，最終被日本憲兵塞入麻袋用刺刀戮死，從吳淞口扔進大海……」[51]

……！還能說什麼呢，人總是要死的。

所幸，這個陳其昌，沒有死於流言。

---

[50] 陳道同文見互聯網 http://www.chenstudy.com/8/8_06.htm。

[51] 陸人〈魯迅批評過的陳其昌〉，《羊城晚報》2001 年 9 月 16 日。

九、事出劉文典……

（一）「風流總被雨打風吹去」

開頭就鈔書：

> 劉文典字叔雅，是民國之初的知名學者，抗戰時執教於昆明西南
> 聯大。1945 年抗戰勝利後，西南聯合大學各校復員，他卻不肯
> 隨清華大學回京，而留在雲南大學任教，理由是捨不得「二雲」：
> 雲土（鴉片）和雲腿。

就是這位劉文典先生，1928 年任安徽大學校長時，因為當時的學
潮事件觸怒了蔣介石。蔣召見他，說了些既無理也無禮的話。哪知劉文
典當即指著蔣介石說：「你就是軍閥！」蔣勃然大怒，一定要槍斃他。
幸而有蔡元培先生等全力為他解釋，說他有精神不正常的老病，才以立
即免職了事。

其實，早在此事發生之前，劉文典就已深深得罪過蔣介石了。蔣介
石掌握大權不久時，想提高自己的聲望，曾多次表示要到安徽大學去視
察，但劉文典拒絕其到校「訓話」。後來，蔣介石雖如願以償，可是在
他視察時，校園到處冷冷清清，並沒有老蔣所希望的「歡迎如儀」那種
隆重而熱烈的場面。劉文典的觀點是：「大學不是衙門」。

上文鈔自《讀書》2001 年第十期，作者魏得勝。

好一個劉文典，名士風流、還是狷介狂人？我不知道，我能知道的
是，今天，這樣的知識份子已經無處尋覓了，所謂「風流總被雨打風吹
去」。但，相反的是，大學倒不是辦成了衙門，而是辦成了政府——不
信到各大學走一圈，看看樓道裏各個門口上掛的牌子就明白了。

（二）「但他舉起了投槍」

不過，我的題目既然是「事出劉文典」，那麼，劉文典其人其事主要就不是我要說的事，而是由劉事所引帶出來的事。這事牽涉到中國二十世紀的兩位知識份子，一個是胡適，一個是魯迅。胡魯之間無小事，我現在傾向於這樣認為。當然，這件事本身實在是小，小得不足以構成歷史的一個縫隙。但一旦從這個縫隙鑽進去，再擴展一下，或許可以構成一歷史介面。在這個介面上，我們可以看到一些東西，其中包括我們並不想看到的。

劉文典事出後，胡適和魯迅都對此有所表示，不同在於，胡適的文字是針對蔣介石，而魯迅的文字則針對胡適之。

打開魯迅《二心集》，其〈知難行難〉篇有這樣的話：

> 安徽大學校長劉文典教授，因為不稱「主席」而關了好多天，好容易才交保外出，老同鄉，舊同事，博士當然是知道的，所以，「我稱他主席」。[1]

這裏的「老同鄉」、「老同事」、「博士」云云，就是指胡適，因為兩人都是安徽人，又在北大同過事。主席則指當時的國民政府主席蔣介石。1931 年，蔣介石召見胡適、丁文江等，垂詢時局，胡適因往見之。這事，當時報紙多有公開，魯迅讀了後，就稱胡見蔣時一定會稱他「主席」。我不知道這是不是推斷，但魯迅卻不作推斷言，而是好像在場一般，模擬胡適自己的口吻。果然，諷刺效果強多了。

如果是推斷，原因不外兩個，一是歷史的，一是心理的。胡適以前應邀去清宮見溥儀，回來後因遭非議而作文說明，文章提及兩人見面時，說：「他叫我先生，我叫他皇上」。不料，胡適的坦然卻成了不打自招的人格汙點，既然你見皇上就叫皇上，那麼，這次見主席豈不也叫主席？魯迅特意兜出這一「前科」，讓其呈堂，然後據此裁斷，並用了自

---

[1] 《二心集‧知難行難》，《魯迅全集》卷四，第 339-340 頁，人民文學出版社，1981 年。

供的形式。至於心理上的原因，即胡適的膽怯。如上引，胡適所以稱主席，是因為怕像劉文典那樣，由於冒犯而被關。但，這樣的判斷已墮入誅心。就其「誅心」而言，我的疑問是：子非魚，魯迅安知胡適之心理？再，劉文典被關，果真是因其未稱主席嗎？又，當初往清宮，分明無被關之虞，胡適為何稱溥儀為「皇上」？顯然，魯迅未究所以，便「大膽假設」而不「小心求證」──當然，這既然是胡適的手段，魯迅也就不必。故寥寥幾筆，極省簡地畫出了胡適的形象，一個在蔣介石面前卑屈而唯諾的形象。

我不太想評價胡適的稱謂問題，這是個無足謂之的問題，儘管我同樣對這種稱謂由衷反感，也正因此我很能理解魯迅的不滿。我相信，這種稱謂斷不會出自桀傲的魯迅之口，甚至「不合作」的魯迅根本就不會去見這個鄭三發子。但我依然願意理解胡適，願意理解這個謙謙紳士在這個場合下的這種稱謂。退步說，即使我不願理解，我想，我也不會出言以刺，更不會揣其心理。因為，我樂意接受現代為文之原則：既不懷疑對方的能力，也不懷疑其動機。只是我不知道，魯迅時代的文壇是否有這樣的「遊戲規則」？否則，也不至那樣烏煙瘴氣。

然而，魯迅畢竟魯迅，他似乎沒說錯。胡適的確稱蔣介石為蔣主席，而且還就是在劉文典事件上。

這是 1929 年的事了。現在看來，1929 年是一個值得咀嚼的年份，這一年，從官方角度，是國民黨一統天下之後的「訓政年」。從知識份子角度，則是一個以英美憲政為目標反對國民黨訓政的「人權年」。就在這一年，由胡適和羅隆基等新月知識份子發起了一場反對國民黨一黨專政的「人權運動」，該運動以當年四月十號出版的《新月》雜誌第二卷第二號為發端，開頭炮就是胡適的文章〈人權與約法〉。該文也提及劉文典事，是胡適圍繞人權問題挑戰國民黨政府時所舉的三個例子之二：

又如安徽大學的一個學長，因為語言上挺撞了蔣主席，遂被拘禁了多少天。他的家人朋友只能到處奔走求情，決不能到任何法院去控告蔣主席。只能求情而不能控訴，這是人治，不是法治。[2]

這一節文字不多，「蔣主席」卻被稱了兩次，稱謂和內容的反差，弄得我心裏很彆扭。哪怕胡適你換稱「蔣介石先生」也比這「蔣主席」要好一些呀，不要太恭敬。這文章若換我今天寫，那稱謂不就一音之轉？對不起，邵建肯定不會。在這點上，胡不如魯（還不如說胡不是魯），我鐵定站魯迅這一邊。然而──重要的是然而，稱謂僅僅是稱謂，不過是語言學上的「能指」，關鍵在於胡適說的是什麼，我豈能買櫝還珠。正是在這一點上，胡適又讓我肅然起敬，這一節文字分明是問難蔣介石，並恨憾當時國情，不能在法庭上指控。當然，中國不是美國，在美國也不會發生總統因私怨而扣押人的事。因此，濡染了美國政治習慣的胡適卻不習慣中國政治：蔣介石犯法居然控告不得。「這是人治，不是法治」，今天我們慣用的語言，原來是七十多年前就振聾發聵的聲音，這聲音的生命力何以如此之強、又如此之弱？

魯迅聽到這聲音了嗎？我想應該。《新月》與魯迅同在上海，又是魯迅的對頭，魯迅多次對其施以投槍，從《新月》的宣言即「新月的態度」到新月的作者陣容，以及所刊出的思想文化類文章，甚至包括它的廣告，這些都曾在魯迅筆下批判性地出現過。因此，魯迅對它很熟悉。當然，魯迅絕不會抬舉它，說自己重視它了，魯迅的語氣毋寧是這樣：「聽說《新月》月刊團體裏的人們在說，現在的銷路好起來了。這大概是真的，以我似的交際極少的人，也在兩個年輕朋友手裏見過第二卷第六七號的合本。順便一翻，是爭『言論自由』的文字和小說居多。」[3]這篇大家都很熟的〈「硬譯」與「文學的階級性」〉本來是單挑梁實秋，可是文章卻從《新月》說起，意猶未盡，最後又以《新月》煞尾。可見魯迅對它並非像自己說的那樣漫不經心。而胡適的〈人權與約法〉就刊在

---

[2] 胡適〈人權與約法〉，《胡適文集》卷五，第 526 頁，北京大學出版社，1998 年。

[3] 《二心集·「硬譯」與文學的階級性》，《魯迅全集》卷四，第 195 頁。

此前的第二號上，文章很快就在社會上有了強烈反響，國內外報紙有轉載的，有翻譯的，有作專文討論的，《新月》自己在隔期的第四號上就發了個專題：「『人權約法』的討論」，並且，胡適、羅隆基等因此被時人稱為「人權派」。那段時間，《新月》自有始以來所發生的最大的事件，要說能瞞過魯迅那鷹隼般的目光，那是開玩笑。那麼，（如果）魯迅明知胡適批評過蔣介石，為什麼兩年後卻要借劉文典的事來矮化胡適呢？

這其實並不重要，如果僅僅是他們兩人個人間的事；但如果事情的意義超出了兩人之上，就有一番言說的必要。胡適借劉文典事問難國民黨，在中國現代史上第一次發起了由知識份子發起的人權運動，這是中國政治自由主義與國民黨專制政府的第一次衝突，它是面對面的衝突，知識份子作為衝突的一方既不躲閃也不退讓。這種方式頗不同於魯迅的「壕塹戰」（儘管這種戰鬥也是必要的、奏效的、並且是精彩的），而是從壕塹裏站出來，不，應該說胡羅二位從來就沒有壕塹過。早在 1923 年，因當時北洋政府「取締新思想」而有人懷疑胡適「三十六計，走為上計」時，胡適作文表示：「我是不跑的……，封報館，坐監獄，在負責任的輿論家的眼裏，算不得危險。然而，『跑』尤其是『跑』到租界裏去唱高調：那是恥辱！那是我決不幹的」。[4] 1929 年的形勢似乎更嚴峻，「異己便是反動，批評便是反革命」，然而胡適堅持不用匿名方式寫文章，因為「我們所爭的不是匿名文字或祕密傳單的自由，乃是公開的、負責任的言論著述出版的自由」。[5] 然而，當胡羅等人權知識份子自以為在說負責任的話時，卻腹背受敵，至少遭到了來自兩個方面的進攻（以瞿秋白為代表的共產黨人對胡適等「人權派」的凌厲批判乃至根本否定不在此文論列），不言而喻，一是國民黨的正面打壓，其結果是胡適本人被國民黨政府警告，羅隆基先是被抓（只一天），後來又被敲掉了光華大學教授的飯碗，而北平的新月書店被查封，一千多份雜誌也被沒收。這一切都不奇怪，相反，國民黨不這樣反倒奇怪。令人奇怪的可能

---

[4] 胡適〈胡適先生到底怎樣〉，《胡適文集》卷十一，第 109 頁。
[5] 胡適〈我們要我們的自由〉，《胡適文集》卷十一，第 145 頁。

是魯迅，他從「人權派」的背面發起進擊。從五四走出後的魯迅曾經慨歎於當年同仁有的落伍、有的頹唐、有的升官；並且自 1927 年大屠殺後，魯迅本人也痛恨國民黨。可是，當胡適、羅隆基等挺身而出欲為中國人權有所進取並與國民黨公開交鋒時，本應是個同盟者的魯迅，果如不願同盟，在這個問題上也可以沉默。

「但他舉起了投槍」……

（三）「漸行漸遠漸無窮」

《新月》與國民黨和魯迅與《新月》，這錯綜的關係就構成了歷史的一個介面。我由劉文典事件帶出，不僅是想搞清這個關係的大概輪廓，而且更想弄清魯迅為什麼要反反國民黨的《新月》。《新月》是以「憲政」立場反對國民黨的一黨「專政」；而魯迅雖然不會認同國民黨專政，但同樣不認同胡羅人權派的所謂「憲政」。撇去魯迅與《新月》同仁的歷史過節不論，如與陳西瀅，也撇去他與《新月》同仁的現實過節不論，如與梁實秋，這兩點是否妨礙了魯迅對《新月》的公正看法，我不能斷定。可以斷定的是，他之最不能同意《新月》者，便在於對方對中國問題的處理方案是「法治」解決而不是「革命」。如果說五四時期胡魯之間尚有其一致，那麼，走出五四，兩人便逐漸分道揚鑣了。魯迅堅持的是「改革國民性」的道路，胡適則逐步走上了「改革現實政治」的道路。對此，魯迅頗不以為然，認為政治道路不能最終解決問題，什麼專制、什麼共和，都沒有用的，唯一有用的就是改革國民性。在這裏，魯迅身上明顯有著「一元論」的歷史傾向。可是 1927 年之後，魯迅自己也在很大程度上放棄了改革國民性的方案，這時他已開始從蘇俄經驗中尋找解決中國問題的方式，這實際上已經不是國民性解決而是政治解決了。在政治解決這一問題上，胡魯的區別更加嚴峻，當年魯迅的國民性解決和胡適的政治解決尚可形成一定的互補，而這裏蘇俄的暴力革命和英美的憲政道路這兩種方式（在魯那裏表現為從外面推翻現體制而重新建立，在胡那裏表現為從裏面逐步改良現體制而不推翻）只剩下截然的對

立，更兼兩人以不同方式所欲達至的目標也是那麼對立截然：一個用憲政取代一切專政，如胡；一個用一個專政取代另一個專政，如魯。到了這份上，胡魯之間也就沒有什麼共同語言，兩人當然「漸行漸遠漸無窮」了。

　　由此，二十世紀中國這兩位知識份子所堅持的不同道路便給今天的我們留下了深遠的話題，而話題所以是話題，是因為這兩位知識份子當年所面對的問題我們今天依然面對，這正因了克羅齊的那句話「一切歷史都是當代史」。七十年前的《新月》人權運動早已風流雲散，魯迅對《新月》的批判也已載入史冊，但既然歷史的腿一直伸到今天，那麼，我們就要抓住它，不但還原其歷史介面，甚至對此重新論述：實際上，這就是在表明我們自己面對中國當下問題的態度——歷史的態度就是現實的態度。換言之，胡魯作為我們可以鑒取的兩種思想資源，在其中如何作出價值上的選擇，這放在今天，並非就不是問題，而且還不是簡單的問題。

　　1927年，國民黨北伐成功，隨著後來的「東北易幟」，便從南北完成了全國形式上的統一。這時，國民黨祭出孫中山的大旗，宣稱戰爭結束，軍政任務完成，國家除了「統一軍政」外，應當進入「訓政」時期，而訓政則是軍政向憲政的過渡。國民黨的這一邏輯本自孫中山。早在1906年，孫中山就提出了「革命程序論」，把中國革命分為三階段：第一階段是「軍法之治」，軍隊為人民破敵，行政則歸軍政府。第二階段是「約法之治」，軍隊和人民約法三章，雙方各自遵循。地方自治權屬於人民，而國是總攬卻在軍政府。第三階段是「憲法之治」，此時，軍政府解除權柄，國事俱按憲法實行。後來孫中山多次對此思想闡發，並最終完形為一個「軍政、訓政、憲政」的三段論。

　　正是在這個背景下，國民黨經過一番準備，於1928年十月十日宣布開始進入訓政時期。那麼，國民黨的訓政內容是什麼呢？一言以蔽之，一切權力歸本黨。並且形成了一個口號：「以黨治國」。怎麼治？亦即「以政權付託於中國國民黨之最高權力機關」，並且，最高監督之權力「仍屬之於中國國民黨」（按：自己監督自己，這是中國二十世紀執

政黨政治的一大奇觀）。國民黨握以重權，居然是「為求達訓練國民使用政權，弼成憲政基礎之目的」；而且，「於必要時，得就於人民之集會、結社、言論、出版等自由權，在法律範圍內加以限制。」稍微懂得一點憲法常識的人都知道，憲法之為用，不是用來限制人民的集會、結社、言論、出版等自由權的，而是相反，用來保護人民這些自由權的。國民黨整個給搞反了，還口口聲聲說是要為憲政作過渡。但，這種訓政恰恰和憲政南轅北轍。

也正是在這個背景下，以胡羅為代表的新月知識份子以這份雜誌為依託，於 1929 年春，也即國民黨剛訓政幾個月，就開始了這場雖然當時說不上轟轟烈烈、但卻對歷史產生久遠影響的反訓政的「人權運動」。在此以前，《新月》主要是一份同仁性質的文學雜誌，同時帶有一些文化色彩。但從 1929 年第二號起，雜誌立即政論化，不但顯示出濃厚的政治思想意味，並高密度地刊發批判國民黨政治的重量級文章。胡羅最終惹怒國民黨，從而使《新月》沒有變成新月同仁所希望的「滿月」而是變成了「流星」，只是在二十世紀中國的漫漫長夜中短暫地一劃而過。但，一劃就是存在，短暫即為永恆。至少，直到今天，它的文字光澤依然在燭照著我。

所以這樣說，是想借這個機會鄭重表示一下我對《新月》的歉意──這對我來說很有必要。由於不弄現代文學，長期以來，我沒有直接接觸過《新月》，對它的瞭解，基本來自魯迅，也止於魯迅。我第一次知道「新月」，是從魯迅筆下。魯迅對它的態度，大致決定了我的看法。除了徐志摩濫情似的風花雪月，無非就是魯迅所謂「三幫」那一套了，儘管沒有幫兇，但幫閒和幫忙總免不掉吧。然而，我錯了，錯得那樣厲害。《新月》非但我所以為，甚至恰恰相反。問題在於，我不該用別人的眼光──哪怕是魯迅的──看待對象。就像魯迅看前人文章反對看選本而主張看全本一樣，因為選本只是選家的目光；我難道不應該用自己的目光去看《新月》？

無法忘卻我讀《新月》影印的感覺，由於內疚，更由於現實的感觸，胡羅的文字無法不讓我心潮澎湃，尤其那種「直面」的方式。長期以來，

我一直認為只有魯迅才是敢於直面的，因為，魯迅骨頭最硬。的確，魯迅敢於直面人生，可是，至少在 1929 年和 1930 年，真正直面國民黨並接二連三出擊的肯定是胡羅而非其他。並且，「直面」是魯迅的態度不是他的為文。就行文言，魯迅走的是隱晦一路。關於這一點，歷來的解釋是環境嚴酷。不錯，「那時難於直說，所以有時措辭就很含糊了」。[6]並且，「我是在二七年被血嚇得目瞪口呆，離開廣東的，那些吞吞吐吐，沒有膽子直說的話，都載在《而已集》裏」。[7]當然，這不過是魯迅獨特的表白方式：自嘲。魯迅何曾被嚇倒過？壕塹也好、隱晦也罷，對魯迅言，不過策略。然而，這時不策略的可能就是胡羅了，同樣是剛剛經歷過血腥的 1927 年，面對剛剛統一中國因而躊躇滿志的國民黨，胡羅二位，不憚於直道而行，其方式不是以壕塹而是以對壘、其語言不是以隱晦而是以坦率。但，當胡羅等人「直面」國民黨時，魯迅卻「直面」人權派，這，構成了一個耐人尋味的連環。也是上面那篇「序言」中，緊接我剛剛的引語後，魯迅接著道；「……我到了上海，卻遇見文豪們的筆尖的圍剿了，創造社，太陽社，『正人君子』們的新月社中人，都說我不好……」，（引同上）於是，魯迅在上海灘奮力反圍剿，對那些「都說我不好」的人，以「痛打落水狗」的慣習「一個都不寬恕」。而此刻，國民黨利用自己的專政工具，對新月人權知識份子的圍剿也正在拉開帷幕。

（四）《新月》批判：胡適和羅隆基

　　國民黨訓政的實質在於搞「黨治」，即「以黨治國」、「黨在國上」、「黨權高於一切」，胡羅二位緊緊盯住這一點，以「法治」力反之。黨治、還是法治？由此拉開二十世紀中國知識份子和執政黨之間綿延已久的衝突的第一幕，這是多麼根深蒂固的衝突，它的巨大的歷史意義就在於它的意義決不僅僅是歷史的。1929 年四月，國民黨政府頒布了一道

---

[6]　《二心集・〈野草〉英文譯本序》，《魯迅全集》卷四，第 356 頁。
[7]　《三閑集・序言》，《魯迅全集》卷四，第 4 頁。

保障人權的命令，聲稱「無論個人或團體均不得以非法行為侵害他人身體，自由，及財產」。[8]對此，胡適立即作〈人權與約法〉以駁詰，文章針鋒相對指出：「命令所禁止的只是『個人或團體』，而不曾提及政府機關。個人或團體固然不得以非法行為侵害他人身體自由及財產，但今日我們最感覺痛苦的是種種政府機關或假借政府與黨部的機關侵害人民的身體自由及財產。」[9]如果言簡意賅胡的意思，自由之危害，正來自於政府。所以，胡適呼喚制定憲法，最低限度也要制定訓政時期的臨時約法，以約束國民黨政府。這和上面國民黨政府制定法律以約束人民的自由正好相反。因為，在胡適看來，「法治只是要政府官吏的一切行為都不得逾越法律規定的許可權」。[10]兩個月後，在當年《新月》的第四號上，胡適再接再厲，又著文發難，這篇〈我們什麼時候才可有憲法〉中，不僅再次呼籲制定憲法而非約法，並且把反訓政的鋒矛直指孫中山。這是一種必要的溯源，因為訓政思想本來就來自孫，孫的本意，於憲政之前，先行訓政，由政府訓導人民，以培養人民民主能力，由此才有國民黨在訓政時期的集權論：「厲行黨治，扶植民權」。胡適因此指出：「故中山先生的根本大錯誤在於誤認憲法不能與訓政同時並立」。[11]胡適的言論公然反對孫的遺訓，反孫即反動，這實際上是貽國民黨打壓以口柄。但胡適並不懼然，1929 年底，他乾脆把這些發在《新月》上的反動文章（包括羅隆基和梁實秋的）輯為一集，命為《人權論集》，在其〈序言〉中，胡適坦然地說：這幾篇文章討論的是中國今日人人應該討論的一個問題，——人權問題。前三篇討論人權與憲法。第四篇討論我們要的是什麼人權。第五六篇討論人權中的一個重要部分，——思想和言論的自由。第七篇討論國民黨中的反動思想，希望國民黨的反省。第八篇討論孫中山的知難行易說。這兩篇只是『思想言論自由』的實例：

---

8   轉引胡適〈人權與約法〉，《胡適文集》卷五，第 524 頁。
9   胡適〈人權與約法〉，《胡適文集》卷五，第 524 頁。
10 胡適〈人權與約法〉，《胡適文集》卷五，第 527 頁。
11 胡適〈我們什麼時候才可有憲法〉，《胡適文集》卷五，第 538 頁。

因為我們所要建立的是批評國民黨的自由和孫中山的自由。上帝我們尚可以批評，何況國民黨與孫中山？」。[12]

「上帝我們尚可以批評，何況國民黨與孫中山？」這句話雖然出自胡適，但做得更漂亮的是他的新月盟友羅隆基。也許，由於氣質、修為、乃至學歷的不同（胡學的是哲學，羅學的是政治學），羅隆基比之胡適鋒矛更銳、態度更激、文章更檄文、溯源更深遠，同時也更到位。就後者言，反訓政、反黨治，胡適溯到孫中山，羅隆基則更往上行，一直把根子追到蘇俄。《新月》第二卷第十二號上，〈我們要什麼樣的政治制度〉，開頭第二個標題就是大號字的「反對國民黨的『黨在國上』」。那麼，孫中山的這一思想所從何出？羅隆基直言是從蘇俄那裏學來的，證據便是孫中山自己的話：「現尚有一事，可為我們模範，即俄國完全以黨治國，比英美法之政黨握權更進一步。……俄國之能成功，即因其將黨放在國上。我以為今日是一大紀念。應重新組織，把黨放在國上」。羅隆基指出：「這就是國民黨裏『黨權高於國權』在歷史上的來源。同時就是如今『黨治』的根據。」源頭既明，批判即始。緊接著是對「黨國」和「黨天下」的批判，其所指毫不含糊：「『黨在國上』『黨權高於國權』，這當然是獨裁制度」，而「目前的舉國大亂，境無靜土，又可以算為南京獨裁政治之果。」既然國民黨訓政是以獨裁的方式推行，那麼，羅隆基的態度很明確：「我們根本否認訓政的必要」，因為「獨裁制度，因它一切內在的罪惡，本身就不足為訓。」[13] 1931 年六月，國民黨的《中華民國訓政時期臨時約法》終於「猶抱琵琶半遮面」地出臺了，旋即，羅隆基《對訓政時期約法的批評》也在《新月》三卷八號上刊出。「這次約法，只有『主權在民』的虛文，沒有人民行使主權的實質」──這同時也是所謂約法的實質。針對國民黨一邊承認人民言論、出版、集會等自由權，一邊又聲稱有對其「停止或限制之」的權力，羅隆基當即揭穿：「左手與之，右手取之，這是戲法，這是國民黨腳快手靈

---

12 參見胡適〈人權論集・序〉，《胡適文集》卷五，第 523 頁。
13 以上所引見羅隆基〈我們要什麼樣的政治制度〉，《新月》卷二，第十二號。

的幻術」。而針對國民黨換湯不換藥的「五權分立」，羅乾脆道明：「一個獨裁專制的政府，變成一個多頭專制的政府。」[14]

　　縱觀羅的政論文字，犀利而又氣勢充沛，字裏行間流貫著一種窮追不捨的「痛打」精神。當然不是「痛打落水狗」，這未免有點便宜，要打就打主子，這才是真正的「痛打」，而且大無畏！我以為，胡羅文章，才是真正的知識份子文字，而不是在上海灘一時流行的文人文字。這兩種文字素質不同，文人文字常有怪戾的刀筆氣和攻訐味，儘管有時很好看。相形之下，知識份子文字純正而坦蕩，且出筆就是直面抗爭。那個時代，是多麼需要這種負責任的直面抗爭的文字呀。可是，在當時因文人互罵而顯得烏煙瘴氣的上海灘，這種真正「直面」國民黨的文字，除新月人權派，豈有他哉。所謂兼看則明，偏讀則暗，今天，當我把這些不同文本的文字、尤其是 1929 和 1930 年間的文字放在一起對讀時，感慨由衷。的確，文本的歷史比人長，它最有說服力，是它改變了我長期以來的看法，我便不得不做一次尼采式的「價值重估」。

　　俠以武犯禁，儒以文亂法。知識份子總是以言獲罪的。羅隆基終因「言論反動，侮辱總理」的罪名而被國民黨上海公安局「按罪拘人」了。羅事後寫的、發在《新月》三卷三期上的〈我的被捕的經過和反感〉對此有詳細記述。其中這一節文字給我很深印象，那是在被押到上海前的吳淞區公安局時，羅這樣寫道：「『你們可以讓我打個電話，告訴家裏嗎？』我向他們請求。『不可以。』那位穿西裝的督察員很肯定的回答我。『那末，請你們代我打個電話，可不可以呢？』我再請求。『不可以。』他說。……『我可以到廁所裏去嗎？』我問一個員警。『不可以』他回答。他指著房間角上的一個破痰盂向我說：『你就在那裏面對付對付吧！』這時候我才起首感覺『拘押』的滋味，想到自由的寶貴。『到了上海就沒有這樣方便！』想到方才聽見的這句話，回頭看看我剛才使用的痰盂，又不寒而慄。」哪怕是一個「鬥士」，也會有正常的恐懼心理，此時他會倍感自由的可貴。同時，這也促他以後加倍為自由奮鬥。羅出

---

[14] 羅隆基〈對訓政時期約法的批評〉，《新月》卷三，第八號。

來後，果然沒有學乖，還是那麼不依不饒，在該文中，他先述被捕經過，後表對被捕的反感：「『人權』，在黨治底下，是反動的思想。鼓吹人權，是我觸犯黨怒的主因」——自明如此！「有了『黨高於國』的黨權，用不著人權；有了『人高於法』的黨治，用不著『法治』」——果然如此？因此，以法治痛批「黨高一切」，依然是羅文的用力處，且銳氣絲毫不減。羅的態度很坦然：「十一月四日的拘捕，在我個人，的確不算什麼。我認為這是談人權爭自由的人，應出的代價」，因為「人權自由，憑空從天上掉下來，這是歷史上絕無的事實」。最後，羅隆基用老子的話正告國民黨：「民不畏死，奈何以死懼之！」[15]

（五）「螳螂捕蟬，黃雀在後」

這真是一種強烈的閱讀對撞，剛剛放下羅隆基的文字，緊接著就拿起魯迅對《新月》和羅隆基的「酷評」。筆者不由感慨，當胡羅迎對國民黨發起「人權批判」時，他們怎麼會料到，魯迅卻在他們的背後擲出了匕首。此真所謂「螳螂捕蟬，黃雀在後」。

上面引用過的那篇〈「硬譯」與「文學的階級性」〉，明明是批梁實秋的，可是文章最後，筆尖輕輕一挑，由點而面，矛頭就對準了「新月」和羅隆基：「我在開頭曾有『以硬自居了，而實則其軟如棉，正是新月社的一種特色』這些話，到這裏還應該簡短地補充幾句」。[16]在國民黨面前，「新月」到底是軟是硬，我以上的文字，等於是作了紹介。但不同的人有不同的評價尺度，魯迅當然有魯迅的尺度，他這麼說，肯定也自有其理由。那麼，「新月」之軟，到底軟在哪裏？在魯迅看來，恰恰就軟在「新月」中最硬的羅隆基身上，根據則是羅的一篇文章。魯迅道：「這一回，新月社的『自由言論』遭了壓迫，照老辦法，是必須對於壓迫者，也加以壓迫的，但《新月》上所顯現的反應，卻是一篇〈告壓迫

---

[15] 本節所引俱出羅隆基〈我的被捕的經過和反感〉，《新月》卷三，第三號。
[16] 《二心集·「硬譯」與「文學的階級性」》，《魯迅全集》卷四，第212頁。

言論自由者〉（即羅的文章——筆者注），先引對方的黨義，次引外國的法律，終引東西史例，以見凡壓迫自由者，往往臻於滅亡：是一番替對方設想的警告。所以，新月社的『嚴正的態度』，『以眼還眼』法，歸根結蒂，是專施之力量相類，或力量較小的人的，倘給有力者打腫了眼，就要破例，只舉手掩住自己的臉，叫一聲『小心你自己的眼睛』！」（引同上）如果說，我剛剛讀羅文，被羅的文字撞得渾身發熱，那麼，魯的文字——我分明感受到其中的陰陽怪氣——卻頓時讓我周身寒徹，那是一種從心底湧出來的寒。我讀不明白，「新月」反國民黨有什麼錯，要受到來自同一營壘的投槍。當然，魯迅是不屑與《新月》同一營壘的，我使用這個詞，僅僅是在反國民黨的意義上。明明一篇大義凜然的警告，卻被解讀為「小心你自己的眼睛」的用心，那麼，這諷刺又是出於一種什麼用心？可憐「新月」這只小小的螳螂，不僅要面對前面的蟬，還要承受後面的黃雀。所幸它的注意力始終放在前面，它知道自己要解決的是什麼問題，同時也知道誰是自己真正的敵手。至於「新月」的批判者至少忽略了這一點，「新月」對陣國民黨，正義在「新月」，強勢卻是國民黨。作為弱勢的「新月」正遭國民黨打壓，哪怕它平時有不少毛病，我是不是乘機上前也給它一下，讓它腫了的臉索性再腫：誰叫你打腫臉充胖子，似硬實軟？

　　魯迅從後對「新月」出手，是出於這樣的認知，「新月」和國民黨是一家，只不過主奴而已。寫於 1929 年秋的〈新月社批評家的任務〉把魯迅的這一看法表露得很充分。新月社對國民黨的批判，在魯迅看來只是「揮淚以維持治安。」「但老例，劊子手和皂隸既然做了這樣維持治安的任務，在社會上自然要得到幾分的敬畏，甚至於還不妨隨意說幾句話，在小百姓面前顯顯威風，只要不妨礙治安，長官向來也就裝作不知道了。」[17]魯迅寫此文時，胡羅一些重量級的文章已經出來了，是不是「隨意說幾句」，我們已經知道了。並且說了後，是不是國民黨的「長官向來也就裝作不知道了」，我們也已經知道了。我現在不知道的是，

---

[17]　《三閑集·新月社批評家的任務》，《魯迅全集》卷四，第 159 頁。

在什麼意義上，胡羅等人居然成了國民黨的「劊子手和皂隸」？雖是比喻，但幾類於沒有證據的指控，幸好說話者不需要對自己的話負責，因為，這是雜文，不是法庭。我所以這樣說，是因為我正好讀到胡適的文章〈汪精衛與張學良〉，當張以抗日為名向汪要巨額軍費，汪回電表示：這是「借抵抗之名以事聚斂」，「不能搜刮民脂民膏以饜兄一人之欲」。顯然，這也是沒有證據誅心之論，胡適指出：「這種攻訐的口吻用於私人尚可以引起刑事訴訟」。[18]天哪，這種口吻就要訴訟，那張口就罵「喪家狗」而且還是「乏」的又怎麼辦？我真懷疑胡適這個書生到底瞭解不瞭解當時上海灘的文風。好在胡羅對魯迅的罵，未作任何反映（也許，是我沒看到），這一點我很欣賞。文人罵來罵去，能罵出什麼名堂？況且，文章乃天下之公器，它是用來說理的，不是用來罵人的。當年上海灘那種互扣帽子的文人口水戰，乃是中國現代文化史上的「春秋無義戰」。因此，胡羅的罵而不還，在我看來，未必不是出於自信，同時也避免了無謂的糾纏。

1933 年，人權運動已經過去若干年，很多事都塵埃落定，可以看得很清楚了。但魯迅的看法絲毫沒變，談到當年胡羅的被打壓，魯迅的態度分明就是兩個字：活該。當然，這不是魯迅說出來的，而是我讀魯讀出來的。是不是誤讀呢？那就讓魯迅自己的文字來說話：「看《紅樓夢》，覺得賈府上是言論頗不自由的地方。焦大以奴才的身分，仗著酒醉，從主子罵起，直到別的一切奴才，說只有兩個石獅子乾淨。結果怎樣呢？結果是主子深惡，奴才痛嫉，給他塞了一嘴馬糞。其實是，焦大的罵，並非要打倒賈府，倒是要賈府好，不過說主奴如此，賈府就要弄不下去罷了。然而得到的報酬是馬糞。所以這焦大，實在是賈府的屈原，假使他能做文章，我想，恐怕也會有一篇《離騷》之類。」[19]在這篇文章中，魯迅運用的是傳統《詩經》的「比興」法，以上是「興筆」，由焦大搖曳入題，下面才話歸本旨：「三年前的新月社諸君子，不幸和焦

[18] 胡適〈汪精衛與張學良〉，《胡適文集》卷十一，第232-233頁。
[19] 《偽自由書‧言論自由的界限》，《魯迅全集》卷五，第115頁，1981年。

大有了相類似的境遇。他們引經據典，對於黨國有了點微詞，雖然引的大抵是英國經典，但何嘗有絲毫不利於黨國的惡意，不過說：『老爺，人家的衣服多麼乾淨，您老人家的可有些兒髒，應該洗一洗罷了』。不料『荃不察餘之中情兮』，來了一嘴馬糞……」（引同上）坦白地說，這段文字對奴才剖析之深，使我初讀時愛不釋手，它甚至影響了我對屈原的看法，深以為能寫出這樣的文字才是魯迅。那時自然也想不到與胡羅對讀。今天，魯、胡、羅三人文字俱在我手，一巡讀過，非其事也。還能說什麼呢？我似乎只能說偏見比無（所）知距離真實更遠。

距離更遠的是則是〈王道詩話〉，我索性就以此作為魯迅批胡的終結吧。所以選它，緣由之一是它的特殊性。這篇署名「魯迅」的文章居然同時也被收入瞿秋白的集子中。也就是說，文章實際上是瞿寫的，至於魯為什麼收入己書，恕我少聞，未詳原委。但它足以表明一點，魯迅對瞿的文章完全認同。上文說過，當年胡適把他和羅、梁二位的文字輯為一集，並為此作序，這就是〈人權論集序〉。序言最後，胡適自述情懷：「周櫟園《書影》裏有一則很有意味的故事：昔有鸚鵡飛集陀山。山中大火，鸚鵡遙見，入水濡羽，飛而灑之。天神言，『爾雖有志意，何足云也？』對曰，『嘗僑居是山，不忍見耳。』今天正是大火的時候，我們骨頭燒成灰終究是中國人，實在不忍袖手旁觀。我們明知小小的翅膀上滴下的水點未必能救火，我們不過盡我們的一點微弱的力量，減少一點良心上的譴責而已。」[20]這是一段令我感動的文字，而魯／瞿文章恰恰就是針對這一點來表明自己對 1929 年「人權運動」的態度。文章也從那只鸚鵡開頭，因為「『人權論』是從鸚鵡開頭的」，那麼，到底如何看待當年的人權論呢？魯／瞿一語了斷：「鸚鵡會救火，人權可以粉飾一下反動的統治」（按：這話聽起來就像我們今天說的人權是霸權的粉飾一樣）。至於胡適之流不過是「中國的幫忙文人」，亦即魯迅的「三幫」之一。例舉了胡適「幫忙」的證據後，文章作詩四首給胡適定讞，

---

[20] 胡適〈人權論集‧序〉，《胡適文集》卷五，第 523 頁。

最後一首曰：「能言鸚鵡毒於蛇／滴水微功漫自誇／好向侯門賣廉恥／五千一擲未為奢」。[21]

「劊子手」、「皂隸」、「奴才」、「焦大」、「幫忙」、「毒於蛇」、「賣廉恥」⋯⋯，這就是當年「新月」人權知識份子頭上落下的罪名。今天，我讀這些罪名，其好笑程度就像讀當年創造社罵魯迅「法西斯蒂」、「封建餘孽」一樣。原來文人做事就是這樣成天罵來罵去？尤使我惕然的是，這些罵語我為什麼這麼熟悉？原來文革時，年齡雖小，但目之所充、耳之所灌，全是這些。不是有人要給文革語言溯源嘛？我看，只要順著二十世紀左翼之藤往前摸，就會發現，越左罵得越厲害，越是大師罵得越精彩。中國二十世紀的知識份子語言主要就是被以罵為務的左翼文人搞壞的，且流行深遠（按：我本來用的是「流毒深遠」，因為我想到了九十年代末某些「新左派」的詈罵；但，這個詞似有罵相，我不想合流）。

（六）「不合作」的魯和「非暴力」的胡

這篇文章從寫作之始，我就一直在想，胡適等人的文字明明白白，哪怕就是在常識層面，都不會發生誤判，至於那些罵名和胡適更是風馬牛不相及。魯迅這是怎麼啦？現在我傾向於這樣認為，對於胡適倡導的「人權」、「憲政」、「法治」等，魯迅實在聽不明白，也不想弄明白。魯迅從根底來說就缺乏這方面的知識資源和興趣，這從他的留學背景和讀書背景可以看出。這樣，他既和胡適處於矛盾的對立面——因兩人解決中國問題的路徑不同；也極易對胡適的言動產生誤會，尤其胡適和當時的體制分分合合。而後者，魯迅最為看不慣，所以，魯迅毫不客氣地施以投槍。

既如此，問題似乎就不在魯而在胡了。胡不是沒有問題。他批判國民黨是「公開的、負責任的」，受到國民黨的警告也是真實的，但魯迅

---

[21] 《偽自由書・王道詩話》，《魯迅全集》卷五，第47頁。

說胡適等人「有的顧問、有的教授、有的秘書、有的大學院長」[22]也沒錯。僅就胡而言，他為國民黨顧問過、也大使過、甚至還一度動心總統過、最後也果然院長過。如果說自蔣介石得天下後，魯迅和國民黨根本不擦，胡適則和國民黨既有過節，又有過從，並且最後越走越近。尤其瞿／魯〈王道詩話〉中所引胡適的這句話「任何一個政府都應當有保護自己而鎮壓那些危害自己的運動的權利」，更是站不住腳，甚至連「權力」和「權利」都沒分清以至用錯，這個錯誤出在接受過美國憲政濡染的胡適身上，洵屬不該。所以，我之不同意胡這句話就像不同意瞿／魯罵胡為毒於蛇一樣。

那麼，胡適是否就毒於蛇？或者，胡適是否該罵？抑或，那些罵名真的適合胡適？不然。在寫這篇文章時，接到我所尊敬的一位學兄從上海打來的電話，談話之中，我曾抱憾言及胡適和國民黨體制分分合合的問題，這位學兄在電話那頭只說了一句：這要慎重分析。我很認同這句話及其所包含的態度，並不能因為胡適與國民黨有過分合，就理所當然地認為他和國民黨是一家，甚至是主奴。這也太簡單了。而事實本身卻不那麼簡單，因此，慎重分析在此是必要的。

胡適從事中國政治，有個基本立足，就是以法治解決問題，和平轉移政權，反對暴力革命。早在國民黨統一天下前，胡適就和北洋政府有過從，因而頗使當時的年輕學生失望。那時，蔣介石如果是革命的，胡適恰恰站在北洋那一邊，屬於反革命。其實胡適不是反革命，只是反暴力。比如，他反對北伐，主張南北兩邊召開和平會議。同樣，國民黨統一天下，他又站在國民黨一邊，反對反國民黨的武裝力量，這無疑又是反革命了。其實，他依然不是反革命，而是反暴力（如果革命僅僅意味著暴力的話，那麼，胡適是可以說反革命的，其實不是反革命，用他自己的話叫「不革命主義」）。從表面來看，胡適好像最沒骨氣，不斷更換主子。這一點，不僅為時人詬病，亦為今人詬病。但深入這個問題，我以為，胡適不斷更換主子，就是不斷承認現政權的合法性。承認現政權

---

[22] 《偽自由書‧言論自由的界限》，《魯迅全集》卷五，第 115 頁。

的合法性，就是反對推翻現政權的一切暴力行為。因為暴力行為必然導致生靈塗炭，而戰爭的災難卻又總是由整個社會來承擔。並且，更令胡適不安的，是他認為凡是用暴力推翻的，結果還是暴力。正如他在〈自由主義〉一文中所指出的那樣：「我很坦白地說，自由主義為了尊敬自由與容忍，當然反對暴力革命，與暴力革命必然引起來的暴力專制政治」。[23]於是，在胡適身上就出現了這樣的弔詭，一邊反現政府，一邊又維護現政權。維護現政權，是出於反暴力；而反對現政府，則是為了搞憲政。然而，因為維護現政權，胡適再怎麼反政府，也逃不掉「奴才」、「焦大」、「粉飾」、「為賈府好」之類的罵名。其實，胡適看似矛盾，實則統一。反政府是出於對社會國家的負責，而維護現政權也是出於對社會國家的負責。從根本上說，他與其是為「賈府」著想，毋寧是為整個社會國家著想。以我今天的眼光看，我不但可以理解胡適（然而我原先並不理解同時也不太願理解），而且覺得，僅在這一點上，胡適比欣賞用「火與劍」來解決社會政治問題的魯迅要深刻些，儘管魯迅已成為「深刻」的代名。

另外，胡適和魯迅不一樣，魯迅是一個純粹的批判型文人，因此，他和國民黨堅拒合作，這是我最心儀的一點。而胡適的角色自許就不一樣，他雖然也批判，但根本上卻是一個建構型知識份子。和魯迅反政府要從外部推翻相反，胡適反政府是要用法治從內部對其改造，這就註定了他要和體制打交道，甚至進入體制。二十年代初，他呼籲「好人政府」和「好政府主義」已足以表明這一點。而這一點實實在在也沒有什麼錯。憲政本身就是一種體制，要把它落實到現體制中去，不和體制打交道怎麼辦？不僅打交道，他甚至要教體制怎麼做，告訴體制如何如何（比如他認同羅提出的「專家政治」主張，要蔣介石政府「充分請教專家」等）。因此，他和體制分合之間，就不是什麼受體制招安、也不是因為懼怕體制而投靠、更不是借體制以謀其利。你可以說他有著知識份子的天真、幼稚、想當然和不成熟，當然，他還有其他很多認識論上的問題。這些

---

[23] 胡適〈自由主義〉，《胡適文集》卷十二，第810頁。

都可以指出、批評和爭論,卻不應該以罵的方式從道德人格對其構陷。就像我今天選擇魯迅批判型的道路,我就不認為我有什麼理由或道德優越感去罵那些選擇進入體制的知識份子,哪怕這個體制是不堪的。他們可以成為我的批判對象,那是因為他們的作為,卻不是因為那種選擇(比如,我可以批判也是批判知識份子出身但現在卻出任臺北市文化局長的龍應台,但我若批判,針對的只是她的各種言動,而不是她之選擇出任。這至少是她的權利。我可以對權利進行批判嗎?設若它沒有妨礙別人。而我恰恰聽見不少針對龍出任本身的叫罵,這肯定有問題)。因為,就一個時代來說,社會既需要批判型知識份子,同時也需要介入體制的建構型知識份子。這兩個方面,一個都不能少。

一個都不能少,這兩個方面:一方面是「不合作」的魯;一方面是「非暴力」的胡。我用了這個詞,它來自印度的甘地。胡魯作為二十世紀中國知識份子的兩種風範,他們所留給我的精神資源,我個人願意分別汲取。儘管這六個字在胡魯那裏是兩分的,而且兩人晚年都發生較嚴重的畸變(晚魯的「不合作」只做到一半,晚胡的「非暴力」也打了不少折扣,幾乎變相認同戰爭)。但在甘地那裏卻是一貫的和統一的,而且也應當盡可能使其一貫和統一。當然,兩者權重並不一樣,「不合作」是個人選擇,比如我;而「非暴力」所反對的暴力則應盡可能選擇避免,社會處於非常態時例外。因此,讀一讀甘地和馬丁·路德金吧,在胡魯之外。我這樣對自己說。

十、人權還是王權

（一）三十年代的「胡魯之爭」

這是二十世紀三十年代上海文壇上發生的一場「胡魯之爭」。說胡魯之爭，其實只是單方面地表現為魯迅對胡適的批判。魯迅是以罵人著稱的，在他所罵群儒中，就有五四時作為同道的胡適。反過來，胡適罵沒罵魯迅呢？沒有。因為挨了一輩子罵的胡適有一個大致的態度：罵不還口。正如他自己說：別人罵我，罵對了，我替他高興，罵錯了，我替他急。既然魯迅擊鼓罵胡而胡兩耳塞豆不聞雷鳴，所謂胡魯之爭，又爭在何處？

答曰：在我這裏。

所謂胡魯不爭我來爭。爭者何？即題目：人權還是王權。

（二）「⋯⋯是進軍的第一步」

事情從何而起？不妨先從 1929 年的中國「人權運動」說起。說「人權運動」其實有點誇張，準確地說，是「人權抗爭」。抗爭的兩造，一是剛剛得天下的國民黨，一是以胡適為領袖的「新月」知識份子。從國民黨那方來說，北伐勝利、清黨成功、東北易幟，天下一統，於是，國民黨欲按照孫中山「建國大綱」的思路試圖結束軍政而行訓政。訓政事務由國民黨元老、時任立法院院長的胡漢民設計並總理。1928 年十月三日，國民黨中常會第一七二次會議通過並公布了《中國國民黨訓政綱領》，十日，國民政府主席、委員在南京宣誓就職。國民黨「訓政時期」由此開始。從「新月」這邊來說，1927 年春，胡適、徐志摩、梁實秋等十餘人在上海成立了「新月書店」（早在 1923 年就在北京先行成立了「新月社」），上述諸人都是業務股東，胡適並被推為董事長。一年左右

的時間，新月社在上海又創辦了《新月》月刊。1928 年三月十日，出版了創刊號，該雜誌由徐志摩、梁實秋等人任編輯，刊物以發文藝性文章為主，包括翻譯。又是一年以後，即 1929 年《新月》雜誌第二卷第二號發表了胡適的文章〈人權與約法〉，也就是從這篇文章始，「新月」舉起了反國民黨訓政的義旗。

新月的批判與國民黨執政大致同步，這是兩種不同的力量：知識份子與體制。更兼它們的價值理念又迥然相異，因此發生衝突是必然的。不過這是一場「力量不對稱的衝突」。一方是剛剛奪得天下因而擁有一切政治權力的龐大體制，一方只是擁有相同思想資源和說話權利但時時又遭剝奪的三幾知識份子（具而言，是被稱為「新月政論三劍客」的胡適、羅隆基和梁實秋），因此，衝突的結果一開始就可以料定，結局也果如其然。然而，這場「權利杯葛權力」的衝突不能僅以結局衡定，更重要是它的意義。它的意義，我樂於援引魯迅〈白莽作《孩兒塔》序〉中的話來表述：「這是東方的微光，是林中的響箭，是冬末的萌芽，是進軍的第一步」。[1]

把魯迅的話「篡」在這裏，先生果如知道，是要發脾氣的。此話原是贈與左翼戰士，而不是胡適這些人權知識份子，後者，毋寧是魯迅憎惡的對象。但，沒辦法，這裏只有冒昧了。不僅當時沒來由地就想到了這句話，似乎是本能；而且，現在細想開去，更覺句句合適、字字相宜。1929 年是二十世紀中國現代史上的第一個「人權年」——我自己這麼定義。它是由留學英美的知識份子所發起的以英美憲政為目標反對國民黨專制的一場政治自由主義運動。這場運動揭開了二十世紀中國知識份子和政治體制公開衝突的第一幕，它如此鮮明地表達了中國第一代知識份子頭腦最優秀的部分在國家建構問題上的政治訴求。實際上，1929年，這撥知識份子已經給中國政治的發展藍圖描畫出了一條必由之路，遺憾的是，由於歷史的原因，這進軍的第一步，腳剛抬起，就放

---

[1] 魯迅《且介亭雜文末編·白莽作〈孩兒塔〉序》，《魯迅全集》卷六，第 494 頁，人民文學出版社，1981 年。

不下去了，以至直到今天，本土上的我們還沒把這一步給踩實，萌芽依然是萌芽。相反，魯迅本意上的「第一步」，當時卻被更多的人視為必由之路，倒是走通，它以革命的方式一直走到共和國裏去了。因此，先生不愧先生，如此精彩的預言，用於本意不合適了，用於轉義，卻方興未艾。

說了這麼多，等於是務虛。1929年，到底發生的是什麼？這個問題不弄清，就沒辦法回到「胡魯之爭」上。我上面說，胡魯之爭，爭的就是人權還是王權。其實，1929年，新月知識份子和國民黨一黨專政之間，爭的正是這個問題。這有點像一出歷史的「三岔口」，胡適用人權批國民黨的王權，魯迅則用革命權批胡適的人權。你打我，我打你，都亂了，到底孰是孰非？好在今天文本俱在，我們可以根據它的面貌——當然需要重新解讀——還原事情的本相。

所謂「訓政」是孫中山規定中國革命三段論中的第二個階段，第一階段是「軍政」，第三階段是「憲政」。作為一種革命方略，天下大亂、軍閥紛爭時，當行軍政，即由軍人執掌政柄，並用軍法統治。這一階段，孫定為三年。天下平定，則行訓政。依然由軍人執掌政柄，但軍政府和民眾約法三章，彼此劃定權利義務，各遵循之。這一階段叫約法之治，孫定為六年。以這六年為過渡，然後軍政府還政於民，實行憲政，即憲法之治。

軍政憲政兩不論，問題在訓政。那麼，訓政的問題又在哪？兩個方面，一是理論上的，一是實踐上的。理論上的問題出在孫中山，實踐上的問題出在胡漢民。就前者言，孫中山在臨死之前公布的《建國大綱》中已經取消了約法之治。理由是，辛亥革命後，已經制定了「臨時約法」，但國事搞得一團糟，原因在於「未經軍政，訓政兩時期，而即入於憲政」。既如此，訓政階段的約法，也就沒有必要了。當然，所以不要約法的深層的原因，更在於孫中山認為「中國人民久處於專制之下，奴心已深，牢不可破。不有一度之訓政時期，以洗除其舊染之汙，奚能享民國主人

之權利？」²因此，訓政不是別的，就是革命政府對人民進行政治訓練，用以培養自治能力，並以此作為「專制入共和的過渡」。

從實踐上說，胡漢民 1928 年從歐洲回國即一頭扎入國民黨的訓政事務，並以國民黨化身自居。他的訓政思路即「以黨治政」，黨在這裏得到了空前的強化，所謂「以黨治國」、「軍隊黨化」、「黨權高於一切」、「黨政不可分離」、「一黨專政」等我們至今如此眼熟的字眼，大抵是胡漢民的作業。胡的這一思路，當然也是來自孫中山，孫中山越至晚年越發感受到蘇俄的「黨治」比英美的「憲治」更重要。但胡在當時弘揚黨權，其私心在於以此平衡蔣介石的軍權。對此，胡適看得很清楚，他一針見血地指出：「那裏是『黨治』？只是軍人治黨而已」。而他們之所爭，不過是「關起門來的妯娌口角之爭」。³

訓政居然由黨來訓，且又不談約法，胡適按捺不住了。所以，當 1929 年國民政府下達一道保障人權的法令時，胡適便開始發難，嗣後，羅隆基又緊緊跟上。胡羅二位，似有分工，胡力批晚年孫中山要訓政不要約法的理論，羅則盯住國民黨的黨權論不放。當然，兩人既有分工，又有交叉。其基點是一致的，即從「人權」出發，對抗國民黨的「黨權」。因此，我上面說「人權，還是王權」，這王權，具體到這裏，就是國民黨的黨權，魯迅則謂政府權。

胡適首發其難的文章是〈人權與約法〉，它所面對的是人權與王權（黨權）的緊張，亦即黨權對人權的侵犯。雖然國民黨一紙命令，要保障人權，但胡適分明指出：對人權造成侵犯從而使我們感覺痛苦的正是「政府機關或假借政府與黨部的機關」。他舉了兩個事實，一個是當時安徽大學校長劉文典責罵蔣介石因而被蔣關押，一個是唐山商人因被當地駐軍懷疑收買槍枝從而被監禁拷打。這都是人權受到侵犯的實例，而侵犯者不是別人，正是政府首腦和軍方。為使人權不被侵犯，胡適認為沒有別的辦法，只有依靠法治。因為「法治只是要政府官吏的一切行為

---

² 轉引胡適〈我們什麼時候才可有憲法〉，《胡適文集》卷五，第 536 頁，北京大學出版社，1998 年。

³ 胡適《〈人權與約法〉的討論》，《胡適文集》卷五，第 533 頁。

都不得逾越法律規定的許可權。法治只認得法律，不認得人。」如果沒有法律的限制，「國民政府主席可以隨意拘禁公民，一百二十五旅的軍官自然也可以隨意拘禁拷打商人了。」所以胡適呼籲：「在今日如果真要保障人權，如果真要確立法治基礎，第一件應該制定一個中華民國的憲法。至少，至少，也應該制定所謂訓政時期的約法。」[4]在其後與讀者就人權展開的討論中，胡適進一步指出：「不但政府的許可權要受約法的制裁。黨的許可權也要受約法的制裁。如果黨不受約法的制裁，那就是一國之中仍有特殊階級超出法律的制裁之外，那還成『法治』嗎？」[5]顯然，作為自由主義知識份子的胡適，他所發起的人權運動實質上就是反對黨治，力主法治，限制黨權，保障人權。

然，保障也好，限制也罷，要義即在一個字「法」。胡適是反對用暴力革命的方式推翻國民黨的，在他看來以暴易暴結果還是暴，因此，他試圖以「法」易「暴」，主張用法來限制國民黨，一點一滴逼著它往民主憲政的路子上走。胡適的主張肯定會遭到兩個方面的反對，一個是屬行黨治的國民黨本身，一個是主張革命的左翼力量。前者自不待言，胡適果然也受到了胡漢民們的威嚇和打壓，胡漢民甚至嚴厲聲稱不與胡適「共中國」。[6]後者呢，本文更關注的是後者，因為它直接就引發出下面的「胡魯之爭」。

（三）「人權拋卻說王權」？

如果以上篇幅是瞭解胡魯之爭的一個必要的歷史背景，那麼，把胡魯之爭的要點鎖定在「人權還是王權」上，就不是我一廂情願的設定，而是它乃魯迅據以批判胡適的一個出發點，甚至「王權」這個概念就是魯迅文章中用出來的。這篇文章就是我在胡魯比較中已經第三次涉及到的〈王道詩話〉。關於它似要作些說明。在前兩篇胡魯比較中，我知道

---

[4] 上述引文俱見胡適〈人權與約法〉，《胡適文集》卷五，第 534-529 頁。

[5] 胡適《〈人權與約法〉的討論》，《胡適文集》卷五，第 532 頁。

[6] 轉引《胡適來往書信選·中》，第 32 頁，中華書局，1979 年。

文章是瞿秋白寫的，但署名卻是魯迅，至於原委則不得其詳。我手上的魯迅雜文是不帶任何注釋的合訂本，又懶於去查，所以含含糊糊。這次我去圖書館借來了帶注釋的魯迅的單行本《偽自由書》和四卷本的《魯迅年譜》，這個問題才算明白。在介入這篇文章抑或這場論爭之前，為使事明，不妨把〈王道詩話〉的注一鈔錄如下：

> 本篇最初發表於一九三三年三月六日《申報・自由談》，署名幹。按本篇和下面的〈伸冤〉、〈曲的解放〉、〈迎頭經〉、〈出賣靈魂的秘訣〉、〈最藝術的國家〉、〈內外〉、〈透底〉、〈大觀園的人才〉，以及《南腔北調集》中的〈關於女人〉、〈真假堂吉珂德〉，《准風月談》中的〈中國文與中國人〉等十二篇文章，都是一九三三年瞿秋白在上海時所作，其中有的是根據魯迅的意見或與魯迅交換意見後寫成的。魯迅對這些文章曾做過字句上的改動（個別篇改換了題目），並請人謄抄後，以自己使用的筆名寄給《申報・自由談》等報刊發表，後來又分別將它們收入自己的雜文集。[7]

這一段注釋雖然把事情說明了，但我還是有點不明白，既然是用筆名發表，又為何要用自己的筆名？既然是他人寫的文章，又為何收入自己的文集，還不是一篇，而是十二篇？魯迅為什麼要這樣做？《魯迅年譜》這樣解釋「為了便於保存和流傳」，顯然，這是很不得力的，但也不必再弄明白了。作為事主之一的瞿秋白都不說話，我又夫復何言。只是這篇文章既然被魯迅視如己出，並收入自己文集，這就表明魯迅對文章的觀點是完全認同的，因此，本來的「胡瞿之爭」便移花接木為「胡魯之爭」，以下我也就讀瞿如讀魯，「直把杭州當汴州」了。

〈王道詩話〉是這樣開頭的：「『人權論』是從鸚鵡開頭的」——這是指胡適《人權論集・序》所引用的文字。1929 年，胡適把他和羅隆基、梁實秋三人於「人權運動」中發表在《新月》上的反國民黨文字編為一集，是為《人權論集》。胡為之序，序中以鸚鵡表明心跡，說明「我們」

---

[7] 魯迅《偽自由書・王道詩話》，《魯迅全集》卷五，第 47 頁，1981 年。

為人權抗爭的緣由。我看了序後很感動，感動之後，稍有小憾，說話好像有點局外人的味道。但，沒承想，到了魯迅那裏，這文字一個快速跳躍，讓我猝不及防：「鸚鵡會救火，人權可以粉飾一下反動的統治」。[8]如果我沒讀過胡適的文章，或許會認為魯迅一下就點出了問題的實質。但胡適的《人權論集》又偏偏讀過，言猶在耳，所以，我被搞得雲裏霧裏，不知道哪裏對哪裏。別說我還相信自己的目力，就看我上面出據的那些批判國民黨的引文，有「粉飾」的地方嗎？若有，證據呢？我這裏不免有點「胡適」了，有幾分證據說幾分話。證據當然會有的，文章緊接著就提供說「胡博士到長沙去演講一次，何將軍就送了五千元程儀」（引同上）。我依然不明白，這講演與粉飾反動統治有什麼關係。莫非何鍵是湖南軍閥，胡適就根本就不該去講？若是，那麼，魯迅在二十年代赴陝西時，陝西軍閥劉鎮華託人示意魯迅，魯迅不也為他的士兵作了次講演嗎？粉飾與否，不在講演，關鍵在講的是什麼。就像魯迅無傷大雅又文不對題地為劉的士兵講了一次小說史（劉本意是要魯迅為自己的士兵打打氣，魯迅偏不買帳，精彩），我查了下《胡適年譜》，1932 年十二月四日下午三時，胡適在長沙中山堂講演的題目是〈我們應走的路〉，主要內容「為學而後可以為人，求學而後可以救國」，「唯科學可以救國」[9]等，這又與「粉飾」何干？是不是胡適認為「我們應走的路」是科學而不是革命就是粉飾呢？我不知道，我只知道胡魯之間解決中國問題的「路徑依賴」原本就不一樣，否則，也就不會有今天的什麼「胡魯之爭」了。至於文章提到的「五千元程儀」（據傳），不是胡適「粉飾一下反動的統治」的「報酬」，而是他的勞動所得。講演也是一種勞動，魯迅到陝西講演，也是要拿錢的（令人感動的是，魯迅發現陝西很窮，就表示：陝西人的錢就在陝西用掉吧）。僅從這一筆來看，即可推知此文確非魯迅所為，除了魯的文筆不如瞿那樣「揚厲」而更內斂，像「程儀」這種沒道理的筆墨，魯迅是不會寫的。

8　魯迅《偽自由書‧王道詩話》，《魯迅全集》卷五，第 46 頁。
9　曹伯言、季維龍編著《胡適年譜》，第 420 頁，安徽教育出版社，1986 年編。

　　既然胡適說鸚鵡可以救火，那麼「這火怎麼救，在『人權論』時期
（1929～1930），還不十分明白，五千元一次的零賣價格做出來之後，
就不同了。」這第二段的第一句透露給我的資訊是，不是魯迅不明白這
火怎麼救，而是他實在不明白人權論時期的胡適到底說的是什麼。一個
是沒有英美憲政背景且又不讀這方面書的魯迅，一個是有著英美留學經
歷同時也關注其政治生活的胡適（和羅隆基），如果說胡適肯定不會認
同魯迅的看法，那麼，魯迅首先則是聽不懂胡適的話。胡適試圖按照在
美國習得的憲政經驗來設計中國政治發展道路。所謂憲政即「限政」，
就是限制政權尤其是「黨權」用以保障「人權」。在胡適看來，對人權
造成最大侵害的就是黨權，因此，當國民黨力圖擴張黨權時，胡適們卻
要遏制它，可見，胡適是反黨的。然而讓人不明白的是，胡適反黨卻又
反對推翻黨，尤其是反對用暴力革命的方式。於是，主張用法律對國民
黨進行限制的胡適就和魯迅犯了沖。對中國政治問題的解決，魯迅分明
說過「改革最快的還是火與劍」。那麼，面對老大病久、問題成堆的中
國，是「火與劍」，還是「法律」，就是截然不並的兩種解決了。當魯迅
認為需要用火解決的時候，胡適卻像鸚鵡似地要救火，魯迅焉能不上
火？如果說，1929 年人權論時的胡適還以「人權」為幌，那麼，幾年
以後，胡適「人權拋卻說王權」，廬山面目終於暴露了。

　　「人權拋卻說王權」是魯迅〈王道詩話〉四首詩第一首中的一句。
所謂〈王道詩話〉是用詩與話的方式來批胡適的「王道」主張，全文先
「話」批而後「詩」批。其第一首曰：「文化班頭博士銜，人權拋卻說
王權，朝廷自古多屠戮，此理今憑實驗傳。」問題是，這位有著博士銜
的文化班頭什麼時候「人權拋卻說王權」？這就觸及到該文的核心部分
了。我先引如下：「最近，（今年二月二十一日）《字林西報》登載胡博
士的談話說：『任何一個政府都應當有保護自己而鎮壓那些危害自己的
運動的權利，固然，政治犯也和其他罪犯一樣，應當得著法律的保障和
合法的審判……』」[10]胡適原話在此，引完後，文章緊跟一句評論：「這

---

[10] 轉引《偽自由書‧王道詩話》，《魯迅全集》卷五，第 46 頁，1981 年。

就清楚得多了！這不是在說『政府權』了麼？」所謂「人權拋卻說王權」蓋指此也。

在我為此展開辨析之前，我想有必要先作一個適當的說明。對上文所引胡適的話，我在前此的〈事出劉文典〉一文中不僅也引用過，而且對胡適還有這樣的批評：

「胡適的這句話『任何一個政府都應當有保護自己而鎮壓那些危害自己的運動的權利』，更是站不住腳，甚至連「權力」和「權利」都沒分清以至用錯，這個錯誤出在接受過美國憲政濡染的胡適身上，洵屬不該。」

現在看來，我的批評是有問題的，「洵屬不該」不是胡適了，那麼是我嗎？也不是。因為，我的引文來自〈王道詩話〉。記得當時看到這句話時，立即聯想到今天多少知識份子不分（其實是分不清）「權利」和「權力」，包括一些認同自由主義的知識份子。但，如果這兩個詞分不清楚，那麼，他的自由主義肯定不甚了了。當看到連胡適都「錯把杭州作汴州」時，不禁心生感慨，於是就有了上面的話。然而，胡適終究沒錯，因為原話並非如此。我案頭上有剛找到的中國社會科學出版社於1979年底出版的資料彙編《中國民權保障同盟》，其中就有1933年二月二十一日《字林西報》採訪胡適的文章，兩個文本一對照，發現並不一樣。我這個本子上胡適的話是這樣說的：「一個政府應該有權對付那些威脅它本身生存的行為，但政治嫌疑犯必須如其他罪犯一樣，應當得到法律的保障。」其中「有權」一詞隱去了「權利」和「權力」分不清的麻煩，但現在推想，胡適不太會用錯這個詞。上面的話，如果從法律角度來看，分明可以感到胡適用詞的考究，比如，胡適說的不是〈王道詩話〉中的「政治犯」而是「政治嫌疑犯」，後者顯然比前者更能在法律上站住腳，因為未經法庭審判是不能稱之為「犯」的，只能是「嫌疑犯」。胡適顯然諳熟法律，他更知道法律是用來保障權利的，若此，會錯用權力為權利？當然，這只是旁推。但，退步言，只要胡適沒有那樣明說，哪怕他真的理解了，我的批評也是無的放矢。我現在不知道的是〈王道詩話〉了，它的話是從哪兒引來的呢？給我一個誤導。

　　僅從所引文字言，胡適確乎不說「人權」說「政府權」了，〈王道詩話〉批得沒錯，但是否有點斷章取義呢？魯迅說過：「我總以為倘要論文，最好是顧及全篇，並且顧及作者的全人，以及他所處的社會狀態。」[11]這個「全人」就是胡適的整個思想，尤其是他在當時那個時期的思想。而所謂「他所處的社會狀態」，實際上就是當時的社會背景。就此點而言，我以為，當需弄清楚胡適與中國民權保障同盟的分歧。這個分歧，既在基本原則上，又在具體事件上。我不妨先從後者說起，其原委大致如下。

（四）「辯冤白謗為第一天理」

　　1933 年一月三十一日，中國民權保障同盟北平分會推楊杏佛、胡適之、成舍我三人為代表，視察北平陸軍反省院等三所監獄。胡適在獄中還曾用英語與一兩個犯人作了交談。後來在接受採訪中，胡適認為，儘管犯人們訴說了監獄中種種苛刻的待遇和侮辱，但沒有一個人提到受過酷刑，甚至連暗示都沒有。胡適所以這樣說，是因為當時幾家報紙登載了宋慶齡簽署的一封信，其中述及北平監獄中使用酷刑的種種情況。胡適認為，孫夫人信中作為依據的控訴書顯然是偽造的，他給記者看了另外兩份自稱是政治犯自己寫的控訴書，不僅筆跡相同，內容也一樣。「其中的一件，是由一個名叫李肇音的具名送給北平一家中國報紙要求發表的。這個人自稱住在米糧庫四號胡適博士家裏，並且說這份控訴書是胡適博士交給他的。」[12]然而這事純屬虛構，所以，胡適不僅澄清這一事實，而且表明自己視察時並沒有聽到酷刑一事。為此事，中國民權保障同盟特地發表了一項聲明，意即在同盟準備視察的前幾天，監獄當局已經知道資訊，因而把真實情況掩蓋起來了。對此，胡適指出這一聲明也是「完全不符合事實的」，因為，「同盟於一月三十日下午方始成立（這裏的「同盟」是指中國民權保障同盟北平分會。筆者注），視察的

---

[11]　《且介亭雜文二集‧「題未定」草七》，《魯迅全集》卷六，第 430 頁。
[12]　轉引《胡適來往書信選‧中》，第 189 頁。

決定是當晚七時作出的。楊銓先生隨即於當夜十一時去見了少帥，獲准於次日視察監獄。因此，這次視察，如同這一類視察所希望的那樣，是一次出其不意的視察。」（引同上）

以上內容都來自 1933 年二月二十一日的《字林西報》，在述及事實之後，胡適說：「改良不能以虛構事實為依據。像那封信和報上所說的那種亂說和誇張，只能使那些希望把事情辦好的人增加困難。」（引同上）

國民黨北平監獄到底有沒有酷刑？我以為是不言而喻的。正如魯迅在〈光明所到……〉說：「中國監獄裏的拷打，是公然的祕密。」[13]這篇文章就是批評胡適在《字林西報》上的言論，它是魯迅所寫，並非秋白。這一點，我認同魯迅。中國監獄裏的酷刑由來已久，國民黨既非前無古人，亦非後無來者，何以能旁列其外？但，現在的問題不是國民黨到底有否酷刑，而是胡適等三人這次視察是否獲得酷刑的報告以及那份控訴書是否屬實。前者胡適據實答曰「沒有」，沒有就是沒有。胡適是實驗主義者，當然要實事求是。而後者胡適斷其為虛，其緣由在於控訴書是偽造的。但，我以為，即使控訴書是偽造，其內容卻很難說是造偽。至少，我看過那個文本之後，覺得所述為真，不是什麼亂說和誇張。在這件事上，胡適肯定是「栽」了，栽什麼地方呢？法律上，尤其是美國嚴謹的法律制度上。由於胡適深受其浸染，往往不自覺就把那一套東西襲用在本土事務上，因此，有時難免逾淮為枳。在美國，法庭斷案，唯重證據。但證據必須經得起法庭的挑剔，它要能「超越合理的懷疑」，否則，疑證不證。比如，幾年前美國橄欖球明星辛普森涉嫌殺妻案，控方明明出示了對辛普森來說是致命的證據，但，證據人本身有種族問題，是為「汙點證人」，其證據受株連，不足為證，最後只有放人。因為，「無罪推定」作為美國司法原則之一，控方的指控證據如果有問題，指控罪名即不成立。哪怕被告真的有罪，也只能以無罪視之。在所謂酷刑問題上，胡適恰恰就是這個思路。既有偽造之嫌，證據即成問題；證據既成問題，酷刑又從何說起？（在美國司法語境中，罪與罪名是否成

---

[13] 《偽自由書·光明所到……》，《魯迅全集》卷五，第 63 頁。

立是兩回事。即使有罪，但罪名不成立——成立與否，唯視證據本身
——就不能判罪。反過來，即使罪名不成立，卻未必無罪。套用美國這
一套，控訴書這件事，頂多是罪名不成立，但國民黨拷打酷刑之為罪，
則毫無疑義。胡適對這點有懷疑，認為是誇張，那是一種「迂」）。寫
到這裏，我的心情複雜有加。坦率說，我十分認同胡適身上所體現的
美國法律精神，但，更深深無奈於它所帶來的不可避免的弊端，或者
叫代價更真確吧。法網恢恢，疏而有「漏」。就像辛普森是一條漏網的
魚，國民黨酷刑更是在胡適那並非沒有道理的「法眼」裏給漏掉了。
奈何！

　　在談過這一事件後，胡適闡述了「同盟」在處理政治犯問題上所應
遵循的幾項原則，最後以〈王道詩話〉中所引用的那段話結束。也正是
這次採訪，不僅導致魯迅尖銳的批判，而且同時導致胡適和中國民權保
障同盟的徹底決裂。因為，僅從那件事，胡適就已有為國民黨辯護之嫌；
而他最後的談話更是顯得徹底背離人權，一屁股坐到國民黨那邊去了。

　　胡適果真把屁股坐到國民黨那邊去了嗎？這就要說到胡適和中國
民權保障同盟的基本分歧了。這個分歧就是如何對待政治犯。成立於
1932 年底的中國民權保障同盟，其發起之目的首先就是「為國內政治
犯之釋放……而奮鬥」。對此，胡適大不以為然。在上述談話中，他認
為政府對政治犯應當遵循的基本原則是：

> 1、逮捕政治嫌疑犯必須有充分確切的證據，誣告應予依法治罪。
> 2、政治嫌疑犯被捕後，應遵照約法第八條規定，於二十四小時
> 內移送該管法院。
> 3、應由法院起訴的政治犯，必須進行公平和公開的審訊；不需
> 起訴的應立即釋放。
> 4、拘留和關押的犯人，應予以合理的人道待遇。[14]

---

[14] 轉引《胡適來往書信選·中》，第 190-191 頁。

　　質言之，雙方分歧在於：一個要求「立即無條件的釋放一切政治犯」，[15]一個並不主張無條件釋放，卻要求依法對待之。胡適深感自己與其不合，所以，1933 年二月五號，他就上述事件寫信給蔡元培等，表示「我們北平的幾個朋友，是決定不能參加這種團體的」。[16]然而，《字林西報》的談話發表後，胡適的言論被視為「叛盟」，因而未待胡適先退，同盟已議決將他開除。

　　這件事已成為胡適歷史上的一個定論性的「汙點」，今天要做的工作就是為胡適辯誣。1952 年從美國到臺灣的胡適在臺灣監察院做過一次講演，題目是明代呂紳的一句話：「辯冤白謗為第一天理」，[17]意在勉勵司法界的朋友。其實，他自己身上就有許多冤謗需要辯白。所謂辯白，也就是弄清在與同盟的糾葛上，胡適到底是人權立場還是王權立場。其實，這一點，胡適自己講得很清楚，他在〈民權的保障〉一文中，同樣陳述了上面四點後，指出：「這都是關於政治犯的法律立場。離開了這個立場，我們只可以去革命，但不算是民權保障運動。」[18]問題似乎清楚了，「一個政府應該有權對付那些威脅它本身生存的行為」，先不說抽象來看，這話沒錯。美國政府難道沒有權力對付那些威脅它本身生存的恐怖行為？當然，我可以先將自己一軍，說，美國是民主政府，國民黨是專制政府，兩者豈可同日而語。但，即使退到這一步，依然不好說胡適是為國民黨作偽。國民黨的專制，胡適不是不清楚，問題是如何反專制。正是在這一點上，我以為，胡適那句話的本意不是肯定國民黨鎮壓有理，而是否定政治犯的革命造反。也就是說，胡適反專制，也反革命。胡適反專制在先，當他發現有人欲以暴力革命的方式反專制時，他同樣表示了自己的反對意見。雖然，革命是反專制的，但，反革命並非就是專制的同謀。因為，反專制如果作為目的，那麼，革命顯然不是目的而是手段。是手段就可以有選擇。就像當年反資本主義，主張暴力革命的

---

[15] 轉引《胡適來往書信選・中》，第 179 頁

[16] 〈胡適致蔡元培、林語堂〉，《胡適來往書信選・中》，第 181 頁。

[17] 該文見《胡適文集》卷十二，第 608 頁。

[18] 胡適〈民權的保障〉，《胡適文集》卷十一，第 296 頁。

馬克思和主張議會道路的拉薩爾、伯恩斯坦在手段上相反一樣，胡適反對用暴力，只能表明在反專制的目標上他有他自己的方式。這個方式不是別的，就是非暴力的「法律」。

法律堪為胡適的「法寶」，他既用它反專制，也用它反革命。可是很多人只看見胡適用它反革命，不懂它更可以反專制，就遽然開始批判。魯迅就是這樣的批判者之一。還是在該年三月一日，魯迅致信臺靜農，謂「聞胡博士有攻擊民權同盟之文章，在北平報上發表，兄能覓以見寄否？」[19]這信表明，魯迅已經準備「該出手時就出手」了。果然，半個月內，便有了一瞿一魯的〈王道詩話〉和〈光明所到……〉。其實，胡適哪有什麼攻擊同盟的文章，頂多是發表了不同意見而已。僅僅是不同意見，就被認為是「攻擊」，不僅被批判，而且被開除。開除不可思議，但魯迅的批判卻是可以接受的，因為它是魯迅的個人行為而非受命。遺憾只在於，批判本身大有問題。那篇〈王道詩話〉在指出胡適「這不是在說『政府權』了麼」後，接著道：「自然，博士的頭腦並不簡單，他不至於只說：『一隻手拿著寶劍，一隻手拿著經典！』如什麼主義之類。他是說還應當拿著法律。」這話隱含的意思很明顯，即胡適讓國民黨拿著法律去殺人。果然，文後又用詩跟進：「人權王道兩翻新，為感君恩奏聖明，虐政何妨援律例，殺人如草不聞聲」。在這裏，胡適又被描述為「充耳不聞殺人聲，反用律例援虐政」的人。

魯迅的批判如果單邊地看，不但沒有問題，而且很精彩，問題是事實果然如此嗎？他的批判對象果然是像他所批判的那樣嗎？1929 年人權運動中，胡適呼喚「人權與約法」，這約法是粉飾國民黨虐政的嗎？就這次民權保障同盟而言，胡適在北平接受記者採訪時說：「蓋近年以來人民之被非法逮捕，言論、出版之被查禁，殊為司空見慣，似此實與民國約法之規定相背。民權保障同盟之目的在於根據約法明文，保護民權之免遭非法蹂躪」。[20]這言論是可以讓國民黨虐政援引的嗎？〈王道

---

[19] 〈書信·魯迅致臺靜農〉，《魯迅全集》卷十二，第 155 頁。
[20] 見《晨報》1933 年 1 月 27 日。

詩話〉的批判不但沒打中胡適的要害（胡適不是沒有問題），反而表明批判者對法的陌生，尤其是對憲法政治的不瞭解。胡適舉謂的約法，是英美意義上的憲政之法，不是國民黨以法治民的各種單行法。至於那些虐政性質的律例，如當時的「危害民國緊急治罪法與民眾團體登記條例等」，胡適的態度很明確，「應即廢止」（《申報》一九三三年二月五日）。可是，批判者是沒看到，還是不明了？反將胡氏的憲法視為傳統意義上的王法，以「王道」相稱。這是傳統文化對法的解讀，批判者顯然未能超越這個層次而落其窠臼。然而，稍有英美憲政背景的人都知道，憲法之為法，首先就是用來保障民權的，其方式即控制王權而不讓其胡作非為。或者說，憲法的存在就是讓王權的胡作非為找不到合法性，從而逼其收斂。一個很好的例子，《晨報》二月四日發表胡適談話，胡說「日前報載北平市黨部致函各機關，謂民權保障同盟之組織為非法，吾人對此只有漠然視之。吾人所根據者，為中華民國臨時約法，根據約法而謂非法，則非吾所知也云云。」[21]在這裏，法不正是胡適有理、有利、有節抗拒國民黨的有效利器嗎？明乎憲法與人權的內在邏輯，那麼，胡適在談法律時，難道不就是在說人權嗎？不過換個角度而已，何王權之有？〈王道詩話〉不知就裏，偏偏從法的角度來批胡適，殊不知，這是自己把法推到王權那一邊，然後再罵胡適「人權拋卻說王權」。這種「欲加之辭怪其罪」的雜文法，好不精彩！更好在整個這件事、整個這篇文章，除了表明作者於（憲）法不知外，反而彰示了在今天看來胡適的深刻意義。

（五）「那要看對象如何了」

以法治國而非以黨治國的聲音早在七十多年前就由胡適發出了，然而，在那漫長的歷史隧道中，聲音依然是聲音，事實依然是事實，彼此

---

[21] 轉引〈民權保障同盟的違法問題〉，《中國民權保障同盟》第 185 頁，中國社會科學出版社，1979 年。

相違之形，時間老人也早已司空見慣。因此，歷史一如其往，並非像當年魯迅弟子胡風因「火與劍」的成功所激動的那樣：時間開始了！這個胡風雖然姓胡，但走的不是其本家胡適的路而是魯迅的路，這路走通後，他也就走到監獄裏去了。也正因此，從歷史那一頭傳來的胡適的聲音，猶如空谷足音，格外令人怦然。在我看來，胡魯之間，胡適的路，乃英美憲政之途，它是我們今天的不二之選。事實上，這條路和魯迅那條路一樣，也已走通，它恰恰是在胡適的身後。和魯迅所主張的道路不同，胡適的路，是把政治問題看做法律問題，用法逼著政治逐步就範，使政治最終在法律框架內運作，而不是策劃暴力奪取之。槍桿子裏面出政權，但未必出人權。換言之，槍桿子裏面出的往往是專政而非憲政。國民黨北伐成功了，專政依舊，人權照樣是個問題。因此，解決國民黨一黨專政的，就有過兩種方式，一種是暴力，一種是非暴力。到底哪一種好呢，我們可以看一看歷史，然後再問一問自己。

　　當然，人權最終得以確立，是一個奮鬥的過程；儘管立足於法，但也要坐牢和流血。因此，在結束本文時，有兩段話我很想推薦給閱讀此文的朋友，一是胡適在〈民權的保障〉中的話，一是鄒韜奮在〈民權保障同盟〉中的話。

　　胡適說：「先進的民族得著的民權，不是君主欽賜的，也不是法律授予的；是無數的先知先覺奮鬥力爭來的，是用血寫在法律條文上去的，是時時刻刻靠著無數人的監督才保障得住的。沒有長期的自覺的奮鬥，決不會有法律規定的權利；有了法律授予的權利，若沒有養成嚴重監護自己的權利的習慣，那些權利還不過是法律上的空文。法律只能規定我們的權利，決不能保障我們的權利。權利的保障全靠個人自己養成不肯放棄權利的好習慣。」[22]

　　大致相同的意思，到了鄒韜奮那裏，表達又顯豁了一步，而且有了新的側重：

---

[22]　胡適〈民權的保障〉，《胡適文集》卷十一，第 292 頁。

我們從歷史上看來，便知民權之獲得保障，決不是出於統治者的恩賜，乃全由民眾努力奮鬥爭取得來的。不過依統治者的程度之高下，這種努力奮鬥爭取可有兩種途徑之分別。一種是用比較和平的方法，一種則為流血革命。前者為比較開明的統治者所能容納，後者則為冥頑不靈者所終必自招，所謂自掘墳墓者是。且就歷史上的事實看，總是到前法用到山窮水盡，無路可走時，第二法不待敦請而自己要應著環境的需要而強作不速之客。孫、蔡諸先生所發起的這個「民權保障同盟」當然屬於第一法，為中國計，我們當然希望該同盟的成功——希望之能否成為事實，那要看對象如何了。[23]

「那要看對象如何了」，這一句，於去昔、今下、未往，俱然。

附：本文論及胡適視察北平監獄事件時，其看法與筆者後來寫的〈胡適被中國民權保障同盟開除始末〉（載《南方週末》2002 年 8 月 22 日）有所不同，由於此文寫於《南方週末》文之前，其看法帶有過程性，因此，筆者對此事件的最終看法以《南方週末》文為准。

---

[23] 鄒韜奮〈民權保障同盟〉，《中國民權保障同盟》第 19 頁。

十一、中國民權保障同盟之「胡適案」

（一）一椿了猶未了的歷史公案

　　成立於 1932 年十二月的中國民權保障同盟，主席宋慶齡，副主席蔡元培，總幹事楊杏佛。1933 年一月，同盟分別於上海和北平（京）成立兩個分會，魯迅被選為上海分會執行委員，胡適被推為北平分會主席。該同盟的存在時間大約半年，由於它的活動，比如營救政治犯，為國民黨所不容，所以主持日常工作的楊杏佛於 1933 年六月十八日為國民黨特務所暗殺。楊遇刺後，林語堂作為同盟發起人之一，為其成員安全故，要求同盟停止工作。於是同盟自行解散，其活動也告段落。

　　生命值半歲的中國民權保障同盟給我這個讀史者以強烈印象的，除上述楊杏佛之死外，就是題目所謂的「胡適案」。後者所以為案，是因為胡適入會後旋又被同盟「開除」。儘管作為一椿歷史公案，它似乎早已具結，並成定論。但在我看來，那案子的真相，了猶未了，至少今天還沒有完全澄清。因此，具結也好，定論也罷，對胡適來說，缺乏起碼的公正。

　　胡適被同盟開除，起因是一封信，一封事出有因但卻查無實據的信。這份信在上海同盟和北平分盟之間造成了一場地震，我把它稱之為「京海衝突」吧，衝突的結果是海派獲勝，而京派的胡適被開除。歷史從來都是勝王敗寇，就這件事而言，被開除的胡適從此就被釘在歷史的恥辱柱上。不僅當時受到魯迅、宋慶齡的嚴厲批判；而且，幾十年後，提及這件事，胡適依然被不明就裏地或簡單地醜化為反派角色。香港《多維週刊》總第三十一期登載署名為「秋實」的文章〈胡適與民權保障同盟的一椿公案〉，提到在新近出版的著作中，就這件事對胡適抓住不放的，就有如下幾種：「例如某某某《宋慶齡全傳》罵胡適『造謠誣衊』，某某某《五四之魂》攻擊胡適故意『美化監獄生活』，某某某《無地自

由‧胡適傳》指控胡適『助紂為虐，迫害青年、摧殘異己』，等等，不一而足。」而另有「某某某……指控胡適『為虎作倀』，『他是有罪的』」云云（我所以隱去姓名而替以「某某某」，是因為我針對的是一種現象而非具體作者）。

這到底是一件什麼樣的事呢？讓先賢和時賢們給胡適扣上那麼多的帽子。

（二）北平分盟的視察風波

事情要從中國民權保障同盟北平分會成立那一天說起。

1933 年一月三十日下午五時左右，中國民權保障同盟在北平假地處南河沿的歐美同學會成立北平分會。楊杏佛從上海受任而來，代表宋慶齡參加了這次成立大會。大會由胡適任臨時主席，出席會議的有蔣夢麟、梅貽琦、任鴻雋等留美（歐）同學二十餘人。會上胡適被選為分會主席。當晚七時，會議作出了一個視察北平監獄的決定，並推楊杏佛、胡適之、成舍我三人次日成行。為了落實這個決定，楊杏佛隨即於當夜十一時請見當時統治北平的張學良，並獲准。第二天上午十時，由張學良的秘書王卓然等陪同，楊、胡、成三人先後視察了北平軍委會反省院等三處地方，一直到下午二時才結束。

視察結束了，事情也開始了。四天後即二月四日，胡適收到上海同盟寄來的一個英文快件，內有三件東西，史沫特萊的信，宋慶齡簽名的英文信和北平反省院政治犯用英文寫的一封控訴書。這封控訴書控訴了反省院對犯人所施用的種種酷刑。而宋、史二信則責成北平分會立即就此向當局提出嚴重抗議，廢除北平反省院中的種種私刑，並釋放一切政治犯。

胡適接信當天，就給上海同盟的蔡元培和林語堂寫信，表示自己的「失望」。因為四天前他才和楊杏佛等三人視察那地方，並和犯人有「很詳切的談話」。犯人「訴說院中苦痛，最大者為腳上帶鎖，與飯食營養不足二事」，沒有人談到私刑吊打。胡適說「談話時，有一人名劉質文，

是曾做蘇聯通訊社翻譯的，他與我英文談話甚久，倘有此種酷刑，他盡可用英語向我訴說」。因此，胡適認為，這是一種「匿名檔」，而「隨便信任匿名檔，不經執行委員會慎重考慮，遽由一二人私意發表，是總社自毀其信用。」最後，胡適要求上海同盟對此作出「更正或救正」，以維護其信用。[1]

這封信還沒來得及寄出，第二天一早，胡適就發現當地英文報紙《燕京新聞》登出了宋慶齡的信和那封控訴書。下午又收到史沫特萊的信，知道《大陸報》也已發表此文了。並且，張學良的祕書亦即那天陪同去的王卓然也打電話給胡適，質問文章來源。湊巧的是，北平反省院一個叫韓麟符的犯人因為楊等人的視察，燃起了被援助的希望，於一月三十一日祕密寫信給楊杏佛和胡適，反映反省院中的情況，信於此日即二月五日送到了胡適這裏。而在北平的《世界日報》社兩天前也送來一封所謂的控訴信並短箋，正是這兩樣東西讓胡適作出了判斷，即那封控訴書不但是匿名的，而且還是「捏造」的。於是他一邊給蔡、林二位寫了第二封信，這是一封不依不饒要求上海同盟追究發表責任的信；一邊又寫信給《燕京日報》澄清情況，表示北平反省院的酷刑拷打之說，「看來是不能置信的」。

「中國監獄裏的拷打，是公然的祕密」，[2]這是魯迅在批胡適的文章〈光明所到……〉開頭的第一句話。說實話，我相信魯迅的話；不獨相信，還堅認：只要是一黨專政，就少不了監獄拷打、殘酷鎮壓這一說。因此，這句話作為一個大前提，其實已經隱含了結論，即北平反省院是中國的監獄，因此，那裏的拷打也是公然的祕密。然而，在這個公然的祕密前，胡適都做了些什麼呢？魯迅下文說：「但外國人辦的《字林西報》就揭載了二月十五日的《北京通信》，詳述胡適博士曾經親自看過幾個監獄，『很親愛』的告訴這位記者，說『據他的慎重調查，實在不

---

[1] 〈胡適致蔡元培、林語堂〉，《胡適來往書信選》〈中〉第179頁，中華書局，1979年。

[2] 〈偽自由書·光明所到……〉，《魯迅全集》卷五，第63頁，人民文學出版社，1981年。

能得到最輕微的證據」(引同上)。魯迅這裏引用報紙上胡適的話是什麼意思呢?意思很顯然,胡適在說謊。但,這話不是魯迅說的,而是我說的,儘管我作為讀者這樣說完全是根據魯迅的文意。問題是,人人意中有了,魯迅語中卻無,這就是雜文的筆法了,所謂盤馬彎弓,引而不發。根據我們對國民黨黑暗政治的瞭解,再加上剛才魯迅的單邊敘事,胡適這謊看來是說定了。因此,幾十年後,上述幾位學者在觸及這個問題時,都一邊倒地指控胡適是「助紂為虐」、「為虎作倀」。

然而,錯了。胡適不但沒有「助紂為虐」、「為虎作倀」,而且壓根就沒說謊。他有什麼必要說謊。如果我們不是僅僅根據魯迅的單邊敘事,而是同時閱讀胡適這邊的相關文本;那麼,問題並不難弄清。

除了自己的親訪外,二月三日和五日收到的兩樣東西,使胡適更相信北平反省院至少是沒有經常性的酷刑拷打。那位偷偷寄信的韓麟符,已經在反省院關了兩年多了,如果有拷打,他在信中完全可以以實相告,因為他本來就是要請求援助。可是他卻這樣述說反省院的情況「至於我們在這裏的生活,自然是苦的。第一是飲食方面營養不足,更要命的是每人一副鐵鐐,因之病人很多,並時有死亡。」[3]那麼,如何解釋上海同盟手中那封也是來自北平反省院的控訴書呢?《世界日報》送來的信讓胡適作出了「捏造」的推斷。胡適在二月五號給蔡、林的第二封信中完整引用了《世界日報》社轉來的那封捏造性質的短箋:

敬啟者:

茲由胡適之先生交下「河北第一監獄政治犯致中國民權保障同盟北平分會函」稿一件。蓋以內容頗關人道,囑筆函貴報。祈垂念人道,予以刊登,不勝盼禱之至。敬請撰安。

鄙人李肇音啟二月一日
住後門米糧庫四號胡宅

---

[3] 〈韓麟符致楊杏佛、胡適〉,《胡適來往書信選》〈中〉,第 161 頁。

　　胡適緊接指出「作偽的人知道我看過反省院，故改為『第一監獄』。他膽敢造我的住址，信內簽名捏稱住在我家中，並稱稿子是由我交下的」。[4]既然這封信能如此無中生有，那麼，胡適認為那封信也是這種情況。在下文中，胡適這樣說道：「此種文件與孫夫人所收的同一來源，同是捏造的」，而「孫夫人不加考察，遽信為真，遍登各外國報紙，並用『全國執行委員會』的名義發表，這是大錯」。因此，在信的最後，胡適不客氣地要求上海同盟查清這是怎麼回事，並聲稱「如果一二私人可以擅用本會最高機關的名義，發表不負責任的匿名稿件，那末，我們北平的幾個朋友，是決定不能參加這種團體的」。

　　胡適是認真的，此刻他的表白，給我的感覺是有點小題大做、割袍斷義。國民黨監獄裏的酷刑拷打畢竟是普遍現象，他卻在反省院這一點上如此堅執，這樣做，客觀上已有為國民黨辯護之嫌，這不是自己伸出腦袋給別人抓辮子嗎。但胡適不這樣認為，1933年二月二十一日的《字林西報》登載了記者對胡適的採訪，在採訪中，胡適指出：「改良不能以虛構事實為依據。像那封信和報上所說的那種亂說和誇張，只能使那些希望把事情辦好的人增加困難。」[5]另外，在上述給《燕京新聞》的信的最後，胡適特意作了個補充，以表明自己的態度：「我寫這封信，並沒有意思認為此地監獄的情況是滿意的。民權保障同盟北平分會將盡一切努力來改善那些情況。然而我不願意依據假話來進行改善。我憎恨殘暴，但我也憎恨虛妄」。[6]當年讀東漢王充的「疾虛妄」感到擲地有聲，今天，不意在這種情況下聞聽此聲，不禁感佩。畢竟這也是一種勇氣，甘願挨罵也要實事求是的勇氣。

　　以上敘述是兩種聲音，即魯迅的聲音和胡適的聲音，那麼，北平反省院到底有否酷刑拷打呢？不妨再聽一聽第三種聲音，楊杏佛的聲音。楊也是當時的視察人之一，回上海後，見到胡適於二月四日和五日給蔡

---

[4]　〈胡適致蔡元培、林語堂〉，《胡適來往書信選》〈中〉第180-181頁。
[5]　「《字林西報》記者關於胡適為政治犯問題發表談話的報導」，轉引《中國民權保障同盟》第109頁，中國社會科學出版社，1979年。
[6]　〈胡適致《燕經新聞》編輯部〉，《胡適來往書信選》〈中〉第183頁。

元培林語堂的信，感到事態嚴重，便於二月十日給胡適寫了封信，信稱：
「弟在車中（指楊二月二日下午從北平啟程回上海的列車上，作者注）
見《大陸報》，亦甚詫異，嗣曾告會中諸人，文中所雲，即使有之，必
在入反省院前，不能籠統便加入反省院也。」[7]楊杏佛的旁證是得力的，
上海同盟可以不信胡適之，但卻不能不信自己派出去的楊杏佛。

（三）來自上海同盟的批判

可是，在上海的宋慶齡於嗣後的一篇長文中，這樣批評胡適：「中
國有許多所謂『知識份子』，胡適就是其中典型的一個，除非酷刑在他
們眼前施行，他們是不相信監獄中施用酷刑的。可是，有哪一個犯人敢
在獄吏面前公開說話呢？有哪一個獄吏會讓調查者看一看剛受過酷刑
的囚犯或者讓他親眼看看酷刑的場面呢？」[8]宋慶齡的話我沉吟良久，
不以為非。但和胡適卻對不到一起去。因為，胡適和上海同盟的分歧不
是國民黨監獄是否有嚴刑拷打，而是它在北平反省院是否發生。相對而
言，前者的問題是抽象的，後者則是具體的。胡適不談抽象，留美時的
實證主義訓練，要求他只對具體負責，即具體問題具體對待。既然他沒
有獲得北平反省院嚴刑拷打的直接證據，他就無法扭曲具體去迎合那個
哪怕是正確的抽象。相反，上海同盟，正如蔡元培、林語堂在給胡適的
信中解釋的那樣：「而同人亦以此等酷刑，在中國各監獄或軍法處用之
者，本時有所聞，故亦不甚置疑」。[9]這就是了。上海同盟此舉，從「意
圖倫理」的角度，完全可以理解，但偏偏碰上了執著於「責任倫理」的
胡適，雙方必然弄擰。只是在事情真相大致清楚後，宋慶齡繞開具體，
不就事論事，卻因正義在握，便大處下手，把胡適拎出來公批。我以為，
這對被批者是不公平的。

---

[7] 〈楊杏佛致胡適〉，《胡適來往書信選》〈中〉，第 186 頁。
[8] 宋慶齡〈中國民權保障同盟的任務〉，《中國民權保障同盟》第 14 頁。
[9] 〈蔡元培、林語堂致胡適〉，《胡適來往書信選》〈中〉，第 187 頁。

　　魯迅批胡適和宋慶齡一樣，都是在情況既明之後。二月十二日或十三日下午，上海同盟執委會就胡適來信專門討論了兩個多小時，討論結果由上面蔡、林之信通報給了胡，就胡所提出的責任問題，信中作了這樣的回答：「故此文若不宜由本會發表，其過失當由本會全體職員負責，決非一二人之過，亦決非一二人擅用本會名義之結果」。[10]這封信是上海同盟給胡適的公函，而非蔡、林與胡適之間的私信。這實際上是上海同盟委婉地向胡適承認自己未經確證便遽然發表的「過失」。

　　既然如此，魯迅的〈光明所到……〉至少就不應是那種寫法了。請注意這篇文章的寫作時間：1933 年三月十五日。也就是說，此文距那次會議已有一個多月了，問題已經塵埃落定。但魯迅劈頭就是「中國監獄裏的拷打，是公然的祕密」。和宋慶齡一樣，該文鎖定的不是北平反省院而是無定指的「中國監獄」。它所產生的誤導一如其上，筆尖一個起落，就把胡適挑在為國民黨辯護的立場上。但誤導在繼續。魯迅下文接著引用：「他們很容易和犯人談話，有一次胡適博士還能夠用英國話和他們會談。監獄的情形，他（胡適博士──幹注）說，是不能滿意的，但是，雖然他們很自由的（哦，很自由的──幹注）訴說待遇的惡劣侮辱，然而關於嚴刑拷打，他們卻連一點兒暗示也沒有。」雖是引文，卻暗含諷刺。尤其是第二個「幹注」及其語氣（魯迅這篇文章的筆名是「何家幹」），作為點睛，也作為強調，無法不讓人感到胡適是在「美化監獄生活」。下面魯迅是蓄勢，用自己的親歷做一個對照：「我雖然沒有隨從這回的『慎重調查』的光榮，但在十年以前，是參觀過北京的模範監獄的，雖是模範監獄，而訪問犯人，談話卻很不『自由』，中隔一窗，彼此相距約三尺，旁邊站一獄卒，時間既有限制，談話也不准用暗號，更何況外國話。」魯迅當然說的是實情，卻不能反證胡適是假話。但作為對比，再加上人們對舊中國吏治黑暗的認同，極易在這對比鮮明的兩造情景中做出孰真孰假的判斷。所以魯迅譏諷：「而這回胡適博士卻『能夠用英國話和他們會談』，真是特別極了」（有什麼特別？當時不獨胡

10　〈蔡元培、林語堂致胡適〉，《胡適來往書信選》〈中〉，第 187 頁。

適，就是楊杏佛，不也用英語與犯人交談麼）。至此，魯迅終於發難了：
「莫非中國的監獄竟已經改良到這地步，『自由』到這地步」：一種全然
不信的口吻，表達的當然是否定之意。沒錯，中國監獄是沒改良到這地
步，但這是特例（一是楊杏佛乃宋慶齡的派員，而張學良對宋極有好感。
另外，當時在北平的胡適與張也有交往，所以，張為這次視察開了綠
燈）。就特例作為事實言，情況已然明朗，卻在既明之後，出以這番「乾
坤大挪移」的筆墨，逼真為假，真是「妙處難與君說」。其妙在於，它
可以讓不明實際情況者，造出胡適「美化」云云的假像。果然，當初的
我就得出過這樣的結論（它至遲還體現在我前不久寫完的〈胡魯之爭：
人權還是王權〉中）。現下所以有重新認識，是因為檢讀了三方材料。
後怕的是，如果憚於麻煩，沒做這件工作呢？念此，不禁廢書生歎：單
邊讀書，豈不危乎。

　　事情應該結束了，但胡適深深得罪了上海同盟。於此事，我獨不解
的是，胡適為什麼那樣不依不饒？而且把矛頭直指宋慶齡？他判斷上海
方面是由一二私人擅用本會最高機關名義發表匿名稿件，根據什麼？
再說，自己手上那份由《世界日報》轉來的控訴書是假，但它能成為北
平控訴書是捏造的直接證據？看來實證主義的胡適在實證上也不是沒
有問題，對他的一些做法，我有些不以為然。不過，比較之下，上海同
盟的問題看來更大些。這從林語堂和楊杏佛給胡適的信可見端倪。

　　胡適二月四號和五號給蔡、林去了兩封信後，林於二月九日先回了
一封，說：「接信後蔡、楊及弟皆認為事情極其嚴重，須徹查來源，弟
個人且主張負責糾正」。並表示「大約明日開緊急會議，恐會議上即將
發生重要波折」。為什麼？因為「現此臨時組織極不妥當」，不過，「你
來函態度之堅決，使我們更容易說話」。作為「私人的答覆」，林在信中
婉轉地說到：「本會現此情形，諒你由份子之結合可推想得到」。[11]林語
堂的信，幾處欲言又止，不獨胡適可以推想，我作為後來讀者，亦能推
想而知。這個組織，由於是「份子之結合」，除了分歧必然存在外，恐

---

[11]　〈林語堂致胡適〉，《胡適來往書信選》〈中〉第 185 頁。

怕還的確存在胡適所說的那種一二人獨斷和擅自的情況。至於楊杏佛信，提到會中情況，是這樣說的：「弟等奔走此會，吃力不討好，尤為所謂極左者不滿，然集中有心人爭取最低限度之人權，不得不苦鬥到底，幸勿灰心，當從內部設法整頓也」。[12]這裏所謂極左者，我認為，肯定是以宋慶齡、魯迅為主，中間者，大約蔡元培、林語堂、楊杏佛也（不過，前兩人是中間偏右，楊則居中偏左），相形之下，胡適等京派就是極右了。中國民權保障同盟本來就是左中右知識份子的「聚合」，由於左與右之間在觀念上偏差太大，以至根本說不攏；如果不是崩盤，那麼就是一方全身而退（比如上面胡適表示「是決定不能參加這種團體的」，只不過，他只是一個姿態，不待他退出，同盟就先行將他開除了）。

（四）開除：道不同不相謀

開除這件事基本上就是一、二人的專斷和擅自，儘管是以全體的名義。但就控訴書一事還無法拿胡適怎樣，畢竟胡不虧理。但這事又出現了一個波折，而這個波折直接導致了胡適的被開除。事情是這樣。上海同盟一邊把那次會議的最後結果通過蔡、林之信通報給胡適，表示今後再碰上這種情況，一定「審慎考核，不輕發表」。一邊卻又在《大陸報》上以同盟的名義發表了一項聲明，「大意是說，在同盟準備視察監獄之前幾天，監獄當局就已經得到消息，因而預先把真實情況掩蓋起來，這樣，委員會的視察自然毫無所得」。[13]且不說，胡適指出這一聲明完全不符合事實，因為，如前所述，一月三十日晚七時才作出視察決定，夜十一時由楊杏佛請見張學良，第二天上午就現場視察，要掩蓋什麼也來不及。更在於，同盟如此自相矛盾的做法──一邊向胡適解釋，一邊又另登聲明，恰恰暴露了內部的分歧。如果說，蔡元培、林語堂、楊杏佛等人能認同於胡適，宋慶齡則肯定不能接受胡信中所說的一切，更何況

12　〈楊杏佛致胡適〉，《胡適來往書信選》〈中〉，第 186 頁。
13　轉引《中國民權保障同盟》第 108 頁。

胡信的矛頭毫不隱諱地指向她。因此，這份聲明從邏輯上說，是不應包含蔡、林、楊等人的意見在內的，然而，它之發出卻是以同盟的名義。

這個小動作倒不要緊，胡適予以澄清就行了。事實上他也正是這樣做的，如果他僅僅這樣做，也不會有什麼後果，可是，胡適顯然有些意猶未盡了。在記者訪談的最後，他說了這樣一段必然導致他被開除的話：「同盟不應如某些團體所提出的那樣，提出釋放一切政治犯，不予依法治罪的要求。一個政府應該有權對付那些威脅它本身生存的行為，但政治嫌疑犯必須如其他罪犯一樣，應當得到法律的保障」。[14]僅就這段話而言，胡適被開除可謂「活該」。第一，這是他「公然」為國民黨政府辯護了。以上視察那件事如果事出有因的話，那麼，這段話卻是一種明明白白的表示：鎮壓有理。第二，中國民權保障同盟成立的目的，首先就是要求釋放國內政治犯，而胡適在這裏明顯是在唱反調。

針對第一點，胡適與其是說鎮壓有理，不如說他是在反暴力革命。就這一點而言，他不僅反對當時共產黨對國民黨的暴力革命，而且在先也反對國民黨對北洋軍閥的暴力革命。於是，這個雙重的反革命就很讓一些知識左派看不起，因為他總是「投靠」既成勢力那一方。其實，胡適反革命是確實，但投靠卻無稽。因為胡適對社會問題的解決，其基本思路是「法律」而不是「暴力」，所以他必然反革命。如果改革就是革命的話，胡適是堅主走改良道路的。既如此，他不可避免地就要和體制有些合作（法律本身就是體制化的），亦即從現體制內部改良，而非另砌爐灶，從體制外部推翻。在他看來，推翻僅僅是為了權力，並不能解決民權問題。既然任何革命都是為了權力，那麼，「向政府要求革命的自由權，豈不是與虎謀皮？謀虎皮的人，應該準備被虎咬，這是作政治運動的人自身應該的責任」。[15]換言之，你想要權力嗎？行，那你就得準備權力者的反奪權。這其實講的是雙方對等，隱含的更是反對革命的意思（至於革命能否解決民權問題，只要從中國歷史上最早的「湯武革

---

[14] 轉引《中國民權保障同盟》第 109 頁。

[15] 〈民權的保障〉，《胡適文集》卷十一，第 295 頁，北京大學出版社，1998 年。

命」一直往後排，就可以明白胡適說得對不對）。所以胡適說：「我們以為這條路是錯的。我們贊成民權應有保障，但是我們以為民權的唯一保障是法治。我們只可以主張，在現行法律之下，政治犯也應該受正當的法律保障」。（引同上）

因此，就第二點言，胡適不主張無條件地釋放政治犯，但強調他們必須受到法律的保護。為此，他提出了四條原則：「第一，我們可以要求，無論何種政治犯，必須有充分證據，方可由合法機關出拘捕狀拘捕。誣告的人，證實之後，必須反坐。第二，我們可以要求，無論何種政治犯，拘捕之後，必須依照約法第八條，於二十四小時之內送交正式法庭。第三，我們可以要求，法庭受理時，凡有證據足以起訴者，應即予起訴，由法庭公開審判；凡無犯罪證據者，應即予開釋。第四，我們可以要求，政治犯由法庭判決之後，應與他種犯人同受在可能範圍之內最人道的待遇。」四條過後，胡適總結「這都是關於政治犯的法律立場。離開了這個立場，我們只可以去革命，但不算是做民權保障運動」。（引同上）

胡適希望中國民權保障運動要建立在法律的基礎上，可謂一片苦心。他所面對的情況，一面是當政的國民黨用權力制裁全國輿論，不容許異黨異派的存在，一面是不滿於現政權的各種政治勢力，包括武裝反抗的革命黨派。這兩者衝突愈演愈烈，不可化解。胡適就想通過另外的方式來解決問題，這就是法律。胡適強調法律，始終針對兩個方面，「一面要監督政府尊重法律，一面要訓練我們自己運用法律來保障我們自己和別人的權利」。（引同上）胡適的觀點，亦即自由主義知識份子的觀點，在今天看來，未必不是一種選擇，但在當時嚴酷的背景下，豈但「知音少，弦斷有誰聽」；而且還難免背負為統治者幫忙、幫兇抑或幫閒的黑鍋。

當胡適的上述觀點經《字林西報》記者以談話形式於二月二十二日報導出來時（我手上的資料有兩種，另一種日期是二月二十一日），上海同盟立即就作出了反應，當天（如是二十一日則為次日），它就致電胡適，詢問報上所言是否「尊意」，因為它與同盟的主張相違背。由於未得「尊復」，二月二十八日，不是由同盟，而是直接由宋慶齡和蔡元培兩人署名致電，給胡下最後通牒：「釋放政治犯，會章萬難變更。會

員在報章攻擊同盟,尤背組織常規,請公開更正,否則唯有自由出會,以全會章」。[16]幾天後,亦即三月三日,由於從胡適那裏「尚未得到滿意答復之故」,上海同盟召開臨時中央執行委員會會議,議決將胡適開除出盟。

(五)「知識份子不盟」

我想我沒必要掩飾我對胡適被開除這件事的反感,儘管同盟要求國民黨無條件釋放政治犯,我是無保留地認同(但卻也能充分理解胡適)。同盟本來就是左中右知識份子的聚合,正如楊杏佛所說:「集中有心人爭取最低限度之人權」,只要在民權保障方面是個有心人就可以了,這也是一種最低限度。何況同盟不是政黨(這是宋慶齡自己說的),而是一個民間性質的團體,可是它處置事務卻比政黨還嚴厲。且聽宋在上述文章中對胡的批判:「胡適身為同盟的盟員,又是北平分會的主席,竟進行反對同盟的活動,他這種行為是反動的和不老實的。」[17]這樣的語言我是耳熟能詳,以至生繭了。可是,什麼叫「反對同盟的活動」?不就是主張和觀點不一致嗎?不就是把這種不一致公開表達出來了嗎?難道就不允許?是的,幫有幫規,盟有盟紀,它還就絕對不允許不同意見的存在。比如,宋慶齡緊接著以更嚴厲地口吻說:「在這許多基本原則上,我們只有絕對團結,不能容許動搖」,一旦加入同盟了「就必須堅決地擁護它、支持它」。[18]真是「侯門一入深如海」,所謂絕對團結,不就是絕對服從、絕對不許有異義嗎?如果你不堅決擁護,那就堅決把你開除。同盟不是黨,卻比黨還黨。黨者,黨同伐異之謂也。可是毛澤東後來還曾「大度」地認同:黨外無黨,帝王思想,黨內無派,千奇百怪。黨尚如此,況何於盟?我可以贊成宋盟的主張,但我無法接受它的

[16] 〈宋慶齡、蔡元培致胡適電〉,《胡適來往書信選》〈中〉,第193頁。
[17] 宋慶齡〈中國民權保障同盟的任務〉,《中國民權保障同盟》,第6頁。
[18] 宋慶齡〈中國民權保障同盟的任務〉,《中國民權保障同盟》,第7頁。

舉措，因為，開除之類的做法，無形中或不幸把這個本來是民間和民主性質的團體給江湖化、幫會化了。

如果沿歷史上溯一下，孫夫人這種做法並非空穴來風。當年他的夫君孫文在日本欲創立「中華革命黨」時，就是痛感由宋教仁改組的國民黨不團結、不聽話，以至他憤憤地說：「國民黨是一盤散沙，烏合之眾，這個黨我不要了」。[19] 他要的是什麼黨呢？就是絕對服從和絕對聽話的黨。這個「中華革命黨」在黨員入黨時，必須立誓，並加按指模，表示：「附從孫先生……，一、實行宗旨；二、服從命令；三、盡忠職務……」，並最後表示：「如有二心，甘受極刑。」[20] 像江湖歃血為盟一樣，無怪乎黃興等認為有辱人格而決不加入了。返觀同盟，是不是亦有夫君其遺風？當然，歷史的進步在於，二心者不必受其極刑，而是進化為開除。然二者絕不容其異，凡有二心即異，則一也。記得幾年前，我做知識份子研究，為強調知識份子的（批判）獨立性，並有感於古人「君子不黨」云，曾自曰「知識份子不黨」。現讀同盟胡適案，惕然於心，不禁進而謂曰「知識份子不盟」。這個「盟」當指所有民間性質之團體，哪怕你和它確有其志乃同的一面。好壞還是由自己獨立擔當吧，如果你很自信的話。知識份子就是知識「分子」。當然，這話只是說給自己聽的，邵建謹記。

當我幾十年後猶為前人鳴其不平時，當事人又是如何面對這事的呢？不妨看一看當年的胡適日記。1933 年三月四日，也就是報載胡被開除的當日，胡適先在自己的日記中剪貼了兩則關於這消息的報導，然後寫道：「此事很可笑。此種人自有作用，我們當初加入，本是自取其辱。子民先生夾在裏面胡混，更好笑。」然後就轉記當時發生在北京附近的戰事了（胡適前後幾天的日記重點都是圍繞當時的戰事，一會兒電督蔣介石北上指揮，一會兒寫信給張學良要求他自責去職，心甚焦灼於國事），日記最後，筆墨又繞回來，透露出這樣一個資訊：「下午在我家

---

[19] 轉引王維禮主編《中國現代史大事記事本末》（上）第 6 頁，黑龍江人民出版社，1987 年。

[20] 轉引彥奇等主編《中國國民黨史綱》第 90 頁，黑龍江人民出版社，1991 年。

中開民權保障同盟會北平分會執委會。此會是三月一日召集的。我自然不願再和上海那班人辯爭，陳博生、成舍我、任叔永諸君要寫信去質問總會，我也無法阻止他們。」[21]

對此事，胡適的態度大致是隨它去，甚至懶得辯解，儘管他完全可以在媒體上發個反駁性的聲明，這並不困難。但他無言受下這一記棍子，不作公開表態了（僅是當天給上海的蔡元培即上面的「子民先生」去了封信，大意是先生為這班妄人所包圍，將來不知如何得了），因為他心另有所繫，而且也「不願多唱戲給世人笑」。儘管胡適表示不把這事放在心上，但北平的那撥自由主義知識份子卻感到這樣下去不行。除了上述胡適日記提到的三人外，另有馬裕藻、蔣夢麟等，一共五人，於三月十三日以同盟會員的身份寫信給上海，向總會提出五個問題，其中第五個問題即與胡適此事有關：「本同盟會員，既為不拘國籍、性別及政治信仰，當然為一種自由結合，與以鐵的紀律拘束會員之政黨，顯然不同，則會員在會外，是否尚能以個人名義發表意見？會員個人之言論自由，是否應因入會保障他人民權，而先自犧牲？」[22]問題提得很尖銳，但語氣卻很和緩，一派自由主義的風度。信最後，要求上海方面就五個問題「予我等以最充分之解答，並將藉以決定我等將來對於本同盟之進退」。最後一句話，實際上是讓對方表態，也等於自己向對方表了態。

現在，剩下最後一個問題，是誰開除了胡適？我在上面說過，「開除這件事基本上就是一、二人的專斷和擅自，儘管是以全體的名義」。這句話透支到現在，還沒有作相應的解釋。其實，我要表達的意思，雖然蔡元培和林語堂等都參加了三月三日的臨時中央執行委員會會議，但開除的動議不但不會出自他們，而且更多是被裹挾。我這樣推斷，根據是蔡元培後來給胡適的一封信。胡適三月四日給蔡信後，蔡於三月十七日作了回覆，信曰：「適之先生大鑒：奉四日惠函，知先生對民權保障同盟『不願多唱戲給世人看』，且亦『不願把此種小事放在心上』，君子見

[21] 《胡適日記》卷六，第 201-202 頁，安徽教育出版社，2001 年。
[22] 〈馬裕藻等人致民權同盟執委會信〉，《中國民權保障同盟》，第 22-23 頁。

其遠大者，甚佩甚感。弟與語堂亦已覺悟此團體之不足有為，但驟告脫
離，亦成笑柄；當逐漸擺脫耳。承關愛，感何可言！此復，並祝春祺」[23]
蔡、林二位對胡適的那種處理肯定是不以為然的（只要是一個自由主義
知識份子對這種處理肯定都會不以為然），但為顧全大局，他們隱忍了，
但裂痕也不可避免地存在了。我讀高平叔撰寫的《蔡元培年譜長編》，
發現蔡給胡信的次日，即三月十八日，中國民權保障同盟上海分會召開
大會，宋、楊、魯等重要人物俱與會，計四十餘人，而「蔡元培因病、
林語堂因事，均未能出席」，這難道是偶然的嗎？四月五日，又是宋、
楊、沈包括伊羅生等一眾人為營救羅登賢赴南京，這樣一次大規模的亮
相行動，蔡、林又未與之行。最後，楊杏佛一死，蔡元培退出，林語堂
要求同盟停止活動，這都是自然而又必然的了。

　　那麼，是誰把胡適給開除了呢？開頭的《多維週刊》文章說：「開
除胡適，據說是魯迅的提議」。既然是據說，又無法見諸文獻，就不算
數，儘管魯迅出席了那天的會議。另有一篇文章說得更明確：「胡適身
為北平分會主席，不僅不敢公開抵制，反而尋找種種藉口為之辯護，反
對『同盟』的活動。為此，魯迅表示了極大的憤慨，在上海中國民權保
障同盟總部會議上，魯迅首先提議把胡適開除出『同盟』，取消其盟員
資格。」[24]這樣一個重要的事情，惜其文章未注明原始出處（持同樣說
法但也未注明原始出處的，還有陳漱渝先生的一篇），我只能姑妄聽之。
不過，假設一下，如果讓魯迅處理這件事，我相信，他確可能會這樣做。
為什麼？這不妨是個旁證，讀魯迅年譜，碰到茅盾的一段回憶，說左聯
解散後，要成立一個文藝界抗日統一戰線的組織，計畫把當時的「禮拜
六派」也拉進來。有人對此擔心，茅公去問魯迅，魯迅說：「組織抗日
統一戰線容納『禮拜六派』進來也不妨，如果他們進來以後不抗日救國，
可把他們開除出去」。[25]動不動就開除，可能是左翼會黨的組織習慣，

---

[23] 《胡適日記》卷六，第 211 頁。

[24] 黃艾仁〈一代哲人多思考——魯迅與胡適的相互評價〉，《胡適與中國名人》
第 235 頁，江蘇教育出版社，1993 年。

[25] 《魯迅年譜》卷四，第 303 頁，人民文學出版社，1981 年。

他們不欣賞差異，也無法容忍差異。後來，這個組織成沒成立，「禮拜六派」進沒進來，以至進來後又開沒開除，我已沒興趣知道。但我從蔡元培年譜中知道，胡適被開除後的次月，和魯迅同是上海分會執行委員的吳邁，也是因其主張和行為與同盟宗旨不合，被議決除名。這是第二例。

其實，以我看，開除胡適，不太可能排除的是宋慶齡的因素。因為，胡適的信，矛頭都是衝著她的。但，胡適本人卻把這事僅僅記在了楊杏佛頭上（一是因為兩人有過節，二是因為楊主持同盟的實際事務），日記中時有不滿。1933 年六月十八日，楊杏佛遇刺的當天，也即胡適將於其傍晚登船赴美之日，他在朋友的家裏聽到了噩耗，然從當天日記來看，胡適只是表現出驚訝、不解和感慨，而無多惋惜，更無傷悲，甚至還數落了楊的種種不當，責其有「麻子心理」。當然，作為非公開的私人日記，胡適怎麼寫都可以，別人無法計較。只是讀了後，同「何期淚灑江南雨，又為斯民哭健兒」的魯迅相比，我分明感到了胡適的冷漠，太冷漠了些。這種感覺直到我讀胡適日記至一九三四年六月十八日才稍有逆挽，在這一天日記的最後，胡適寫道：「今日為我去年去國上船之日，亦即是楊杏佛被暗殺之日」。[26]

---

[26] 《胡適日記》卷六，第 399 頁。

十二、1930 年左右的「魯梁論戰」

（一）「魯梁論戰」

「『魯梁論戰』是中國現代文學史上一大歷史公案。正是由於這場論戰，『喪家的資本家的乏走狗』、『反動文人』的帽子，罩定了梁實秋的一生。如果問個為什麼，評說者眾說紛紜，讀者心頭卻是一團霧。欲撥迷霧，只有讓魯迅和梁實秋開口說話。」[1]

這是《魯迅梁實秋論戰實錄》「內容簡介」的開頭，編者將魯迅梁實秋八年論戰（以 1930 年為中心）的一百多篇文字輯為一冊，堂皇四十多萬言，論涉教育、翻譯、文學、批評、政論諸方面。雙方唇槍舌劍，你來我往，幾乎在每一個問題上都陷入糾纏，高潮時甚至惡化為罵；因此，這場長達八年的交戰，到今天，一般人所知道的，恐怕也就是那個「乏走狗」了。這其實是論戰的悲哀，但凡認真嚴肅的論戰，到最後不該是蓋棺為「罵」的。比如胡適，他的文化論爭不可謂不多，即以二、三十年代而論，什麼「問題與主義」、「科學與玄學」、「東西文化」以及「民主與獨裁」等，又何曾有那種人格侮辱的罵。罵與不罵，因人而異，魯迅畢竟是魯迅，胡適終究是胡適。

對於「魯梁論戰」，這裏並不準備敘述始末，而是抓住雙方的「陽面的大文」（魯迅語），橫向解剖論爭中的幾個切面。

（二）怎一個「硬」字了得

〈論魯迅先生的「硬譯」〉是梁實秋對魯迅翻譯提出批評的第一篇「陽面的大文」。

---

[1] 黎照編《魯迅梁實秋論戰實錄》，封頁內側，華齡出版社，1997 年。

　　關於「陽面的大文」，魯迅在《三閑集》的「序言」中這樣說：「現在我將那時所做的文字的錯的和至今還有可取之處的，都收納在這一本裏。至於對手的文字呢，《魯迅論》和《中國文藝論戰》中雖然也有一些，但那都是峨冠博帶的禮堂上的陽面的大文，並不足以窺見全體，我想另外搜集也是『雜感』的一流的作品，編成一本，謂之《圍剿集》。如果和我的這一本對比起來，不但可以增加讀者的趣味，也更能明白別一面的，即陰面的戰法的五花八門。」[2]在魯迅看來，對手的文字，不是「陽面的大文」，就是「陰面的戰法」，後者的文體是雜感。細讀之下，魯迅的意思莫非是，雜感就是陰面的戰法的五花八門？而魯迅和對手論戰，不是一律用雜感麼。其實，雜感也是「陽面的大文」，只要公開發表；但「陽面的大文」也正不妨有「陰面的戰法」，比如後來歷史中的「陽謀」和「陰謀」，兩者不就是「互通款曲」的嗎。

　　在這篇「陽面的大文」中，梁實秋並不隱諱他對魯迅翻譯的批評。「硬譯」本是魯迅的「自謙」，在《文藝與批評》的「譯者附記」中，魯迅說「從譯本看來，盧那察爾斯基的論說就已經很夠明白，痛快了。但因為譯者的能力不夠，和中國文本來的缺點，譯完一看，晦澀，甚而至於難解之處也真多；倘將仍句拆下來呢，又失了原來的精悍的語氣。在我，是除了還是這樣的『硬譯』之外，只有『束手』這一條路──就是所謂『沒有出路』──了，所餘的唯一的希望，只在讀者還肯硬著頭皮看下去而已。」[3]

　　《文藝與批評》是魯迅 1929 年出版的一本翻譯文集，內收蘇聯盧那察爾斯基的六篇文藝評論。這本書的翻譯，魯迅自己的評價是「晦澀」。為什麼，一，也是自謙，「譯者的能力不夠」；二，多少是無奈，「中國文本來的缺點」。但，如果從翻譯方法上看，晦澀，主要來自於魯迅自謂的「硬譯」，即譯句與本句之間詞對詞、句對句，語法位置一動都不動的翻譯。用魯迅自己的說法，這種翻譯，「是按板規逐句，甚而至

---

[2]　魯迅《三閑集‧序言》，《魯迅全集》卷四，第 4-5 頁，人民文學出版社，1981 年。

[3]　魯迅〈《文藝與批評》譯者附記〉，同注 1，第 186 頁。

於逐字譯的」。[4]魯迅是「硬譯」的絕對論者,甚至認為,除了硬譯,就是不譯,至少他自己是這樣。

梁實秋無法認同這種翻譯理念。他的文章是從陳西瀅對「死譯」的看法入題。什麼叫死譯?陳西瀅說:「……非但字比句次,而且一字不可增,一字不可先,一字不可後,名曰翻譯:而『譯猶不譯』,這種方法,即提倡直譯的周作人先生都諡之為『死譯』」,梁實秋補充道:「『死譯』這個名詞大概是周作人先生的創造了」(下引梁實秋,如出此文,不另注)。[5]

不難看出,經由陳西瀅闡釋的周作人的「死譯」,實際上就是魯迅提倡的「硬譯」。

由「死譯」入題,梁實秋接著就例舉了魯迅「硬譯」的三個句例,為了領略魯迅的翻譯風貌,這裏不妨抄錄其一:

> 內容上雖然不相近,而形式底地完成著的作品,從受動底見地看來,對於勞動者和農民,是只能給與半肉感底性質的漠然的滿足的,但在對於藝術底化身的深奧,有著興味的勞動者和農民,則雖是觀念底地,是應該敵視的作品,他們只要解剖底地加以分解,透徹了那構成的本質,便可以成為非常的大的教訓。

又是「底」,又是「的」,還有「底地」……

因此,梁實秋儘管很慎重:「上面幾句話雖然是從譯文中間抽出來的,也許因為沒有上下文的緣故,意思不能十分明瞭」;下面話音一轉:「但是專就文字而論,有誰能看得懂這樣稀奇古怪的句法呢?」由於魯迅是按「板規」逐句逐字的對譯,在梁實秋看來譯出來的文句由於不合漢語就不免「稀奇古怪」,乃至晦澀了。梁實秋甚至打了個比喻,說自己讀這樣艱深的文字:「就如同看地圖一般,要伸著手指來找尋句法的線索位置」。

---

[4]　魯迅〈「硬譯」與「文學的階級性」〉,同注 1,第 200 頁。
[5]　梁實秋〈論魯迅先生的「硬譯」〉,同注 1,第 190-193 頁。

梁實秋不贊成「硬譯」(「死譯」)是顯然的。在陳西瀅對舉「曲譯」和「死譯」時,梁便表態:沒有完全的曲譯,只有部分的曲譯,後者「即使是錯誤,……而你讀的時候究竟還落個爽快;死譯就不同了:死譯一定是從頭至尾的死譯,讀了等於不讀,枉費時間精力。」針對魯迅希望讀者「硬著頭皮看下去」,梁表示「我們『硬著頭皮看下去』了,但是無所得」。

最後,梁實秋提出了自己的看法:「中國文和外國文是不同的,有些句法是中文裏沒有的」,怎麼辦?梁認為不能按「板規」詞對詞、句對句地硬譯,而是「不妨把句法變換一下」,「以使讀者能懂為第一要義,因為『硬著頭皮』不是一件愉快的事」。

梁實秋的文章發在《新月》雜誌 1929 年第六、七期的合刊上,同期還刊載了梁的另一篇文章〈文學是有階級性的嗎?〉。這期雜誌魯迅「順便一翻」之後,便一石二鳥,以〈「硬譯」與「文學的階級性」〉的長篇雜感回擊梁的這兩個問題。

這裏,不妨只就翻譯看魯迅發言,文學階級性的問題置後,免得東西跳踉。而魯迅的這個文本,恰正有這方面的問題。

歸納魯梁翻譯觀的不同,在於魯迅有個「板規」,即譯文和原文必得句式一樣,不能「將仂句拆下來」;而梁實秋不以為然,認為「不妨把句法變換一下」。兩種翻譯觀的不同應該是正常的,可以商榷討論,也可以互相批評。那麼,魯迅是如何對待這次批評的呢?

反駁是從「硬」開始的。

Ⅰ:針對梁實秋「我們『硬著頭皮看下去』了,但是無所得」,魯迅這樣回擊:「梁先生自以為『硬著頭皮看下去了』,但究竟硬了沒有,是否能夠,還是一個問題。以硬自居了,而實則其軟如棉,正是新月社的一種特色」。

這也正是魯迅的論戰特色。梁實秋到底硬沒硬著頭皮,這只有梁實秋自己知道,別人是沒辦法懷疑的。但,別人無法懷疑,魯迅卻能。一個本不是問題的事兒,卻被當作問題提了出來(言下之意,你梁實秋沒看懂,是沒有真的「硬著頭皮」);但,問題剛提出,魯迅便一下子跳離,

跳到了新月社政治表現的「軟硬」上。新月社與這裏的翻譯有什麼關係，筆者不得而知。面對自己翻譯的生硬，魯迅「王顧左右而言他」，而且前後兩個「硬」又不是一回事。在同一問題中，使用同一辭彙卻切換它的內涵，邏輯上叫「偷換概念」。這是不是「陽面的大文」中的「陰面的戰法」？這戰法無以回應自己在翻譯上的「硬」便指責對方在政治上的軟。後者影射的是包括梁實秋在內的新月同仁與國民黨之間的「人權論戰」。姑不論魯迅這種說法並不符合新月社的實際表現（可參見筆者的〈事出劉文典〉），問題是，從翻譯到政治，這兩者間如果沒有必然的聯繫，那是不是扯？

所謂「東西跳踉」，即此謂也。

Ⅱ：針對梁實秋「曲譯……究竟還落個爽快」，魯迅說：「但我卻從來不幹這樣的勾當」。「勾當」，這麼嚴重的詞，不就是翻譯方法不同嗎？原來魯迅移花接木，又跳換了意思。「我的譯作，本不在博讀者的『爽快』，卻往往給以不舒服，甚而至於使人氣悶，憎惡，憤恨。」梁實秋的「爽快」是指翻譯語言的閱讀，與翻譯內容無干，而魯迅這裏卻轉指自己譯作的價值取向。把翻譯的語言不動聲色地置換為翻譯的內容，其手法和上面如出一轍。魯迅再一次迴避了「硬譯」所造成的閱讀困難，而且轉守為攻，那「爽快」的「勾當」我不幹誰幹，也就不言自明瞭。於是魯迅手中的筆猶如李逵的板斧，排頭砍去：「讀了會『落個爽快』的東西，自有新月社的人們的譯著在：徐志摩先生的詩，沈從文，凌叔華先生的小說，陳西瀅（即陳源）先生的閒話，梁實秋先生的批評，潘光旦先生的優生學，還有白璧德先生的人文主義。」

「一篙打翻一船人」。

Ⅲ：針對梁實秋說魯迅的譯文「就如同看地圖一般，要伸著手指來找尋句法的線索位置」，魯迅很直接地說：「這些話，在我也就覺得是廢話，雖說猶如不說了。」居然就能把別人的批評指為「廢話」，筆者寡陋，還是第一次見到（奇怪的是，該文不是第一次讀，為什麼以前見猶未見）。但下面魯迅還是對廢話說話了：「是的，由我說來，要看『這樣的書』就如同看地圖一樣，要伸著手指來找尋『句法的線索位置』的」。

魯迅還是認同了對方的說法，可見對方說的不是廢話，否則自己說的又是什麼呢。這句話擺明了，我要的就是這效果。「看地圖雖然沒有看〈楊妃出浴圖〉或〈歲寒三友圖〉那麼『爽快』，甚而至於還須伸著手指（其實這恐怕梁先生自己如此罷了，看慣地圖的人，是只用眼睛就可以的），但地圖並不是死圖」。地圖不是「死圖」，硬譯也不是「死譯」，至於要用手指，是你自己的事。「識得 ABCD 者自以為新學家，仍舊和化學方程式無關，會打算盤的自以為數學家，看起筆算的演草來還是無所得。現在的世間，原不是一為學者，便與一切事都會有緣的。」

繞了一大圈，原來是說梁實秋水平低。

行文至此，魯迅並沒有就自己因「硬譯」而造成的「晦澀」作出正面回答，都是在一些邊際問題上游走，意氣當頭，語多譏諷和不屑。這就是二、三十年代上海灘典型的雜文體。

終於，魯迅解釋了自己的翻譯為什麼要「硬」。是因為「中國的文法」「不完備」，不能保存「原來的精悍的語氣」，因此，「許多句子，即也須新造，——說得壞點，就是硬造，」這硬造包括「文法句法詞法」。至於由此帶來的晦澀，魯迅也承認，但又認為「開初自然是須『找尋句法的線索位置』……但經找尋和習慣……便不必伸出手指，就懂得了」。至於現在『『伸出手指』，『硬著頭皮』，於有些人自然『不是一件愉快的事』」，魯迅並不介意，「我是本不想將『爽快』或『愉快』來獻給那些諸公的，只要還有若干的讀者能夠有所得，梁實秋先生『們』的苦樂以及無所得，實在『於我如浮雲』。」（以上未注魯迅引文俱見〈「硬譯」與「文學的階級性」〉）

很瀟灑。但，梁實秋是誰，梁實秋不是讀者嗎，不過是讀了後——用魯迅自己的話——「『嚴正』地下了『批評』」的讀者。莫非讀者中的誰誰提出批評，就對他們說：諸公，我的翻譯，本來就不是給你們看的。或者，誰批評了，他就要從「那若干的讀者」中開除出去？面對來自閱讀的批評，魯迅不但橫挑鼻子豎挑眼，而且直接就是拒絕。

可以看到，魯迅這一態度不獨是對梁實秋，而是對所有不認同「硬譯」而提出批評的人。一年多後，魯迅就「硬譯」又開始了新的論戰，

當然是與別人。一開頭魯迅就說：「在這一個多年之中，拼死命攻擊『硬譯』的名人，已經有三代了：首先是祖師梁實秋教授，其次是徒弟趙景深教授，最近就來了徒孫楊晉豪大學生。」[6]不妨把有關辭彙摘出：「拼死命攻擊」、「祖師」、「徒弟」、「徒孫」。不就是批評嗎，怎麼成了「拼死命攻擊」？這話好像有一個潛在的前提，硬譯是不能碰的。梁、趙、楊三人各不相干，只因對硬譯不滿，就被硬綁到一個家族——拼死命攻擊——的家族中，還被排為三代，儘管趙的歲數與梁同。最不幸的是那個楊晉豪，一個在讀的大學生，還沒出道，就被文壇長者蔑為「徒孫」。

可以不關心魯迅的硬譯及其觀點，什麼觀點不可以？但不可不關心的是，魯迅面臨和自己不同乃至反對的觀點時，是如何應對，比如，以什麼態度、通過什麼方式、使用什麼樣的話語、表現出什麼樣的語氣。所謂「文如其人」，從中很能見出一個人到底是什麼樣的人，想藏都藏不了。

以上作為一種展示，很明顯，魯迅不僅翻譯「硬」，對待別人的批評也「硬」，而且更「硬」。

「打著我所不佩服的批評家的傷處了的時候我就一笑，打著我的傷處了的時候我就忍疼，卻決不肯有所增減，這也是始終『硬譯』的一個原因」。魯迅好像是承認自己被打中了傷處，只是絕不肯改變罷了。鑒於魯迅對「硬譯」的帶傷堅持、決不後退和梁實秋對它的毫不客氣的批評，就不得不使人關注這「硬譯」本身，哪怕是稍微。不能說魯迅的硬譯理論在他自己的邏輯中，沒有道理；但，梁實秋的觀點不同樣有道理嗎？都有道理。問題在於，道理和道理是不好比較的，任何好的道理都要落實到翻譯實踐上，否則便是「空頭」。就翻譯實踐言，魯梁之間的比較就很分明。論戰開始時梁實秋曾例舉魯迅三段譯文，以見其硬，這次，梁實秋為了比較，一仍舊貫，就達爾文的一句話，不但揭出魯迅的翻譯，而且自己也翻了一遍，甚至又附上了達爾文的原文，以供三相對

---

[6]　魯迅〈幾條「順」的翻譯〉，同注 1，第 567 頁。

照。如果略去達爾文的原文，下面就是他們兩人的翻譯了。孰梁孰魯，
這裏戲掩其名，讀後自然知道譯主是誰：

「競爭應該為一切的人們開放：法律和習慣，都不應該來妨礙有最
大的成功和最多的子孫的有最大的能力者」。

「一切的男人應該有公開的競爭：法律和習慣不應該妨礙最有能幹
的人去得最大的成功與養育最大數目的子孫」。[7]

魯迅的「硬」，是不願「將仂句拆下來」，而梁實秋的「順」，則是
「不妨把句法變換一下」，兩種不同的道理導致了如此不同的翻譯實
踐。孰短孰長，這幾十年前的沸沸揚揚的翻譯之爭，到今天，更不難作
出判斷了。

（三）「香」「臭」之喻和「普羅文學」

與翻譯論爭幾乎同時的，便是人性、還是階級性以及普羅文學之
爭，這是魯迅和梁實秋文化論爭中的最重要的內容。

1920 年代末期的魯迅在創造社、太陽社的刺激下，已經讀了些馬
克思主義，包括它的文藝理論，按照魯研界的說法，這時魯迅業已放棄
進化論，轉而成為一個堅定的馬克思主義者。梁實秋則很簡單，沒有發
生過什麼重大的價值轉換，自回國後便是一個受他美國老師白璧德影響
甚深的人文主義者，同時具有自由主義傾向。

問題大致是這樣開始的。1926 年，梁實秋在〈文學批評辯〉中認
為文學是人性的產物，而人性是根本不變的，因此，文學應當描寫這純
正而不變的人性。 1928 年頭，魯迅發表〈文學和出汗〉，批評梁的文
學人性論。兩人關於這一問題的爭戰，就算正式開始。

就該文而言，魯迅的駁詰有二，一，人性是永久不變的嗎；二，文
學描寫什麼樣的人性。前者，魯迅認為人性是有變化的，從類人猿到類
猿人到原人、古人、今人乃至未來的人，如果生物是在進化的話，人性

7　梁實秋〈論翻譯的一封信〉，同注 1，第 602 頁。

就不可能不變。魯迅的話無疑有道理，但他可能沒有注意梁實秋說話的語境，梁針對的是柏格森所謂人性的「不斷的流動」，而在一個歷史的長時段中，人性未必不可以說是普遍不變的。

但是，魯迅接著就從人性轉到了出汗，「譬如出汗罷，我想，似乎於古有之，於今也有，將來一定暫時也還有，該可以算得較為『永久不變的人性』了」。[8]筆者從第一次讀，就不明白出汗與人性有什麼關係，而且直到今天。所謂人性與人的七情六欲有關，未曾聽說和單純的生理現象，比如出汗、咳嗽之類有關。但出汗在魯迅那裏不是生理現象而是階級現象，因為汗腺裏潛伏著階級性。「『弱不禁風』的小姐出的是香汗，『蠢笨如牛』的工人出的是臭汗」（同上），言下之意，出香汗的，是資產階級，出臭汗的，則是無產階級。魯迅以此張目，直逼文學描寫什麼樣的人性這一問題。「不知道倘要做長留世上的文字，要充長留世上的文學家，是描寫香汗好呢，還是描寫臭汗好？」（同上）魯迅這是「題材決定論」。無論描寫香汗和臭汗，都可能長留世上，也可能短留世上。長短的緣故並不在寫什麼，而在怎麼寫。

出汗的階級性是魯迅對馬克思唯物史觀的具體運用。當有人拿「吃飯睡覺」的比喻來說明人的共同性而蘇聯的托羅斯基也說「死之恐怖」為古今人所共同時，魯迅並不認同。他說：「在我自己，是以為若據性格感情等，都受『支配於經濟』（也可以說根據於經濟組織或依存於經濟組織）之說，則這些就一定都帶著階級性。但是『都帶』而非『只有』。」[9]如果人的「性格情感」等「都帶著階級性」，亦即沒有不帶階級性的情感性格；那麼，這「都帶」不就是「只有」了嗎？也只有在這個邏輯中，連不在「性格情感」中的「出汗」也逃不出「都帶」的緊箍咒。至於魯迅聲稱性格情感都受經濟支配因而具有階級性，這是把複雜的問題給予最簡單化的解釋，明顯具有教條性和機械性。經濟作為基礎不僅決定上層建築而且決定意識形態，包括決定與之相關的性格情感乃

8　魯迅〈文學與出汗〉，同注 1，第 137 頁。
9　魯迅〈文學的階級性〉，同注 1，第 167 頁。

至無關的出汗，這就是它在邏輯上的「路線圖」，而且是筆直的。把階級性如此一貫到底，連出汗都不放過，倒讓人擔心唯物史觀本身會不會給它一道橫批：「庸俗社會學」。

談人性、階級性是一種過渡，它要過渡到文學有否階級性。魯迅前有〈文學的階級性〉，梁實秋後有〈文學是有階級性的嗎〉，雖都不是為辯駁對方而作，但，觀點的針鋒相對是顯然的。各自作文之後，就有了魯迅專對梁實秋的〈「硬譯」與「文學的階級性」〉。「硬譯」說過不談，這裏單就階級性看魯迅如何問難梁實秋。

梁實秋的觀點無疑有問題，至少前後矛盾。1929 年他可以說：「我的結論是根本不承認文學裏有階級性」，[10]1933 年卻又說：「階級性只是表面現象，文學的精髓是人性描寫。人性與階級性可以同時並存的」。[11]如果後一種說法可以接受，前一個結論則根本站不住腳。魯迅呢，「文學不借人，也無以表示『性』，一用人，而且還在階級社會裏，即斷不能免掉所屬的階級性」。一個「根本不承認」，一個「斷不能免掉」，雙方絕對如此，「獨斷論」的文化心態在魯迅梁實秋那裏都是存在的。

〈文學是有階級性的嗎〉一文，梁實秋開頭就說：「盧梭說：『資產是文明的基礎』」。魯迅抓住這句話，以自己對唯物史觀的理解開始批評：「盧梭去今雖已百五十年，但當不至於以為過去未來的文明，都以資產為基礎。（但倘說以經濟關係為基礎，那自然是對的。）希臘印度，都有文明，而繁盛時俱非在資產社會，他大概是知道的；倘不知道，那也是他的錯誤。」這到底是誰的錯誤？文明以資產為基礎，當然是一個正確的命題。魯迅認為文明的基礎不是「資產」而是「經濟關係」，看起來是用馬克思糾正盧梭了。可是，馬克思經濟關係三要素的第一點不就是所有制嗎？這個所有制不就是生產資料（亦即「資產」）的所有嗎？僅僅換了一個詞，魯迅就認不得了。另外，魯迅誤把「資產」等同於「資產階級」。既然文明以資產為基礎，希臘文明和印度文明的繁盛就和資

---

[10] 梁實秋〈答魯迅先生〉，同注 1，第 219 頁。
[11] 梁實秋〈人性與階級性〉，同注 1，第 453 頁。

產社會分不開。魯迅否定這一點，是他認為「資產社會」就是「資產階級」社會。然而，「資產」不獨是資本主義社會才有的概念，它早已出現在原始社會後的各種社會形態中，比如，奴隸社會的奴隸，就是奴隸主的「資產」。魯迅晚年雖然皈依馬克思，但在知識學上對馬克思只是一知半解，精於文字而乏於論理，以至不免知識上的錯誤。

　　梁實秋認為「文學的國土是最寬泛的，……沒有階級的界限。一個資本家和一個勞動者，他們的不同的地方是有的，……但是他們還有同的地方。他們的人性並沒有兩樣，……都有愛的要求，……文學就是表現這最基本人性的藝術。……例如，戀愛（我說的是戀愛的本身，不是戀愛的方式）的表現，可有階級的分別嗎？」[12]魯迅徵引了這段話，評價道「這些話是矛盾而空虛的」。然後舉例：「自然，『喜怒哀樂，人之情也』，然而窮人決無開交易所折本的懊惱，煤油大王那會知道北京撿煤渣老婆子的酸辛，饑區的災民，大約總不去種蘭花，像闊人的老太爺一樣，賈府上的焦大，也不愛林妹妹的。」真是「公說公有理，婆說婆有理」。但，梁實秋是肯定不同階級的人有所不同也有所同，認為文學應該表現那最基本的同，即「人性」。魯迅呢，是人性的否定論者，連和人性無關的出汗都有階級性，因此，那一連串例子無不說明人的不同而反對人有所同。例子都是根據需要舉出的，再多也不難。難的是當你一味標舉不同時，對方如果舉出一個反例，怎麼辦。假如那位煤油大王和北京撿煤渣老婆子的兒子都死於意外，那麼，請問，他（她）們的哀子之痛是不是人性之所同，或一種普遍的人性呢？至於人性都帶有階級性因而表現人性的文學也無不帶有階級性甚至「斷不能免掉」，那麼就請魯迅先生讀一下自己的古體詩〈答客誚〉：「無情未必真豪傑／憐子如何不丈夫／知否興風狂嘯者／回眸時看小於菟。」這首詩表現了魯迅的親子之愛，它有那種「斷不能免掉」的階級性嗎？如果有，又是那個階級的呢？

---

[12]　梁實秋〈文學是有階級性的嗎〉，同注 1，第 174-175 頁。

在梁實秋看來，一個作者是無產階級還是資產階級，和他的作品無關。他舉了三個例子，托爾斯泰、馬克思和英國的詹森博士。托爾斯泰出生貴族不也同情平民嗎，而「許多人奉為神明的馬克思，他自己並不是什麼無產階級中的人物」，至於詹森終身窮苦卻又志行高潔甚至連貴族都比不上。因此，估量文學時，只就作品本身而論就行了，不必連累作者的階級和身份。魯迅接過話頭，先是指出：「這些例子，也全不足以證明文學的無階級性的」，然後就梁的三個例子逐一反駁。如果省略前後兩個駁例，看魯迅如何談馬克思就比較有意思了：「馬克斯原先誠非無產階級中人，但也並無文學作品，我們不能懸擬他如果動筆，所表現的一定是不用方式的戀愛本身。」馬克思並非沒有文學作品，而且還不少，只是魯迅不知道。不知道不要緊，但不能輕易「懸擬」，尤其不能按照自己的先在意志去懸擬。懸擬是虛證，虛證不證，它並不能支持自己。魯迅表達的意思是，馬克思如果有作品也不會表現戀愛本身而必然通過某種方式呈現出階級性。所幸我們現在就能接觸馬克思，這首名叫〈毒液〉的詩，是馬克思組詩《愛之書──獻給我親愛的永遠愛著的燕妮‧馮‧威斯特華倫》中的一首，不妨一道來看：

> 我捧起你的手／只吻那麼一會兒──／就像有無數的惡魔／驀地把我的心撕碎。
>
> 毒液從你甜蜜的手／馬上注滿了我的心胸／原來多麼幸福的目光／充滿了辛酸和悲痛。
>
> 我不要從前那樣的生活／親愛的美人，你要瞭解／倘若你給了我些微的毒液／就請把我的靈魂和生命掏去。
>
> 只有你那甜蜜的毒液／才能醫治好我的創傷／你害的我快要死了／快快來呀，我的戀人。[13]

馬克思對燕妮的愛有階級性嗎？這首詩是表現人性的愛、還是階級性的愛？儘管以情書示愛肯定不屬「普羅」（「無產階級」的音譯）而是

---

[13] 馬克思〈毒液〉，《馬克思恩格斯全集》卷 40，第 444 頁，人民出版社，1982 年。

「布爾喬亞」(「資產階級」的音譯);但它能幫助魯迅證明文學是有階級性的嗎?相反,一味以階級性的眼光看它,它倒是充滿了「愛」的毒液,不,人性的毒液的。

從人的階級性到文學的階級性都是過渡,說到底,魯迅和梁實秋的分歧在於對「無產階級文學」亦即「普羅文學」的看法。文學有階級性,就自然有「普羅文學」和「布爾喬亞文學」;沒有階級性,也就談不上「普羅」與「布爾喬亞」之分。魯迅的觀點是前者,梁實秋是後者。

在談到「無產階級文學」時,梁實秋認為,這種文學如果成立,需要三個條件:一,作者是無產階級的,或同情無產階級的人,二,內容是反映無產階級的生活,三,讀者也是無產階級。可是,按照梁實秋所引的魯迅 1932 年在北大的講演,這普羅文學也就成了問題。魯迅說:「我是中國人,但我很恨中國文字。一個一個方的,非到大學中學畢業不能運用。大學中學畢業,必是小資產階級,這些人做起文章來就是假裝普羅也是沒有辦法的。」[14]普羅不識字,就沒辦法創作,也沒辦法閱讀,能創作閱讀的,按魯迅說法,已經不是普羅而是「小資產階級」即「小布爾喬亞」了。梁實秋指出,原來「普羅文學」是需要「代庖」的,它實際上是資產階級創作的。可為什麼資產階級創作的又是普羅的呢?梁實秋又引了一位普羅理論家的話:「不是普羅列塔利亞不一定創造不出普羅列塔利亞的文學來,即是普羅列塔利亞如果能夠創作文學的話,也不一定是普羅列塔利亞的文學;其重心在於普羅列塔利亞之意識形態的把握。」[15]梁實秋由此總結出一個公式:「普羅文學家=思想上把握到普羅之意識形態而生活上則依然布爾喬亞的文學家」。[16]這個公式在當時的上海灘有著實際的印證。著名文學理論家、當時屬於文化左翼的黃藥眠在上海暨南大學中學部任教時,他的學生和他曾有過一次有意味的對話:

[14] 魯迅〈幫忙文學與幫閒文學〉,《魯迅佚文全集·下》,第 795 頁,群言出版社,2001 年。
[15] 轉引梁實秋〈代庖的普羅文學〉,同注 1,第 440-441 頁。
[16] 梁實秋〈代庖的普羅文學〉,同注 1,第 441 頁。

「黃先生，你是提倡『普羅文學』的，你穿的西裝筆挺，打扮得
那麼漂亮，那麼講究，怎麼能夠混在普羅階級中去體驗生活呢？
這不是很矛盾麼？」

這話驟然聽來，一定會以為黃藥眠會被這學生窘住了。誰知他卻
很從容地說：「不錯，你說得一點也不錯。不過，你要知道生活
形態和意識形態有別，是不能混為一談的。」[17]

也正因為普羅作家「生活形態」和「意識形態」互不相干，也就不
奇怪梁實秋概括出的這樣一種悖牛：「狂嫖濫賭之後，描寫妓院賭窟的
形形色色，——這是暴露資產階級的罪惡，這是普羅文學。養尊處優的
公子少爺，一旦提筆寫『同志』呀，『不要怕呀』，『太陽』，『汽笛』，『工
廠煙囪』，『鐮刀錘子』，——這是把握到普羅意識形態，這是普羅文學。」
相反，「辛苦的工農，在勞動之後的餘暇，胡謅幾句秧歌小調之類，——
——這不是普羅文學。」[18]最精彩的就是這最後一句，真正來自工農的，
反而不是普羅的。何等怪異！

梁實秋一邊指出普羅文學在理論上的「不健全」，一邊又指出它在
創作上的「不成功」，並訴諸實證，讓普羅作品自己來說話。在梁看來，
許多普羅作品只是「宣傳品」、「鬥爭的武器」而不是文學。謂予不信，
梁實秋直接例舉了來自普羅文學宗主國蘇聯的兩首普羅詩，其中一首是
郭沫若翻譯的〈十月〉：

我們把人倫的信條踩蹦／我們要粗暴的坐行／帽子要頂在頭上
／兩腳要踏在椅子的當心。

你們不喜我們／自從我們以流血為大笑／自從我們不再洗浣
那洗了萬遍的襤褸的布條／自從我們敢：王八蛋喲！這震耳的
大叫………

---

[17] 溫梓川《文人的另一面》，第 243 頁，廣西師範大學出版社，2004 年。
[18] 梁實秋〈代庖的普羅文學〉，同注 1，第 441 頁。

實在抄不下去。但，梁實秋徵引的可是全詩，透迤五十餘行。對梁實秋這種做法，魯迅很不滿意，在〈「硬譯」與「文學的階級性」〉中兩次提到。後一次說：「梁先生要看貨色。這不錯的，是最切實的辦法；但抄兩首譯詩算是在示眾，是不對的。」這是判官口吻。在判「不對」之前，其實自己也效法了梁實秋。針對梁氏曾例舉魯迅的三段譯文和蘇聯的兩首譯詩，魯迅以其人之道還治其人之身：「我可以就在這一本《新月》月刊裏的創作——是創作呀！——〈搬家〉第八頁上，舉出一段文字來」。這段文字取自凌叔華的一個兒童短篇〈搬家〉，魯迅摘錄了一段對話，什麼「小雞有耳朵沒有」，「我沒見過小雞長耳朵的」……然後評價：「就這一段看，……和不創作是很少區別的」。這豈不也是「示眾」。不同在於，梁實秋引證了完整的一首詩讓大家看，而這裏卻是小說的一個片斷，別人無法得知作品全貌。因此，要說「不對」，倒是在這裏，你說它是斷章取義呢，還是斷章「不」取義。創作，是指作品整體，擷取當中的一段說它「不創作」，應該沒有這個道理。如果此法可以成立，那麼，相信在魯迅自己的小說中，也不難找到這樣的段落。

人性、階級性、普羅文學，在魯梁長達數年的論戰往還中，這些問題搞清楚了嗎，未必。論戰的雙方在一定程度上都陷入了絕對論。梁實秋後來有所退步，承認了人性與階級性的並存，魯迅最堅定，從人到文學，將階級性進行到底。因此，從學理上看，魯迅留下了較多的商榷空間，包括他的論述方式和姿態。但，梁實秋也有問題，由於深受美國老師白璧德的影響，梁的文章明顯流露出精英主義的貴族氣，比如說普羅只是生孩子的階級、好作品永遠只是少數人的專利，這些讓人不舒服的話，使他在論戰中，道德扣分。

（四）狗・喪家的・乏

在魯迅梁實秋關於普羅文學的「戰猶酣」中，半路上殺出個程咬金，使論戰急轉直下，從「戰猶酣」跌為「戰猶罵」。

　　這位「程咬金」是左翼文學理論家馮乃超。和魯迅一樣，極其反感於梁實秋的〈文學是有階級性的嗎〉，和魯迅不一樣的是，是他首先對梁實秋罵口洞開：「無產階級以奪取政權開始他們的工作。（梁實秋以為不循常軌！滾他的，走狗！）」。[19]意猶未盡，後面又再次指向梁：「對於這樣的說教人，我們要送『資本家的走狗』這樣的稱號的。」（同上）馮乃超的文字堪稱「霸王文字」，語氣不可一世，罵人揮斥方遒。至於梁實秋為什麼以為不循常軌就是走狗，這是既不需要事實證明，也不需要道理支撐的。罵人難道還要理由嗎？如果硬要，你梁實秋為什麼不站在普羅這一邊？須知，站在普羅一邊就是站在底層，站在底層就擁有了道德制高點。在「立場就是一切」的時代裏，對不是同一立場的人罵，自然就有道德上的充足理由。

　　「走狗」的稱號送出後，梁實秋以〈「資本家的走狗」〉為題作答，先承認自己是狗，但卻不知道是哪一家的。按照當時左翼理論，一個人如果不是無產階級，就是資產階級，中間的餘地是沒有的。20 年代末的左翼理論完全是來自蘇聯的「硬通貨」，尚不知道今天新左所主張的「本土化」，更不知道當時還沒登上領袖舞臺的毛澤東若干年前就有過細緻的〈中國社會各階層的分析〉。因此，梁實秋鑽了個空子，「我既不是資本家，我可算那一個階級的呢？不是資產階級，便是無產階級了。」[20]梁實秋引用了馮文中一個「硬譯」的定義：無產者是「除開出賣其勞動以外，完全沒有方法維持其生計的，又因此又不依賴任何種類資本的利潤之社會階級」。（引同前，下不另注）這個定義不但硬，而且一張口便錯離馬克思。馬克思一再強調，無產階級出賣的不是勞動而是勞動力，否則資本家從何賺取利潤。當時左派除機械教條外，就是生吞活剝馬克思，這裏便是一斑。根據這個定義，梁實秋自我對照：自己沒有資本，一無房，二無地，肯定不是資本家。自己又恰恰靠勞動吃飯，每天要跑幾十里路，在講臺上站三四小時，既勞力，又勞心，可見是個勞動者。

---

[19] 馮乃超〈階級社會的藝術〉，同注1，第 305 頁。
[20] 梁實秋〈「資本家的走狗」〉，同注1，第 302 頁。

對照完畢，梁實秋認為自己應該是無產階級一分子，為什麼無產階級文學家說自己是「資本家的走狗」呢？反省後，梁實秋意識到，是因為自己否定文學的階級性。可是，否定了文學的階級性，不也就同時否定了資產階級文學嗎——就像否定無產階級文學一樣。按照這邏輯，資本家不也可以說自己是無產階級的走狗嗎？於是，他對自己到底是誰的走狗發生了問疑。顯然，梁實秋的做法是一種反諷，它揭露了文壇左翼那種「二元對立」的絕對化思維，「有一種簡單的論理學：非赤即白，非友即敵，非革命即反革命」，[21]非贊認左翼，即「走狗」。

據馮雪峰回憶：魯迅在《新月》上看了梁的文章後，愉快地說：「有趣！還沒有怎樣打中了他的命脈就這麼叫了起來，可見是一隻沒有什麼用的走狗」。當然，魯迅對馮的文章也未必滿意，覺得「乃超這人真是忠厚人」，因此，決定自己「來寫它一點」。[22]這一點就是〈「喪家的」「資本家的乏走狗」〉。於是，梁馮之間的事，又轉回為魯梁之間的事。魯迅在梁實秋的原題上，新添了兩個定語「喪家的」和「乏」。

針對梁實秋不知道自己的主子是誰，魯迅說：「這正是『資本家的走狗』的活寫真。凡走狗，雖或為一個資本家所豢養，其實是屬於所有的資本家的，所以它遇見所有的闊人都馴良，遇見所有的窮人都狂吠。不知道誰是它的主子，正是它遇見所有的闊人都馴良的原因，也就是屬於所有的資本家的證據。即使無人豢養，餓得精瘦，變成野狗了，但還是遇見所有的闊人都馴良，遇見所有的窮人都狂吠的，不過這時它就愈不明白誰是主子了。」[23]

馮乃超給梁實秋帶上個「走狗」的帽子就走人，給梁實秋鑽了空子，我到底是那家的狗呢，這次由魯迅給坐實了。依然不需要任何事實，也不需要任何道理，說你是狗，你就是狗，不是也是。沒想到今天流行的口頭禪，當年就有過活樣板。當然，其中也有「證據」，證據卻是個比喻，整個段落是在比喻中完成的，更好像一段文字遊戲。「遇見所有的

---

21 梁實秋〈文學的嚴重性〉，同注 1，第 321 頁。

22 轉引《魯迅年譜》(三)，第 209 頁，人民文學出版社，1981 年。

23 魯迅〈「喪家的」「資本家的乏走狗」〉，同注 1，第 310 頁。

闊人都馴良」，此話反覆了三次，如果以喻責本，梁實秋有向闊人馴良
的言動嗎，能否具體指證，比喻本身是不能作為證據的。相反，梁實秋
有的倒是直面國民黨的〈論思想統一〉。無視或不顧基本事實，只是在
文字上遊走，而且那麼嫻熟，這「走狗」就讓人明白了什麼叫「鍛煉」。

　　真正使魯迅厭惡的還在下面，從反諷到反語，梁實秋下面的文字變
得十分雜文：「〈拓荒者〉說我是資本家的走狗，是哪一個資本家，還是
所有的資本家？我還不知道我的主子是誰，我若知道，我一定要帶著幾
份雜誌去到主子面前表功，或者還許得到幾個金榜或盧布的賞齎
呢。……至於如何可以做走狗，如何可以到資本家的帳房去領金榜，如
何可以到××黨去領盧布，這一套本領，我可怎麼能知道呢。」(〈「資
本家的走狗」〉)

　　這顯然是一種「陰面的戰法」。「陰」在什麼地方呢？魯迅說：「在
〈答魯迅先生〉那一篇裏，很巧妙地插進電桿上寫的『武裝保護蘇聯』，
敲碎報館玻璃那些句子去，在上文所引的一段裏又寫出『到××黨去領
盧布』字樣來，那故意暗藏的兩個×，是令人立刻可以悟出的『共產』
兩個字，指示著凡主張『文學有階級性』，得罪了梁先生的人，都是在
做『擁護蘇聯』，或『去領盧布』的勾當」。(〈「喪家的」「資本家的乏
走狗」〉)

　　梁實秋的確陰陽怪氣，句子讀來讓人極不舒服。這樣連諷帶刺外加
暗示的雜文法，不僅身為「新月派」的梁實秋有，而且前此的「現代評
論派」陳西瀅也有；但同為他們倆人的朋友、既是「現代評論」又是「新
月」成員的胡適卻沒有。這不奇怪，因為胡適從不參與這類意氣相向、
文字攻訐的論爭，他甚至反過來勸人息爭，比如 1926 年用魯迅的話「橫
豎都是水，可以相通」來勸停魯迅和陳西瀅。但，文人之間一旦爭起來，
便形同水火。不僅「當日各本良心之主張就漸漸變成了對罵的筆戰」，[24]
從而使「相通」不復可能；而且對罵的雙方彼此倒變得更「相同」：因
對罵而導致道德塌陷，使文，也使人。

---

[24] 轉引胡頌平《胡適之先生年譜長編初稿》第二冊，第 630 頁。

　　假如馮乃超罵過之後，梁實秋視而不見，或者見了一笑而已，而沒有跟進這麼一篇〈「資本家的走狗」〉，也許天下無事。但，梁實秋不但寫了，那最後一段還「暗示」了那些拿盧布的其實也是走狗，只不過主子不是資本家而是蘇俄——這不是明罵是暗罵，不是明眼人都能看出來。這就註定了他要辱及終身，乃至身後。果然，他的雜文引來了魯迅，魯迅的雜文一出手，梁實秋就以「乏走狗」的名頭掛上了歷史，這帽子直到今天還不容易摘下來。

　　包括今人在內，對梁實秋的不能容忍，主要就是魯迅例舉的這三條：（1）電桿上寫「武裝保護蘇聯」，（2）敲碎報館玻璃，（3）到××黨去領盧布。三條之中，又以第三條最惡劣。它是一種「指示」，提醒「主子」的（魯迅），也是向主子「告密」的（今人）。

　　前兩條出自梁實秋的〈答魯迅先生〉，原話是這樣：「講我自己吧，革命我是不敢亂來的，在電燈桿子上寫『武裝保護蘇聯』我是不幹的，到報館門前敲碎一兩塊值五六百元的大塊玻璃我也是不幹的」。溯其語境，魯迅譏新月派的人權抗爭只是要求「思想自由」，而左翼譏他們只是寫文章而不敢真革命。梁實秋以此作答，表明自己就是爭思想自由，就是不幹革命或鼓動革命。文章是寫給魯迅的，不是寫給「主子」的，梁實秋也沒有主子。如果就其實，梁實秋與其所謂「主子」即資產階級政黨的關係，如果比之魯迅與無產階級政黨的關係，遠遠要疏離得多；而且，出於自由主義知識份子爭自由的本性，梁實秋與當時的執政體制本身就存在著內在的緊張和批判，而這一點又為後者全不具備。

　　具言之，砸玻璃之類的事情，就如同 20 年代衝砸《晨報》一樣，胡適專門寫信給陳獨秀，嚴正表明自己的態度，梁實秋也是從根本上反對此類暴力的，這是自由主義的一貫制。關於「武裝保護蘇聯」，如果置入當時歷史，恐怕會獲得另外的解釋。梁實秋寫此文時（1929 年 11 月），正值中蘇之間因「中東路事件」發生武裝衝突，結果是蘇聯軍隊大舉入侵中國，戰爭在中國境內展開。在此情況下，上述口號說白了就是「武裝保護侵略者」。對此，梁實秋的認識是清醒的，他聲稱自己「不幹」這種事（這種不顧民族利益的事能幹嗎），不過是表明有人在像魯

迅所說的那樣宋末「通虜」、清初「通海」時，他並不趕時髦地「通俄」──
這個赤色帝國主義。至於「如何可以到××黨去領盧布」，那××，如
果是梁實秋首用，或是他一個人這樣用，的確是「故意暗藏」和「指示」
（即「告密」）了；但，在那個時期，「盧布說」已經是公開的祕密。誠
如魯迅說：「而這時左翼作家拿著蘇聯的盧布之說，在所謂『大報』和
小報上，一面又紛紛的宣傳起來，新月社的批評家也從旁很賣了些力
氣」。[25]梁實秋再賣力，想必也敵不過那大報小報的「紛紛」。最好的例
子莫過於魯迅一邊說「紛紛」，一邊自己就把人家的話重複了一遍。更
有趣的是，如果說梁實秋「故意暗藏」那兩個××，那麼，又是誰把這
形跡可疑的××公開為「共產」的呢，這是不是「故意」？其實，故意
暗藏和故意公開都沒什麼關係。那個時代，報紙上「開天窗」是有的，
查封書店是有的，扣拆郵寄包裹是有的，禁書禁雜誌是有的，魯迅說的
巡捕房捕人也是有的；但，無庸諱言，有什麼觀點也是可以公開表達的，
比之以後，畢竟它還有一個公共言論的空間。在這個空間中，梁實秋並
不需要「告密」或「指示」。就說那兩個××吧，他未必不是例從了當
時的流行寫法，也談不上什麼險惡用心。

　　然而，這樣的句子是危險的，魯迅在例舉上述三條之後，緊接著說：
「在梁先生也許以為給主子嗅出匪類（『學匪』），也就是一種批評，然
而這職業，比起『劊子手』來，也就更下賤了」（同〈喪〉文）。劊子手
是明的殺人，暗示主子的則是暗的殺人，後者比前者更下賤，這沒錯。
但，梁實秋又為什麼下賤於劊子手呢？原來梁的文章是在「給主子嗅出」
什麼，而且梁還「以為」這就是批評。問題是，梁的「以為」魯迅從何
得知？這顯然是在誅心。一邊窺測別人的心跡，一邊不著痕跡地就把這
窺測變成了肯定。這也是一種「陰面的戰法」，因為它直接為下面指責
梁連劊子手都不如作出了因果鋪墊。透視魯梁間的論戰，是不是可以歸
納出相應的寫作倫理：一不低估對方水平，二不窺測對方動機，三不矮
化對方人格，是所謂「三誠」也。魯迅在「硬譯」論戰中曾經不屑於對

─────────────

[25] 魯迅〈《二心集》序言〉，同注1，第362頁。

手的水平，這裏又從誅心出發，導致對對方道德人格的貶低。為文雖非「經國之大業」，但於衡人論事之間，又豈可不慎。

關於魯迅為梁實秋度身定做的兩個定語，一、「喪家」，二、「乏」。在魯迅看來，梁實秋既然自己都不知道「主子是誰」，這不是喪家是什麼。而「乏」，是因為魯迅認為這些「指示」或「告密」的文章，在梁實秋那裏，「不過想借此助一臂之力，以濟『文藝批評』之窮罷了」（這裏，梁先生「想」的是什麼不知怎麼又被魯迅知道了）；「所以從『文藝批評』方面來看，就還得在『走狗』之上，加上一個形容字：『乏』。」（同〈喪〉文）說梁實秋是「窮」於批評，才走這「下三濫」的路，這又是對別人水平的低估。梁的文藝批評，無論數量，還是質量，都不短斤少兩，在現代批評史上自有一席之地。如果說「窮」，並非不可，窮在哪裏，也得示出。然而，一個語言轉換，梁實秋就由「窮」而「乏」了，這論斷本身是不是就「乏」得可以。

也是據馮雪峰回憶，當魯迅寫好這篇雜文交給《萌芽月刊》的時候，「他自己高興得笑了起來說：『你看，比起乃超來，我真要『刻薄』得多了』」。接著又說「可是，對付梁實秋這類人，就得這樣。……我幫乃超一手，以助他之不足」。並且，當時所有的「同志都很喜歡這篇雜文，稱之為『奇文』。」[26]

魯迅為什麼「笑」？從馮乃超到魯迅，從「走狗」到「喪家的」到「乏」，這是一個遞進而「罵」的過程。試想，如果把幾個罵人的關鍵字給去掉，以上這個文本到底還有什麼呢。但，魯迅的笑，肯定不是因為罵人。他的高興，看來是因為打了一場勝仗，是勝利的喜悅。魯迅是戰鬥的，在這場有關「普羅文學」的戰鬥中，由於魯迅站在普羅一邊而梁實秋相反，交戰伊始，雙方的正義與非正義就劃定了（由立場劃定），剩下的，就是戰鬥的手段。在正義的大纛下，用什麼樣的手段戰鬥，比如罵還是其他，就不重要了，重要的是制勝。魯迅當然是用罵的手段，這樣的手段本為「不倫」。但在「一分為二」的世界裏，非友即敵，既

---

[26] 轉引《魯迅年譜》（三），第 209 頁，人民文學出版社，1981 年。

然罵的是敵人，它便充滿了正義感。可以看到，正是這種道德正義感魔術般地合理化了那種並不道德甚至反道德的罵；也正是因為有這種道德正義感墊底，魯迅在痛罵後才能笑得出來。

（五）「我到底也還有手腕和眼睛」

在魯梁長達八年的論戰中，除上述翻譯、普羅問題外，還有一些圍繞或不圍繞這些問題的插曲，這裏不妨列舉三數，以作比對。

Ｉ：在以上的敘述中，梁實秋似乎是普羅文學的死敵了。其實不然，非但不然，有時還相反。梁實秋的本義，文學並無階級的區別，因此他既沒有誣衊無產階級文學，也不曾擁護資產階級文學。儘管文化左翼不理解，凡是不擁護無產階級文學的即敵人，即大舉批判；但，梁實秋就在魯迅罵他「資本家的乏走狗」的一個月後，卻出人意外地寫了篇認同「普羅文學家」的文章，題為「文學的嚴重性」。在這篇文章中，梁實秋依然指出普羅文學理論不健全、作品不成功，但卻「有一點是『普羅文學家』之可稱讚的地方，──他們的態度是嚴重的」。[27]這個態度是指部分普羅作家的創作態度，而「嚴重」即「嚴肅」。當時普羅作家批判「為藝術而藝術」，梁實秋深表贊同，不但自己加入行列，而且也認同魯迅他們主張的「為人生而藝術」。在這個意義上，梁實秋認為：「除了那些被盧布所收買（即陳獨秀先生所謂『盧布有分』的同志）而自號『轉變方向』的文人不計外，『普羅文學家』凡有所做，必是聚精會神的，劍拔弩張的，其精神是十分地嚴重。」（同上）應該說，梁實秋對普羅文學是有一說一，有二說二，贊成即贊成，反對就反對。這也是一種「嚴重」的乃至公正的態度，而不是那種立場決定一切的態度。

這是 1930 年的事，1933 年，南京國民黨中央擬定一文學實施計畫，計三點，其中第三點是「申禁普羅書籍」。梁實秋從報上看到資訊，即作〈文藝自由〉文，明確表示「這是當局的愚昧之又一表現」。並公開

---

[27] 梁實秋〈文學的嚴重性〉，同注1，第319頁。

表態：「凡以政治力量或其他方式的暴力來壓迫文藝的企圖，我反對」——這聲音是不是擲地有聲。具體到普羅文學，梁實秋說：「當今之普羅作家（又稱左翼），大概是有超出文藝範圍的抱負的，即是在文學範圍之內，他們的態度也往往狹隘偏頗，以各種各樣的手段企求文壇之清一色，其強暴恣肆，是常受批評的。可是這一回普羅文學之又將遭受取締，我的同情卻在普羅這一面」。為什麼？「凡贊成思想自由文藝自由的人，對於暴力（無論出自何方），是都要反對的。」[28]對普羅的批評是毫不含糊的，但普羅文學的權利卻是要維護的，尤其在它受打壓的時候：這就是梁實秋，這就是自由主義。我可以反對你的觀點，但無論如何卻要捍衛你表達的權利。

梁實秋對魯迅所在的普羅文學態度如此，那麼魯迅呢，魯迅對梁實秋所在的「新月」態度又如何？也就在梁實秋為普羅聲援的 1933 年，魯迅在給姚克的信中說到新月時謂「舊仇新月社」。[29]一個「仇」字，便見魯迅其人，亦可見魯迅沒有忘記三年前那場從文學到走狗的論戰，儘管自己是贏家。回到三年前，魯迅在左聯成立大會上的發言，有這樣一段話：「在現在，不帶點廣義的社會主義的思想的作家或藝術家，就是說工農大眾應該作奴隸，應該被虐殺，被剝削的這樣的作家或藝術家，是差不多沒有了」。這話好不奇怪，不帶點社會主義思想的作家就一定認為工農該被虐殺？這兩者間是直通車？疑惑間，再往下，魯迅話頭一轉：「（當然，這樣的作家，也還不能說完全沒有，例如中國的新月派諸文學家，……便是。）」[30]這是讓人驚出冷汗的文字。的確，新月派是不帶點社會主義的思想，可是有著人道主義底線的新月社絕不會認為工農該被虐殺呀。本是兩碼事，但魯迅一個「就是」就混成一碼，於是，新月社不帶點前者就只好成了後者。梁實秋可以在政治上對普羅表示「同情」，而魯迅一個文字轉換，就從政治上宣判了新月的死刑。

[28] 梁實秋〈文藝的自由〉，同注 1，第 410 頁。
[29] 魯迅〈魯迅致姚克〉，《魯迅全集》卷 12，第 257 頁，人民文學出版社，1981 年。
[30] 魯迅〈對於左翼作家聯盟的意見〉，同注 1，第 266-267 頁。

　　類似的筆法，魯迅在對和「新月」有人事淵源關係的「現代評論」也曾使用。1932 年魯迅在北京大學作講演，就幫忙文學和幫閒文學提到「現代評論」時，說：「則如現代評論派，他們反對罵人，但有人罵他們，他們也是要罵的。他們罵罵人的人，正如殺殺人的一樣——他們是劊子手。」[31]「他們」是指「現代評論」，作為一個文人團體，「他們」怎麼成了「劊子手」？原來，依然是一個轉換，一個比方性的轉換，殺人的人作為一種比方卻徑直越過自身，和從未殺過人的「他們」鏈結起來，手上一滴血都沒有的「現代評論」便在比方的指控下成了殺人犯。

　　梁實秋對普羅和魯迅對新月，兩相比較，不難看出，什麼是自由主義，什麼是公正的態度，什麼是負責任，什麼是攻訐……

　　II：在魯迅翻譯的一系列有關蘇俄的書文中，有一本叫《文藝政策》，1930 年出版時，魯迅曾為之作「後記」，後收入自己的譯文序跋集。構成這本文藝政策的，是這樣三篇正文，1924 年俄共（布）發布的〈關於對文藝的黨的政策〉、1925 年的〈關於文藝領域上的黨的政策〉和全俄無產階級作家協會第一次代表大會的決議〈觀念形態戰線和文學〉。該書由當時上海的水沫書店出版，被列為「科學的藝術論叢書」之一。就蘇俄而言，所謂「黨的政策」即「黨的領導」，抑或無產階級的領導，這樣的領導對文學而言是絕對意義上的。魯迅翻譯這本書，本身就是一種價值認同。把它納入「科學的藝術論叢書」，即意味把黨對文學的領導視為「科學」，文學藝術的科學。何況後記中魯迅又引用了自己以前對翻譯這本書的評價「於現在的中國，恐怕是不為無益的」。[32]由此可見，把蘇俄文藝政策完整地搬進中國，是魯迅的心願；他認為蘇俄那一套做法，對中國是有用有益的。魯迅自有他的識見，這裏並不評價。只是提請至今還指認魯迅為自由主義的學者，可以想一想，一個自由主義者，對蘇俄在文藝上的做法，會不會有這樣的認同。

---

[31] 魯迅〈幫忙文學與幫閒文學〉，《魯迅全集》卷 7，第 382 頁。
[32] 魯迅〈《文藝政策》後記〉，同注 1，第 231 頁。

梁實秋作為具有自由主義傾向的學者，讀到魯迅的「後記」文字，即發表不同意見的〈所謂「文藝政策」者〉，該文的價值傾向從題目就不難窺其一斑。「《文藝政策》，誰的文藝政策？是『俄國共產黨中央委員會』議決的，這一點首先要交代明白」，做出這樣的指認，梁實秋認為：「『文藝』而可以有『政策』，這本身就是名辭上的矛盾」。[33]矛盾在什麼地方呢，儘管梁實秋並未具體指出，但事理卻是明擺著的：文藝的本質是自由，而政策本身則限制自由。但，「矛盾」一辭遠未能窮政策給文藝帶來的災難，考諸史達林時代的文藝政策，它直接就是文藝自由的取消。在英美自由主義國家，是根本沒有文藝政策可言的，政治不能干涉文藝，就像文藝卻可以觸碰政治一樣。因此，有英美留學背景的梁實秋根本不能認同「文藝政策」這個詞，甚至進而指出：「……頒布文藝政策，裏面並沒有什麼理論根據，只是幾種卑下的心理之顯明的表現而已：一種是暴虐，以政治的手段來剝削作者的思想自由；一種是愚蠢，以政治的手段來求文藝的清一色。」（引同上）梁實秋與魯迅的不同就在這裏，對蘇俄文藝政策的評價，魯迅認為是有益的，梁則認為有害。害益之間，就是自由主義知識份子和普羅主義知識份子的價值分野。

梁實秋認為文藝政策頒行的結果，不僅思想自由沒有了，文壇上也變成清一色的了。自由主義者同時也是個多元主義者，他們反對任何意義上的清一色。這就不難解釋梁實秋為什麼在國民黨要查禁普羅文學時，卻站出來維護它的生存權利。也正是出於這種考慮，梁實秋認為如果果然有無產階級文學，那也用不著高喊打倒資產階級文學，因為文學的領域太大了，新的東西總能找到它的位置。魯迅專門批駁了這段話，認為梁的說法「是一種欺騙」，並明確指出：「無產者文學是為了以自己們之力，來解放本階級並及一切階級而鬥爭的一翼，所要的是全般，不是一角的地位」。[34]「全般」是什麼？「全般」就是清一色。魯迅要的是普羅文學的清一色，因此，他應邀為美國《新群眾》雜誌介紹中國文

---

[33] 梁實秋〈所謂「文藝政策」者〉，同注 1，第 237 頁。

[34] 魯迅〈「硬譯」與「文學的階級性」〉，同注 1，第 207 頁。

藝現狀時，開口就說：「現在，在中國，無產階級的革命的文藝運動，其實就是唯一的文藝運動。因為這乃是荒野中的萌芽，除此之外，中國已經毫無其他文藝。」[35]魯迅的文字不知道是價值判斷還是事實判斷，抑或是價值判斷的內容出以事實判斷的形式。就事實判斷而言，魯迅的話並不符合實際，至少在普羅文學外，就有魯迅所討厭的「新月」文學。就價值判斷言，很顯然，只有魯迅認同的文藝，才是「唯一」的文藝，「除此之外」，就「毫無」了。這樣的辭彙，這樣的口吻，是不是把魯迅「清一色」的文化心態表露得中氣十足。

這是一個必要的補充，梁實秋不獨反對魯迅翻譯過來的蘇俄文藝政策，而且也反對本國國民黨所制定的文藝政策（凡是非民主國家，其政黨都喜歡制定文藝政策），1929 年，國民黨全國宣傳會議「確定本黨之文藝政策，決議：（一）創造三民主義的文學……。（二）取締違反三民主義之一切文藝作品……」[36]如是，這三民主義也是清一色了，因此梁實秋必然要舉文反對。在梁看來，就像世界上並無無產階級文學一樣，也不會有什麼三民主義文學，他找不到三民主義與文學有什麼關係（他當然更沒不會想到，後一個時代，文學與一種新的主義卻有了更緊密的關係）。因此，他的基本態度是：「以任何文學批評上的主義來統一文藝，都是不可能的，何況是政治上的一種主義。」（引同上）

從以上，可以看出什麼呢。價值三方，普羅主義的魯迅、自由主義的梁實秋、三民主義的國民黨。在這價值的「三岔口」上，魯迅的普羅主義和那一方的「三民主義」，看起來針鋒相對，但有一點相同，都是要求某一種主義的清一色。不同的是梁實秋，伸出左手，反對魯迅普羅主義的清一色，伸出右手，又反對國民黨三民主義的清一色。要之，他反對的是任何一方的清一色。什麼叫自由主義，什麼叫非自由主義，什麼叫反自由主義，這裏便有了一個度量衡。

---

[35] 魯迅〈黑暗中國的文藝界的現狀〉，同注 1，第 365 頁。
[36] 轉引梁實秋〈論思想統一〉，同注 1，第 253 頁。

Ⅲ：1933 年，梁實秋任青島大學教授時，同時主編天津《益世報》的〈文學週刊〉，其間編發梅僧一篇文章〈魯迅與 H.L.Mencken〉，把中國的魯迅和美國的曼肯作了相關比較。比如這兩人下筆時都喜歡嬉笑怒罵，諷刺一切，對官僚社會固然憤懣，對學者文人亦多微辭。並且，曼肯總是攻擊他人，卻沒有積極主張，因此，自己總是立於不敗之地。這樣的話語，魯迅看了是不舒服的，因為三、四年前梁實秋正是這樣影射他，說有人不滿於現狀，對別人的積極主張也大加諷刺，「這一幅藥太冷，那一幅藥太熱，這一副藥太猛，那一幅藥太慢。把所有的藥方裏的藥都褒貶得一文不值。」[37]魯迅當時就作文反駁，其間還特別挑剔了一下梁實秋用語上的毛病，褒貶之「『褒』是『稱讚』之意，用在這裏，不但不通，也證明了不識『褒』字」。[38]梁實秋不識「褒」字嗎？梁實秋後來在文章中舉了《紅樓夢》第三十八回裏的一個對話：「黛玉笑道，『這樣的詩一時要一百首也有！』寶玉笑道，『你這會兒才力已盡，不說不能做了，還褒貶人』」，並指出「北平的方言原有這樣地用語」，「魯迅先生大概是忘記了」。[39]其實，這不（僅）是什麼北平方言，更是古漢語中的一種傳統用法。只要打開今天的中學語文，裏面都會清楚告訴，這是「複詞偏義」，或「偏義複詞」。

梅僧的文章，魯迅照例是放不過的。對梅僧比較自己和曼肯的若干不同，魯迅抓住的是這一點，即兩人都在報刊上發表文章，然後輯為一集，成單行本，每隔一、兩年，即有一兩冊刊行問世。1933 年時，魯迅已經出過了一本《偽自由書》，而此刻《南腔北調集》又輯成待印了。在寫「題記」時，魯迅想到了梅僧的話：「於是自己覺得笑了一笑。這笑，是有寫惡意的，因為我這時想到了梁實秋先生，他在北方一面做教授，一面編副刊，一位嘍囉兒就在那副刊上說我和美國的曼肯（H.L.Mencken）相像，因為每年都要出一本書。每年出一本書就會像每年也出一本書的曼肯，那麼，吃大菜而做教授，真可以等於美國的白

---

[37] 梁實秋〈「不滿於現狀」，便怎樣呢？〉，同注 1，第 243 頁。
[38] 魯迅〈「好政府主義」〉，同注 1，第 245 頁。
[39] 梁實秋〈魯迅與我〉，《魯迅回憶錄》（中），第 746 頁，北京出版社，1999 年。

壁德了。低能好像是也可以傳授似的」。[40]魯迅看似罵的是嘍羅兒，但鞭子卻打在梁實秋身上，而且還不止。是呵，我和曼肯每年都出一本書，因此相像；那麼，你梁實秋不也相像於美國的白壁德嗎，如何相像？吃大菜而做教授，如此而已。多麼低能，且這低能還從白壁德遺傳給了梁實秋。魯迅一石三鳥，從嘍羅兒到梁實秋又到梁的美國老師白壁德，一網打盡。只是這白壁德無怨於魯迅，可謂無辜挨罵。然而魯迅並未結束，接著說：「梁教授極不願意因他而牽連白壁德，是據說小人造謠；不過曼肯卻正是和白壁德相反的人，以我比彼，雖出自小人之口，骨子裏卻還是白老夫子的鬼魂在作怪。指頭一撥，君子就翻一個筋斗，我覺得我到底也還有手腕和眼睛」。（引同上）明明是梅僧自己作比，太平洋那邊的白壁德卻逃不了「鬼魂在作怪」的干係，這老夫子徹底被株連了。至此，又再次明白魯迅為什麼自己對自己笑，原來，「指頭一撥，君子就翻一個筋斗」。確實，從開始論戰到今天，梁實秋翻一個筋斗，不就是魯迅一個指頭的事嗎。因此，魯迅有這種感覺也就不奇怪了：「我到底也還有手腕和眼睛」——這一句，魯迅是自得，也是自況。就自況言，也許只有一個詞堪可評注：傳神！

---

[40] 魯迅〈《南腔北調集》題記〉，同注 1，第 429 頁。

十三、1933 年上海文壇的「書目」風波

（一）「慘痛的經驗」

20 世紀 90 年代初，施蟄存先生寫過〈書目〉一文，開頭是這樣：

> 《青年報》編者來訪，先是閒談，隨即吐露來意，要我開一份書目。我一聽說「開書目」，也不用問他開什麼書目，立刻敬謝不敏，另請高明。

一個報紙編輯請一位學界前輩給年輕人開一份閱讀書目，這是雅事，再正常也不過了。不正常的倒是施蟄存，不待聽完對方，就推諉拒絕，是不是有點不近人情。如果這位編輯對施蟄存的經歷無所瞭解，不但摸不著頭腦，還會生一肚皮悶氣。然而，他不知道他無意中撞著了施蟄存的隱痛。「因為開書目的事，我有過慘痛的經驗」，「一份小小的書目，可以招致大大的罪名」。

「大大的罪名」，哦，這是在說文革了——如果當時說給那位編輯聽，沒准他會這樣想。然而，錯矣。施蟄存這段慘痛與文革無關，而是近六十年前的事。1933 年，上海文壇有過一場「書目」風波，施蟄存作為這場風波的兩造之一，自此就「不再應報刊編輯之命，開任何一種書目。這個決心，已拿定並實行了五十年。」[1]

是什麼原因讓施蟄存幾十年來杯弓蛇影，心有餘悸，以致一輩子都不再染指開書目這樣的事呢？

（二）「目的論」批判

不妨把目光拉回到三十年代，那被文人混戰搞得汙泥濁水的上海灘。

---

[1]　施蟄存〈書目〉,《施蟄存七十年文選》第 738 頁，上海文藝出版社 1996 年。

　　1933 年秋，上海《大晚報》的編輯崔萬秋給時任《現代》雜誌主編的施蟄存寄來一張表格，要求填下面兩項，一是目下在讀什麼書，二是要介紹給青年的書。由於寄來表格的空間很窄，於是施蟄存在第二項的格子裏推薦了兩本書《莊子》和《文選》，並作了一條注「為青年文學修養之助」。沒料到，就是這兩本書，使施蟄存受到極大的傷害──當然，使他受到傷害的並不是「莊子」，而是魯迅。

　　十月一日，魯迅以「豐之餘」的筆名寫了〈感舊〉發在當月六日的《申報‧自由談》上（該文被收入《准風月談》時改名為〈重三感舊〉，並加了副題）。文章題為「感舊」，其實是「感現」，只不過從舊入題而已。那便是對光緒年末那些「老新黨」的讚美了，讚美他們幾十歲的中年人，還硬著舌頭，怪聲怪氣地學英文。學英文是為了看「洋書」，看洋書是為了「圖富強」。當時連八股出身的張之洞都不例外，做《書目答問》時，也竭力填各種譯本進去。這時的魯迅當然沒心思「發思古之幽情」，無寧說他對古充滿了憎惡。此刻的感舊乃是策略，是要批那些在他看來是要復古的人。果然，一個段落過後，魯迅來了個「然而」就切入正題：

> 現在是別一種現象了。有些青年，境遇正和「老新黨」相反，八
> 股毒是絲毫沒有染過的，出身又是學校，也並非國學的專家，但
> 是，學起篆字來了，填起詞來了，勸人看《莊子》和《文選》了，
> 信封也有自刻的印版了，新詩也寫成方塊了……[2]

　　這種現象讓魯迅痛心疾首，在他看來──當時和今天的許多學者也這樣認為──這是三十年代「復古主義」的興起，是新文化運動的倒退，是五四的一股逆流。因此，魯迅用五四語言開始批判，說批判，其實也離不開罵。是從一句俗話開始的，所謂「舊瓶不能裝新酒」，但魯迅認為：「舊瓶可以裝新酒，新瓶也可以裝舊酒」，後者的證例，就是以上那些「新式青年的軀殼裏，大可以埋伏下『桐城謬種』或『選學妖孽』的

---

[2]　《准風月談‧重三感舊》,《魯迅全集》卷五，第 324 頁，人民文學出版社 198 年。

嘍囉」（注同上）。不過，在魯迅罵人譜系中，「嘍囉」一詞該是極輕的了，而那極重的「謬種妖孽」之類，知識產權不姓魯而姓錢（玄同），魯迅只是借光，因此，該罵可以相對忽略。

不想忽略的倒是圍繞這篇文章的另外一些東西。就該文而言，尤其那段現象舉例，看來看去，也沒看出有什麼批判必要。不就是一些個人愛好嗎？何必大驚小怪？至於把它視為五四的倒退和復古，不是上綱上線，就是聲張敵情。魯迅後來在給姚克信中提到這茬事時說：「……這種辯論，五四運動時侯早已鬧過的了，而現在又來這一套，非倒退而何。」[3] 可見，魯迅一開始，就把這些現象和辯論當作五四的倒退來看待。然而，上述那些現象與五四何關，又談得上什麼前進與倒退。也許，長期以來，我們都認為只有文革才會上綱上線。其實不然。風起於青萍之末，文革中的上綱上線，是造極而非肇始，就它成為一種強大的政治正確的習慣，三十年代委實脫不了干係。要不，個人寫寫篆字填填詞怎麼樣也提不到那些「宏大敘事」的高度。或許筆者遲鈍，上綱上線就是要善於「透過現象看本質」，篆字事小，要在它和全盤反傳統的五四精神相悖。這一點都看不到，還寫什麼雜文。正是這種「本質論」的思維，使其必然要把和這種本質不合的所有現象都當敵情來看。

魯迅是如何發難那些包括施蟄存在內的復古主義者的呢？我注意到這篇文章中不止一次出現「目的」一詞，都是在誇那些「老新黨」。他們「見識雖然淺陋，但是有一個目的：圖富強。所以他們堅決，切實；學洋話雖然怪聲怪氣，但是有一個目的：求富強之術。所以他們認真，熱心。」（同注 2）魯迅筆下的老新黨固然可敬，但不可敬的卻是魯迅這種「目的論」思維。它把這種目的唯一化了，凡不合這目的者，盡在蕩掃之列。我說魯迅是一個目的論者，有他自己的話為參：「我以為只要目的是正的——這所謂正不正，又只專憑自己判斷——即可用無論什麼手段」[4] 推其言，只要目的是正的，什麼都可以；那末，與這個目的

---

3 〈魯迅全集·書信〉卷十二，第 255 頁，人民文學出版社 1981 年。
4 《魯迅景宋通信集》第 58 頁，湖南人民出版社，1981 年。

不合的，不就是什麼都不可以了嗎。事實上，魯迅也正是以「圖富強」的目的論思維來「不可以」那些不能導致富強的篆字詩詞和莊子的。在這裏，「圖富強」顯然是和民族國家有關的宏大敘事，而篆字詩詞莊子等則是所謂的個人權利和自由。如果換成今天的話，「圖富強」就是「發展」，而「發展就是硬道理」。那末，在作為「硬道理」的富強或發展面前，還沒有個人的選擇愛好和權利？

都說魯迅是一個自由主義者，然而這裏怎麼看都不像。就拿這篇文章來說，自由主義是不會以「圖富強」的名義非難個人選擇的。在自由主義那裏，個人權利總是優先於各種名目的宏大敘事。它至多這樣認為，不是國家富強了，才有個人自由，而是有了個人的自由權利，國家才會慢慢富強。當然，您可以反對這種理論，但它無疑是自由主義。魯迅不諳自由主義並不要緊，要緊的是，長期以來，包括魯迅在內的目的論思維和硬道理理論總是以各種各樣的宏大敘事干涉個人權利。

依然是出於目的論思維的慣性，文章最後，魯迅索性自己給對方派定目的。「排滿久已成功，五四早經過去，於是篆字，詞，《莊子》，《文選》，古式信封，方塊新詩，現在是我們又有了新的企圖，要以『古雅』立足於天地間了。假使真能立足，那倒是給『生存競爭』添一條新例的。」（同注２）我不知道對方這個所謂的「企圖」魯迅是如何知道的，至少，施蟄存的「企圖」不是什麼古雅、天地之類，而是「為青年文學修養之助」。施蟄存把自己的推薦目的說得清清楚楚，不知魯迅為什麼一葉障目，反而要為人家誅心出一個莫名其妙的企圖？說它莫名其妙，既然寫篆字做信封是古雅，就表明它是且僅是個人興趣和雅好，在什麼意義上，個人雅好居然會和立天地、生存競爭等「大詞」扯在一起？一天到晚都是些宏大目標，累不累？還有沒有個人空間？魯迅不管這些，他的目的論思維不但一貫到底，還善於自說自話把自己想當然的目的「栽」給別人。

就這篇文章，還有兩處似可圈點。一是魯迅說「舊瓶可以裝新酒」，按此邏輯，舊形式不也可以有新內容？所以，施蟄存抓住這一點，說：

「似乎寫《莊子》那樣的古文也不妨，只要看它的內容如何罷了。」⁵這是魯迅顧此失彼處之一。另一處更有意思，整個只「顧」他人而不「顧」自己了。如果新詩寫成方塊就是「遺少」，那末，魯迅自己不也是這樣寫詩的嗎？我特地查了魯迅當年（一九三三年）的詩歌，那種方塊式的律絕體就有十多首，還不說一九三二年間寫的那篇駢體文〈《淑姿的信》序〉和文言短文〈題記一篇〉。怎麼自己一邊寫，卻「指摘」別人是倒退？人己之間，這是不是雙重標準？

（三）膠著的拉鋸戰

看到《申報・自由談》上豐之餘的文章，施蟄存便寫了〈《莊子》與《文選》〉一文，對自己的推薦作了些說明。一是因為他編雜誌，與年輕人文章接觸多了，感到他們的「文章太拙直，字彙太少」，因此推薦這兩部書，冀以為從中「可以參悟一點做文章的方法，同時也可以擴大一點字彙」。另外施蟄存強調，他「只是希望有志於文學的青年能夠讀一讀這兩部書」，⁶言下之意，他並不是勸所有的人都去讀《莊子》與《文選》的。為了說明讀古書的必要，他恰好舉了魯迅的例子（此時他不知豐之餘是誰），說：「沒有經過古文學的修養，魯迅先生的新文章決不會寫到現在那樣好」。四分之三的篇幅下來了，施蟄存只是一味地說明自己，給我的感覺，他薦讀文言好像犯了多大的過失，現在是在「洗刷」。施文一直是低調的，直到最後，它才表示了對豐文的不同看法。下面是我所欣賞的一段文字：

> 至於豐之餘先生以為寫篆字，填詞，用自刻印版的信封，都是不
> 出身於學校，或國學專家們的事情，我以為這也有點武斷。這些
> 其實只是個人的事情，如果寫篆字的人，不以篆字寫信，如果填
> 詞的人做了官不以詞取士，如果用自刻印版的人不勉強別人也去

5　施蟄存〈致黎烈文先生書〉，轉引《魯迅全集》卷五，第 361 頁。
6　施蟄存〈《莊子》與《文選》〉，轉引《魯迅全集》卷五，第 330-331 頁。

刻一個專用信封，那也無須豐先生口誅筆伐地去認為「謬種」和
「妖孽」了。(注同6)

這才是一種自由主義的態度，儘管施蟄存也許並非專門研究過自由
主義。在自由主義那裏，做什麼與否，都是個人的權利，只是你不要強
加於人。相反，一個人對另一個人的權利（無論是推薦文言、還是寫篆
字、抑或自製信封）動輒指責，甚至罵，如謬種、妖孽、嘍羅等，那
麼，這個人就不是施蟄存說的什麼「武斷」，而是可怕的「專斷」。

假如施蟄存不寫這篇文章，也就風波不再了，他自己亦不會遭致更
嚴重的罵喝。那些寫篆字的、自製信封的不就是沒吭聲，所以也就沒有
上魯迅的罵人榜。有了施蟄存的〈《莊子》與《文選》〉，自然也就會有
豐之餘的〈「感舊」以後〉(上)。由於施蟄存上文說看了〈感舊〉後，「不
覺有點神經過敏起來，以為豐先生這篇文章是為我而作的了」。於是魯
迅便鄭重地告訴他「以為這文為他而作，卻誠然是『神經過敏』」；[7]亦
正如其後施蟄存信中說：「我在貴報向青年推薦了兩部舊書，不幸引起
了豐之餘先生的訓誨」，[8]魯迅又就此反駁：「施先生一開首就說我加以
『訓誨』」，但，這「一句是誣賴的，我的文章中，並未對於他個人有所
勸告。」[9]這兩句話，在施蟄存那廂，不是自謙，就是客氣。可是魯迅
坐地為大，不僅坐實對方神經過敏，還反控人家誣賴。雖是兩個文字細
節，細加玩味，卻可窺其為人與為文。

就魯迅的〈「感舊」以後（上）〉一文，我感興趣的是這一段，它針
對上面所抄引的施蟄存的那節文字。都說魯迅善駁難，我正想一睹其皰
技：「施先生說寫篆字等類，都是個人的事情，只要不去勉強別人也做
一樣的事情就好，這似乎是很對的。」魯迅似乎也有點自由主義了，但
對的就是對的，「似乎」什麼呢？原來魯迅的話是為下面張目，既然不
勉強，那麼，「中學生和投稿者，是他們自己個人的文章太拙直，字彙

---

[7] 《准風月談·「感舊」以後（上）》，《魯迅全集》卷五，第328頁。
[8] 施蟄存〈推薦者的立場〉，轉引《魯迅全集》卷五，第351頁。
[9] 《准風月談·撲空》，《魯迅全集》卷五，第348頁。

太少，卻並沒有勉強別人都去做字彙少而文法拙直的文章，施先生為什麼竟大有所感，因此來勸『有志於文學的青年』該看《莊子》與《文選》了呢？」（注同 7）看到這裏就忍不住笑了。在魯迅看來，一個人寫篆字另一個人「罵」和一個人寫作有問題而另一個「勸」其讀書，兩者竟然是一回事。然而，勸其讀書有「勉強」即強迫的意思？至於「做了考官，以詞取士，施先生是不以為然的，但一做了教員和編輯，卻以《莊子》與《文選》勸青年，我真不懂這中間有怎樣的分界。」（注同 7）是真不懂，還是其他？我不知道。這是我讀該文時隨手寫下的眉批：「一『取』一『勸』，別之甚大。取是一種權力，勸是一種權利。兩者豈能等觀。先生不察矣」。這一層意思在後來讀施蟄存的另篇文章中也看到了，「豐先生說不懂我勸青年看《莊子》與《文選》與做了考官以詞取士有何分界，這其實是明明有著分界的。前者是以一己的意見供獻給青年，接受不接受原在青年的自由；後者卻是代表了整個階級（注：做官的階級也），幾乎是強迫青年全體去填詞了。」（注同 5）

可見，這個道理並不難懂。然而，魯迅卻說「我真不懂」。

在〈《莊子》與《文選》〉中，施蟄存不知道豐之餘是誰，舉了魯迅的例子。豐之餘當然知道魯迅是誰，但他並不說破，而是繼續迷蹤。你在明處，我在暗處，誰主動？因此，文章最後，魯迅，不，豐之餘遊刃有餘地說：「施先生還舉出一個『魯迅先生』的例子來，好像他承接了莊子的新道統，一切文章，都是讀《莊子》與《文選》讀出來的一般。『我以為這也有點武斷』的。」說自己像在說別人一樣，倒也有趣，要表達的是什麼意思呢？「他的文章，誠然有許多字為《莊子》與《文選》中所有，例如『之乎者也』之類，但這些字眼，想來別的書上也不見得沒有吧。」（同注 7）施蟄存的話明明是：沒有經過古文學的修養，魯迅先生的新文章決不會寫到現在那樣好。到了魯迅這裏，卻是用了《莊子》、《文選》中的字，而且是「之乎者也」。「古文學」一轉身縮水了，僅僅變成了「古文字」，這是魯迅的文字魔術。而這樣做，不過是為了帶出下面，「再說得露骨一點，則從這樣的書裏去找活字彙，簡直是糊塗蟲」。（注同 7）施蟄存原話不是「擴大一點字彙」嗎？怎麼意思又換

了？至於古書中到底能不能找到活字彙，這本是個見仁見智的問題，又怎麼能把與己不同的看法斥之為「糊塗蟲」呢？

又罵了一句。

從魯迅的〈重三感舊〉到施蟄存的《《莊子》與《文選》》而魯迅再〈「感舊」以後〉（上），三個回合下來，又輪到施蟄存發言。他想鳴金收兵了。

〈推薦者的立場〉是施寫給當初請他推薦書目的崔萬秋的信，信中主要表達兩個意思：改換書目，請貴報取消討論計畫。

本來報紙想把施魯之間的論爭當作一椿公案讓讀者討論，施覺得兩人的文字戰就像兩個拳擊手，編輯作為裁判總希望一個回合一個回合打下去，直到其中一個倒下去站不起來為止。施認為這很「滑稽」。並且，他還認為從讀者的討論中也不會產生出真是非。因此，他不僅表示自己退出，而且也請求報紙取消討論計畫。至於改薦書目，施蟄存是這樣說的：「我想借貴報一角篇幅，將我在九月二十九日貴報上發表的推薦給青年的書目改一下：我想把《莊子》與《文選》改為魯迅先生的《華蓋集》正續編及《偽自由書》。」陳述了改魯的理由後，施蟄存又補充道：「本來我還想推薦一二部豐之餘先生的著作，可惜坊間只有豐子愷先生的書，而沒有豐之餘先生的書……，我很慚愧我的孤陋寡聞，未能推薦矣。」（注同8）

由於這兩段改薦文字特別惹惱了魯迅，因此，我讀了不止一遍。覺得施蟄存在這問題上乃一是一非。是，是他改薦了魯迅的文章。這不奇怪，因為前面他就以魯迅文章為例說明讀古文學的必要，這次從陳述的理由中也看不出什麼唐突和不是。非，他至少不必要在改薦魯迅之後，又推薦什麼豐之餘，還捎帶著說坊間沒有他的書云云，這明顯是寒磣和諷刺。問題是，施蟄存到底知道不知道豐的真實身份呢？我的看法是，以前姑且不知道，比如他讀〈感舊〉和寫《《莊子》與《文選》》時，但現在他應該知道了。因為這篇文章寫於十月十八日，而第二天他又給黎烈文寫信，開頭就說「那天電車上匆匆一晤……」，這一晤還不知道豐之餘是誰？黎是《申報‧自由談》的主編，魯迅的文章都是經他手發。

兩人碰見的「那天」，至少也是十八號之前，否則就不是「那天」而是昨天了。即使是昨天，也不妨礙施蟄存當天寫〈推薦者的立場〉，是以文中會有「豐之餘先生畢竟是老當益壯，足為青年人的領導者」以及「我想我應該在這裏『帶住』了」之類的句子。以此來看，施蟄存一會兒薦魯，一會兒薦豐，就有點皮裏陽秋了。推魯固不錯，說豐又何必？儘管我能理解施，因為豐之餘一直搞迷蹤，即使施以魯迅為正例；但我畢竟不欣賞這種專以攻擊為快的雜文法。

（四）「洋場惡少」是怎樣煉成的

這個回合是高潮。

魯迅的反映是如此的強烈。〈推薦者的立場〉發表次日，就有了魯迅的〈撲空〉。文章吃重處是在後面。

針對施蟄存改薦魯迅那一番話，〈撲空〉說：「這一大堆的話，是說，我之反對推薦《莊子》與《文選》，是因為恨他沒有推薦《華蓋集》正續編與《偽自由書》的緣故。」

且慢，這話是施蟄存說的嗎？不，分明是魯迅。把自己的推理派為人家的潛臺，亦即魯迅不僅自己善於誅心，而且還善於替人家誅。然而，你怎麼知道人家的心思呢？

同樣，針對施蟄存推薦豐之餘，〈撲空〉說：「這一段話，有些語無倫次了，好像是說，我之反對推薦《莊子》與《文選》，是因為恨他沒有推薦我的書，然而我又並無書，然而恨他不推薦，可笑之至矣。」笑過之後，魯迅指責道：「……他竟毫不提主張看《莊子》與《文選》的較堅實的理由」……

輪到我吃驚了，這理由推薦時不就說了嗎——「為青年文學修養之助」。一推敲，才明白，原來這理由在魯迅看來「不」較堅實，因此不算。

……「毫不指出我那〈感舊〉與〈『感舊』以後〉（上）兩篇中間的錯誤」。

施蟄存一開始就被動地為自己辯解，哪有心思去指人家的錯誤。後來也是改了自己的「錯誤」，把《莊子》與《文選》改成了魯迅。

兩個「毫不」過後，〈撲空〉一路上飆，「他只有無端的誣賴，自己的猜測，撒嬌，裝傻」……

我揉了揉眼，又看一遍，還想了一遍，看不出也想不出施蟄存裝什麼「傻」（莫非是裝不知道豐之餘是魯迅），更無論「撒嬌」。「自己的猜測」？魯迅不妨是在說自己。「無端的誣賴」？是指前面施蟄存說豐之餘先生給自己「訓誨」而豐先生說我沒有？我不知道，真不知道；但我無論如何也讀不出〈撲空〉所說的這些，倒覺得，這些話本身才「無端」，是真正的「撲空」。魯迅把話說到這個份上，下面又該怎麼辦？

「幾部古書的名目一撕下，『遺少』的肢節也就跟著渺渺茫茫，到底是現出本相：明明白白的變了『洋場惡少』了。」

終於罵了出來！這也是一種本相，或曰「洋場罵相」。

罵，是「魯粹」之一，也是二十世紀所形成並綿延至今的一種特殊的（反）文化現象。它通常出現在兩種情況下，一是理屈詞窮，二是絕對正確。前者是市井層次，後者不罵不足以示其正確，所謂「正義的火氣」也（胡適語）。魯罵當然靠後。但就這個事件和這篇文章，卻很難尋出魯迅罵人的理由。至少，魯迅是一個長者，1881 年出生的他，現在五十多歲，比 1905 年出生的施蟄存要大上二十多，而其時施蟄存也不過二十多，只不過推薦了兩部古書，又不過寫了兩篇文章辯解，什麼劣跡也談不上，怎麼突然就成了「洋場惡少」？身為長者就可以罵人不打草稿，而且罵得如此霸道。當然，一貫呵護青年的魯迅早就說過：「先前我只攻擊舊黨，現在我還要攻擊青年」。[10]青年不是沒有毛病，不是不能批判，但能這樣攻擊嗎？這可是地地道道的「人格攻擊」，何況無證據。放到今天，在報紙這樣的公共領域中無端詆毀人格是連同報紙都要上法庭的。

這就是開頭施蟄存所說的:「因為開書目的事,我有過慘痛的經驗」。罪名加罵名,齊了。所以他以後乾脆金盆洗手,再也不幹開書目的事。但書目可以不開,罵名卻未必能抹掉。魯迅罵過的,大凡就釘在歷史恥辱柱上,叫「活該」。我在二十一世紀讀文章,不是還有人弘揚這「魯罵」並數落施蟄存嗎?倒是想看看施蟄存自己在聽罵後的表現:「我以前對於豐先生,雖然文字上有點太鬧意氣,但的確還是表示尊敬的,但看到〈撲空〉這一篇,他竟罵我為『洋場惡少』了,切齒之聲可聞,我雖『惡』,卻也不敢再惡到以相當的惡聲相報了。」[11]真紳士也!施蟄存的「不敢」好,人是要有所不敢的。否則,無所畏懼很容易一腳就滑向無惡不作。施氏這篇文章叫〈突圍〉,寫於〈撲空〉之後,發出來已是 1933 年的十月底和十一月初。圍繞《莊子》與《文選》所發生的風波,歷時整整一個月,至此可說告一段落,儘管並未結束。說一個段落,是兩人以後都不再一篇比一篇地你來我往了。而沒結束,則是兩人都各有文字後續。

(五)「此亦一是非,彼亦一是非」

關於這場風波,魯迅和施蟄存各自都有評價。

魯迅說;「今年秋天,在上海的日報上有一點可以算是關於文學的小小的辯論,就是為了一般的青年,應否去看《莊子》與《文選》以作文學上的修養之助。不過這類的辯論,照例是不會有結果的,往復幾回之後,有一面一定拉出『動機論』來,不是說反對者『別有用心』,便是『譁眾取寵』;客氣一點,也就『彼亦一是非,此亦一是非』,而問題於是嗚呼哀哉了。」[12]魯迅的話照例是指責施蟄存的,但,正如上面說過,魯迅往往是只「顧」別人不「顧」自己,這毛病恰恰又犯了。到底是誰在動機論上作文章,在我看來,不是施蟄存,而是魯迅自己。魯迅

---

[11] 施蟄存〈突圍〉,轉引《魯迅全集》卷五,第 355-356 頁。
[12] 《集外集·選本》,《魯迅全集》卷七,第 135 頁。

大概忘了二十天前他給姚克信中那句話了：「我看施君也未必真研究過
《文選》，不過以此取悅當道……」。（注同3）「取悅當道」就是討國民
黨的好，這已經不是批評，而是指控，可是證據呢？魯迅說完就走，倒
是瀟灑。但沒有證據，你憑什麼說人家推薦古書是因為此？你有內窺
鏡？為文不應在別人動機上下藥，而況沒有證據的動機指控形同構陷。
文革時多少批判文章不都是就動機上綱上線、鍛煉罪名（比如那個對
1930年代文風如此諳熟的姚氏文元）？而這罪名放在文革，不足以致
施於死地？

　　施蟄存呢，他說：「我曾經在《自由談》的壁上，看過幾次的文字
爭，覺得每次總是愈爭愈鬧意氣，而離本題愈遠，甚至到後來有些參加
者的動機都是可以懷疑的，我不想使自己不由自主地被捲入旋渦，所以
我不再說什麼話了。昨晚套了一個現成偈語：此亦一是非，彼亦一是非，
唯無是非觀，庶幾免是非。」（注同5）施氏前面的話不是指這一次文
字爭，但這一次卻也不外那情況。其實，何止這一次，上海灘的文人爭
鬥，有幾多不是爭意氣，或者就是爭話語權。像這樣的爭鬥，不如遠而
避之。因此，施蟄存的偈語，在一定意義上，我是認同的。那意思不妨
詮釋為：你有你的是非，我有我的是非，如果不恪守一種唯一的是非，
那麼就可以免去很多不必要的是是非非。

　　當然，這裏的「無是非」並非簡單的取消論，要在看什麼問題。設
若在人權問題上，極權體制對人的權利的侵犯是最大的非，這一點不能
含糊。但在書目推薦之類的問題上，就不是沒有是非，而是各人有各人
的是非了。比如魯迅在在認為從古書中尋不出活辭彙，即使是對的，但
不能認為從古書中尋出活辭彙就必然為非。以己之對，非人之對，等於
把自己的「對」變成「絕對」，殊不知，此乃非之大者也。為何？絕者，
斷也。「對」一旦為己壟斷（即唯我獨對），豈不天下皆非。然而，就對
而言，本可以各對其對；因為，對本來就是多元的，正如同這個世界是
多元的一樣。使本來多元的世界變成一元絕對，這絕對的一元就是專
制。假設一下，圖富強是對的，但因為寫篆字、填詩詞、做信封、薦古
文，這多元形態的東西與富強不合（因而不對），就要被權力者取消，

那麼，這個因此而富強起來的世界是不是專制世界呢？世界上的專制歷來兩種，一種是「非」的專制，如傳統的帝王專制。還有一種是所謂「對」的專制，如前蘇聯那樣的現代專制。後者作為二十世紀最主要的專制形態，委實比前者具有更大的欺騙性迷惑性和裏挾性，因為它頂著一個「對」的名頭，並且「絕」。

（六）「文壇上是烏煙瘴氣」

轉眼，「書目」風波已經過去一年有半，但，魯迅不但沒忘卻，反而縱情使意讓罵升級。針對施蟄存的（其實是莊子的）相對是非觀，魯迅在批評「文人相輕」時非常明確地說：「……一定得有明確的是非，有熱烈的好惡。假使被今年新出的『文人相輕』這一個模模糊糊的惡名所嚇昏，對於充風流的富兒，裝古雅的惡少，銷淫書的癟三，無不『彼亦一是非，此亦一是非』，一律拱手低眉，不敢說或不屑說，那麼，這是怎樣的批評家或文人呢？」[13]

好傢伙！然而，張口就罵又是怎樣的批評家和文人呢？從惡少、富兒到癟三，一口氣罵了那麼多，無不是指施蟄存一人。有他自己以前的話為證：「此君蓋出自商家，偶見古書，遂視為奇寶，正如暴發戶之偏喜擺士人架子一樣，試看他的文章，何嘗有一些『《莊子》與《文選》』氣。」（注同 3）至於銷淫書則是指當時施蟄存為上海現代書局評點出版刪節本《金瓶梅》。

就這一節怒罵而言，又不禁讓人想起了〈「感舊」以後〉（上）的一段話，當施蟄存看到〈感舊〉，「以為豐先生這篇文章是為我而作」時，魯迅回答說：「倘使專對個人而發的話，照現在的摩登文例，應該調查了對手的籍貫，出身，相貌，甚而至於他家鄉有什麼出產，他老子開過什麼鋪子，影射他幾句才算合適。我的那一篇裏可是毫沒有這些的。」

---

[13] 《且介亭雜文二集·文人相輕》，《魯迅全集》卷六，第 299 頁，人民文學出版社 1981 年。

熟悉魯迅故實的人都知道，這段文字所用的詞都是二十年代「女師大學潮」中陳源隱射魯迅的。而魯迅正不屑於此，所以如是說。但，現在魯迅卻運用得如此得心應手，既追索人家出身（商家），又不放過人家相貌（癩三），就差沒說人家老子開過什麼鋪子了。魯迅的語言確實尖刻（批了半天，好像不是施蟄存不應該推薦《莊子》與《文選》，而是他不夠格），但再尖刻也不必自己戳自己呀。不知道魯迅有時為什麼喜歡和自己過不去。

　　事情還沒完。如果說惡少癩三雖惡，但還屬人的話；那麼，這次，在魯迅筆下，施蟄存卻不幸墮落到動物，與畜類為伍了。

　　1934 年七月，魯迅給徐懋庸的信說了這幾句：「『談言』上那一篇早見過，十之九是施蟄存做的。但他握有編輯兩種雜誌之權，幾曾反對過封建文化，又何曾有誰不准他反對，又怎麼能不准他反對。這種文章，造謠撒謊，不過越加暴露了卑怯的叭兒本相而已。」[14]情況沒弄清就斷罵。到底是不是施蟄存寫的，那文章，連《魯迅全集》的注釋都不下確定，只肯說「作者署名『寒白』」。憑《魯迅全集》的注釋細到這個地步，我想注釋者也未必沒有查實過，只恐怕是查而未實。果如此，施蟄存就冤了，白替人家做了回狗。寒白的文章我固然讀不到，但從題目上看〈大眾語在中國底重要性〉，似乎不太像造謠撒謊之類。然而，魯迅罵了，就自然有魯迅認為的道理。包括下面：「而且『談言』自己曾宣言停止討論大眾語，現在又登此文，真也是叭兒血統。」作者是叭兒，報紙也就連坐為叭兒血統。這叫「恨」屋及烏。只是，「談言」也是《申報》的一個欄目，魯迅自己的文章，尤其是與施論戰的，不都是在《申報》（只是另一個欄目「自由談」）上發的嗎？

　　文章結束時，魯迅給姚克信中的兩句話頗值一提。

　　一是針對當時上海灘的風習，魯迅說：「文壇上是烏煙瘴氣」。

　　文人論爭一至於罵，便無足觀之，而文壇為罵所斥，當然烏煙瘴氣。問題是，這烏煙瘴氣，魯迅是身與其間的。

---

[14]　《魯迅全集・書信》第十二卷第 488 頁，人民文學出版社 1981 年。

另一句是他對這次論爭的慨歎：「我和施蟄存的筆墨官司，真是無聊得很……」。

這是實話，如果回顧一下這論戰的過程，從開始的「目的論」批判，到後來的枝節糾纏，再到後來的負氣而罵乃至人格攻詰……，整個論爭，每況愈下。「無聊」也算是一個歪打正著的「點睛」了。

只是我要問，這「無聊」，又是誰始作俑的呢？

十四、「吳國楨事件」中的胡適與吳國楨

　　1954 年八月間，寓居紐約的胡適和人在美國伊利諾州的吳國楨發生了一次書信衝突。信中，胡適嚴厲地批評從臺灣來的吳國楨「沒有政治感」，同時也「缺乏道德感」。而吳國楨在回信中也直接指出胡適「是聽了一面之詞」，並表示「我很抱歉要與一個朋友持不同看法」。胡吳二人的信件，雖然只一個回合，但卻顯示了同樣是曾經留美也同樣是認同自由主義的兩位不同人士（一位學界的，一位政界的）之間的價值衝突。這次衝突中，胡適是主動的、發難式的，吳國楨則相對被動，他更多是在作自我抗辯。衝突的焦點，是對大洋對岸的臺灣政權的態度，而導致衝突的原因則是先此發生的「吳國楨事件」。因此，胡吳間的衝突首先要從吳國楨說起。

（一）吳國楨其人

　　吳國楨（1903-1984），字峙之，湖北建始人。除了留美背景和胡適一樣外，他和胡適都是通過清華考試留美的。其不同者，胡適沒有在清華讀過一天書，他是提前一個月從上海趕到北京參加清華的出洋考試，結果全榜七十名，胡適以勉強及格的分數（五十九點幾）考中第五十五名。用胡適自己的話：「我很挨近榜尾了」。吳國楨是在南開中學讀的初中，是全校年齡最小的學生，1917 年不足十四歲的他考上清華高中，和羅隆基同級。在清華讀了四年後，畢業考試及格，就直接赴美讀書。胡適比吳國楨早到美國十一年，出於生計和實用主義的考慮，他先讀康乃爾大學的農學院，一年後轉入該校文學院，讀政治、哲學、經濟等。1915 年，因對杜威哲學的興趣，又轉到常春藤盟校的哥倫比亞大學專攻哲學。吳國楨赴美前就聽從一位美籍教授的勸告，放棄了美東的常春藤盟校而選擇愛荷華州的格林內爾大學讀經濟，兩年後畢業，吳也轉向

美東的普林斯頓大學直攻政治學博士學位。對政治感興趣是胡吳的共同特點,不過,胡適的政治興趣始終是業餘段位,而吳國楨則是因興趣而變成專業。由於他熱衷美國憲法,最初博士論文的選題就是「美國憲法中的總統」。可是,他的導師後來又要他做「中國政治思想」,因此,後來吳是以中國古代政治思想的題目獲得了該大學政治系的博士,但博士學位卻是哲學的。這一點和寫中國古代哲學的胡適在學位上又相同了。有趣的是,胡適雖然比吳國楨大十二歲,又早到美國讀書十一年,但,博士學位卻比吳國楨遲拿一年。吳國楨是 1926 年拿到學位回國的。胡適因為 1917 年急於回北大做教授而擱置了博士論文的修改,因此,要到 1927 年胡適乘便赴美時補交了十年前該交的論文,才完成自己的學位手續。

在胡吳種種同與不同之中,最重要的是,他們都有若干年的在美國生活的經歷,都沐浴過歐風美雨,都欣賞以美國為代表的西方文明,都受過良好的英美自由主義的薰陶,都認同美國憲政下的自由民主制度,而且都願意把這種品質的制度移植到中國,甚至也都為這一目標的實現在不同的領域內做出過不同的努力;儘管他們是上下兩代人。

然而,在胡吳的種種同與不同中,一個很重要的不同,胡適一生關心政治而幾乎不從事政治。除了抗戰因「國家徵調」當了四年左右的駐美大使外,後半生所當的兩次各四年左右的官:北大校長和中央研究院院長,都不是政官,而是學官。終其生,胡適是個學人,不是官人。吳國楨相反,博士出身的他,長期以來,不但是個官人,而且是國民黨的政要。如果瀏覽一下他的政歷,應該說是很顯赫的。回國四、五年後,還不到三十歲,便從漢口市的土地局長,先後升遷為湖北省財政廳長和漢口市長,其間還擔任過蔣介石的侍從秘書。抗戰時任重慶市長,後又曾任國民黨中央宣傳部部長。抗戰勝利後,出任上海市長。1949 底,國民黨大陸失利,吳國楨又任臺灣省政府主席兼保安司令,一直到 1953 年離臺赴美。

也就是在吳國楨到美國後的第二年即 1954 年,一個學人,一個官人,發生了一次書信糾紛。學人批官人,批的到底是什麼呢?

（二）與蔣氏父子的衝突

胡適批吳國楨，並不是因為吳是國民黨的高官，替國民黨做了那麼多事；而是批他和蔣介石鬧翻後來到美國卻反過來揭發自己的國家。

身為臺灣省主席的吳國楨和蔣介石鬧翻似乎又有著某種必然。吳國楨畢竟留美出身，美國的民治理念在他和胡適身上都留下不可磨滅的烙印。胡適是一個知識份子，他所能做的，就是在輿論領域宣揚民主，就這一點而言，胡適堅持了一生。吳國楨是政官，有實際權力，他可以在自己的政轄內，有限度地進行民主的實際操作。1949 年底，吳國楨接掌臺灣省主席時，其施政綱領有四條，其中第二條「努力向民主途徑邁進」，第四條則「實行地方自治，發揚法治精神」。[1]吳國楨是這樣說的，多少也是這樣做的。如果說 1928 年後國民黨搞「訓政」，美其名曰訓練國民從事實際政治的能力；那麼，放到 1952 年的吳國楨那裏，就變成了實實在在的行動。為了迎接臺灣省的第二次市縣長和市縣議會的選舉，吳國楨啟動一個培訓計畫，即在臺北建立一個培訓學校，輪番培訓從各區選出的民眾代表。每次培訓是三天，在三天內，要教會這些代表組成民主基礎的所有原則以及如何進行自由選舉。這個任務是龐大的、繁重的，從它的實際實施到 1953 年吳國楨被迫離臺，尚未全部完成。「現在想來，我開始明白，」晚年的吳國楨回憶說：「也許正是這個培訓計畫是蔣介石與我最後決裂的主要原因，他或許認為，我是在謀求自己的組織與權力，而那確實遠非我的本意。」[2]

如果上述還是吳國楨一面之辭的話，那麼，導致吳國楨向蔣介石辭去省主席職務的原由還是和選舉事件有關。

---

[1] 吳國楨手稿、黃卓群口述《吳國楨傳》（下），第 427 頁，臺灣「自由時報企業股份有限公司」，1995 年。

[2] 吳國楨《從上海市長到「臺灣省主席」》，第 162 頁，上海人民出版社，1999 年。

(1) 脅迫選舉的大規模逮捕。

1952 年十月，吳國楨巡視全島回到臺北，大批臺灣當地人要求與吳見面。這些人面談的居然都是一個問題，即他們的親友不知犯了何罪被逮捕了。身為保安司令的吳立即打電話給自己屬下的警務處長，對方回答：他沒有簽發過逮捕令，那是中央政府頒布了一個圍捕「流氓」的新法令，那些人是因此而被捕的。

吳又召見自己的下屬、保安副司令彭孟緝，他是臺灣祕密特務總頭領蔣經國的親信（1950 年蔣介石在總統辦公室之下建立一個「資料組」，實為一個特務組織，它由蔣經國一手控制）。吳責問彭是誰抓的人，彭回答說是臺灣的各個特務系統。吳追問抓人是否有證據，彭給予肯定的回答。於是，吳要求對方立即提供證據。然而，保安司令部的參謀長要求讓出三天時間再呈上證據，因為這次抓人數量實在太多，多達 998 人。吳國楨不讓，結果一小時後，來人只能帶來一個很小的公事包，裏面只有三、四人的證據。責問之下，來人支吾說證據還在各個系統的特務手中。吳不依不饒，下令要求各個系統的特務次日下午把證據全部送交到省政府辦公室。

次日，各個系統的特務頭子以及彭孟緝等人都與會，所有的證據都帶來了，也幾乎沒有證據。近千人的案子，頂多只有十來個案卷。吳下令三天之內甄別所有的指控，如果沒有證據就放人。三天後，吳的屬下報告，只有十八人有輕微的不良行為，如在公共場合酗酒吵架。吳指示，將那十八人移交法院，其餘立即釋放。

下過指令的吳國楨接著就去巡訪澎湖列島了，第五天才回來。他本以為問題早已解決，然而報告的人說，一個人也沒有釋放。吳立即打電話問責彭孟緝，彭推說，我們已經傳達了你的口頭指示，但沒有收到你的書面命令。吳國楨勃然大怒：你們抓人時沒有我的命令，口頭的書面的都沒有，為什麼放人卻要我的書面命令？既然要，馬上給。吳國楨立即草了一道命令送達，因此，除了 18 人外，其他人於當晚盡數釋放。

彭孟緝是吳國楨的直接屬下，可是他敢於和頂頭上司陽奉陰違，完全是因為蔣經國在背後撐腰。吳蔣之間類似的衝突已有多起，一個是特務首領，一個是保安司令，前者根據政治需要抓人，後者強調抓人需要證據，衝突自然發生。由於吳是保安司令，按吳的說法，抓人是屬於自己管轄的事，而蔣私自闖入了我的領地。就這個事件而言，它完全是蔣經國操縱的。那 998 人（除少數外），非但不是流氓，而且都是各地民眾領袖。逮捕他們是一種威脅，是為了在即將到來的選舉中，迫使他們按國民黨的需要投票。而這些人作為對國民黨候選人可能構成威脅的反對派，或被捕、或受恫嚇，儘管人最後被放了出來，但蔣經國的目的也達到了。逮捕就是一種表白，誰投票反對國民黨，絕沒有好下場。果然，選舉開始後，除臺北市長由前任連任外，其他都是國民黨候選人以壓倒多數獲勝。

因此，放了人的吳國楨有一種戰敗的感覺，當時，他的妻子從美國回來，第一句就說他面有愁容，而他也向妻子表示，這個省主席自己當不下去了。[3]

(2)「基隆市議員綁架事件」

事情並沒有結束。緊接而來的情況和前面幾乎一個性質。市縣長選舉完畢後，便是市縣議會會長的選舉。當吳國楨想瞭解一下各地選舉進程時，基隆的情況讓他吃驚。當天議會開會時，居然沒有一個議員到場。原來，有兩個議員遭特務綁架，被單獨囚禁在某個旅館裏已經兩天了。而特務這樣做的目的，和前面一樣，是想通過綁架，逼迫其他議員選舉國民黨指定的人為議長。

憤怒的吳國楨又是立即打電話給彭孟緝，指責他怠忽職守，警告說，要麼你立即將綁架議員的那個特務解職，要麼自己將被迫採取其他措施。這個措施就是吳給基隆市長下命令，讓他帶著員警親自去解救那兩位議員，如果遇到反抗，可以將有關人抓起來，必要時可以格殺勿論。

---

[3]　此內容來自吳國楨《從上海市長到「臺灣省主席」》，第 162-165 頁。

市長當然大吃一驚。兩小時後，彭孟緝報告，人放出來了。吳打電話向市長落實，對方的回答是肯定的。於是吳下達了第二道命令：馬上召集所有議員開會，立即選舉議長。選完後，親自將那兩個議員送到自己的辦公室。當晚，基隆市長把那兩個議員送至吳國楨處。吳又是同時詢問，又是個別談話，但沒有一人告訴他，他們是被誰抓的，兩人分明都嚇壞了。儘管吳一再勸他們別怕，自己能保護他們；他們還是不說，顯然，兩人都認為吳的保護不起作用。不但如此，這兩人還反過來說：人既恢復自由，也就不必再追求真相了。吳知道，他們是怕特務報復。

吳當然不願善罷甘休，當他從其他特務那裏獲悉事情是誰幹的時，便把彭孟緝召進自己的辦公室，要求他扣押負責綁架的那個人，將其開除公職並聽候進一步的調查與處分。彭又要求吳國楨給書面命令，吳同樣給了他。彭當晚回答吳，命令已經執行。於是吳指示基隆市長，就此事徹底調查。然而，兩天後，那位市長請求終止調查，因為特務方面不僅沒有扣押那位責任人，反而給他升了官。吳徹底惱怒了，追問彭孟緝是誰讓這麼幹的時，彭拿出了蔣介石的手令。[4]

當天，吳就向蔣介石提出了辭呈，蔣予以退還。吳國楨接著又上了一份，蔣卻批給吳一個月的病假，讓他休息休息。

吳國楨與蔣介石的衝突，主要來自他與蔣經國的不合，後者讓吳感到「我失去了許多權力」，並且吳也反對蔣經國從蘇聯學來的那一套，什麼軍隊政治化、特務政治、以共產主義的方式對付共產主義等。而蔣介石失去大陸後，不但不知汲取教訓，銳意改革，並且縱容蔣經國所為，甚至放給他更多更大的權力。因此，當吳確認蔣家父子走上「一人控黨，一黨控政，以政治控制軍隊，以特務控制人民」時，[5]更覺自己只是個空架子，於是，他決意退出遊戲。在收到蔣介石批假後，吳回信：自己將去日月潭養病，除非自己的辭職獲批，否則不會回來。

---

[4] 此內容來自吳國楨《從上海市長到「臺灣省主席」》，第 165-168 頁。
[5] 吳國楨手稿、黃卓群口述《吳國楨傳》（下），第 459 頁。

　　由於養病期間，一起未遂的車禍事件，使吳國楨認為這是蔣氏父子所為，臺灣對自己已是兇險之地，於是，在宋美齡的作用下，吳國楨以養病並接受母校贈予榮譽博士為由，於 1953 年五月二十四日離臺赴美。

（三）「詫怪」的胡適和初始的態度

　　胡適和吳國楨差不多就是兩代人，儘管都留學美國過，但交往並不多。1946 年睽別國土九載的胡適乘船回國，吳時為上海市長，對胡適盡過地主之誼。當時胡適在吳淞口未能及時進港，直到次日才有船來接，上岸後徑去市政府，因此，當日日記中載有「受市政府吳國楨先生的招待」字樣，這是胡適踏上國土後的第一頓飯，不知道他是否印象深刻。[6]1952 年十一月，寓居美國的胡適第一次返臺，在他與陳誠等政要的會面的照片中，吳國楨就在他的右身後。吳國楨此番來美，鑒於胡適的特殊的地位和聲望，也少不得和他聯繫。來到美國一個月後，吳國楨從紐約給胡適打電話，要去拜訪。電話中胡適表示自己的地方太小、太熱，還是自己去看他們。這是 1953 年的六月廿八日，胡適去同吳氏夫婦談了三個鐘頭。這三個鐘頭都談了些什麼呢？胡適日記並不詳細：「他們談的話，使我十分詫怪。吳太太說，『我們都是基督徒，深信上帝保佑我們，胡先生是無神論者，他也許不相信。』」記了這一段後，胡適補了一句「我所謂『使我十分詫怪』，當然是指他們的話的一部分」。[7]

　　是什麼話使胡適感到「詫怪」？今天不能確切得知。但可肯定，吳國楨會向胡適訴說他在臺灣的遭遇以及為什麼來美，而這一切無疑出乎胡適意料之外。胡適信不信呢？在胡適日記中，它是含糊的。「詫怪」就是一個含糊而未置可否的詞。

　　然而，「詫怪」的胡適最終不能容忍吳國楨，是有一個過程的。自 1954 年初吳國楨因個人原因（相傳他離臺時套匯五十萬美元存入美國

6　《胡適日記》卷七，第 621 頁，安徽教育出版社，2001 年。
7　《胡適日記》卷八，第 309 頁。

銀行）開始和蔣介石公開翻臉時，毋寧說胡適對發難前期的他還是認同的，至少在一定程度上。

1954 年二月間，臺灣召開第一屆國民代表大會第二次代表會議，議題是改選正副總統。胡適回臺與會。遠在美國的吳國楨於二月廿七日專門上書給國民大會，並分別致函蔣介石和胡適之，就此信作相關說明。在上國民大會書中，吳國楨痛陳臺灣政府專制之弊，並提出應該立即採取的六項措施。信末，吳國楨要求大會討論該文同時在臺灣各報發表。在給胡適的信中，吳國楨附上此文並請他從中幫忙，曰：「茲謹將原稿附上。但國民代表大會能否討論，須煩先生便中一催」。[8]在這封公開信中，吳國楨把臺灣問題歸結為六點：1.一黨專政。2.軍隊之內，有黨組織及政治部。3.特務橫行。4.人權無保障。5.言論之不自由。6.思想控制。而他提出的相對應的六條建議是，1.徹底查明國民黨經費來源（即反對把國庫當黨庫）。2.撤銷軍中黨組織及政治部。3.明白規定特務機關之權力（即限制之）。4.公開接受無辜被捕者親友之控訴以保障人權。5.徹底查明過去言論何以不能自由。6.撤銷青年團，並不得再有變相之組織。[9]吳國楨的信國民大會主席團收到後做過討論，形成的決議是「不予受理」，但決定把此決議連同吳的來函一併印發給每位代表。至於吳在臺灣公開發表該信的要求，「因其內容嚴重損及政府形象，國民大會主席團對此文發表與否，分為兩派，有的贊成，有的反對」，這時胡適發揮了他的作用，大會最後「終於接受胡適之的意見，於三月十一日在臺灣各地報紙全文發表」。[10]

顯然，胡適不是因為受吳國楨之託而幫忙，而是出於對吳筆下臺灣狀況的某種認同。還是在吳國楨 1953 年尚未赴美之前，第一次返臺的胡適在離臺前一晚赴蔣介石的送行晚宴上，就對蔣介石「說一點逆耳的話」。胡適說的是什麼呢？在他當日的日記中有這樣的記載：「我說，臺灣今日實無言論自由。第一，無一人敢批評彭孟緝。第二，無一語批評

---

[8] 吳國楨手稿、黃卓群口述《吳國楨傳》（下），第 504 頁。
[9] 吳國楨手稿、黃卓群口述《吳國楨傳》（下），第 551-553 頁。
[10] 韓道誠〈吳國楨案有關資料彙編〉，臺灣《傳記文學》第 45 卷第 3 期，第 124 頁。

蔣經國。第三，無一語批評蔣總統。所謂無言論自由，是『盡在不言中』也。」[11]如果說這是胡適在私人場合當著蔣的面有話直說，那麼，在公開場合胡適則會換一種方式，即以一種幽默而機智的方式反話正說。當他第一次返臺後，美國《時代》週刊有過評價性的報導，報導中說：「在臺灣，胡適呼籲要新聞界更大的爭論和批評的自由，他揶揄引用了報刊文章中的一句話：『在自由中國，只有胡適一人享有言論自由。』」[12]其實，就是胡適一人的言論自由也是有限的，比如剛才胡適對蔣介石的一席話，只能在私下，它是無法上傳到公共領域中去的。不過，威權體制和極權體制體制不同的地方在於，它多少還存在著發表一定意見包括政治反對意見的空間，上述吳國楨的檄文式的信能夠在臺發表，多少也說明一些問題。而這個問題，在蘇俄政治體制下是無以想像的。

四月份，胡適離臺返美，臨行前，他對吳國楨的公開信表示過這樣一個態度：

> 前臺灣省主席吳國楨批評政府或許對於國家還有點好處，假使吳所講的話有一部分是真實不假，那末我們就不應該因其係出自吳國楨之口，便加以拒絕考慮……。假使那封信討論到幾項根本問題，其所發生的結果竟能使實行改革成為必須，那豈不是說對於國家倒反有了益處嗎？[13]

胡適說話有高度的技巧。這是陶希聖評論：胡適說話既能很好地適應每一次談話的場合，同時又能充分地表達自己的意思。同樣，唐德剛也認為，胡適說話在高度技巧的情況下，卻是有什麼說什麼。這裏便是一例。吳的公開信公開後，在臺灣引起了強烈的反響，國民黨的聲討自不待言，就連當時臺灣的兩所最高學府臺灣大學和臺灣師範學院的「全體教授」也披掛上陣，聯名發表文章，對吳國楨的「叛國」行徑群起而攻之。針對吳國楨言論不自由的批評，以臺大教授毛子水為首簽名的抗

[11] 《胡適日記》卷八，第 277 頁。
[12] 轉引《胡適日記》卷八，第 289 頁。
[13] 轉引江南《蔣經國傳》第 286 頁，中國友誼出版公司，1993 年。

議書中說:「在自由中國之內,人人享有基本的自由。如信仰自由,居住自由,遷徙自由,言論出版自由,集會結社自由等,這是鐵的事實。吳君說自由中國沒有言論出版的自由,實與事實不符。我國並無新聞檢查制度,出版的刊物我們看見的有一百餘種,都可暢所欲言,吳君惡意攻擊的原函,也可在報上發表,就是一個證明。」[14]這段話除最後一句因某種特殊原因多少可以成為「證明」的話,臺大教授們不知是否知道,真正的言論自由是人的天賦自由之一,而當時臺灣的言論自由(如果可以這麼說的話)顯然不是天賦的,而是政府默准的。也就是說,政府可以讓你言論自由,也可以讓你言論不自由。在政府有權干涉言論的情況下,言論即使是自由的,也應視之為沒有言論自由。因此,吳國楨的批評沒錯,而臺大教授群體哪怕是在某種勢力的策動下反控吳國楨,這樣的言論表述,也令人感到不堪。如果說連大學知識份子都介入了對吳國楨的圍剿,可見當時情形之一般。然而,在這樣的情形下,胡適上述講話把吳國楨的批判口吻變成了正面誘導,它以「假使」為切口(這樣不至刺激當局),暗中卻默認吳信中提出的內容都是些「根本問題」。只是,這些根本問題在吳國楨那裏是炸藥,在胡適這裏卻轉換成可以對國家有益的改革的藥方。這是地地道道的胡適的言論方式,從中也可見胡適對吳國楨事件的態度。

　　1954 年四月五日,是胡適離臺返美的日子。在臺北松山機場,面對記者問及對祖國還有什麼希望時,胡適留下了起飛前的最後的話:「我希望更進一步實施憲政。我們這部憲法很不錯,尤其是第二章第八至第十八條規定(關於人民權利之規定)可以說是無條件的。如果規規矩矩照著去做,結果一定非常的好,我認為無條件的自由,是沒有什麼危險的。」[15]憲政、權利、自由,胡適的話和吳國楨的公開信,一個是批判,一個是希望,但其思路乃至用詞並無什麼不同,兩者在某種意義上毋寧是呼應的。

---

[14]　韓道誠〈吳國楨案有關資料彙編〉,臺灣《傳記文學》第 45 卷第 3 期,第 125-126 頁。
[15]　胡頌平《胡適之先生年譜長編初稿》卷七,第 2421 頁,臺北聯經,1984 年。

　　回到美國後的胡適於當月就寫信給吳國楨約其見面，如果說十個月前，是來到紐約的吳主動打電話給胡適，這次胡適的主動和迫切就很能說明一些問題。胡吳於四月十七日在美國最小的州羅德島州見了面，兩人晤談的時間長達八小時左右，而且直到深夜。這八小時都談了些什麼，胡適那邊沒有留下什麼記載，倒是在吳國楨給胡適的信以及他晚年的口述中，尚可得知一些零碎的內容。吳說：「那時胡博士剛從臺灣回來，我們談了八個多小時。他問我，當我在那裏時，臺灣政治犯的人數是多少，我說我計算是 1 萬到 1.2 萬人。然後他說：『你錯了，我剛回來，我估計超過 10 萬人。』我叫道：『真的嗎？』他說：『是的，你的數字也許不包括那些因政治原因而遭監禁的軍事人員。』我承認這有可能。」[16] 這是吳國楨的單邊敘事，如果屬實的話，似乎胡適對臺灣的政情比吳國楨還清楚，而且對它的惡化比吳國楨估計也更充分。只是，他為什麼行色匆匆地要找吳國楨，難道就是要落實這個數字嗎，除此之外，兩人還談了哪些內容，是不是還銜有什麼特別使命，比如勸吳不要再攻擊臺灣：這些都已無案可稽了。可以確定的是，胡吳會晤在表面上至少不是非友好的，儘管胡適對吳的有些話感到不誠實，並且反感，同時亦有所批評（說他沒有政治感）；但直到這時為止，他們之間尚無衝突發生。

（四）太平洋那邊的風波

　　然而，事情正在起變化。

　　按吳國楨自己的說法，1954 年四月中旬，蔣介石派吳的舊識劉文島到美國去勸吳，臺北不再攻擊吳，吳這邊也停火，於是這場隔洋大戰便偃兵息鼓。[17] 臺北的舉措應該也與胡適有關。當時臺灣政府對吳國楨在美國發難，先是希望息事寧人，後來則動員輿論攻擊，「終則循胡適

---

[16]　吳國楨《從上海市長到「臺灣省主席」》，第 222-223 頁。
[17]　吳國楨手稿、黃卓群口述《吳國楨傳》（下），第 514 頁。

之的建議而停止攻擊。胡氏認為吳國楨在美國並無新聞價值，他的言論不會引起美國人的注意，如政府根本不重視其言行，不予置理，移時即如李宗仁之下場一樣，無人理睬，今則動員全臺灣黨政軍民，對吳圍剿，反而提高其身價。」[18]然而就在臺灣方面偃息不久，因為吳國楨的一篇文章，胡適自己披掛上陣了。本來一場國家與個人的隔洋大戰，賡續成了胡吳兩人在太平洋那邊的風波。

衝突的發生，緣於吳國楨於 1954 年六月在美國《Look》雜誌用英文發表的一篇寫給美國人的文章〈在臺灣你們的錢被用來建立一個員警國家〉（這篇文章的大要已由南京大學的歷史學博士楊金榮先生漢譯過來）。吳在這篇文章中主要告訴美國公民：

> 1. 臺灣已經變成了一個員警國家
>
>   蔣介石已讓他的兒子蔣經國做他的繼承人且將大部分權力轉讓給他。
>
>   蔣經國已完全控制了執政的國民黨，完全控制了軍隊，並力求把它完全變為個人權力的工具。作為祕密員警的頭目，他快速建立起在許多方面類似於共產主義政權模式的權威，他甚至模仿希特勒的青年團和共產主義的青年團，而建立起青年反共救國團。
>
> 2. 祕密員警
>
>   在蔣介石的領導之下，我們一直有祕密員警在運作。……他們會毫無證據，……進入某一辦公室，手持轉輪手槍，對桌子後面受驚嚇的人說：「你是王某嗎？」說完拖起人就走。我曾釋放過這樣的囚犯。到 1950 年底，我甚至從蔣介石那兒得到命令，逮捕民眾只要民警許可就行了。

---

[18] 韓道誠〈吳國楨案有關資料彙編〉，臺灣《傳記文學》第 45 卷第 3 期，第 128 頁。

3. 壓制言論和出版自由

獨裁者致力於建立祕密員警和控制軍隊,操縱選舉和破壞司法程序,這些還剛剛開始。今天,控制青年人思想與心靈、壓制言論和出版自由的計畫正在實施中。……惹怒或冒犯臺灣當局者的報紙被迫暫停出版,記者和撰稿人經常被打入牢房。臺灣的報紙現在只為國民黨的政黨路線服務。

因此,「在臺灣每年的預算中,美國人提供了30～40億美元,用來創造一個極權『國家』」。「臺灣和美國的納稅人都在為青年團、祕密員警、國民黨和其他權威機構買單,他們當然不知道這一點」。[19]

吳國楨的文章六月十三日出版,其時,胡適、梅貽琦這兩個北大、清華的校長正在前南開大學校長何廉的紐黑文的家中做客,那一天他們將要出席晚上耶魯大學舉辦的慶祝中國第一個留學生容閎在耶魯畢業100周年的紀念會,胡適還將在會上有演講。是何廉把吳的文章拿給了胡適,按胡適給吳國楨信中的說法,「你的母校校長發覺它不真實到令人厭惡的程度,以至他根本讀不下去」。而「第二個星期我拿起來讀,而我也發覺不可能讀下去」。

讀不下去也得讀。胡適不僅讀了,還有所動作,並且很激烈。針對吳國楨的信胡適有兩項舉措:一,八月三日,發信給吳,對其痛加譴責;二,八月十六日,也在美國雜誌發表文章,肅清吳在美國公眾中造成的不良影響。

在給吳的信中,胡適劈頭就說:「當今年四月間我與你作差不多八小時的長談的時候,我曾經說:『吳國楨的毛病是他沒有政治感(Political Sense)。』現在我不得不說:『國楨的毛病是他沒有常識(Commom Sense),而且在若干情況下他缺乏道德感(Moral Sense)。』」(以下再引則注為〈胡信〉)[20]

---

[19] 以上這部分文字摘引楊金榮《角色與命運》,第255-258頁,三聯書店,2003年。
[20] 〈胡適致吳國楨〉,《胡適全集》卷廿五,第559-560頁,安徽教育出版社,2003年。

　　什麼叫沒有政治感？吳國楨是一個政治家（為國民黨服務那麼多年，也難免沒有政客的成分），他難道不比一介書生的胡適更懂政治？而且，吳國楨的文章基本上沒有脫離他幾個月前「上國民大會書」的框架，為什麼胡適對同一內容的不同文本卻態度兩樣呢？這倒需要索引一下胡適自己未加說明的「政治感」了。

　　就胡適的政治感而言，不妨借用他作為發行人的《自由中國》雜誌某社論的話：「一個真正懂得政治的人，決不會輕易苛責政府的『不民主』」，[21]尤其是在政局動盪的時候。此話雖非胡適所言，但卻合那個時候的胡適之意。1950 年代初的臺灣政局處於風雨飄搖之中，此刻，在胡適眼裏，最重要的事務便是「抗俄反共」，而臺灣就是賴以完成此任務的最後一塊基地了。至於如何抗俄，有兩種不同的主張，具有自由傾向的人，認為應該吸取大陸教訓，屬行政治改革，推行美式民主，如吳國楨。另外一種則認為，只有用蘇俄的方式才能對付蘇俄，過去在大陸吃了這方面的虧，現在正應接受教訓，持這種看法的代表是蔣經國。胡適當然認同前者而不會贊成後者，但政治不僅是「理念」更是「策略」。也就是說，「民主政治」我之所欲也，「抗俄反共」亦我之所欲也，兩者不可得兼，則抗俄反共優先也。這並非說胡適不要民主，問題是，當政局並不穩定而穩定又壓倒一切時，來自吳國楨那種民主政治的批判如果和岌岌可危的政局相抵觸，胡適是不會贊同的。還是在 1947 年時局蒼黃反覆時，胡適就表示不僅要批判式的「扒糞」，而且還要知道什麼時候「停止」。進入五十年代的胡適對政治的意見更是主張「建言」而不是什麼「批判」，他在另外一個場合用過一句美國諺語「不要在公眾面前洗滌臭氣熏天的裹腳布」。這很能反映自由主義者胡適晚年遲暮的保守心態。保守的胡適有自己的政治感，而脫離體制的吳國楨當然也有他吳國楨的政治感，胡適批評吳國楨沒有政治感是沒有道理的，如果沒有政治感吳國楨大可不必上書國大，也不必連續上書給蔣介石。由於胡吳兩人的政治感此刻不一樣，因此衝突難免發生。

---

[21] 轉引《殷海光與中國近代自由主義》第 99-100 頁，上海三聯書店，2004 年。

　　當然，導致衝突發生的更直接的原因在於吳國楨此文和「上國民大會書」的政治訴求不一樣，前者的訴求對象是國大，雖有批評，但落點是建言；然而，後者的訴求對象卻是美國公眾，而且是一味地揭發。如果說胡適已經不贊成在公眾面前洗滌臭腳布，又怎能忍受吳國楨向美國公眾攻訐自己的政府呢？晚年的胡適有一條很自律的遊戲規則，即人在國外「決不會發表毀壞自己國家與政府的名譽的言論」，胡適把它稱為「這是我們在國內提倡言論自由的一班朋友的一條戒約。」[22]「吳國楨事件」發生後，美國紐約和三藩市兩地的華人報紙這樣比較胡吳，說胡適在美國從不批判自己的政府，唯有等到回國時，才發表自己的意見；而吳國楨完全相反。[23]很顯然，吳國楨的做法按胡適的遊戲規則是破戒了，不獨如此，以胡適當時的政治感，吳文的致命處在於它有可能對臺灣方面的國家利益造成直接損害。臺灣政權是靠美國的安全承諾和經濟援助得以維繫的。胡適不是不知道，1950 年代初還在執掌白宮的杜魯門（包括國務卿艾奇遜）不但對蔣政權失望，而且很厭惡；雖然因韓戰爆發把臺灣劃入自己的防禦體系。胡適同樣知道，臺灣的安危不在臺灣自己的力量而在於冷戰中美蘇兩大陣營的形成與對峙，如果撤去美國的庇護，臺灣是不可想像的。在胡適看來，沒有政治感的吳國楨分明是釜底抽薪拆自己國家的臺。他的文章，從題目到內容，都是在告訴酷愛自由民主的美國人，你們的納稅錢被你們的政府花在扶植一個員警國家上（儘管吳文本意並非如此），而在一個民主國家，民意在一定程度上是能夠影響政府決策的。胡適正是意識到了這種潛在的危險，才迫不及待地出陣，替他所謂的「國家」來討伐吳國楨。

　　當然，胡信對吳國楨譴責更嚴的還是政治感後面的「道德感」，它使胡適的信變成一個帶有「酷評」性質的道德批判，這在胡適一生的行文中都是少見的。「我很驚異於你所作的許多項存心說謊，用來欺騙美國民眾！並且用來誣衊你自己的國家和你自己的政府；而它的每件錯誤

---

[22] 萬麗娟編著《萬山不許一溪奔──胡適雷震往來書信選》第 70 頁，中央研究院近代史研究所，2001 年。

[23] 參見胡頌平《胡適之先生年譜長編初稿》卷七，第 2380 頁。

與劣行（Misdeed）你都不能逃避一份道義責任，正因為在你當權時從不曾有道義勇氣講出來。」（〈胡信〉）這裏的道德指責有兩點，一是吳在說謊，二是他缺乏道義勇氣。

吳國楨在說謊嗎？就此，胡適提出了三條指控。除了第二條指控屬於道義勇氣方面，一、三條幾乎都不能成立。胡適的「第一項存心說謊」，是指吳文中的話：「既然臺灣被宣布處於緊急狀態（under a state of siege），任何性質的一切案件都被送到軍事法庭」。（〈胡信〉）吳的話如果有問題，也只是在表述欠妥上，也許送到軍事法庭的案件未必是「任何」和「一切」，但「大量」總是存在的。胡適充其量可以指出它的誇張，卻無以責他在欺騙；更不能說「你為什麼要講出這種毫無根據的謊言作為你全篇文章的基礎」。（〈胡信〉）說吳文「毫無根據」，正如同吳文說「任何」和「一切」一樣，都是以偏蓋全。何況胡適不是不清楚臺灣的政情，如前，他和吳國楨做八小時交談時，對臺灣政治犯數量的估計要比吳國楨大得多。如果說吳國楨的表述分明是以大量事實為根據，而胡適卻一筆抹煞為「毫無」，那麼，這說話的兩方到底是誰有「謊」的嫌疑呢？

第三項說謊是有關「青年團」的問題。吳國楨指謂臺灣成為員警國家的證據之一就是蔣經國按照希特勒和蘇聯的方式建立了青年團，而且「他命令所有教職員成為其幹部（officers），所有學生登記為團員。現在我們有了一個赤色的青年團。」（〈胡信〉）胡適的批駁同上，不是看事實本身，而是抓住吳在判斷上的全稱性以攻之。如果不是全體學生都登記入團，這個團就不存在了？如果這個團是一個客觀的存在，吳國楨的欺騙又從何說起？就此而言，胡適對吳國楨的批評是無謂的，也是甚不得力的。

甚為「得力」的批評是第二點。當吳國楨說臺灣的任何案件都要送到軍事法庭時，吳自己正是臺灣的保安司令，抓人審判都在自己的權力範圍；而吳國楨卻說「但是我對那些審判不能講話」，同時「我常常連檔案都看不到」。詫怪的是，在胡適接觸到的一些判決書上，恰恰又有吳國楨的簽名或印章。這在胡適看來，吳分明是說謊了；尤其不堪的是，

既然如此，你在權位上為什麼對你現在所說的這些沒有批評的道義勇氣？胡適的指責是很堂皇的，堂皇到像是一個美國人批評中國人。但凡一個中國人，出於他對中國國情的起碼的瞭解，都無法不感到胡適的指責過於尖刻，至少缺乏同情之理解。這不是替吳國楨辯護，吳國楨的確有他該承擔的責任，問題是他的責任到底有多大？一個文官，兼任保安司令，不但權力被架空，同時還被要求交出自己的圖章。而胡適卻說「假如實情如此，你應該被責判為一個道義的懦夫」，「因為你把你的圖章交給他（指吳的副手彭孟緝）」（〈胡信〉）。這完全是不顧人的具體處境而逼人去做道德英雄的大話。應該說，吳國楨「對審判不能講話」是真的，但能講話的時候也是有的；檔案常常看不到，卻不妨礙他有時也能看得到，比如他堅持要看時。吳的話三分之一是實情、三分之一是無奈，還有三分之一是洗刷。衡量吳國楨，主要不是看他在某些卷宗上簽名與否，而是看他在這個位子上是否努力使那些非法律途徑的案卷在總量上減少。以吳國楨的親美傾向以及他與蔣經國在權力上的抵牾，於公於私他都會做出這種努力而不至同流合汙，儘管更多的時候他力有不逮。

　　應該看到，胡適在道德問題上給吳下藥，不是因為吳國楨當年做了些什麼或沒做些什麼，而是因為吳國楨今天在美國的表現。假如吳安心於一個寓公，他的道德問題就不存在；但他一張口，道德問題立即浮出水面：「你當權時從不曾有道義勇氣講出來」。胡適的邏輯殊成問題，如果以此為衡，不僅吳國楨，就連胡適的那些朋友，比如王世杰、朱家驊諸人，甚至包括胡適自己，至少在某種意義上，都有這個「道義勇氣」的問題。然而本文不打算按照胡適的邏輯去對他們做道德批評，因為沒有意義。吳國楨等既然選擇了從政，既然在體制內做了高官，他就無法同時再選擇胡適意義上的「道義勇氣」，或者，他的道義勇氣就不是「講」（批判）而是「做」（興利去弊）。是「做」而非「講」成為體制內官員的「責任倫理」，正像「講」而無從「做」因此成為體制外批判知識份子的「道義勇氣」。胡適似乎沒有釐清這兩者之間的必要的倫理分際。吳國楨要則不講，要講也只有等到他脫離這個體制之後。因此，人在美國的吳國楨對臺灣政權反戈一擊，儘管其中不乏私怨的成分；但觀其大

體，還是可以說，吳的舉止未必不是吳自己所認持的「道德感」的一種表現，它可以不為胡適所接受，但似乎也不必引起胡適如此激烈的反映。

只是，這樣的反映還不是更嚴重的。

（五）「臺灣是多麼自由」？

自 1954 年四月胡吳見面和六月吳發表那篇文章後，八月間，胡吳的彼此動作是：

八月三日，胡適從紐約給吳國楨發信。

八月七日，人在伊利諾州的吳國楨回信給胡適。

八月十六日，胡適發表文章〈臺灣是多麼自由〉。

收到胡適信後，對胡適幾項「說謊」的指責，吳國楨是一一辯護，而對胡適關於政治感和道德感的批評，吳卻不加辯解而照單認帳：「你說的『吳國楨的毛病是他沒有政治感』，我完全同意。我甚至進一步說我同意你所說『國楨的毛病是他沒有常識，而在若干情況下他缺乏道德感。』」[24]然而，接受之後，一個抑揚，吳國楨表示：「我後悔的是我在過去許多次向道德考慮以外的其他影響力屈服。正因為如此，所以我現在決定只根據道德考慮從事，不顧其他。如果我過去犯了錯誤，那因為我以前太軟弱，而我的確現在正努力不再軟弱。」信的最後，吳國楨明確表示「我很抱歉要與一個朋友持不同看法」。（同上）

接到吳信後，胡適沒有表示，但按胡適次年給殷海光信中的說法，吳以後又在三藩市的報紙上發表過「攻擊」胡適的幾封信。本來，胡吳間的書信是私事，如果吳在報紙上發表，此事就公共化了。當然，胡適也從私信走向公共化，他沒有再給吳回信，但卻在雜誌上對吳公批，這篇文章就是他在美國《New Leader》上發表的〈臺灣是多麼自由〉。

就文章而言，胡吳的題目都那麼耐人尋味：

一個說「在臺灣你們的錢被用來建立一個員警國家」

---

[24] 〈吳國楨復給胡適的信〉，轉引〈胡適與吳國楨殷海光的幾封信〉，臺灣《傳記文學》1989 年第 3 期。

一個說「臺灣是多麼自由」

如果說吳文的題目讓胡適感到觸目驚心（否則他的反應何以那麼激烈），那麼，胡適是否想過，他的題目也同樣讓人（至少是筆者）感到驚心觸目。誰都知道，當時臺灣的威權政治鑒於它不敵極權體制的教訓正日益走向極權化，而作為自由主義者的胡適，卻以這樣的題目作出了這樣的文章，因此，不管有多少可以理解的理由，胡適的問題都相當嚴重。

為了消解吳國楨文章在美國公眾中造成的負面影響，胡適借一位旅臺的美國人之口這樣渲染臺灣的自由（這依然是南京大學楊金榮博士的翻譯）：

> 巡視今日的臺灣，可以發現八九百萬中國人在那裏正受到最好的管理。這種管理是中國任何地方多少代以來都沒有的管理——最自由、最有效，當然也是最誠實的。
>
> 沒有新聞檢查，沒有進出入檢查……，各國記者出入自由，駐臺的美聯社、合眾社、路透社、法新社記者們，隨時可以發回報導。在自由中國擁有的另外一些自由，如遷徙自由、擇業自由、進入臺灣不再容易……但一旦合法居住臺灣，並擁有警察局發給的居住證，他可以坐火車、公共汽車、飛機，或開小車、騎三輪，或到處轉悠，自由如同在佛蒙德（Vermont）、堪薩斯（kansas）或俄勒岡（Oregon）。而且，他可以幹任何工作，只要他能找到，或者坐在一塊岩石上，遠眺大海，或者在輕柔的義大利樂曲聲中邊背誦詩歌，邊品嘗美酒。（以下再引則注為〈胡文〉）[25]

幾乎是一個世外桃源了。固然，這是一個美國人眼中的臺灣和臺灣的自由，它有可能是真的——對那位美國人來說；但對中國人，以上這一切，難道也是真的嗎？

然而，胡適就能這樣告訴美國人，那位美國先生「描述的是現在臺灣島上八九百萬中國人生活和自由的總體情景」（〈胡文〉）。好一個「生

---

[25] 楊金榮《角色與命運》第 263 頁，所譯胡適原文：263-267 頁。

活和自由的總體情景」，不知道有多少中國人會有胡適這種感受，問一問當時住在臺灣的雷震和殷海光吧！其實，就是胡適自己也心知肚明，1955 年，殷海光就吳國楨事去信胡適，言及臺灣狀況，胡適回信說：「臺島情形，我豈不知？」[26]如果胡適知道臺灣的真實情形，那麼，他對美國人的描述所做的歸結就是虛假的。前此，胡適聲口譴責吳國楨在美國人面前「存心說謊」，現在他是不是就扮演了自己所抨擊的角色。

以下內容大致和給吳國楨的信一樣，就軍事法庭、地方選舉、出版自由以及蔣經國作為蔣氏政權繼承人等問題，一一為臺灣政權「闢謠」。

就出版自由而言，針對吳國楨說臺灣「不再有什麼言論自由，出版自由也變成無稽之談。可能有一例外，就是胡適博士主辦的雙週刊《自由中國》雜誌」。胡適說：「《自由中國》雜誌不是例外，這種言論自由和出版自由，是具有道德勇氣講話的人都可享有的。……其次我想說，胡博士主辦的刊物如何且為什麼在『員警國家』所享有的出版自由，對吳博士來說是個例外？《自由中國》雜誌當然不享有例外的自由。很明顯，1951 年 6 月，無論是『民主的』吳博士、臺灣省主席和臺灣保安部隊總司令，都不能保護這本雜誌。如果『胡適主辦的雙週刊』享有任何例外的自由，也是奮鬥五年才贏得的。」(《胡文》)

胡適的文章特地提到 1951 年六月，這是《自由中國》發表〈政府不可誘民入罪〉因而和臺灣保安司令部發生衝突的一個事件。文章對臺灣保安司令部有計劃誘人入罪的金融案提出批評，因而惹怒了執掌實權的彭孟緝，這位保安副司令要到雜誌社去抓人。也許人在美國的胡適不知道，正是身為保安司令吳國楨的介入，人才免於被捉。吳國楨當時就退回了彭孟緝要抓人的呈文，並打電話將情況告知負責人雷震（據雷震回憶，當時吳國楨給他打過一個電話，說：三哥，別的事我不管了，人是可以不捉了）。[27]吳國楨「不能保護這本雜誌」，但卻保護了雜誌社的人。這一點無論如何都是應該肯定的。胡適不知就裡否定這一點，不過

---

[26] 〈胡適致殷海光〉，《胡適全集》卷廿五，第 626 頁。

[27] 范泓《風雨前行——雷震的一生》，第 155 頁，廣西師範大學出版社，2004 年。

是要表明，《自由中國》的自由如果是「例外」的自由，也是它自己奮鬥來的。情況真的像胡適說的這樣嗎？不。這裏沒有人否定《自由中國》在言論自由上的奮鬥，但它的自由，或，就它所獲得的自由的範圍，主要不是奮鬥來的，而是來自國民黨的「優容」。事實很清楚，只要這本雜誌超出了這個政權的認可幅度，越奮鬥，它的自由就越小。這，只要看看雜誌本身及其主辦人雷震的命運就知道了。看到胡適上面的話，遠在臺灣的雷震寫信時忍不住了：「先生說《自由中國》之有言論自由是它這五年爭得來的，不料我個人的自由則因是而一天比一天縮減，竟至變成囚犯。」[28]不幸的是，雷震的話一語成讖，幾年後，雜誌關門人下獄，而且一判就是十年。究其因，言論自由即為其一。因此，胡適說臺灣的言論出版自由「是具有道德勇氣講話的人都可享有的」。「享有」云云，反諷而已。

最後，胡適還是沒有忘記對吳國楨的討伐：「怯懦、自私的政客們在享受政治權力時保持沉默，而權力不再，且安全地離開祖國時，卻又向自己的祖國和政府潑髒水，這些政客們永遠都不會贏得爭取自由民主的戰鬥，因為他們自己的每一個錯誤和劣行，都逃不了道德責任的正義評判。」(〈胡文〉)胡適是在私設道德法庭，即使說的全真，也未免把道德問題和政治問題混淆了，或者，簡單地把政治問題道德化了。一個政客在位時，怯懦與自私是常態，甚至還不止如此，比如當年上海市參議會議長潘公展評價這位能幹的上海市長就是「八面玲瓏，十分圓滑」[29]這就是政客。但，政客對民主政治的構成，其作用未必就小於道德志士，因為，政治（即使是民主政治）本身就是一種（包括政客在內的）利益博弈，它不是純粹的道德行為；而且即使出身政客，註定離位後就不再有張嘴的權利？轉從道德角度，也有個「私德」和「公德」的界分。就其私德，蔣介石對你一貫不錯，你也鞍前馬後追隨了二十多年，然而，一旦鬧翻，老底子都給兜出來，難免不令人詬病。但，正如梁啟超所批

---

[28] 萬麗娟編著《萬山不許一溪奔——胡適雷震往來書信選》第 68 頁。
[29] 轉引江南《蔣經國傳》第 269 頁。

評的那樣，中國人只講私德而不講公德，只有私忠而沒有公忠。吳後來的做法，哪怕私德失分，如從公德和公忠，卻又未始不可。至於在政治上，胡適說吳「向自己的祖國和政府潑髒水」更站不住。吳不是向祖國潑髒水，而是向政府，這是兩回事。即使對政府，也不是潑髒水，而是道實情。那個政府，那種政權，本身就不乾淨，無需人去潑。倒是不潑髒水的胡適，無論文章題目，還是行文本身，是不是都不免「美化」之嫌呢。

（六）「辯白」，還是「不明不白」

然而，「吳國楨事件」中的胡適，就其主觀而言，他絕無「美化」之意，而是在為國家「辯冤白謗」。

1947 年，蔣介石派王世杰勸說胡適就任考試院長和國府委員時，胡適一則表示「我不願意放棄我的獨來獨往的自由」，另則也向體制推心置腹：「請政府為國家留一兩個獨立說話的人，在緊要關頭究竟有點用處」。[30]1949 年六月，胡適已經到了美國，當時的行政院長閻錫山發表他為外交部長，胡適堅辭不就時也很懇切：「……適在此為國家辯冤白謗，私人地位實更有力量」。[31]

沒想到，胡適確有遠見，他此時發揮的也正是這個作用。吳的動作，在美國掀起了波瀾，「美國的大眾傳播，如獲至寶。報紙如著名的《紐約時報》、《芝加哥論壇報》，雜誌如《展望》、《紐約客》、《時代》、《新聞週刊》等，無不爭相報導。」[32]然而，胡適出馬了，曾經獲得美國三十多個榮譽博士學位的胡適，其影響畢竟要比吳國楨大得多，而且也比國民黨大得多。國民黨駁吳國楨是官樣文章，雙方吵架，而胡適的身份是第三者，是私人。因此，用時人徐復觀的話：國民黨有胡適這張王牌，

---

[30] 〈胡適致王世杰〉，《胡適全集》卷廿五，第 226 頁。
[31] 《胡適日記》卷七，第 778 頁。
[32] 轉引江南《蔣經國傳》第 280 頁。

在反駁吳國楨的宣傳上，勝於十萬雄師。[33]當時是臺灣當局接受胡適的意見放棄和吳國楨對陣，倒是胡適自己不待他請而自行跟進，替國家反擊，不惜與私人交惡。胡適來美後，常說的話是「留得青山在，不怕沒柴燒」，胡適強調這個「青山」就是國家。國家在胡適的心目中已經高於一切，即使自由和民主，也必須在國家存在的前提下才能談及。因此，胡適看到他所認為的損害國家的言行，就不會坐視。

置國家於自由民主之上，在國家依存的框架內緩進民主自由：這是胡適晚年的一個基本態度。這顯示了胡適作為自由主義者的保守性和排他性，抑或，自由主義在胡適身上發生了老年性衰變，它日益喪失了自己曾經有過的批判思維（可以想想《新月》時代的胡適），批判也日益為一味的「建言」所取代。固然，體制內的建言是必要的，但體制外的批判卻是「必須」的。作為個人，可以在兩者間自由選擇，但如果一個人選擇了「建言」卻不能在道義上拒絕作為互補力量的「批判」（反過來也一樣）。胡適的問題主要不在於自身批判性的萎縮，問題是，素持「容忍」的他卻未能容忍發自別人對體制的批判。就這次「吳國楨事件」而言，是胡適自己把它發變為如此不值的「胡吳衝突」。不論吳國楨主觀如何，他對國民黨的揭發，客觀上有其批判效應，胡適即使不滿，可以保持「沉默的自由」，卻不必視吳為仇讎，無謂地對臺灣政權「嫂溺援手」，更不必出手去寫像〈臺灣是多麼自由〉這類可能使自己蒙塵的文字。在一個極權或半極權主義的時代，自由主義的寫作倫理要求它的筆尖，不是對著已經獲得了的自由，而是指向還有多少自由尚未得到。

因此，如果說太平洋那邊的「胡吳衝突」是以胡適這篇〈臺灣是多麼自由〉為收場，筆者不得不遺憾地看到，那個一心要為國家「辯冤白謗」的人，不但未使那個國家「辯白」，反而使自己變得「不明不白」……

---

[33] 轉引黎漢基《殷海光思想研究》第 224 頁，臺灣正中書局，2000 年。

十五、中國自由主義的「落日餘暉」

（一）兩種不同的「餘暉」

「落日餘暉」一詞是余英時先生在他的「從日記看胡適一生」的書——《重尋胡適歷程》裏提出的。余氏將胡適的生平劃為若干段次，從流離大陸到壽寢臺灣是胡適人生的最後一節（1949-1962），這一節，余氏的題目就是「落日餘暉」。在全文敘述的最後，余英時先生筆含感情，稱胡適的晚年「那帶有中國情味的自由主義也展現了一縷值得回味的『落日餘暉』」。[1]

同樣值得回味的是殷海光，因為同樣是對胡適的評價，余英時的「落日餘暉」至少在時間上後於和胡適同時代並且彼此還有往還的殷海光（不知是不是來自殷氏）。早在 1965 年，殷海光的譯著《到奴役之路》出版，這部十來年前翻譯的書，當時在《自由中國》連載時就受到胡適的肯定。因此，殷海光在為該書「自序」時，雖然對胡適早有腹誹，但還是徵引了他的一大段言論以張目，然後，話音一轉：「那時的胡適能注意到《到奴役之路》的出版和翻譯，這表示他的自由主義的餘暉猶存」。[2]

「落日餘暉」，還是「餘暉猶存」？在余英時那裏，「落日」只是一個象喻，表示晚年的胡適在衰老之中，他的落點是「餘暉」，有「滿目青山夕照明」的意思。殷海光不然，他眼中的胡適，已是自由主義的「西風殘照」，快要「消失在天邊」。因此，儘管余殷兩家共一個意象，但在他們的不同的語境中，價值評價顯然也是不同的。

面對這樣一個意象，可以帶有多重解釋意味。不可忽略的是，無論余殷，「落日餘暉」的象喻，都不是指個人意義上的胡適，而是喻指作

---

[1] 余英時《重尋胡適歷程——胡適生平與思想再認識》第 135 頁，廣西師範大學出版社，2004 年。

[2] 殷海光《思想與方法——殷海光選集》第 656 頁，上海三聯書店，2004 年。

為 20 世紀中國自由主義代表人物的胡適。當胡適步入人生的晚境時，以他為代表的中國自由主義「生年不滿百，常懷千歲憂」，從 1950 到 1960 年代，雖然以《自由中國》為據點力圖抗爭，但終因內外環境之故而漸趨衰頹。尤其 1960 以後，《自由中國》的「三駕馬車」：胡適、雷震、殷海光，一個去世，一個下獄，一個被剝奪了言論自由亦復失去了言論空間，中國自由主義遂進入世紀低潮。在這個意義上，「落日餘暉」的意象，屬於胡適，又不獨屬於胡適，它同時屬於「自由思想者」殷海光（和雷震），也屬於上一世紀淒風苦雨中的中國自由主義。

（二）八十分、六十分、四十分

首以「餘暉」論胡適的殷海光出生於 1919 年，他自稱是「五四之子」和「五四後期人物」，而把胡適那一輩人稱之為「五四的父親」（視五四為中國文藝復興運動的胡適也曾自詡為「中國文藝復興之父」）；然而，這對年齡相差二十八歲的自由主義兩代人在自由主義內部似乎並不相能，它凸出表現在殷海光從自由主義角度對胡適的批評，尤其是在胡適去世之後。

據殷海光的弟子陳鼓應言：「接近殷先生的人，常會聽到他對胡適作這樣的評語：『早年的胡適可打八十分，中年的胡適可得六十分，晚年的胡適只有四十分』」。與此相參，1966 年殷海光在寫給學生的信中說：「早年的胡適確有些光輝。晚年的胡適簡直沉淪為一個世俗的人了。他生怕大家不再捧他，唯恐忤逆現實的權勢，思想則步步向後溜。」[3]

公共領域中的胡適的確可以劃分為早、中、晚三個階段，《新青年》時代的胡適儘管意氣風發，但主要是在文化上發言。從文化過渡到政治是《努力》週報，若干年後《新月》問世，胡適更是在政論領域大顯身手。《新月》時代的胡適不僅公開發表政治意見，而且是以批判的姿態。

---

[3]　陳鼓應〈殷海光先生所留下的〉，載賀照田編《殷海光學記》第 295 頁，上海三聯書店，2004 年。

1929 那場批判國民黨的「人權論戰」由胡適首發，繼之又有羅隆基和梁實秋，由此構成了中國自由主義知識份子和國民黨政權的第一次對陣。它的意義在於，一，知識份子的公共關懷是自覺地在權力體制外直面權力，二，知識份子發言的態度和方式是批判。也是在 1929 年，剛剛完成「人權論戰」第一篇〈人權與約法〉，胡適寫信給當時一份辦給外國人看的報紙《中國評論報》，要求辭去該報「名譽編輯」的頭銜。胡適為什麼不願接受這個無傷大雅的虛名呢，自云：「……《評論報》出版以來，頗多使我大失望之處。我覺得這個報已不是一個『評論報』，已成了一個官辦的『辯護報』了。官辦的辯護報並不是不可辦，但用不著我們來捧場」。緊接著胡適舉了報上的一個例子「即以最近一期（volII，19）為例，社評中論《字林西報》的事，有云：……『在總的原則上，政府一直是承認言論自由的。』」，胡適話鋒一轉，「我讀了這樣的話以後，還有臉做《評論報》的名譽編輯嗎？」[4]此時的胡適一邊指名道姓批評國民黨，一邊明確表示在輿論上對權力體制「不辯護」、「不捧場」。這樣的立場是典型的知識份子立場，此時胡適的形象也是典型的知識份子形象。這樣的立場和形象，作為同樣是自由主義者的殷海光無疑是認同的，因此他慷慨地給胡適打了八十分，並不為高。

經驗論的自由主義講傳統，而傳統又講先例。無論對自由主義而言，還是對知識份子而言，還有什麼比這個 1929 年更好的先例呢？它應該成為一種風範。可是，1930 年代以後的胡適一直到 1949 年，整個中年期彷彿「更年」一樣，昔日的批判成了不復為繼的驚豔一槍。體制還是那個體制，胡適還是那個胡適，但它們之間的關係變了。同樣是做政治言論，批判的聲音基本不再出現，帶之而起的是理性的態度和平實的言論，胡適由「破」而「立」了。《獨立評論》是繼《新月》之後由胡適參與主持的又一知識份子雜誌，該雜誌五年多的時間主要是就國家的內政外交貢獻意見。當時女作家蘇雪林一邊肯定《獨立評論》「持論穩健，態度平和」，一邊也頗遺憾地指出它缺乏一些「慷慨激昂，有光

---

[4]　《胡適日記》卷五，第 416 頁，安徽教育出版社，2001 年。

有熱的文字」。[5]但，胡適明白地回答：「我們（至少可說我個人）的希望是要鼓勵國人說平實話，聽平實話」，並進一步表示「我們不甘心做你說的『慷慨激昂，有光有熱』的文字。」[6]因此，在「慷慨激昂，有光有熱」的《新月》和「穩健平實」的《獨立評論》之間，存在著一個明顯的落差。抗戰爆發，《獨立評論》停刊，胡適應「國家徵調」去美國做抗戰大使（1938-1942），一去就是九年多。待其 1946 年回國，旋逢儲安平主持的《觀察》出爐。在某種意義上，《觀察》的風格更接近「人權論戰」時的《新月》而疏離《獨立評論》，它中間偏左，主要走揭發與批判之路，以凌厲的言論吸引讀者。這樣一份獨立知識份子的政論刊物，胡適對它保持了審慎的距離。儘管作為後學的儲安平對胡適甚為恭敬，殷勤約稿，又在封面上列為「撰稿人」，但胡適卻沒有專門為它作過一篇文字。只是應儲安平之邀，為《觀察》題寫了一則意味深長的書法條幅「要怎麼收穫，先那麼栽」。[7]此時，胡適和體制的關係也愈趨近密，儘管高官多次不就，但「諍友」、「諍臣」之聲也一再出自胡適之口。自外於體制固然是潔身自好（北大校長畢竟是個學官，和政官不同），但，保持自由主義的獨立之身，不是為了批判體制，反而是因為這樣的身份好為國家說話。這一切，在殷海光這樣具有「狂飆突進」性格的批判知識份子眼裏，自然是在走下坡路，他能給中年的胡適打上六十分，應該是就高不就低了。

更讓殷海光難以容忍的是胡適的晚年，四十分——胡適作為知識份子或自由主義者——已經是不及格了。這時的胡適和體制已經同進退，不僅公開聲稱在道義上支持這個政府，而且當 1954 年「吳國楨事件」發生後，面對吳氏對臺灣政權的揭發，胡適卻公開為它辯護。須知，胡適為之辯護的，是一個正在「極權化」的政權，至少它在殷海光眼裏是

---

[5]　〈蘇雪林致胡適〉，《胡適往來書信選》（中）第 326 頁，中華書局香港分局，1983 年。

[6]　〈胡適致蘇雪林〉，《胡適往來書信選》（中）第 337 頁。

[7]　轉引程巢父〈儲安平致胡適的五封信〉，《溫故》第一輯，第 101 頁，廣西師範大學出版社，2004 年。

如此。殷海光也就是從這一事件起，和胡適有了精神上的裂罅。以後胡適的一系列表現，自殷海光來看也是每況愈下。即以《自由中國》而論，該雜誌雖然由雷震主持，但作為總負責的「發行人」卻是胡適。不僅這個刊名本來就是由胡適自己圈定的，而且他手訂的四條宗旨也期期印在雜誌上。雜誌視胡適為「精神領袖」，可是，胡適視雜誌卻非如己出。雜誌問世不久，人在美國的胡適就像當年要辭去《中國評論報》的「名譽編輯」一樣，也要辭去《自由中國》的「發行人」。如果說當年辭「名譽編輯」是為了「不捧場」、「不辯護」，那麼，《自由中國》恰恰走的是「不捧場」、「不辯護」而是「有什麼就說什麼」（殷海光）的批判之路。比如首次和體制發生衝突的〈政府不可誘民入罪〉，鋒矛就直指國民黨的保安機關，它由此得罪了國民黨，並由此走上和國民黨分裂的不歸路。根據原《自由中國》編輯、也是當年殷海光朋友聶華苓女士的意思：胡適正是在這一次風波中，既表示了自己的嚴正，也就此卸去了「發行人」名頭，終於不用為它負責了。以後，在「反攻大陸」的文章中，在「陳懷琪事件」以及由此帶出的胡適兩篇「容忍與自由」的文章，殷海光都不能同意胡適的看法與觀點。及至 1960 年《自由中國》被國民黨取締，雷震下獄，胡適儘管表示過不同意見，但卻沒有像期望中的那樣挺身而出，甚至連一次都沒有去探望雷震過。當殷海光、聶華苓等實在看不過，因而去胡適那裏打探他對雷震的態度時，在胡適的客廳裏，面對「一臉笑容」的胡適，殷海光一言未發，他已對胡適了斷希望。

　　「西邊的太陽快要落山了」。胡適一生的三個段次，從《新青年》《努力週報》到《新月》，一路上行。然而自《獨立評論》始，中經《觀察》，由於胡適和體制形成了不同的關係，其精神等高線似乎在不斷降低，至少從現象看是如此。《自由中國》完結了，胡適的生命也幾乎走到了盡頭。他的人生曲線猶如中國大陸的地勢，自西而東，高開低走。一生膺服英美自由主義的他，以反國民黨「黨治」始，卻以和這個打了一輩子交道的次極權體制扯纏不清終。這是不是自由主義的悲劇？

　　因此，在困境中尚為自由主義而掙扎的殷海光顯得如此孤憤：

「五四以來的自由知識份子，自胡適以降，像風卷殘雲似的，消失在天邊。我從來沒有看見中國知識份子像這樣蒼白失血，目無神光。他們的亡失，他們的衰頹，和當年比較起來，前後判若兩種人。」[8]

（三）「唯恐忤逆現實的權勢」？

以上是按照殷海光的邏輯疏理胡適，但胡適卻未必那麼簡單。退一步說，胡適在現象層面上的確如此，那麼構成這個現象的原因是什麼，還是一個需要討論的問題。倒是殷海光很簡單，九九歸一：「唯恐忤逆現實的權勢」。在現實權勢面前，胡適果真是「恐」而且還「唯恐」嗎？

「恐」這個詞恐怕是打不住胡適的，要不也就不會有「人權論戰」。但儘管有「人權論戰」，和殷海光相比，胡適基本上也不是一個批判知識份子，轉從自由主義角度，批判亦非自由主義的唯一品質。就胡適一生來看，1929 年的「人權批判」幾乎是一個例外，即使論當時的批判聲音，胡適也不如羅隆基。《新月》的羅隆基和《自由中國》的殷海光都屬於「鬥士」譜系，胡適從來就不是。非但不是，胡適的出發點毋寧很溫和，他一邊和國民黨直言抗爭，一邊在日記中寫道：「我們的態度是『修正』的態度：我們不問誰在臺上，只希望做點補偏救弊的工作。補得一分是一分，救得一弊是一利。」[9]「修正」的態度不僅是胡適對國民黨的初始態度，甚至也是他對國民黨之前的北洋政權的態度。胡適起初並不贊成北伐，他主張南北議和，因為在國會裏解決問題總比在戰場上解決好。國民黨取得政權後，胡適則希望它能夠「逆取而順守之」。[10]「逆取」表明胡適對國民黨獲得政權的方式並不欣賞，「順守」則是希望國民黨以憲法為號召，恢復民初的議會局面。那麼，胡適對「逆取」

8　〈殷海光致毓生和祖錦〉，《殷海光林毓生書信錄》，第 94 頁，上海遠東出版社，1994 年。
9　《胡適日記》卷五，第 448-449 頁。
10　《胡適日記》卷五，第 447 頁。

的國民黨為什麼能夠接受，接受了後又為什麼取「修正」態度和「補救」立場呢？這就和自由主義對於國家體制的認知有關。

自由主義有其鬥爭的一面，但主要不是鬥爭哲學而是一種建構哲學。自由主義歸根到底是一種制度訴求，它要建構一種能夠保障個人權利的制度，這樣的制度必須是法治的。在原典自由主義洛克那裏，既有當國家統治使人民處於被奴役狀態時，人民就擁有進入戰爭狀態的權利；也有對於用暴力方式解決自由問題的擔憂和戒懼。就後者言，洛克認為，如果是用暴力推翻暴君，則必須集中比暴君所能集中的更大的力量，否則無以推翻；然而，暴君一旦被這種更大的暴力所推翻，它本身又是任何人都不能控制的了（洛克這一思想，本文轉自楊小凱）。因此，用暴力的方式很難獲得真正的自由。原典自由主義的另一位代表人物托克維爾也認為：「一般而論，在風暴中不易建立起自由。……自由的好處只有在自由已經成熟以後才看得出來」。[11]

在自由主義原典作家中，胡適熟習的是密爾，尚未看見他談論洛克和托克維爾。但，胡適從杜威那裏得到的自由主義浸染和他自身的溫和的性格，使他天然吻合於洛克和托克維爾的思路。不是輕易地用暴力推翻一種體制，而是它只要還有一定的空間，就用「費邊」式的緩進滲透它，從而改變之。革命與改良，胡適既然選擇了後者，於是，他對當時具有所謂合法地位的政府取「修正」的態度也就不奇怪（1930 年代胡適在日記中寫道「不應對國民黨取敵對態度，當以非革命的方法求得政治的改善」[12]），這個態度同時也奠定了胡適和國民黨的關係。

從「修正」的態度出發，可以是批判的，也可以是非批判的。批判與否，便是一種方式的選擇，而這種選擇更多是出於一種現實主義的考量。繼《新月》而後的《獨立評論》已是 1931 年的九·一八之後了，和《新月》批判相比，胡適明顯調整了策略。其緣由一則是「約法現忽

---

[11] 轉引殷海光〈自由的倫理基礎〉，殷海光《思想與方法——殷海光選集》第 28 頁。

[12] 《胡適日記》卷六，第 174 頁。

成時髦了，我可以不管了。以後應由專家去研究起草」。[13]另外更重要的是，國難當頭，當需一致用力對外，因此，《獨立評論》的功夫主要花在了對內政外交等問題的研究上。從批判到立言，在鬥士眼裏看起來是倒退，但在胡適那裏卻是因時制宜。這一點在胡適從美國回來後的四十年代後期表現得更為明顯。人到中年的胡適並不一味反對批判，甚至1947年秋在天津南開講演，就「我們能做些什麼」的問題發表意見時，公開強調批判的意義，儘管用的不是批判這個詞。胡適這樣說：「我們能做的可以學美國的『扒糞主義』，『扒糞主義』起於二十世紀初年，美國有一些新聞記者感到許多大小城市都有所謂『BOSS』，我們可以譯為『老闆』。這種人並不是大資本家、大政客，只是憑著權術，手段，經過多少年的活動，把持著這個城市的一切惡勢力。所謂『扒糞運動』，就是有計劃，有知識的，對惡勢力長期作戰。根據調查的事實，來攻惡勢力」。因此，胡適這樣鼓勵：「我們要有扒糞的精神，不要單是喊打倒貪汙，究竟貪汙的證據在哪裏？我們可以調查、研究。在天津的人可以調查天津的機關……」[14]應該說，當時儲安平的《觀察》就是這樣一份以揭發批判為主的「扒糞主義」的刊物，否則它也不會有那麼大的影響。但胡適偏偏沒有為它寫過稿，這就意味深長。儘管胡適自己沒有做過解釋，但卻不難尋繹他的內心歷程。在那樣一個接近天崩地解的時代裏，特殊的時事環境使胡適感到批判如果是必要的，也應當是有限度的。他在自己的日記中抄錄美國總統 T・羅斯福的一段演說頗能表明心跡：「一個眼睛只會向下看、手裏拿著糞叉子（揭發醜聞）的人。……手裏拿著糞叉子（揭發醜聞）的人對社會是必不可少的，是有益的，但是他們必須知道什麼時候該停止掘糞。」[15]根據國內胡適專家程巢父先生的看法，儲安平雖然也是一個自由主義者，他明知道自由對兩種體制，一個是「多少」，一個是「有無」，然而，在「多少」與「有無」激戰的時刻，《觀察》於前者，批判則不留餘地，不知道什麼時候該停止掘糞，客觀

---

[13] 《胡適日記》卷六，第 99 頁。
[14] 《胡適日記》卷七，第 679-680 頁。
[15] 《胡適日記》卷七，第 652 頁。

上反而使這個多少還有點自由的空間趨於瓦解。因此，當胡適把《觀察》的表現看在眼裏，他不為它寫稿，卻寫下了「要怎麼收穫，先那麼栽」的條幅，應該說體現了胡適對《觀察》的做法在態度上的保留（此觀點見注釋 7 程巢父文）。

至於晚年胡適對國民黨的態度，也可以從早年尋其根苗。還是在1929 年「人權論戰」之始，胡適寫信力辭《中國評論報》的「名譽編輯」時，該報負責人劉大鈞當天就給胡適回了信，除了答應按照胡適的意願，將其名譽編輯取銷外，也為這份報紙作了辯解。該信的大意是：報紙是英文，目的是對外，現在的政策也是為中國辯護。由於當下的政府是爭回已失的國權，所以幫它說話。當然，這也以對外為限。這位劉姓負責人強調：我所要辯護的，是中國，不是政府。我以為我們辦中文報，與其捧場不如罵，辦外國報，與其罵不如捧場，所謂闕牆禦侮也。[16]

雖然沒有證據表明胡適受了這種「內外有別」的影響，但「人權論戰」後的胡適雖然和體制改變了關係，改嚴厲批判為緩和的批評，但，無論批判還是批評都堅持在國土以內。胡適一生在美國生活了二十多年，長達他一生的三分之一，哪怕國內政治再不堪，他也是有話回來說，甚至當別人在海外有所批評時，他還持維護態度，這就給人以庇護現政權的表象。1950 年初，胡適在美國時，國民黨代總統李宗仁也棄職赴美，初到美國的他頗有些在胡適看來是對國家不當的言論，因此，胡適在去醫院探望時，一則勸李回國，一則表示如果有什麼批評的話，也應回到臺灣去說，不應在國外批評，以免貽笑外人。[17]1954 年，胡適從美國回臺灣參加改選正副總統的第一屆國民大會第二次會議，人在美國的李宗仁聲稱召開此會屬於違憲，胡適連呼李宗仁糊塗不止。而當國大決定罷免李宗仁代總統的職務時，胡適則反過來表示，這個問題最好不要在此次大會上提出。這不僅因為李宗仁的職務和政治生命只有幾十天的時間了，更最要的是，胡適引用了一句美國諺語「不要在公眾面前洗滌

---

[16] 參見《胡適日記》卷五，第 417 頁。
[17] 參見胡頌平編《胡適之先生年譜長編初稿》第六冊，第 2130 頁，聯經出版事業公司，1990 年。

臭氣熏天的裏腳布」,這是「為了國家的名譽計」。[18]同年,胡適與吳國楨在美國發生衝突,同樣是因為吳在美國揭批國民黨,這場論爭使殷海光對胡適的看法大變,他寫信給胡適,說看了吳在美國的文章,「有『如飲瓊漿』的感想」,胡適回信說:「『某氏』的公開批評,在臺島的人看了感覺痛快,那是很自然的;但在海外的人,如我們看了卻感覺傷心。」[19]胡適能理解臺灣人看後的感受,說明他瞭解臺灣的情況,而吳國楨如果是在臺灣說這些,胡適也不會主動出戰。問題在於吳是向美國人揭露臺灣,胡適也就「義不容辭」了。應該說,胡吳衝突,胡適是丟分的;但,揆其動機,他與其是為國民黨辯護,毋寧是為在他看來是由國民黨代表的那個國家辯護。胡適知道,這個脆弱的島國一旦失去美國的庇護,結果將是什麼。因此,胡適批吳主要出於地緣政治上的考慮(不能讓臺灣逸出美國的防禦圈)。同樣,胡適支持的《自由中國》在言論上批評國民黨,以至蔣介石不准雜誌發行人雷震出國治療眼病。為此,胡適寫信給蔣身邊的張群為雷擔保,「我可以切實保證他出國後決不會發表毀壞自己國家與政府的名譽的言論。這是我們在國內提倡言論自由的一班朋友的一條戒約。」[20]保證和戒約,前者是說給別人聽的,後者至少是胡適的自律。胡適晚年不但始終奉持「內外有別」的原則(這一原則的另一含義是:對外持道義上的支持,對內行批評規勸之責),而且作為自由主義者的他,有時是把秩序放在(言論)自由之上。

　　胡適的學生毛子水在胡適去世多年後曾這樣評價:「先生對學問的最大目的,為人類思想史,而對政治上最大的願望則為自由,尤其是思想和言論的自由。先生主張人類有爭自由的權利和義務;但先生愛好和平與秩序,又不下於自由。在國家危急的時候,先生為顧全和平與秩序,有時甚至於主張勉強容忍而放棄個人的自由。這可以說是人類所能表現

18　《胡適之先生年譜長編初稿》第七冊,第 2365 頁。
19　〈胡適致殷海光〉,《胡適全集》卷二十五,第 626 頁,安徽教育出版社,2003 年。
20　萬麗娟編著《萬山不許一溪奔——胡適雷震往來書信選》第 70 頁,中央研究院近代史研究所,2001 年。

的至高的德操。」²¹毛子水的概括固然準確，但，最後一句，卻過分抑揚了。從自由主義本身來說，沒有任何理由要求人們為了什麼秩序而放棄自己的（言論）自由，何況胡適自己可以做出這樣的選擇，但他卻沒有理由主張別人也和他一樣。但，在另一面，自由主義的自由的確需要秩序的保障，沒有秩序也就沒有自由。胡適的兩難是，他所面臨的秩序顯然不是自由主義的，而是威權主義的，對威權主義秩序作自由主義的批判從而使之向自由主義轉化，是自由主義的題中應有之義。問題在於，威權主義的右邊是自由主義，左邊是極權主義，它搖擺於兩者之間，可以向左轉，也可以向右轉。如果說自由主義在極權體制下很難生長，而在威權體制下，還有一定的空間和可能；那麼胡適對這個不是最壞的秩序就必然小心翼翼：既需要批判式的抗爭，防止它向左傳；同時又要把握好一定的分寸，尤其是在極權主義壓境的情況下。如果像當年《觀察》那樣，不顧時事而痛揭猛批，甚至置之死地而後快，那麼，這個本有可能向自由主義轉化的空間也就不復存在了。

　　所以，這就造成了胡適表面上的矛盾，他可以為《自由中國》向國民黨抗爭（比如聲稱要辭去雜誌發行人的職務），也會因為《自由中國》在他看來的「失當」而叫停（比如他對《自由中國》社出版的《中國的問題》的態度）。在胡適看來，「《自由中國》社儘管爭取言論自由方面很有成績，但在技術上還要學習。」²²胡適的話是針對殷海光的某篇文章而言的，然而殷海光卻不能接受。胡適的「技術」云云，在殷氏看來十足就是保守。事實上，胡適其人越趨晚境，由於性格、年齡、身體等原因，抗爭精神也越形稀薄，這自然引起性格狂飆化的殷海光的不滿。但，不滿歸不滿，就像毛子水把胡適應對兩難的策略說為「至高的德操」未必為當，殷海光同樣未諳這不僅是胡適個人的、同樣也是自由主義的

21　毛子水〈胡適之先生傳〉，《傳記文學》第三十四卷第三期，第82頁。臺灣，1979年。
22　胡適〈從爭取言論自由談到反對黨〉，轉耿雲志主編《胡適論爭集》下，第2611頁，中國社會科學出版社，1998年。

兩難,而以「八十分、六十分、四十分」指胡適為每況愈下,這至少顯得簡單和輕率。

臺灣學者錢永祥先生在一篇紀念殷海光的文章中說:「在沒有自由主義傳統、甚至甫從反自由主義政治體制掙脫的社會裏,想要建立自由主義的制度,似乎不可避免地要仰仗國家或政治的力量。這個弔詭的事實,說明了為什麼在許多後進國、尤其是在中國,自由主義者對於當權者往往有較高的善意期待。即使對於專政者疾惡如仇如殷海光者,也不免會寄望於國家領導人從善如流,自行開始容忍──甚至實行──接近自由主義的體制。由於這種國家多半缺乏統治機器之外的社會組織架構,在這種不利條件之下鼓吹自由主義,幾乎無可避免地會暫時撇開自由主義立場……」[23]這是自由主義在遠東的困境,而它又沒有一條成功的經驗,胡適的做法,不啻是在經驗的路子上蹚水。在某種意義上,胡適的確會「暫時撇開自由主義立場」,但這不是精神意義上的離開而是策略意義上,是自由主義的必要的迂迴和讓步。對此,任何道德評價,無論褒貶(如毛子水和殷海光)都未能切中要害,重要的是以理性的態度去面對與分析。以上錢永祥的表達,便勾勒出前自由主義國家實現自由主義的普在難局。其話語所指雖然是殷海光,但針對胡適似乎更合適。

(四)讓他們「take me more seriously」

按殷海光學生陳鼓應的說法,殷海光對胡適的評價早就發生了變化。「一九五三年間,胡適在美國和一個曾任臺灣高官的人打筆戰……,那時殷先生在哈佛進修,他讀後立刻寫了一封長信給胡適,內中指責他:『代表自由主義,享受自由主義,卻未替自由主義流一滴血汗。』」[24]陳文所說的事即胡適和吳國楨的衝突,事在 1954 年,而殷海光為吳抱打不平的信是 1955 年,陳說在時間上有誤。那麼,殷氏話

---

[23] 錢永祥〈自由主義的政治性格〉,載賀照田編《殷海光學記》,第 429 頁,上海三聯書店,2004 年。

[24] 陳鼓應〈殷海光先生所留下的〉,載賀照田編《殷海光學記》第 295 頁。

語是否有誤，則不得而知（陳文未注明出處，而殷氏其信也沒發表過），但，以殷的性格，此話出自他之口，也並非不可能。如是，殷海光的話對胡適來說，是欠公平的。

胡適是代表了二十世紀的中國自由主義，在某種意義上，他也享受了這種「代表」給他帶來的聲譽；然而，胡適並非僅僅代表、享受而不付出，付出也並非只是血汗這一種方式。事實上，1950 年代中國自由主義在臺島所受到的壓力，其承受者首先就是《自由中國》，其次就是胡適，而這兩者又有密切的連帶關係。

退居臺島的國民黨政權在沒有獲得美國的安全承諾以前，當然要拉自由主義做招牌，目的是吸引美國的眼球。然而，韓戰爆發尤其 1954 年中美協防條約簽訂之後，蔣介石政權有恃無恐，不但逐漸改變對自由主義的態度，而且政權本身也往極權路上傾斜。因此，臺島自由主義逐漸進入一種危機狀況，它的壽命事實上已經不長了。儘管胡適本人因其巨大的聲望，體制不能拿他怎麼樣，但對胡適所代表的自由主義，國民黨政權顯然不能容忍而要開始清算了。

1956 年十二月，蔣經國以國防部總政治部主任的名義簽發「特種指示」，並將這「特字第九十九號」文發至區分部以上單位，要求各級組織貫徹執行，開始向自由主義進攻。該指示的開頭便是：「有一種叫作《自由中國》的雜誌，最近企圖不良，別有用心，假借民主自由的招牌，發出反對主義、反對政府、反對本黨的歪曲濫調，……因為這種刊物的濫調，與過去在大陸上共匪民盟，所謂『民主』『自由』的濫調，在根本上並無不同，……所以我們要提高警覺，動員力量，向毒素思想總攻擊。」[25]以下則是具體的計畫部署。

檔簽發後，周國光（蔣經國）以其「特種指示」過於簡略，遂又於次年元月，另發《向毒素思想總攻擊》的小冊子，更直接把矛頭對準胡適。小冊子明確指出：除去蘇俄是思想上的敵人外，「思想上的敵人不止一個。實際個人自由主義者散播的毒素思想，亦同樣是我們思想上的

---

[25] 周國光〈特種指示〉，轉耿雲志主編《胡適論爭集》下，第 2657-2658 頁。

敵人。」這是臺灣政權對自由主義的定位,而所以在自由主義之前加上「個人」,不僅因為自由主義本身就是個人的,而且還可能因為 1954 年胡適回臺講演,把殷海光翻譯的書(《到奴役之路》)稱之為「新的主張個人自由主義的名著」。小冊子說:「近六七年來,自由中國的思想戰場始終有著激烈的戰鬥,一般的、零星的、小的戰役且不去說它,就以民國四十二、三年之間兩個比較重大的戰役來說:原因是有一知名學者發表所謂『向政府爭取言論自由』的言論,以及吳國楨公然叛國兩件事情所引起。」前者雖然姑隱其名,但誰都知道這是指胡適。「四十二年某名學者回國『講學』,有一次『講學』,他已離開學術本位,而作政治性的煽動(鼓勵人民向政府爭自由)」。這是指胡適 1953 年第一次回臺時的一系列講演。除了這一樁罪過外,還有就是胡適在《自由中國》上「批評總統個人」,「『述艾森豪總統的兩個故事』,要總裁仿效他做一個『無智、無能、無為』的元首。」

在小冊子看來,胡適的言論,「名為自由主義,實際卻是共匪的幫兇」。而批評總理,要他「無智、無能、無為」,「目的想總裁從此少管閒事,削弱他對黨政軍的領導力量,使國家重心得不到鞏固,便利陰謀分子計畫的發展,以破壞反共抗俄的大業。這是批評者的重大毒辣的陰謀」。而這些「毒素思想散播,名為自由主義,或者是所謂『言論自由』,『思想自由』,其實都是騙人的;就是表面打著民主自由的招牌,而私下裏則做著一種卑鄙的政治買賣。」今天如果要講自由,那就是「犧牲個人自由來為國家爭自由」因為「總理說過:『自由萬不可再用到個人上去,要用到國家上去,個人不可太過自由,國家要得完全自由』」。

因此,小冊子聲稱:「不論是在學理上、法律上、事實上都要使個人自由主義無法立足」,[26]這不啻是體制向自由主義發起總攻的動員令。臺島自由主義的沉沒時光已經屈指可數了。

面對體制的部署,面對自由主義的緊要關頭,胡適的態度是什麼呢?

---

[26] 周國光〈向毒素思想總攻擊〉,轉耿雲志主編《胡適論爭集》下,第 2659-2678 頁。

此時胡適人在美國，更大的壓力是承受在《自由中國》雜誌及其實際負責人雷震那裏；然而鞭子打在《自由中國》身上，矛頭對準的還是胡適；誰都知道，胡適是《自由中國》的精神領袖。於是胡適決定，回去，回到臺灣去。

胡適回臺，應該說，有公私兩方的原因。從私的方面說，原因之一就是經濟。還是在周國光的「特種指示」沒出來之前，胡適就打算回來了。1956 年十一月十八日夜，胡適寫信給好友趙元任：「我現在的計畫是要在臺中或臺北郊外的南港（中央研究院所在地）尋一所房子為久居之計。不管別人歡迎不歡迎，討厭不討厭，我在臺灣是要住下去的（我也知這一定有人不歡迎我長住下去）。」其所以如此，有幾點，最後一點是「我老了，已到了『退休』的年紀，我有一點小積蓄，在美國只夠吃兩三年，在臺北或臺中可以夠我坐吃十年而有餘」。[27]

但從公的方面來說，胡適決定回臺，是出於他所自覺承領的一種道義。此時已是 1957 年夏，半年過來，周國光的「特種指示」「向毒素思想總攻擊」之類的東西，胡適也已知曉。依然是給趙元任的信，他再度解釋自己為什麼選擇回臺。

> 你大概不知道，或者不很知道，這大半年來所謂「圍剿《自由中國》半月刊」的事件。其中受「圍剿」的一個人，就是我。所以我當初決定要回去，實在為此。（至少這是我不能不回去的一個理由）
>
> 我的看法是，我有一個責任，可能留在國內比留在國外更重要，——可能留在國內或者可以使人「take me more seriously」。
>
> 我 underscored the word「more」，因為那邊有一些人實在怕我說話，實在 have taken me seriously，甚至於我在一九五二～五三說的話，他們至今還記在帳上，沒有忘記。

---

[27] 〈胡適致趙元任〉，《胡適全集》卷二十六，第 67 頁。

　　這裏你和我的意見沒有「謬乎？高乎」的爭論，完全是個 standpoint 的問題。[28]

　　胡適這封信有其特殊的意義，它是我們認知胡適尤其是晚年胡適內心世界的一扇視窗。當年受殷海光影響甚深的林毓生在做學生時對胡適如此不屑，認為胡適「內心深處平淡的像一杯白開水」，不解他「怎麼會領袖群倫數十年？」[29]如果當年林毓生能夠讀到這封信，那「內心深處平淡的像一杯白開水」的話是否還能說的出？當軟弱與妥協幾乎成了胡適的代名時，這封信讓人感到的恰恰是一種內在的堅定。胡適素不慣高調，他的信波瀾不驚而波瀾自在，幾個段落間，一波又一波，平靜、沉穩而有力量。

　　因為圍剿，所以我要回去，而且「不能不回去」。胡適知道，臺灣當局要圍剿的不僅是他，更是他所代表的自由主義。殷海光不是說胡適只代表和享受自由主義嗎？此番胡適的確準備回去「享受」了。

　　自由主義從不迴避對國家政府的批評，但胡適的戒約是，有話回來說。因此，他感到有話要說的時候，就必須回來，這是「一個責任」。認領這個責任的胡適不需要「流一滴血汗」，他一張口，就有人怕他說話，儘管當局 have taken me seriously （「拿我嚴重地對待」），這反使胡適覺得自己在國內比在國外更重要。

　　這裏，胡適特別強調了一個字「更」（underscored the word 「more」），索性讓他們更嚴重地對待我吧，這是胡適對國內事態的一種判斷和態度。他並非不知道他回去所面對的困局，但，不是怕我說話嗎，不是把我的話都記在帳上了嗎，我「更」要如此這般了。這不是什麼壯懷激烈，胡適保持的只是慣有的平實和坦然。

　　以上所有，都無關其他，胡適把它歸攏到一點，就是「立場」（standpoint）。這是什麼立場？如果有答案，只有一個：自由主義。

---

[28]　〈胡適致趙元任〉，《胡適全集》卷二十六，第 109 頁。
[29]　〈林毓生致殷海光〉，王元化主編《殷海光、林毓生書信錄》，第 111 頁，上海遠東出版社，1994 年。

胡適是在此信的近九個月後回臺定居的，主要因為身體原因走不掉。此時胡適不僅人到晚年，而且久受心臟病的纏磨。胡適寫這封信的前後，其日記記載，大都與在醫院檢查治療有關。這樣的書信，這樣的心志，這樣的健康狀況，對胡適個人作為自由主義者來說，的確是「落日餘暉」。同樣，轉對臺島自由主義的狀況來說，也是「餘暉落日」了。這樣的「餘暉」在價值評價上是余英時的「餘暉」，它給人以「夕照明」的感覺；但，從事實看，也是殷海光的「餘暉」：無論自由主義者的胡適還是胡適所代表的自由主義，都已經快要「消失在天邊」了。

（五）體制內批評和彈性自由主義

胡適和殷海光是兩種不同類型的自由主義者，性格不同、經歷不同、身份不同，因此，他們堅持和踐履自由主義的方式、途徑也就不同，甚至還有很大的反差。自由主義本身是一種價值理念以及由此理念所構成的政治制度。它本身沒有顏色，也沒有性格，以什麼樣的形態出現，不在於它自己而在於它的踐履者。正如孔子所說「人能弘道」，道無言，要靠人來啟動。在殷海光那裏，自由主義的風貌是峻急的、批判的、趨於剛性的；在胡適這裏，自由主義則是平和的、權變的、偏於彈性的。儘管從外觀上，殷海光的自由主義因其鬥爭性而更具道德光澤，相對來說，胡適的自由主義可能讓人不盡如意；但從事功角度（注意，胡適是一個實用主義者），兩者雖然難分軒輊，但更多情況下，胡適的成算似乎更大些。

另外，回到臺灣後的胡適和殷海光不同，後者在臺大教書，是一個純粹的知識份子，身就中央研究院院長的胡適，嚴格地說，已經不是知識份子了。知識份子的殷海光在體制外，身為學官的胡適在體制內，這樣他們堅持自由主義的方式也就有了較大的區別，如果說殷海光一如既往，是堅持「體制外的批判」，胡適則是也更多是「體制內的批評（包括建言）」。體制外的批判是公開的、尖銳的，批判的訴求是社會和社會公眾，其言論需要一定的力度，否則不出效應。體制內批評不同，它往

往不進入公共領域，有時還是在私人場合，由於它的訴求對象不是大眾
而是權力本身，因此，它需要的未必是尖銳，或者，哪怕是尖銳，也需
要一種不刺激對方的方式。一個同樣的內容，可以是體制外的批判，也
可以是體制內的批評。比如胡適 1953 年第一次回臺，在蔣介石約請的
晚宴上談了兩點，一點是「臺灣今日實無言論自由」，因為沒有人敢批
評蔣經國和蔣介石；二是蔣介石沒有加刑之權，而他屢次這樣做，「是
違憲甚明」。[30]這樣的言論如果發布在公共領域，就是批判，而現在提
出於私人場合，則是批評。歸臺後的胡適鑒於他自己的地位和角色，顯
然不方便走殷海光體制外的批判之路（其實胡適也有過這樣的經歷，比
如《新月》時代的「人權論戰」）；同樣，也鑒於他自身的性格，他更傾
向於後者（向後者轉型，大體是從《獨立評論》時代開始的）。應該說，
當殷海光不滿於胡適對現局的曖昧的態度時，他似乎沒有注意到自由主
義在體制外和體制內的實現方式不一樣。胡適走的是體制內道路，在價
值取捨上重其事功，這種選擇並不違背自由主義。

胡適的體制內批評和彈性自由主義，在胡適回臺後發生的「蔣介石
三連任」中表現得相當充分。從根本上來說，「蔣介石三連任」是一場
憲政風波，胡適回臺後對自由主義的堅持，主要也用力在對憲政法統的
維繫上。按照 1947 年頒布並實施的中華民國憲法，總統連選連任以一
次為限（第四十七條），這樣 1960 年的第三次總統大選，蔣介石因為連
任一次就必須讓位了。然，蔣本人並無下臺之意。國民黨為讓其連任，
一方面在海外製造各種各樣的「電報勸進」，一方面主張從憲法動手，
修改憲法第四十七條（或修改臨時條款）。

出於對憲政法統的維護，胡適是明確反對蔣介石連任第三屆總統
的。早在大選前幾個月，胡適就為此事掛心，他請總統府秘書長張群安
排一個面見蔣介石的機會，但張群卻不願意安排。因為張知道胡適要說
的是什麼，他擔心蔣介石萬一聽不進，「胡適之也許不感覺為難，但總

30　《胡適日記全編》卷八，第 277 頁。

統也許覺得很窘」。[31]因此，妥協的辦法是，由胡適和張群先談，然後由張群轉告蔣。於是，胡適請張群轉告蔣介石這樣四條意見：一，「國民大會期中，是中華民國憲法受考驗的時期，不可輕易錯過」；二，「盼望蔣總統給國家樹立一個『合法的，和平的轉移政權』的風範。不違反憲法，一切依據憲法」；三，「明白宣布他不要作第三任總統」；四，「如果國民黨另有主張，他們應該用正大光明的手段明白宣布出來，決不可用現在報紙上登出的『勸進電報』的方式。這種方式，對蔣先生是一種侮辱；對國民黨是一種侮辱；對我們老百姓是一種侮辱。」[32]胡適這四條，符合他自己長期堅持的兩點，一是他在對臺灣新聞界講演中所表白的：自己「在報上不說煽動的話，即使有意見或有建議，只見之於私人的通信，而不公開發表」[33]（所以，胡適希望這次能面見蔣而不是用文字進入公共領域）。另外，這四條內容也符合胡適的言論尺度：「說話的人態度非常堅定，而說話又非常客氣，非常婉轉」[34]（尤其是第四條，正是胡適的三個「非常」）。一個星期後，胡適得到了蔣介石的反饋。蔣聽了這四條後，只說了兩句話：「我要說的話，都已經說過了。即使我要提出一個人來，我應該向黨提出，不能公開的說」。[35]對此，胡適表示了自己的不滿：「我怕這又是三十七年和四十三〔年〕的老法子了？他向黨說話，黨的中委一致反對，一致勸進，於是他的責任已盡了。」（同上）只是這樣的不滿，是在自己的日記裏。

這裏不妨插進一條胡適去世後殷海光對他的批評：「自胡適以降，對國事完全失去獨立思考的判斷力，幾乎完全以權勢集團的是非為是非」。[36]「胡適以降」可以不論，但它包括胡適在內。就胡適本人而言，他對國事從來沒有失去自己獨立思考的能力，也從來不會以權勢的是非

---

[31] 《胡適日記全編》卷八，第 593 頁。

[32] 《胡適日記全編》卷八，第 593-594 頁。

[33] 胡適〈新聞獨立與言論自由〉，《胡適文集》卷十二，第 604 頁，北京大學出版社，1998 年。

[34] 《胡適日記全編》卷八，第 608 頁。

[35] 《胡適日記全編》卷八，第 610-611 頁。

[36] 陳鼓應〈殷海光先生所留下的〉，載賀照田編《殷海光學記》第 296 頁。

為是非。即以「蔣介石三連任」而論，且不說，胡適比殷海光更關注此事也付出了更多，而且就以上的「胡四條」言，胡適失去獨立思考能力了嗎？胡適以權勢是非為是非了嗎？由於胡適選擇的是體制內批評（如果轉化為體制外的批判，是會為自己道德加分的），胡適到底在殷海光視野外做了些什麼，殷海光並不知道多少。殷氏六十年代出於「孤憤」而形成的判斷對胡適來說不公平，對自己來說也不負責任。

正由於胡適當時所做的努力是在體制內進行，外界並不知曉，因此社會上對胡適也頗有微詞。1960 年二月七日的《自立晚報》上，有對胡適的大篇幅報導，第二個標題就是「胡適博士態度消極」，報紙認為「胡適博士自前年返國接任中央研究院院長後，除於修訂出版法時期對民主自由曾有所闡釋外，對當前國是問題，顯然極少發表意見……，新聞記者往訪胡適的，十九均被婉拒。」但這次胡適接受了採訪，體制內的建議行不通之後，胡適決定向社會公開自己的態度。採訪中，胡適提到了自己的四條建議，提到了建議後蔣介石的決定，最後胡適表示，「他最初有意辭去國大代表職務，這當然是不可能的，後來他便進行辭去國大主席團主席」，並認為，「請辭主席職務一節，大概是可能的」，因為「中研院的工作很多，而個人又正從事撰述」。[37]很顯然，胡適的「請辭」就是「不合作」，這是他的方式「消極反抗」。「請辭」的原因也不是胡適公開說的「工作很多」、「從事撰述」，而是保持自己「不說話的自由」。[38]

那麼胡適到底辭沒辭去大會主席的職務呢？此中，很能看出胡適彈性自由主義的特點。應該說胡適辭去了國民大會預備會主席的職務，因為公布的主席團名單中，「其中獨缺少胡適之先生」，報紙這樣報導：「據說，這個問題的責任，不是在當局方面，而是胡適婉拒擔任這個榮譽的職務。換句話說，胡氏的消極態度，頗使當局感到『頭痛』」。[39]

但，胡適最終沒有辭去甚至是沒有堅持辭去大會主席的職務。

---

[37] 轉《胡適日記全編》卷八，第 682 頁。
[38] 胡頌平編《胡適之先生年譜長編初稿》第九冊，第 3192 頁。
[39] 轉《胡適日記全編》卷八，第 700 頁。

還是在 1960 年一月十日的一次晚宴上，胡適就和國民大會秘書長谷正綱打招呼：「國大代表開會時，請你幫忙，不要使我當主席團。」並進一步問「需否我送禮，或者書面的檔」。[40]

二月十八日，谷正綱打電話要來看胡適，並請他擔任一次臨時主席，胡適在電話中回答「我總覺得當主席要說話，你們何必強迫我不能不說話呢？……我是決定不當主席，因為過去幾次當的太多了。」[41]谷無奈，於是改請胡適次日吃午飯。胡適答應了。

次日，胡適赴宴，宴會共十人，談不上是「鴻門宴」，但宴會的目的很明確。席上，總統府秘書長張群再勸胡適當一次臨時主席，胡適答道「我對於預備會是不會應付的；在當主席的時候，往往逼成說話的機會，逼成箭在弦上不得不發的情形之下，我無法不說話，還是不讓我當主席的好。」[42]

就這樣，胡適辭去了國民大會預備會臨時主席的職務。二月二十日第一屆國民大會第三次會議正式開幕，開幕典禮後，胡適接受記者採訪，在談到對這次會議的感想時，說「我僅有一句話，就是堅決反對總統連任。」[43]

堅決反對總統連任的胡適又為什麼當主席呢？二月十六日上午，胡適出席國民大會第二次預備會議時，會上，胡適以二十一票當選主席團。這期間胡適一方面推讓主席團職務，一方面也與很多好友交換意見，認為「團結為當務之急，『護憲』尤為重要」。[44]還有，朋友也勸他「相忍為國」。大會開幕第四天，午飯後，胡適對他的秘書胡頌平說「國民大會的事情太重要了，我要找一個地方來仔細想一想。」[45]這裏，無法知道胡適到底想了些什麼、其心路歷程又如何。至於他最後默認主席

---

[40] 胡頌平編《胡適之先生年譜長編初稿》第九冊，第 3153 頁。

[41] 胡頌平編《胡適之先生年譜長編初稿》第九冊，第 3200 頁。

[42] 胡頌平編《胡適之先生年譜長編初稿》第九冊，第 3102 頁。

[43] 轉《胡適日記全編》卷八，第 701 頁。

[44] 胡頌平編《胡適之先生年譜長編初稿》第九冊，第 3203 頁。

[45] 胡頌平編《胡適之先生年譜長編初稿》第九冊，第 3205 頁。

而不再堅辭，胡頌平是這樣記載的：「三月九日（星期三）今天的《聯合報》和《徵信新聞》都有『主席團已推定第六次大會主席由胡適朱家驊擔任』的報導。這是七日晚上谷正綱、陶希聖等五位中央常務委員請無黨派及友黨國大代表吃飯，谷正綱看見先生到了就說『過幾天陳副總統報告時，一定要請年高德劭的先生作主席。』先生說：『不行。』先生因有其他的約會喝了一杯酒，先回去了，今天看見這個報導，說：『這大概是前天晚上谷正綱說的話，我去了一次，給他們一個機會了。現在的問題是賴得掉或賴不掉的問題。』接著，王雲五電話也談此事，大概是賴不掉了。」[46]根據年譜，第二天，胡適的心臟病就犯了。

從堅辭到默認到三月十四日上午做主席主持，這就是胡適在「蔣介石三連任」過程中的主要表現。從體制方面說，讓胡適當主席乃志在必求，這是一種政治需要。他們以新聞發布造成既成事實的局面，等於是在將胡適的軍。胡適呢，顯然是逼上梁山，當主席時，他除了按照程序主持會議外，言論則未及其他。但不管怎麼說，胡適最終還是妥協了，他沒有把反對三連任和不做主席這件事進行到底。因此，從道德勇氣的角度批評胡適當然是可以的，也是容易的，但卻流於簡單，它忽略了許多胡適必須考慮的其他因素。畢竟自由主義在胡適那裏不是一種純粹的鬥爭哲學，它是抗爭和妥協的某種調和，因而具有一定的彈性。遇到問題時，它會自覺地彈出去，當解決這個問題的條件不具備，它又會適時地彈回來。這彈出和彈回的幅度，就是它的活動空間（寧折不彎的剛性自由主義則缺乏這種空間，比如 1960 年代的殷海光）。自由主義正是在這個有限的空間中一次又一次地努力，哪怕是失敗；而每一次失敗，也是在為未來的成功進行積累。不可想像，必然要訴諸某種體制形態的自由主義會不在既有體制內做改造的努力（自由主義不贊成「一齊打爛，重新造起」——朱子語，胡適引），因此要緊的是要維持這個可能提供機會的空間，而妥協就是一種必要的維持。胡適的妥協，不排除他個人性格上的因素以及其他私人緣由，但它主要還是一種政治妥協。既然在

---

[46] 胡頌平編《胡適之先生年譜長編初稿》第九冊，第 3211 頁。

事功上，胡適無論怎樣「義勇」，哪怕爭以中研院院長的去就，也無改蔣介石三連任的事實；那麼，他不妥協，他就出局，而他出局，對自由主義而言，除了多出一尊道德形象，餘無他好（儘管道德形象是必要的）。因此，評價胡適在「蔣介石三連任」事件的最後表現，對自由主義來說，大體是為功不成，為道未損。

（六）在「落日」和「餘暉」之間

1950 年代的中國自由主義實際上已經萎縮為臺島自由主義，它在最後十年的途程中，是以雷震的《自由中國》把胡適、殷海光等人兜在一起的。當然，胡適是這份雜誌的精神領袖，殷海光則是它的主將。然而在這兩人之間，自由主義卻表現出較大的分殊。如果說身在體制的胡適更多表現為自由主義的右翼，體制外的殷海光顯然是自由主義的左翼（雷震長期以來是這兩者間的「中道」），而這兩者並不和諧。

左翼的殷海光儘管在胡適生前對他表現出相當的敬意，也寫過一些弘揚胡適精神的文字，如〈胡適思想與中國前途〉、〈胡適與國運〉等；但，自吳國楨事件起，殷海光和胡適就有了精神上的鴻溝。「鬥」字當頭的殷海光，容忍不了胡適對當局的調和態度，以至維護。同時也認為無論學養和思想，胡適的根基都太淺，而且在思想上又步步後溜，不足成為自由主義的帶頭人。這種不滿，在胡適生前就有表露，胡適去世後，更是在他和弟子的談話、書信中表露無遺。

不是說胡適不能批評，也不是說胡適晚年沒有問題。但殷海光的批評忘記了胡適在體制內這個事實，因而對胡適的某些言動缺乏同情之理解。在本文看來，晚年的胡適如果有問題，問題倒不在以上殷海光所說的那些，至少在本文看來，則在於他對殷海光的體制外批判也缺乏同情之理解（這和殷氏其人的毛病一樣）。推而言之，不獨對殷海光，亦包括前此的吳國楨，再往前溯，甚至包括對《觀察》（當然，《觀察》自有其過的地方），胡適對體制外的批判愈來愈有一種政治上的不適應。由於胡適自《新月》之後，和體制越走越近，他基本上已經不習慣自己當

年那種體制外的批判了，他更多是體制內的建言與批評，而且是溫和的。這本身無可非議，它不僅表現為自由主義的存在方式之一，同時，從自由主義角度，胡適也有做出他自己選擇的權利。問題在於，當胡適習慣了自己的方式時，他對不同於自己習慣的方式，比如殷海光那種凌厲的批判，有時就不是那麼能夠理解了。

胡適生前對殷海光也有所不滿，在他的祕書胡頌平的筆錄裏，就有胡適談論殷海光不是的地方。據胡氏 1960 年十一月十七日記載：胡適談起「昨夜吃晚飯時殷海光和陳啟天兩人鬥嘴的情形，覺得殷海光的態度不夠，說：『過去《自由中國》半月刊的社論可能有許多是他做的，他是一個書呆子』」，接著，又談起前幾年殷海光為吳國楨辯護事，說殷海光給自己寫了「一封很不客氣的信」，等等。[47]參以夏道平先生對殷海光的回憶，殷與陳啟天鬥嘴，大致是這樣情形：「《民主潮》社在他們青島東路的社址請客。主人客人共計二十人左右，都是一時知名之士。飯後陳啟天先生起來講話。話的內容我記不清，大概類似報紙上習見的那些話。當陳先生講得正起勁的時候，殷先生突然站起來打斷了他的話。當大家轉眼望著殷先生的時候，他用很平靜的口氣說：『陳先生講的話，我一點也聽不懂』。」[48]就此事而言，殷海光雖然對別人不太禮貌，但畢竟是性情使然。胡適就此提出批評也無不可，但他很快就把話題轉到下面：「過去《自由中國》半月刊的社論可能有許多是他做的，他是一個書呆子」，弦外之音、言下之意，是殷海光的文章給《自由中國》帶來了麻煩，而此時《自由中國》雜誌因為雷案已經給國民黨關閉。胡適的話沒錯，這依然可與夏道平的話相參：「當時《自由中國》的聲譽蒸蒸日上，我們可以說，得力於殷先生的文章者為最多；同時為《自由中國》惹來麻煩的，殷先生的文章也真不少。」（引同上）殷海光的文字是清一色的批判，這樣的文字在胡適看來並不適宜，而寫這樣文字的人不免就是「書呆子」。「書呆子」云云，意謂殷海光不懂政治，聯繫

[47] 胡頌平《胡適之先生晚年談話錄》，第 82 頁，中國友誼出版公司，1993 年。
[48] 夏道平〈紀念殷海光先生〉，載賀照田編《殷海光學記》第 82 頁，注釋 2。

胡適以前指吳國楨對臺灣政權的揭發是沒有「政治感」，可以看出，胡適雖然有他的政治考慮，但他對體制外的批判大體是持否定態度的。

1957 年夏，殷海光在《自由中國》發表〈反攻大陸問題〉的文章，批判國民黨矇騙臺灣民眾的「反攻大陸論」。文章戳到了國民黨的痛處，發表後，便引來官方的圍剿，說雜誌提倡「反攻無望論」，「為朱、毛共匪張目」。此時胡適回國不久，在《自由中國》為他舉行的歡迎宴會上，胡適在講話時對殷文提出了批評。當然胡適說得很委婉：「我覺得《自由中國》社儘管爭取言論自由方面很有成績，但在技術上還要學習。比如就『反攻大陸』的問題來講：『反攻大陸』是一個招牌，也是一個最重要的希望的象徵……，這樣一個無數人的希望的象徵的一個招牌，我們不可以去碰的。」[49]其實，「反攻大陸」作為招牌即使有胡適所說的這一面，它同時還有另一面，即國民黨以它為招牌聲言戰時狀態從而對臺灣進行威權壓制。殷海光的文章針對的恰是這一面，它不僅是可以的，也是必要的。當「反攻大陸」之類的話語被體制塑造成一種公共意志時，揭穿它的騙局或另一面，應該說是知識份子的責任。在殷海光看來需要批判和揭穿的東西，胡適認為不可以去「碰」，這就是兩人的差距。

另外，胡適提出《自由中國》爭取言論自由時在「技術」上還需要學習，「技術」云云，除了有些話題不能碰之外，就是即使是批評，還要注意其方式。1959 年，胡適在《自由中國》先後發表過兩個〈容忍與自由〉，一文，一講演。在第一篇「容忍與自由」發出後，殷海光提出了不同的意見，對此，胡適以第二個「容忍與自由」作答。在這後一篇講演中，胡適特地談及發表言論的方式。胡適十分認同他的學生毛子水的意見，認為說話不但要公平正直，還要人能聽得進去。如何才能讓人聽得進去呢？毛子水引用了《禮記》上的話「情欲信，辭欲巧」（內心要忠實，說話亦要巧），也就是孔子的「巧言令色」。這個通常被認為是花言巧語的辭彙，在毛子水和胡適那裏獲得了正面的意義。那麼，如

---

[49] 胡適〈從爭取言論自由談到反對黨〉，轉耿雲志主編《胡適論爭集》下，第 2611 頁。

何做到「辭欲巧」，這就是個「技術」的問題了。胡適不憚費事，特地在《論語・子路》中舉了個例子：

> 定公問：「一言而可以興邦，有諸？」孔子對曰：「言不可以若是
> 其『幾』也！人之言曰：『為君難，為臣不易。』如知為君之難
> 也，不『幾』乎一言而興邦乎？」曰：「一言而喪邦，有諸？」
> 孔子對曰：「言不可以若是其『幾』也！人之言曰：『予無樂乎為
> 君，唯其言而莫予違也。』如知其善而莫之違也，不亦善乎！如
> 不善而莫之違也，不『幾』乎一言而喪邦乎？」

（大意：一言興邦，有這回事嗎？孔子回答：話雖然不可以這樣說，但也大致差不多。比如，有人說做君主難，做臣子也不容易。如果君主知道做君主不容易，他就會小心對待，這不幾乎就是一言興邦了嗎。反之也是這樣。有人說：做君主沒有別的快樂，就在於我說的話沒有人違抗。假如君主說的是好話而沒有人違抗，這不很好嗎，但如果說的不對的話也沒有人違抗，這不幾乎就是一言喪邦了嗎。）

胡適舉完例，說：這個段子「不但文字美妙，而且說話的人態度非常堅定，而說話又非常客氣，非常婉轉，夠得上毛子水先生所引用的『情欲信，辭欲巧』。所以我選了這一段作為《論語》中第一等的文字。」[50]胡適不但喜歡這段文字，而且這段文字實際就是他自己的說話方式，他不僅身體力行，還把它提出來，推薦給《自由中國》，其用意非常明顯。他實際上是對《自由中國》那種批判體行文，表示了自己的不認同。只是胡適的表達不那麼直接，他並沒有批評什麼，而是以提倡代批評，這種方式本身就是「情欲信，辭欲巧」。

胡適可能沒想到，他這是以自己的尺度來衡量《自由中國》了。並不反對胡適提倡的言論方式以及這種方式所能達至的效果，但，它如果是有效的，也不是唯一的。假如《自由中國》的文章是清一色的「情欲信，辭欲巧」，那麼，它也就不會是曾經在臺灣產生如此大影響的《自

---

[50] 胡適〈容忍與自由〉，《胡適日記全編》卷八，第 608 頁。

由中國》了。自由主義是多元的，言論方式也是多元的。更重要的是，胡適的方式是體制內的批評，這種方式的言論對象是權力者，比如上述孔子說話的對象是魯定公，而胡適反對「三連任」的對象是蔣介石；因此，說話者必要考慮說話的方式和「技術」，否則聽話者聽不進去。《自由中國》不然，它雖然開初是體制內的刊物，由國民政府教育部贊助，但它和國民黨搞僵後，兩者分道揚鑣，就純粹變成一份民間雜誌，而且逐漸以批判（國民黨）為其務。批判，體制外的批判殊不同於體制內的批評，它儘管也可以和權力者說話，就像當年《新月》「人權論戰」時羅隆基的「告壓迫言論自由者」，但這個「告」是對權力者的「警告」，並非勸慰，「情欲信，辭欲巧」之類的技巧於它不合。不獨如此，批判，體制外的批判，它的說話對象更是社會，它是向社會公眾揭露體制的弊端。因此，當批判成了它的任務時，它所追求的社會效應就要求它的文字不是什麼「辭欲巧」而是明快、銳利、直接，「有什麼，就說什麼」（殷海光語）。作為一種文體，批判文字很難做到胡適所認同的「平實的理性」，它常常表現為「理性的激情」（馬克思語），應該說，《自由中國》上的殷海光大體就是這樣的風範。胡適由於身在體制，需要不斷地和體制周旋，因此，他對這樣的文字明顯感有「政治不適應」。

　　這裏，無意排斥任何一種言論方式，它毋寧是價值中性的。因為從價值上說，體制內的批評和體制外的批判兩者都重要，非但一個都不能少，而且無以厚此薄彼。就像殷海光無以要求年老體衰且長年患有心臟病的胡適去和國民黨抗鬥一樣，胡適也無以要求年輕的殷海光在文字上和他一樣「巧言令色」。自由主義左右翼在體制內外各行角色，各盡其責，它們需要的是互補和溝通，從而形成一種合力，共同抵抗威權體制。但，事實上，胡殷之間，並不相能，除了自由主義的理念一致外（殷海光對胡適的認同大體上停留於這一點），其他方面，尤其是在政治上，他們的差距就像他們的年齡一樣懸殊。本來就勢單力薄的臺島自由主義在其內部形成了裂罅，俟《自由中國》關閉，哪怕胡適再晚去世若干年，胡殷之間也沒有什麼可談的了。臺島自由主義到了這一步，「落日」之像，已經比較明顯。

轉就胡適言，情形似乎更是如此。年老的胡適和年輕的胡適，與年輕的魯迅和年老的魯迅正相反，後者的鬥志是老而彌堅，前者的鬥志是老不如前（不過，準確地說，「鬥」從來就不是胡適的特點，胡適是「抗爭」而非「鬥爭」）。胡適從體制外到體制內，從知識份子到中研院長，反差是很大的。《新月》時代的他頂著環境的壓力批判國民黨，他的批判形象也就此定格不再。此後，由於角色的變化，如果單從知識份子的批判維度，他不但夠不上他以前的自己，還走到了自己曾經的另面。胡適的選擇自有他的道理，他是在另一條路徑上踐履自由主義。但，選擇就是代價，歷史的評價往往不是事功性而是道德性的，就其後者，它更欣賞那種「精鋼寧折不為鉤」的人格，而胡適顯然不是（事實上，殷海光對胡適的「苛評」也暗含了這樣的尺度）。所以，余英時的「落日餘暉」，或者說，在「落日」和「餘暉」之間，存在著這樣一種平衡或不平衡。儘管胡適晚年所做的自由主義努力，可以評價為「落日」不掩「餘暉」；但從知識份子批判看，尤其有「早胡」的比照，人到黃昏的胡適也確實是「餘暉」不挽「落日」了。

同樣，不獨對胡適，就 1950 年代的中國自由主義，「落日餘暉」的意象，也是這樣的兩面性：「餘暉」般的努力是肯定的，「夕陽」般的衰落也是註定的。就後者言，無論胡適的體制內努力，還是殷海光的體制外批判，無不以失敗而告終。胡適反對「蔣介石三連任」未成，後又在「雷震事件」中面爭不果，這是否表示體制內的道路不通？殷海光因《自由中國》關閉而失去發言空間，後被逐出臺大哲學系，又失去最後一塊傳播自由思想的空間，以至鬱病而死，這表明體制外的批判根本抗不住體制的打壓。自由主義左右翼雖然有著內在的不合，但它的衰落，主要還是當時的制度環境。國民黨政權在臺灣政局穩定後，由威權體制向極權體制傾斜，這對自由主義來說，是致命一擊。自由主義可以面對威權，卻無以面對極權。中國二十世紀的歷史就是極權主義生長和自由主義衰落的歷史。1950 年代，中國自由主義衰變為臺島自由主義，1960 年代，臺島自由主義又「飄風不終朝」，它隨著殷海光的去世而終於偃旗息鼓

（殷氏留在臺灣的弟子大抵是酷愛自由但並非自由主義的一群）。短短幾十年間，自由主義就結束了它在中國的行旅，這不免讓人扼腕。

‧‧‧‧‧‧‧‧‧‧‧‧

而它的復出，卻要等到歷史的下一個輪回了。

附錄一

走入暗路：小說的反文明

小說的反文明？

是的，在這個題目下，我想從林琴南說到魯迅。

林琴南的為人所知，不僅在於他的「林譯小說」，即依據別人的口述翻譯西洋小說一百七十多種，是用文言；而且更在於他在新文化運動中是一個著名的反白話文的急先鋒。以今天的我來看，反白話文也沒有什麼了，無非就是當時的一種觀點，而什麼觀點都是可以表達的。但我無法掩飾對他的反感。我反感的不是他之反白話文，就像我更不反感當年施蟄存建議文學青年讀一讀《莊子》和《文選》，儘管因此他被魯迅罵為「洋場惡少」；我反感的是林琴南那種反白話文的方式。這是一種什麼方式呢？

一九一九年二月十七日，林琴南在《新申報》上發表小說〈荊生〉，用小說中的三個人物田必美、金心異和狄莫分別隱射當時提倡白話文的三個主將陳獨秀、錢玄同和胡適之。說這三人聚集陶然亭，一會攻擊孔丘，一會鼓吹白話，於是，從隔壁出來一個叫荊生的偉丈夫，把他們三人打罵了一頓。次月十八日，林再接再厲，又在《新申報》上發表小說〈妖夢〉，依然是用影射法，影射上面三個人，只是錢玄同換成了蔡元培。不但影射，而且大罵，比如「不逞之徒」、「生而為惡，死亦不改」云云。

這是一種什麼方式呢？人身攻擊的方式，而且是用小說。以小說的方式進行人身攻擊，且不管攻擊的對象是誰，這做法本身是反文明的。因此，借光文革前毛澤東向文藝界發難時的一句話：利用小說反黨，是

一大發明，我個人便把這種發生在二十世紀由林氏發明又後繼有人的方式稱為「利用小說反文明」。

利用小說反文明，曾經是魯迅堅決反對的。也正是看到林琴南的小說，魯迅迅即作出了反應。一九一九年三月下旬，〈孔乙己〉將在《新青年》發表時，魯迅特地追寫了一個短小的〈附記〉。為了明白魯迅的態度，我不妨一整過錄：

> 這一篇很拙的小說，還是去年冬天做成的。那時的意思，單在描寫社會上的或一種生活，請讀者看看，並沒有別的深意。但用活字排印了發表，卻已在這時候，——便是忽然有人用了小說盛行人身攻擊的時候。大抵著者走入暗路，每每能引讀者的思想跟他墮落：以為小說是一種潑穢水的器具，裏面糟蹋的是誰。這實在是一件可歎可憐的事。所以我在此聲明，免得發生猜度，害了讀者的人格。
>
> 一九一九年三月二十六日記

在某種意義上，魯迅這個附記是「多餘」的，誰讀〈孔乙己〉都不會感到這小說有人身攻擊之嫌。但魯迅寫了，這只能看作是魯迅對林琴南小說的一種態度，一種極為反感的態度。

類似的態度，魯迅不止一次。上面一次魯迅如果是個旁觀，那麼，這一次，魯迅就是當事了。一九二三年元月，魯迅翻譯並發表了俄羅斯盲詩人愛羅先珂的文章〈觀北京大學學生演劇和燕京女校學生演劇的記〉，這位盲詩人在「記」中批評了中國的舊戲和舊道德，也批評北大學生囿於舊道德，以至男女不能同臺演戲，同時還包括學生受舊戲影響，「模仿優伶」而不能真正表現人物的思想感情等。文章發表數日後，北大學生魏建功發表了一篇題為〈不敢盲從〉的反批評文章，由於文中有對愛羅先珂進行人身攻擊的語言（我沒有讀過，不知道），魯迅旋即作了篇〈看了魏建功君的「不敢盲從」以後的幾句聲明〉（見《集外集拾遺補編》），文中對魏建功進行了嚴厲的批評：「若說對於魏君的言論態度的本身，則幸而我眼睛還沒有瞎。敢說這實在比『學優伶』更『可

憐，可羞，可慘』；優伶如小丑，也還不至於專對他人的體質上的殘廢加以快意的輕薄嘲弄，如魏建功君。尤其『可憐，可羞，可慘』的是自己還以為盡心於藝術。從這樣輕薄的心裏擠出來的藝術，如何能及得優伶，倒不如沒有的乾淨，因為優伶在尚不顯露他那舊的腐爛的根性之前，技術雖拙，人格是並沒有損失的。」這是魯迅對利用文章（不僅是小說）進行人身攻擊、而且是就對方「體質上的殘廢」進行人身攻擊這種反文明行為的憎惡。這憎惡使魯迅出離憤怒了，文章最後，魯迅聲色俱厲：「我敢將唾沫吐在生長在舊的道德和新的不道德裏，借了新藝術的名而發揮其本來的舊的不道德的少年的臉上！」這最後一句表述煩瑣卻見精彩。說白了，人身攻擊這行為，不僅新的不道德，也是舊的不道德，它是雙重的不道德，尤其是在盜用小說（或文章）這種文明形式的時候。

　　我完全認同以上魯迅對林琴南和魏建功批評時所持的價值立場（只是覺得對魏君言重了。而且我感到魏氏即使有所不恭，也不是對愛羅先珂，比如文章那題目），我想，這立場也應該是一種文明共識。不僅用小說作人身攻擊絕不可取，哪怕即使是以小說搞影射——影射文學，文革中給當時文藝界帶來深重災難的一個詞——也是文學創作的末流或末技。

　　那麼，現在的問題是，如果奉行中國無論舊道德還是新道德的共同標準，即「聽其言，觀其行」，以魯迅所說，視魯迅所為，則不難發現，在這一點上，或者僅僅在這一點上，魯迅至少言行相乖，或者說，對人對己是「雙重標準」的。

　　這裏有一個小插曲，當年〈孔乙己〉是一九一九年四月發在《新青年》雜誌第六卷第四號上的，如前述，那個「附記」是後來特意的追記，可是，一九二三年八月《吶喊》由當時的「新潮社」出版時，也是魯迅自己特意把那個「附記」給刪去了。是人民文學出版社一九五六年出《魯迅全集》時把這個「附記」附在了第一卷〈孔乙己〉的「注釋」內，我們這才得以見到。那麼，魯迅為什麼刪去這個「附記」呢？是魯迅意識到自己以後未必能恪守其言，還是壓根就改變了原先的看法？「附記」

的刪去彷彿是個預兆，它表明，果如魯迅不是什麼「雙重標準」的話，就是他不幸踐履了自己曾經正確反對過的東西，而且變本加厲了。

讀一讀魯迅於一九三六年編定出版的第三本小說集《故事新編》是可以見出問題的。其中最早的一篇〈不周山〉（後改作〈補天〉），根據魯迅的本意，是取女媧煉石補天的神話，貫之以佛洛依德的學說，來解釋創造——人和文學——的緣起。然而，寫作途中，從報上讀到當時東南大學學生胡夢華的文章——胡文對新近出版的汪靜之《蕙的風》提出了「含淚」的批評，魯迅一則出之以文，即〈反對「含淚」的批評家〉，進行反批評，一則在自己的〈理水〉中「止不住有一個古衣冠的小丈夫，在女媧的兩腿之間出現了」（《故事新編・序言》，下引同）。此正三年前林琴南那人身影射的故技在自己身上的重演。其所以如此，據魯迅自述，當他看到胡夢華「要含淚哀求，請青年不要再寫這樣的文字」時，「這可憐的陰險使我感到滑稽，當我再寫小說時，就無論如何，止不住……」了。魯迅的止不住，緣於他感到對方的「陰險」，我的疑問是，魯迅何以知道對方「陰險」？不就是反對《蕙的風》嗎？多大事？固然反的沒道理，文章批評不就得了，何必用小說去矮化對方的人格？而況，「陰險」云云，顯是「誅心」，對方不是把話都說明了嗎。問題是，一旦被坐實為「陰險」，那麼，道義就在自己這一邊，自己也就獲得口誅筆伐外加人身攻擊的理由或權力了。這篇小說作於一九二二年十一月，也就不難明白次年《吶喊》出版時，魯迅為什麼要刪去那篇〈附記〉。

然而，魯迅自己對這篇小說也有所省覺：「這就是從認真陷入了油滑的開端。油滑是創作的大敵，我對於自己也很不滿」。魯迅的不滿在於小說作法，即油滑。我的不滿恐怕更在於它以後的東西，因為，從魯迅《故事新編》以後的作品看，他在人身影射乃至攻擊的路徑上似乎越走越遠，遠非油滑所能涵括。用魯迅批評林的話，這是小說創作的一條「暗路」，結果自己也不幸走入，從〈補天〉開始。

〈理水〉是魯迅一九三五年的作品。這篇小說通常被說成是塑造了治水英雄大禹的形象，同時也抨擊了反動階級的黑暗統治，它既有歷史傳說的基礎，又有大量現實生活的內容。那麼，它的現實生活的內容體

現在什麼地方呢？影射與攻擊。小說第一節，洪水包圍的「文化山」上，「還聚集著許多學者」，這些學者「大抵是反對禹的，或者簡直不相信世界上真有這個禹」。「『禹來治水，一定不成功，如果他是鯀的兒子的話，』一個拿拄杖的學者說」。「『這這些些都是廢話，』又一個學者吃吃的說，立刻把鼻尖脹得通紅。」這兩個學者即影射現實生活中的兩個人物，一個是潘光旦，一個是顧頡剛。潘光旦是留美的優生學家，其時正根據一些官僚的家譜作遺傳學研究。他留美時不慎摔斷了一條腿，所以在小說中他成了「一個拿拄杖的學者」，並根據遺傳學反對禹能治水，因為他是鯀的兒子，而鯀是治水失敗的。拄杖學者的筆墨雖然不多，但魯迅下筆顯然是暗含譏諷連帶反感的，這從人物語言的描寫可以見出：「呸，使我的研究不能精密，就是你們這些東西可惡！」這就是魯迅筆下潘光旦的形象了。

　　至於顧頡剛的形象則更糟糕，因為顧是該小說用心攻擊的主要對象。但要明白其原委，可能還需要從小說外說起。在小說之外，魯迅對顧頡剛是相當厭惡的。顧頡剛搞「古史辨」，即對中國古代歷史文獻疑古辯偽，其實績可觀，說它是中國史學在二十世紀最早亦最大之創獲，並不為過。然而，魯迅的評價是相反的，他在寫給鄭振鐸的信中說：「他是有破壞而無建設的，只要看他的《古史辨》，已將古史『辨』成沒有。」（《魯迅全集》一九八七年版第十二卷 477 頁）所謂「辨」成沒有，落實到〈理水〉中禹的形像，就是「禹是一條蟲」。也就是說，在《古史辨》中，顧頡剛通過考證，認為禹並非實有其人，而是傳說中的一個形象。更進一步，顧頡剛根據《說文解字》，把禹解釋為蜥蜴之類的蟲。於是，到了魯迅的小說裏，顧頡剛的考證變成了「文化山」上那個學者的口吃：「這這些些都是廢話」，「其實並沒有所謂禹，『禹』是一條蟲，蟲蟲會治水的嗎？我看鯀也沒有的，『鯀』是一條魚，魚魚會治水水水的嗎？」這個學者是顧頡剛的影射且不說，魯迅借小說人物之口，公然稱其為「鳥頭先生」。「『哼！』鳥頭先生氣忿到連耳輪都發紫了」，「鳥頭先生就紅著耳輪和鼻尖從新吃炒麵」。所謂「鳥頭先生」，乃是魯迅以其人之道還治其人之身。既然顧頡剛據《說文解字》解「禹」，那麼，

魯迅也就說文解字式地解「顧」。顧，繁體為「顧」，從頁雇聲。然拆分析之，「雇」為鳥名，即九雇，一種候鳥。而「頁」本義則為「頭」，合而謂之，顧即「鳥頭」。以「鳥頭」指謂顧頡剛，已經不是什麼影射，而是公開的人身攻擊。誰都知道「鳥頭」一詞的隱指，果若如此，小說則真成為「潑穢水的器具」了。

顧之形象被「糟蹋」不止於是，另外還有兩個細節值得注意。一是顧的口吃，一是顧的紅鼻。這兩個特點都可以見諸魯迅與他人的通信。他在給同鄉章廷謙的信中談到顧頡剛時說：「我從上帝之默示，覺得鼻之於粵，乃專在買書生意及取得別一種之『幹脩』，下半年上堂講授，則殆未必，他之口吃，他是自己知道的。」（《魯迅全集》一九八七年版第十一卷第 550 頁）顧頡剛為什麼口吃？還是在上面那封與鄭振鐸的信中，魯迅這樣解釋：「嘴本來不吃，其吶吶者，即因雖談話時，亦在運用陰謀之故」。口吃是陰謀所致，這恐怕是魯迅從上帝那裏得來的又一「默示」。只不過，這默示出的「陰謀」和上面的「陰險」一樣，還是「誅心」（魯迅善於誅心，只是他沒能看到後來文革時那些口誅筆伐的大字報，其誅心之論，登峰造極，專門在「用意」、「動機」、「目的」等看不見的東西上深文周納，鍛煉成獄）。至於顧的紅鼻子，在魯迅筆下已經頻頻成為顧的借代，也是給章廷謙的信，魯迅說：「當紅鼻到粵之時，正清黨發生之際，所以也許有人疑我之滾，和政治有關，實則我之『鼻來我走』，遠在四月初上也。」（《魯迅全集》一九八七年版第十一卷第 545 頁）無論鼻紅還是口吃，都是顧頡剛的個人隱私，甚至是生理缺陷。在與他人通信中頻頻提及，已屬輕率；至於將其堂而皇之地寫進小說，更是道德不該。小說一會兒言其「吃吃」，一會兒說他「把鼻尖脹得通紅」，一會兒又寫「鳥頭先生就紅著耳輪和鼻尖從新吃炒麵」，如此等等，用以上魯迅批評魏建功的話，這正是「專對他人的體質上的殘廢加以快意的輕薄嘲弄」。不要忘了，魯迅自己是憎惡這種行為的，他不是要把那口唾沫吐到那「借了新藝術的名而發揮其本來的舊的不道德的少年的臉上」嗎？只不過這會兒的面孔已經「新桃換舊符」，做這事的不是少年而是中老年者了。

　　一九二六年十月，魯迅作〈鑄劍〉。其時，魯迅和顧頡剛同在廈門大學任教。由於後者被魯迅視為「陳源之流」、「胡適之的信徒」，且又「陰險」「可惡」（這僅僅是魯迅對顧的看法，是不是如此，只有魯迅自己知道和天知道），所以，在與許廣平和章廷謙等人的通信中，魯迅幾乎是提顧必罵，罵得相當密集。比如，十月十六日之夜，他在給許廣平的信中說：「本校情形實在太不見佳，顧頡剛之流已在國學院大占勢力……，從此現代評論的色彩，將彌漫廈大……，這樣，我們個體，自然被排斥。」（《魯迅全集》一九八七年版第十一卷第 156 頁）一星期後，也即十月二十三日，他致章廷謙信，表達了同樣的意思：「至於學校，則難言之矣。北京如大溝，廈門則小溝也，大溝汙濁，小溝獨乾淨乎哉？既有魯迅，又有陳源。」又曰：「要做事是難的，攻擊排擠，正不下於北京，從北京來的人們，陳源之徒就有」（《魯迅全集》一九八七年版第十一卷第 489 頁）這個「陳源」和「陳源之徒」，正顧頡剛也。顧頡剛讓魯迅感到十足的討厭，於是，魯迅索性就把這討厭寫進了正在寫著的復仇小說〈鑄劍〉裏。

　　復仇前的眉間尺是先向一隻老鼠復仇的。這老鼠連日來攪得他不得安生，這回掉進水裏，豈不「活該」。於是，他「伸手抽出一根蘆柴，將它直按到水底去。過了一會，才放手」。老鼠也隨之浮了上來，只見它「眼睛也淹在水裏面，單露出一點尖尖的通紅的小鼻子，咻咻地急促地喘著氣」。請注意這只紅鼻子老鼠，因為下文緊接著說：「他近來很有點不大喜歡紅鼻子的人」（這個他是誰？而紅鼻子的人又是誰？）但，「這回見了這尖尖的小紅鼻子，卻忽然覺得它可憐了，就又用那蘆柴，伸到它的肚下去，老鼠抓著，歇了一回力，便沿著蘆幹爬了上來。」可是，「待到他看見全身，——濕淋淋的黑毛，大的肚子，蚯蚓似的尾巴，——便又覺得可恨可憎得很，慌忙將蘆柴一抖，撲通一聲，老鼠又落在水甕裏，他接著就用蘆柴在它頭上搗了幾下，叫它趕快沉下去」。再後來，這只老鼠終於讓眉間尺一腳給踩死了。

　　這段落，似乎可以名之為「痛打落水鼠」。請注意，它的鼻子是紅的。
…………

　　記得我上課時不止一次與學生說：最早也最能體現二十世紀中國新文學實績的，就是魯迅的小說了。雖然，當時新詩也很有影響，但比如，郭沫若的詩，只具有文學史的價值而鮮有文學審美的價值。魯迅不然，他的小說同時具以上兩種意義。文學史的價值且不說，像《阿Q正傳》這樣的作品，是經得起反覆讀的，而且讀第二遍的感覺比第一遍好，讀第三遍的感覺又比第二遍好。更兼魯迅小說一出手就是一個世紀的高度，我不覺得近一百年來，中國作家中有誰達到了這個標準，更遑論超越。

　　也就是說，我喜歡魯迅的小說，但它指的是《吶喊》與《彷徨》。但，《故事新編》中的某些篇什，如以上，我是不喜歡也無法喜歡的，尤其〈鑄劍〉第一章，我讀後，良久無語，內心發寒，一個人對一個人的仇恨，竟如此之深。小說這種文體，一方面在魯迅手上走向成熟，一方面也在他手上發生異化。當它成為影射、成為人身攻擊、成為泄私憤的工具時，它就一步步變形了，變成一種文明中的反文明。和文章一樣，小說乃天下之公器，豈可像當年林琴南那般，使之成為「潑穢水的器具」？魯迅先是林琴南的批評者，也知道林的路是一條小說的「暗路」，可是後來自己卻走了上去，他似乎忘記自己曾經說過的話了。這在後人看來，是不是也是「一件可歎可憐的事」呢？

附錄二

從胡適個案說「權利」與「權力」

（一）釋題

這篇文章本來的題目是「中國民權保障同盟之『胡適案』」，準備述說一下胡適和中國民權保障同盟的複雜關係，因為胡適先被邀約入盟，後又被同盟「開除」，這到底是怎麼回事，我想疏通一下。文章原打算從三個方面展開：一、「權利」個案，二、「開除」公案，三、「違憲」法案。可是，從「權利」個案著筆時，寫著、寫著，感到文字逐漸遠離胡適了，又不得不遠離，這樣便和原初的構思以及下面二、三部分的內容協調不起來。思考之下，乾脆讓第一部分另立門戶、獨立成篇算了。於是便有了頭上的題目。

（二）從胡適個案說

個案非「個」。

就胡適與同盟關係言，「權利」個案並不涉及他人，問題僅止於胡適本身。但，問題出在胡適，其意義又不限於胡適，它甚至具有相當的普遍性，哪怕就是在今天。當然，從這個角度延展的篇幅，與歷史無關，它是學理性和討論性的。因為，該問題雖號「個案」，實際上是個「學案」。案之為學，指的是「權利」與「權力」被人們混淆使用且綿延已久的狀況。胡適作為該案案主，同時也作為一個地道的英美式的自由主義知識份子，憾未能從學理上拎清這兩個概念，所以，我今天要做這一番辨正文字。

我最先是從魯迅《偽自由書》中的〈王道詩話〉發現這個問題（注：此文真正的作者是瞿秋白）。這篇文章是魯迅「為同盟討胡適檄」。事因是中國民權保障同盟力主國民黨釋放當時所有的在押政治犯。由於在胡適看來，政治犯所從事的就是力圖推翻政府的革命，所以，他對這一主張不表贊成。這是他所發表的意見：

> 任何一個政府都應當有保護自己而鎮壓那些危害自己的運動的權利，固然，政治犯也和其他罪犯一樣，應當得著法律的保障和合法的審判……。

這句話作為魯迅的批判之靶被引在〈王道詩話〉中，文中注明此話出自「今年二月二十一日」（即一九三三年）的《字林西報》。胡適為這句話付出的代價委實不小，不僅魯迅對他展開了凌厲的批判；而且，他之被同盟革去盟籍，也即因此。其時，我讀到這句話也本能地感到刺眼，刺眼的首先不是這句話本身，而是「權利」這個詞。政府居然有「權利」，這是哪家說法？也就是說，在胡適這句話所構成的語境中，應該用的詞只能是權力，可胡適硬給搞反了。於是，我便在當時正在寫的〈事出劉文典〉中忍不住說：

> 胡適的這句話「任何一個政府都應當有保護自己而鎮壓那些危害自己的運動的權利」，更是站不住腳，甚至連「權力」和「權利」都沒分清以至用錯，這個錯誤出在接受過美國憲政濡染的胡適身上，洵屬不該。

事情果如到此，這個學案也算成立了。可是情況不久就發生了變化。

當我想進一步追究胡適與中國民權保障同盟的過節時，我特地到圖書館借了本資料彙編的小冊子《中國民權保障同盟》（以下簡稱為《同盟》）。該書由中國社會科學出版社於一九七九年出版，其中恰有當年魯迅所引的《字林西報》上登載胡適談話的全文。魯迅所引的那段話，在《字林西報》上是這樣說的：「一個政府應該有權對付那些威脅它本身生存的行為，但政治嫌疑犯必須如其它罪犯一樣，應當得到法律的保障」

（《同盟》第 109 頁）。顯然，魯迅所引的文本和這裏的不一樣。怎麼回事？由於《字林西報》是當時英國人辦的一份英文報紙，登載胡適談話的文字原來是英文，所以，同一段話，便產生了兩種不同的翻譯。按照這後一種翻譯，那句話中的「有權」一詞隱去了「權利」和「權力」分不清的麻煩，亦即胡適沒有明說「權利」還是「權力」，因此，我對他的批評就顯得多餘。問題是，胡適本人到底會不會錯用這兩個詞呢？我當時考慮了一下，認為是不會的。在我繼〈事出劉文典〉之後的另一篇相關文章〈胡魯之爭：人權還是王權〉中，我作了這樣的推測：

> 胡適不太會用錯這個詞。上面的話，如果從法律角度來看，分明可以感到胡適用詞的考究，比如，胡適說的不是〈王道詩話〉中的「政治犯」而是「政治嫌疑犯」，後者顯然比前者更能在法律上站住腳，因為未經法庭審判是不能稱之為「犯」的，只能是「嫌疑犯」。胡適顯然諳熟法律，他更知道法律是用來保障權利的，若此，會錯用權力為權利？

這一問，其實也是問自己，寫到這裏時，好像還是不太有把握。因此我又留了餘地，說：

> 當然，這只是旁推。但，退步言，只要胡適沒有那樣明說，哪怕他真的理解了，我的批評也是無的放矢。

既然無敵放矢，這個學案也就不能成立了。

但，且慢，閱讀又使事情發生了變化。

也是在那本小冊子中，〈胡適之談民權保障〉一文引起了我的注意，這是一九三三年二月十六日登在《論語》雜誌第十一期上的胡適的談話，是他在中國民權保障同盟北平分會成立時以主席身份所作的致辭。致辭內容主要是談民權與法治的關係，其中有這樣一段文字：

> 所謂法治習慣，就是有一點權力都不肯放鬆。在三百年前有一位猶太的哲學家，他叫斯賓諾莎，他為了遺產的問題和他的姊姊來

訴訟，結果勝訴了，但是他不要遺產，他所爭的是權力。一個哲學家為了自己的權力，來和親屬相爭，可見人權之重要（《同盟》第 106 頁）。

人權之「權」，是權利還是權力？毫無疑問，只能是前者，這裏沒有兩可餘地。然而，在以上該用權利的三處地方，全部錯為權力。

第一次談政府時，權力用作權利；第二次談個人時，權利又用作權力。有了這樣兩次顛倒，終於可以立案了。哪怕前一次因含糊而不論，後一次似也足以說明問題。

但是，又是但是，因為，寫到這裏，腦子一閃念，猶豫產生了。我猶豫的是，〈胡適之談民權保障〉並非胡適署名的文章，而是記者報導，是胡適錯了，還是記者錯了，我不得而知。那段致辭，如果記者用的是胡適手稿，那麼錯在胡適。如果記者是現場記錄，後又未經胡適審閱，錯則與胡適無關。本來清晰的事搞得一波三折，又撲朔迷離，而且還無從考，這案子快成懸案了。

懸案亦案。兩處用錯，即為事實。為對胡適負責，也對自己負責，我不說胡適錯了，而是說胡適有錯的可能。即使不是他錯，也是緣他而錯。至少那記者和譯者都沒弄清這問題。況且直到今天，據我閱讀，易淆混者，不乏其人。既然如此，那麼，我以下的言說就權變為對事不對人，亦即針對學案本身而不著意糾纏案主是誰了。

（三）「權利」與「權力」

權利與權力，音讀相同、詞形相若、語義相近，故易混淆。而這兩個詞在英文中由於音形義全然不同，則無相誤之虞（權利英文為「right」，權力則為「power」）。「right」最初被譯為「權利」，當是十九世紀六十年代美國傳教士丁韙良翻譯《萬國公法》和《公法便覽》時的事。而我們今天混淆於權利和權力，庶幾也濫觴於此。例如在《萬國公法》中，既有這樣的句子：「國使之權利，皆出於公議」。又有那樣的

譯述:「海氏以公法分為二派。論世人自然之權,並各國所認,他國人民通行之權利者,一也;論諸國交際之道,二也。」顯然,後一句的翻譯用詞是對的,而前一句則錯了,其中「國使之權利」當為「國使之權力」。然而,權力還是權利,他卻沒分。沒分,是因為他有苦衷。在《公法便覽》之「凡例」中,丁韙良訴過這樣一番苦:

> 公法既別為一科,則應有專用的字樣。故原文內偶有漢文所難達之意,因之用字往往似覺勉強。即如一權字,書內不獨指有司所操之權,亦指凡人理所應得之分,有時增一利字,如謂庶人本有之權利云云。此等字句,初見多不入目,屢見方知為不得已而用之也。(引文轉見《北大法律評論》一九九八年第一卷第一輯〈話說「權利」〉文,作者李貴連。)

譯事固難。丁韙良不曾料到他之不得已所帶來的後果;但在我看來,當時情實也並非已而不得。所謂「有司所操之權」為什麼不可以具化為「權力」,以與區別作為「凡人理所應得之分」的「庶人本有之權利」?用一個「權」字含糊,後人(比如,胡適或胡適的譯者)也跟著含糊,所以,訛錯至今。當然,一個洋人,半個中國通,不好苛求,也就算了;但他身邊那些協譯的中國人分明是有責任的。遺憾的是,這個責任看樣又追究不下去。一則它並不僅僅是個語詞的問題,或者說,語詞首先涉及到的是國家理念及其法哲學,這就難為當時那些作為文字匠的協譯者了。再則,僅就語詞言,古漢語(包括現代漢語)在權利和權力的語用上有其相通,那麼,協譯者為什麼不可以大而化之地以「權」化約?

查《辭源》,權利釋為「權勢與貨財」。證例為《荀子·君道》「接之於聲色、權利、忿怒、患險,而觀其能無離守也」。另外《荀子·勸學》亦有「權利不能相傾也」。

再查權力,《辭源》釋「權勢和威力」。證例見《漢書·賈誼傳》,「況莫大諸侯,權力且十此者乎?」《後漢書·南匈奴傳》謂為:「各以權力優劣、部眾多少為高下次第焉」。

如果比較一下，荀子權利之「權」和前後漢書中的權力之「權」，是一個意思，《辭源》俱釋為「權勢」。權勢是一種力量，也即權力。因此，古漢語中，不僅權力是權力，權利首先也是權力，只是它比權力多了個「利」即貨財而已。

循著這條思路，《現代漢語詞典》解「權利」時，則為「公民或法人依法行使的權力和享受的利益」。《辭海》釋「權利」，共兩條，古義同《辭源》，現義同《現代漢語詞典》，為「法律上指公民依法享有的權力和利益」。

由此可見，自古及今，權利之「權」，俱權力之謂。然則權利與權力相淆成習，又何怪之有？

該是結束這淆混狀況的時候了。

在我看來，權利與權力，如果是在個人與國家（政府）的對待關係中，它們是截然兩分的，其分屬如下：政府有權力而無權利，個人有權利而無權力。

解釋這個問題，需要援引一種國家理論。不同的國家理論對這個問題的解釋肯定不一樣。比如前現代，占主導地位的國家理論是「君權神授」說，這種理論只有君權（力），沒有民權（利）。路易十四說得清楚：臣民沒有權利，只有義務。而現代以來的所有民主國家，其社會建構無不以「天賦人權」說為基礎。這種理論權利優先，正好和前一種說法翻了個。因此，從「君權神授」到「天賦人權」，亦即從「權力」到「權利」及其兩者之關係，便是我展開論述的框架背景。

現代作為一個「權利的時代」，那麼，人的權利究從何來？「天賦人權」答曰「天」。天即自然，是自然與人以權利，這種權利又叫「自然權利」。比如人的第一種權利即是「生命的權利」，是誰賦予了人的生命，或謂人的生命來自於誰？從人作為個體的角度，可謂母親；從人作為類的角度，則謂自然，而前者從根本上也歸諸後者。既然人的權利來自自然，就意味著該權利除了自然外，誰也不能讓渡（專指生命權和自由權）、誰也不能剝奪，借用中國古代孟子的話「一介不以與人，一介不以取諸人」。也就是說在自然面前，人人權利平等。

　　然而，以這樣一種理論按之歷史，無論史前還是史後，庶幾為烏托邦。因為，不是人人權利平等而是人人權利不平等的歷史，佔據了人類有史以來迄今為止的絕大部分時間。事實上，造化既賦予人以相同的自然權利，同時也賦予人以不同的自然（能）力。而自然力的不同，便打破了人與人之間的權利平等，成了不平等之源。人類從動物進化而來，進化卻未能使人擺脫動物身上那種弱肉強食的蠻性遺留。自然力之強者不但在面對自然時獲得其生存優勢，而且更把這優勢轉化為人與人之間的生存強勢，即力之強者獲得對弱者的支配，從而形成事實上的欺凌和壓迫。這時，自然的強力就已經發生了質的變化，變成了我們今天所謂的「權力」。作為一種野蠻的自然之力，它具有擴張的本能，在其擴張的既定範圍內，力之強者出於利益的考慮，需要將這種權力體制化，於是國家作為一種權力體制，便趁其所需應運而生了。當國家形成之後，為使其名份正當化和合法化，權力者又不斷炮製出「君權神授」之類的意識形態。

　　如果說這就是人類歷史上國家形態的出現與形成，那麼，在這樣的國家形態中，人的權利處於一種被剝奪的狀態，即使是僅剩的權利，也被說成是國家的給予。換言之，權利和權力的關係，是權利來自於權力。國家（統治者）成了權利的發放者。舉一個例子，元前十世紀，亦即商末時，殷周更替，周文（武）王「刀杆子裏面出政權」，用暴力奪取商天下，從而使商治下的庶民重新易主。於是，那些庶民的權利如果有，也只能是周王朝的賜予，因為「普天之下，莫非王土」。周王朝憑藉權力控制了所有的權利資源，它理所當然地又成了天下權利的壟斷者。後來周公旦所搞的那一套分封制，就是這壟斷者的一種權利派送。這種國家是不會認同什麼「天賦人權」的，否則，權力者權利壟斷的地位將何以自處？需要指出，當今社會，這種國家形態名義上作古，卻沒有劃上句號，它往往披上現代國家形式的外衣改頭換面一番，但骨裏依舊。比如，像前蘇聯那種國家體制，漂亮話說得天花亂墜，但它集天下權力和權利於一身（故謂「極權」），已然就是周天下「王土王臣」的當代版。

所以，當我讀胡時，一見國家這個龐大的「利維坦」除了權力外又有權利時，不禁兀地一凜。

好在這個世界上還有另外一種國家形態，那就是以美英為代表的憲政型而非專政型（比如以上蘇聯）的國家。這種國家在歷史上存在的時間不長，也就幾百年吧，它是從前一種國家形態中蛻變出來的，英國作為一個現代民族國家的形成，就是從神賦的君權走向天賦的人權。而美國因為它的特殊性，因為它的海外殖民地的特點，這個國家從其開始──這可以追溯到當年的「五月花號」──就是本著人人權利平等的原則，通過自願立約的方式建構起來的。也就是說，美英等國所形成的現代國家理論，其出發點是「天賦人權」，其建構根據是契約理論。下面我不妨轉抄兩段我在其他場合談人權與主權關係的文字，來說明憲政國家的權力來源及其與權利的關係：

> ……既然民為國本，無民則無國。那麼，有民呢，是否可以無國？亦可。比如原始人類的伊甸園時代。但，伊甸園裏不伊甸，人類身上那永恆的蠻性遺留總是要使他們相互侵害。哪怕就是為了安全，人們也需要一種機構保護自己，而國家就是作為這種機構因約（契約）而生──這就是西方契約論中的國家源起。
>
> 具而言，人們是這樣組成國家的，即擁有自然權利的人們──這個權利也叫「天賦人權」──把自己的權利割讓出一部分，讓渡到那個叫做國家的身上，國家因此便獲得由每個人的權利轉換而至的權力。從權利到權力，一字之轉，前者叫「人權」，後者叫「主權」。它們的關係式，不妨就是一句話：權利乃權力之母。

以上兩種國家形態，國家都是權力化身。不同在於，就憲政國家而言，權力來自權利；專政國家則反之，權利來自權力。來自權利的權力，當然是權利支配權力；來自權力的權利，由於它不是自然權利，因而國家統治者可以予取予奪。比如，上個世紀五十年代，領袖為了鼓勵鳴放，曾大度地表示：要讓人說話嘛。說話居然要讓，豈非不讓也可以？果然，緊接而來的反右就是讓人閉嘴了。然而，如果說話權利是一種自然權

利,那還存在讓與否的問題嗎?非但不存在,權力本身就是為權利服務的,否則,公民們為什麼要割讓自己一部份權利用以形成國家權力呢?

明白兩者間應有的關係,也就不難解釋為什麼憲政國家只有權力而無權利。權力自權利轉化而來,既經轉化,它就已經是權力而不再是權利了。除非以權謀利,否則它就沒有任何(權)利可言。從公民角度,憲政國家的公民們所以立契約以定國家,要的就是國家能夠保障自己的自然權利的實現並不受他人侵害。轉從國家角度,國家作為一種委託機構,它由納稅人用納稅方式養護,這就決定了受委託的國家其使命就是對納稅人負責,即為其服務、對其管理、將其協調等,除此而外,國家沒有也不應有它自己的權利訴求。設若它有,就是與民爭利。這也就是美國為什麼幾乎沒有國有企業的一個緣由。這道理並不難懂,它表現在日常語用上,就是我們總說「國家權力」,而不說「國家權利」。是的,國家本無權利,也不應讓它有權利。

至於個人,我為什麼認為它只有權利沒有權力呢?有權利是不言而喻的,而且,權利一般來說總是個人的權利。但,就像政府有權力而無權利一樣,個人則是有權利而無權力的。此之謂「魚與熊掌不可兼得」。當然,這個問題有個語境限制,我是在社會公共領域和日常生活中就個人與個人的關係來展開該問題的,至於在另外一些場合,我並不否認個人可以具有一定的權力。比如醫生之於病人、老師之於學生、法官之於被告、員警之於嫌犯、上司之於屬下、哪怕門衛之於訪客,似這一類工作關係,都可以用上權力這個詞,但這些不在我所說之列。那麼,回到社會公共領域,在這個語境裏,我要問的是,個人果如有權力,權力何為?

權利和權力的不同在於,前者「利」在自己,後者「力」及他人。上面舉的幾個例子無不是在一種對待關係中,前者施力於後者,這個力顯然帶有強迫性和支配性。就像門衛當訪客身份不明時,完全可以用這種力量拒絕其進入。問題是,在非上述關係的日常生活中,個人如果有權力,這個力的施加對象是誰?別的個人。那麼,個人與個人,彼此之間是權利平等的,你憑什麼施力於人?事實上,當你施力於人時,你已

經在侵害這個人的權利了。而這正是我在上面分析過的原始初民們的生活狀況。也正是為避免這種狀況,人們後來才以彼此平等的身份立定契約以建國家,從而把權力委託給國家,通過它來保證個人之間的權利平等。然而,當權力一旦被委託出去後,作為公民的個人就不再有權力可言了。它要權力幹什麼?同樣,如果延宕一下筆墨,上述也大體適合於公民與國家的關係。在國家面前,公民所擁有的也是權利而非權力。即使就一個人對政府的抗議而言,也是這個人的公民權利而非公民權力。在憲政國家,凡是有關積極自由諸權項,如集會、遊行、結社、言論等,無不屬公民政治權利之範疇。我們通常所謂「公民權」所隱含的就是權利,因為,公民對政府所作出的上述行為,從根本上說,都是出於自己的權利需要。

權利和權力,混淆既久,廓清則難。儘管這項工作一直有人在做。就像當年胡適試圖將「權利」翻譯為「義權」一樣,就在兩三年前,海外學者郭羅基先生專門撰文,提議將「權利」翻為「利權」(當時還引起了一番討論)。上述兩做法好像免去了權利與權力的混淆,但這僅僅是字面上的避免,並不根本解決問題。我不妨追問一下,「義權」之權和「利權」之權,到底指的是什麼?胡適沒有解釋過他提出的概念,郭先生則這樣說明:「『利權』是利之權,意為維護利益、追求利益之權」。實際上,「利權」這個詞,利的意思明明白白,不用多說。不明白而需要說明的是權。然而,在郭的陳述中,權獲得解釋了嗎?沒有。如果按常義去理解,這個權很容易被解釋為「權力」,即維護利益和追求利益的權力。若是,既不合作者初衷,又使兩詞再度混淆。

怎麼辦?於是,文章最後,我想進一步對兩權之「權」作一辨正,最後的辨正。這辨正於我,是嘗試性的,我不很自信地寫出,不妨用作交流。

在我看來,「權利」之權和「權力」之權是一個意思,即「許可權」。權的原始語義之一,就是秤錘的意思,《廣雅·釋器》曰:「錘,謂之權」。由此可以轉義為「衡量」和「權衡」,如清黃宗羲《原君》中的「利害

之權」。既然權是一種衡量，而衡量則須有度，這個度就是一種限制，因此，權在這裏又進一步轉義為「許可權」。

如果把許可權帶入上面那兩個辭彙中作為它們的通約，這意味著什麼呢？即，無論國家的權力，還是個人的權利都是有限制的。事理也的確如此。從前者言，任何一個憲政國家，其權力都不可能無限，表現在國家行為上，即國家不可能對個人和社會形成全方位的支配。所謂「小政府，大社會」即此意也。為什麼？因為人們讓渡給國家的只是它們的部分權利而非全部，比如公民信仰的權利就沒有讓渡出去。在這個意義上，國家就不能以任何理由對信仰權利進行干涉，哪怕這個人信的是一種真正的邪。這就是國家權力的限度。這個限度是必要的，否則，國家勢必變為全能型的極權國家。這很可怕，至少比有人信邪更可怕。

個人的權利呢？當然也是有許可權的。其限度在於，你不能因為你的權利而妨礙別人的權利。舉例言，我有唱歌的權利，當我和別人同居一室且別人又值午睡時，我就不能唱歌。這就是權利的限制。也如同美國一位大法官所言：任何人都有揮舞手臂的自由，但卻止於他人鼻樑之前。在此，他人的鼻樑就是手臂的限度。個人權利必須是有限制的權利，否則，就會對別人形成傷害（反之亦然），而這就破壞了人人權利平等的社會公則。一百多年前，嚴復翻譯密爾的《論自由》時，將書名意譯為《群己權界論》，我很欣賞。嚴復明白自由主義的自由，不是「任個人」的自由，而是強調在自由問題上「個」與「個」和「個」與「群」之間的權利之界限。沒有這個界限，就沒有所謂的公共生活。

據此，權利和權力是否獲得了一種新的界說？即

許可權之利為權利，

許可權之力為權力。

附錄三

《自由中國》上的兩個「容忍與自由」

　　風雲不再。1949～1960 年的臺灣《自由中國》雜誌，已是二十世紀自由主義知識份子所辦的最後一個有影響的政論刊物了。它的前身不妨是二十年代的《努力週報》、《新月》（該刊本是文學刊物，但一年後即有強烈的政論傾向）、三十年代的《獨立評論》以及四十年代的《觀察》。如果說這幾本刊物庶幾可以構成一個自由主義的政論譜系，那麼，除了《觀察》的主持者不是胡適外；其他，胡適不是與其事，就是主編。因此，雷震辦《自由中國》以非但不是主編、而且連編務也不介入甚至人更遠在大洋之彼的胡適為其精神領袖，也就不足怪了。寓居北美的胡適，屢屢要脫卸「發行人」的銜頭，雷震在胡卸名後依然抱持其基本原則：「守住先生手訂之宗旨」。畢竟，推其原始，胡適原是這份雜誌的動議人之一。

　　聽聽胡適自己是怎麼說的吧，這正是〈容忍與自由〉中的聲音：

> 記得民國三十八年三四月間，我們幾個人在上海；那時我們感覺到這個形勢演變下去，會把中國分成「自由的」和「被奴役的」兩部分，所以我們不能不注意這一個「自由」與「奴役」的分野，同時更不能不注意「自由中國」這個名字。……當初並沒有想要辦雜誌，只想出一些小冊子。所以「自由中國社」剛成立時，只出了一些小冊子性質的刊物。我於四月六日離開上海，搭威爾遜總統輪到美國。在將要離開上海時，他們要我寫一篇〈自由中國社的宣言〉。後來我就在到檀香山的途中，憑我想到的寫了四條宗旨，寄回來請大家修改。但雷先生他們都很客氣，沒

有修改一個字；《自由中國》半月刊出版後，每期都登載這四條宗旨。

這四條即胡適「手訂」而雷震所要「守住」的宗旨到底是什麼內容呢？對不起，雷震先生可以一字不易每期照登，邵建先生卻不能不「撮其要」而觀其大略了：

1.「向全國國民宣傳自由與民主的真實價值……」
2.「抵抗……剝奪一切自由的極權政治……」
3.「援助……同胞，幫助他們早日恢復自由」
4.使整個中國「成為自由的中國」

「胡四條」成為《自由中國》一以貫之的精神綱領；但，實事求是地說，胡本人和《自由中國》的關係卻若即若離，甚至有點消極。其原因，除去胡本人前幾年僑居北美做寓公，有點鞭長莫及外；我以為，胡雷之間雖然價值理念一致，但在行為處事的方式方法上卻存在一定的距離，而偏偏胡適又把方式方法看得和價值理念一樣重要。因此，對這段故實稍有所知，便知道面對胡適的「消極」，雷震是以「積極」化之，他幾乎是剖肝露膽一般接二連三「逼」胡適為自己的雜誌寫稿。於是，胡適的文章在雷震的婉逼之下，擠牙膏樣一點一點吐了出來。

我說的其實正是〈容忍與自由〉第一個文本的寫作情形。

這已是一九五九年的事了，《自由中國》已歷十年，次年，它便在國民黨的迫害下「壽終正寢」。然而，在它終寢的前一年，它有幸推出了胡適的兩個同名文本，而這兩個文本又被學界稱為「胡適的最後的重要見解」（北美周策縱教授）。如何重要？就像試圖用魯迅自己的話為其蓋棺，還有什麼比「一個都不寬恕」更合適；設若用同樣的方法定論胡適的思想，我想也莫如「容忍與自由」了——在這一點上，胡魯可謂「相映（反）成趣」。特別是題目中的「容忍」，胡適晚年以來大加闡發，更兼一年之內，一題兩作，足見胡適對自己這個思想的看重。

　　第一個〈容忍與自由〉發表在一九五九年三月十六日的《自由中國》上，但雷震幾個月前就開始約稿了。是年一月底，雷震寫信胡適：「請先生把〈容忍與自由〉和〈個人主義……〉寫好。……這是要先生幫我們撐撐場面，表示先生力予支持之意。……希望下周內賜下。」下周過去，胡那邊卻沒動靜，雷震復信相催，強調「支持」。隔了四日，稿子還是沒到位，雷震又催之以三：「大作〈容忍與自由〉，務請先生寫好於本月二十三日（最後之日，二月只有二十八日）交下，俾刊載於三月一日這一期。大作震早已向社中報告，而先生迄未交下，使震深感困難，這一次務請先生撥冗寫好。先生已寫了一千字，再寫二、三千字即可也。」但一星期後，胡適卻回信說：「我在『史語所』有一篇學術講演，故文章又不能交卷了」。三月一日這一期終於錯過，此時《自由中國》不幸又惹上一場訴訟官司，雷震還要到庭應訊。忙難之中，雷震不依不饒，又第四次寫信，「逼」胡適「於本月十日晨交下，三月十六日這一期發表」，並兜底告其期限：「三月十二日清稿」。這一次胡適沒怠慢，看他三月九日日記，「沒出門，寫〈自由與容忍〉，沒成。……」再看十一日日記：「寫〈自由與容忍〉，勉強成文」。什麼叫勉強？是不是不滿意？我們不知道。但稿子最後的時間落款分明是「四八、三、十二日晨」，是不是不滿意又漏夜修改竟至次日之晨？不管怎麼說，稿子終於在《自由中國》清稿這一天趕出來並改定。

　　「書被催成墨未濃」，把這並非相宜的詩句權宜在這裏，而且不惜將以上原委從幕後搬到前臺，倒不是有感胡適為文的認真與慎重，而是更感佩雷震辦刊那種「咬定青山不放鬆」的韌勁和敬業心。不然，這一雜誌何以支撐到十年以上。至少，就這篇稿子言，沒有雷的頻頻相催，說不定〈容忍與自由〉也就無疾而終，而沒有前一個〈容忍與自由〉，也就帶不出第二個。果如此，「胡適的最後的重要見解」之損失，又何止胡適一人、亦不止《自由中國》。

　　胡適一生都是一個自由主義者，自由主義是他的最基本的政治思想理念，早年力倡，晚年亦不改初衷；因此，這篇文章被稱為胡適晚年最

重要的見解，顯然就不是題目中的「自由」而是指「容忍」抑或容忍與自由的關係了。

文章開頭，胡適自敘十七、八年前他在康乃爾大學最後一次見到他的老師布林先生的情形，說布林先生那天話很多，但有一句至今沒忘，就是「我年紀越大，越感覺到容忍（tolerance）比自由更重要」。胡適尊這句話為「不可磨滅的格言」，並深有感慨地接著道：「有時我竟覺得容忍是一切自由的根本：沒有容忍，就沒有自由。」

現身說法。胡適沒有跟進說明容忍是什麼，卻以自己年輕時的一篇文章為例說明什麼是不容忍。年輕時的胡適是一個無神論者，不祭神如神不在，對一切迷信之類深惡痛絕。恨屋及烏，甚至中國古代神魔小說《西遊》、《封神》也遭殃及。十七歲時，他作文痛罵這兩部作品，並引用《禮記‧王制》中的話來表明自己態度的決絕：「假於鬼神時日卜筮以疑眾，殺」。那時的胡適可謂真理在手大義凜然。然而，也是「朝花夕拾」，胡適對自己的早年言動這樣自判：「這是一個小孩子很不容忍的『衛道』態度」，並把自己的發言稱之為「狂論」。

胡適所引《禮記‧王制》中的話，學問荒疏之我以前未曾讀過，一遍看下，暗自驚悚。豈不料，那不是一句，而是整整一段，所謂「析言破律，亂名改作，執左道以亂政，殺。作淫聲異服奇技奇器以疑眾，殺。行偽而堅，言偽而辯，學非而博，順非而澤以疑眾，殺。假於鬼神時日卜筮以疑眾，殺。」滿紙殺聲，居然出自「儒者，柔也」之口，並且口口聲聲談的是「禮」，似乎明白了清戴震為什麼泣血錐心地痛喊「以禮殺人」。胡適的評價是精彩的：「我在五十年前，完全沒有懂得這一段話的『誅』正是中國專制政體之下禁止新思想、新學術、新信仰、新藝術的經典的根據」。具言之，這第一誅和第四誅的「兩條罪名都可以用來摧殘宗教信仰的自由」，「第二誅可以用來禁絕藝術創作的自由，也可以用來『殺』許多發明『奇技異器』的科學家」，而「第三誅可以用來摧殘思想的自由，言論的自由，著作出版的自由」。

胡適的分析很到位，就他所言的「第三誅」來說，什麼叫「學非而博」？尤其這所學之「非」，又以誰的是非為標準？天下事在不同人眼

裏往往各有是非，人人各是其是而行其是可矣，本不必一味求同，更不能以此「交相伐」。設問，一個無神論者和一個有神論者在宗教信仰的問題上，是非會同嗎？按照無神論的看法，有神論者無疑是「學非」，甚至信邪；反之，在有神論看來，無神論簡直是「非學」；那麼，他們是否就有理由彼此大開殺戒？晚年的胡適是清醒的，他自省自己當年「要『殺』《西遊記》《封神榜》的作者」，而十年後在北大教書時，「就有一些同樣『衛道』的正人君子也想引用《王制》的第三誅，要『殺』我和我的朋友們」。如此這般「我要殺『人』，後來人要『殺』我」，就是所謂的不容忍。於是，容忍與自由的關係事實上就被揭示出來，即：不容忍必然導致專制，而專制是自由的死敵。因此，沒有容忍就沒有自由。

檢討胡適的思想，從他十七歲（1908年）發出的殺聲，到1914年他在自己的筆記中聲稱「容忍遷就」和「各行其是」，其間，他在北美已經讀過了一些自由主義書籍（比如密爾的《論自由》），並深受其浸染。而自由主義之所以必然含容忍之意，蓋在於自由主義的「自由」——言論自由、思想自由、信仰自由等——是「中性」的，即無論什麼言論、思想和信仰都可以「由於自己」（胡適對「自由」的解釋）或堅持、或放棄；並且，僅除自己外，任何力量（無論是一個人、一個群體、還是一個國家）都不得以任何理由對其干涉，除非這個人先行用自己的言論、思想和信仰干涉了別人：這既是自由，也是容忍。胡適在北美呼吸的就是這種空氣，接受的就是這種教育。知識對人的形塑作用換成民諺即「吃什麼奶長什麼肉」，胡適最終變成一個寬容論的自由主義者，本不足為奇，若非，倒奇哉怪也。

或問：果然可以任其言論、思想與信仰的自由而無論其價值對錯？是的，自由主義在這幾個方面不作對錯判斷，它把判斷的權利留給個人，自己則奉持「價值中立」，為的是保證對錯兩方乃至多方的意見都能公開表達。因為，在自由主義看來，對錯問題至少是在討論中明白的，誰都無法保證自己的意見必然為對而對方則必然為非。胡適深明此理，因此，在當年提倡的新文化運動中，他從美國寫信陳獨秀，就白話文一事說「此事之是非，非一朝一夕所能定，亦非一二人所能定。甚願國中

人士能平心靜氣與吾輩同力研究此問題。討論既熟，是非自明。吾輩已張革命之旗，雖不容退縮，然亦決不敢以吾輩所主張為必是而不容他人之匡正也」。陳獨秀呢，他在《新青年》上義正詞嚴地答覆道，「鄙意容納異議，自由討論，固為學術發達之原則，獨於改良中國文學當以白話為正宗之說，其是非甚明，必不容反對者有討論之餘地；必以吾輩所主張者為絕對之是，而不容他人之匡正也。」以己為是且不容他人發表異議，在胡適看來就是「很武斷的態度」，「很不容忍的態度」。因此，胡適把這一段四十年前的故實寫進了〈容忍與自由〉，作為不容忍的一個例子來說明「容忍總是很稀有的」。

為什麼「容忍的態度是最難得，最稀有的態度」呢？胡適認為；「人類的習慣總是喜同而惡異的，總不喜歡和自己不同的信仰、思想、行為，這就是不容忍的根源」。如果再往深處探究，不容忍源出於「那一點深信我自己是『不會錯』的心理」。年少胡適所以痛罵《西遊》、《封神》，是出於這種心理；陳獨秀所以不容他人在白話文上置喙，是出於這種心理；文中又舉的宗教改革運動中高爾文（大陸譯為「加爾文」）——他反羅馬舊教的不容忍與不自由，但掌握了宗教大權後，自己也走上了不容忍與不自由的道路，以至殺了和自己見解不同的塞維圖斯，甚至不以為非，反以為自己是「在為上帝的光榮而戰鬥」——也是出於這種「我不會錯」的心理。

〈容忍與自由〉以己為開頭，從宗教自由問題，說到政治思想和社會問題，間雜以加爾文和陳獨秀的案例，不僅在事實層面上娓娓而敘（這是胡文的一貫特色），而且肌入其理、洞悉其因，深入剖析了不容忍的根由。歸總起來不外一句話：

「容忍是一切自由的根本」。

這篇文章在《自由中國》發表後，旋造成一些反響。胡適當年在北大的學生、曾擔任《自由中國》總編輯的毛子水寫了篇〈「容忍與自由」書後〉登在該刊第二十卷第七期上，同期還有《自由中國》主筆之一殷海光的文章〈胡適論「容忍與自由」讀後〉。毛、殷二位，側重不同。毛不但是胡的學生，而且由於年齡只小胡兩歲，因此在價值觀上，事實

上與胡是莫逆之交。也正因其亦師亦友的關係,毛對胡的思想十分熟悉,他在〈書後〉一文中引用一九四六年胡長北大時的一次講演,從而準確地指出了胡容忍見解的知識背景和思想資源。這一點,很得胡的稱許。殷文無疑也認同胡的思想,並且舉了法國大革命濫殺無辜的例子說明不容忍的殘忍。然而,殷文顯然還有這樣一層意思,引起了胡適的注意,即:同是容忍,無權無勢的人容忍容易,有權有勢的人則難。因此,胡適先生應該多向當權者說說容忍,而不是向我們這般拿筆桿的書生。

時間過得很快,半年辰光轉眼逝去。《自由中國》於一九四九年十一月二十日創刊,於今已屆十歲。雜誌社決定在十一月二十日那一天,召開一個十周年紀念的餐敘會。十一月十四日,在雜誌社寄出請柬後,雷震又專函胡適,邀請「惠臨」,「和各位編輯委員談談話」。他特地說明:「因為大家希望和先生談談話,故我奉函陳明」。儼然公事公辦。二十日餐敘會如期召開,與會賓客一百多人。胡適也到場,不僅到場,而且有備而來,即席講演了四十分鐘。這一講演由雜誌社的編輯楊欣泉記錄,後又由毛子水校閱(胡適在自己的日記中說「這是毛子水花了大力修改的」),發表在十二月一日出版的《自由中國》第二十一卷第十一期上。它就是〈容忍與自由〉的第二個文本,是講演本。

毛、殷文章發表後,胡適覺得有話要說,沒有形諸文字,卻把它變成了講演,這是該雜誌的餐敘會提供了機會。因此,講演主要是對毛、殷文章的回應,同時兼及毛為《自由中國》十周年寫的紀念文章以及雷震一篇有關談說話態度的文章,其內容還是圍繞「容忍」而展開。不妨這樣說,兩篇「容忍」,第二篇是第一篇的深化和具體化。

所謂深化和具體化,是指這兩個內容,一是順應毛文談容忍見解的哲學背景,一是回答殷文談主持言論的人是否需要容忍。第一個問題是在學理層面展開,胡適公開表示毛子水對自己這個觀點的學理解釋是對的、正確的,同時自己亦就此作了發揮。根據講演,胡適容忍觀點的學理背景有中學與西學兩條路徑。中學是指南宋哲學家呂祖謙,西學是指《論自由》的作者、英國哲學家穆勒(大陸慣譯「密爾」)。在胡適看來,宋朝理學家們都是講「明善」「察理」的,但呂祖謙卻強調八個字「善

未易明，理未易察」。這八個字恰恰就是容忍原則的哲學根據，正因為善、理既難明亦難察，因此，誰都不能抱持唯我獨對的態度，要允許各種意見發表出來，加以討論，真理才能明瞭，而這就是善。密爾的《論自由》表達了同樣的意思，胡適評價道：「穆勒在該書中指出，言論自由為一切自由的根本。同時穆勒又以為，我們大家都得承認我們認為『真理』的，我們認為『是』的，我們認為『最好』的，不一定就是那樣的。這是穆勒在那本書的第二章中最精彩的意思。」

　　話題接著轉到殷海光。殷的問題，不是要不要容忍，而是容忍的主體應該是誰。是當權者，還是無權勢者。言下之意，胡適應當把問題指向當局。殷意無錯，尤其就當時《自由中國》的處境言，首先應當「直面」實施打壓的國民黨，向它喊容忍。但胡適也沒有搞錯主體，在容忍問題上，他從來就沒有疏略過那些主持政治的人。還是在一九四八年，胡適為當時的北平電臺寫了篇廣播詞，題目是〈自由主義〉。文章分四點闡釋了自由主義的含義，其中第三點，就是談政治上的容忍。胡適說：「自由主義在這兩百年的演進史上，還有一個特殊的，空前的政治意義，就是容忍反對黨，保障少數人的自由權利。」雖然是在闡述自由主義義理，但要求容忍反對黨，顯然是在向主持政治的人說話。但胡適不簡單，其睿智在於，他總是考慮到問題的兩個方面。在胡適看來，容忍必須是雙方的事。執政的多數黨要容忍少數，但「反過來說，少數人也得容忍多數人的思想信仰，因為少數人要時常懷著『有朝一日權在手，殺盡異教方甘休』的心裏（理），多數人也就不能不行『斬草除根』的算計了。」這是胡適一九四八年的思想了，因此，面對殷的問題，胡適不改十幾年前的思路，他的回答是：容忍「不僅是對壓迫言論自由的人說的，也是對我們主持言論的人自己說的」。

　　為什麼主持言論的人和主持政治的人一樣要講容忍呢？在殷海光那裏，後者是被認為有權有勢的，書生則相反。對此，胡適作了一番推論式的辨析：握有政柄者固然有權有勢，但，拿筆桿的人也有一點權，也有一點勢。不然，為何政治上有權勢的人要壓迫言論自由呢？還不是因為白紙黑字的言論能獲得社會上一部分人的好感、同情和支持，使有

權勢者感到危險，因而要打壓。這就是力量的證明。所以，胡適坦率地說：「我們要承認，我們也是有權有勢的人。因為我們有權有勢，所以才受到種種我們認為不合理的壓迫，甚至於像『圍剿』等」。初讀到此，我禁不住想推測當時在場人的聽後感覺，我的感覺，胡適畢竟沒有經過一個把知識份子視為娼丐不如的「臭老九」時代。但，不管怎麼說，比照政治鐵腕人物，說知識份子有權有勢，總覺得不倫不類。所幸胡適緊接著來了個逆挽：「不過我們的勢力，不是那種幼稚的勢力，也不是暴力。我們的力量，是憑人類的良知而存在的」。這就對了。準確地說，知識份子擁有的不是權勢，而是力量。

因此，胡適的意思，主持言論的人，哪怕對強勢，也要講容忍。不過這容忍主要是表現在自己的言論上，即說話不但要有力量，還要「巧」，「不但要使第三者覺得我們的話正直公平，並且要使受批評的人聽到亦覺得心服。」這話其實是有潛臺詞的，不妨參引毛子水〈《自由中國》十周年感言〉中的一段：「記得《自由中國》創刊號的發刊詞中曾有『不作下流的謾罵』的戒條。謾罵固不必是下流，但謾罵很容易墮入下流。所以非特下流的謾罵不可有，即謾罵亦當竭力避免。固然，意氣所激，賢者時或不避……」問題是，《自由中國》是弱勢，其時正遭國民黨打壓，難道國民黨專制不可以罵嗎？魯迅當年不就以罵著稱？這就看各人的性情和認識了。至少胡適和毛子水認為罵不解決任何問題，反而可能影響到能做的事。因此，對《自由中國》上的某些文風，他們多少是有點不以為然甚至有所隱憂的，這裏只是委婉一點。及至一九六〇年雷震組織反對黨時，針對他們所擬的〈宣言〉，胡適寫信給雷震，話就說得更明白了：「我在五、六月之間，就曾指出有人說你們的〈宣言〉『太消極』，『太否定』（too negative），我的意思是說『太罵人』，『太攻擊人』。你們的黨還沒有組成，先就罵人，先就說要打倒國民黨，先就『對國民黨深惡痛絕』。國民黨當然不會『承認』你們的黨了。」在胡適看來，這就是不容忍，而這也是他所不贊成的。當然，今天肯定有人不贊成胡適。但，胡適這一思想顯然和一九四八是一脈相承的，他地地道道是一個「妥」字當頭的改良派。

　　緊接著，胡適就把問題具體到雷震身上，針對雷震談說話態度的文章，針對文章中的「對人無成見，對事有是非」，胡適一邊稱讚雷是「最努力的人」，一邊「問問雷先生：你是否對人沒有成見呢？譬如你這一次特刊上請了二十幾個人做文章：你為什麼不請代表官方言論的陶希聖和胡建中先生做文章？」「尤其是今天請客，為什麼不請平常想反對我們言論的人，想壓迫我們言論的人呢？」這多少有點是將雷震的軍。其實，胡適並不欣賞陶希聖，這次講演後的三個月，為反蔣介石三連任（因為此舉違憲），胡適曾提出一連串的質問。連任牽涉到修憲，而胡不主修憲，陶則在公開講演中說是修改臨時條款而不是修憲，胡適只好說自己這個北大的學生「荒謬絕倫」，「實在沒有道理」。那麼，假如胡適舉辦一個餐敘會，他會不會把自己這個「荒謬絕倫」的學生請到場呢？會不會也請他講演一番呢？邵建就不知道了。

　　講演結束時，胡適用雷震的話勉勵《自由中國》諸同仁：「說有分際的話」。這「分際」在胡適看來就是「有一分的證據，只能說一分的話；我有七分證據，不能說八分的話」。因此，他一則以此為勉，一則提出自己的希望，這是講演的最後一句：「我相信，今後十年的《自由中國》，一定比前十年的《自由中國》更可以做到這個地步。」

　　胡適說話時再也料不到，《自由中國》快走到盡頭了，不到一年，國民黨就用卑鄙的手段封殺了它。雷震下獄，雜誌解體。從此，二十世紀以來的自由主義政論也就如歷史斷線一般，風雲不再了。

　　真正是風雲不再啊！

注：文中所引胡、雷書信，俱出自萬麗鵑編《萬山不許一溪奔——胡適雷震來往書信選集》，該書由臺灣中央研究院近代史研究所 2001年出版。

附錄四

「新月」知識份子與「人權論戰」(1929-1931)

(一) 引子:「此情可待成追憶」

　　1961 年八月的一個下午,《往事並不如煙》的作者章詒和 (時年 19
歲) 來到北京東黃城根附近的洒茲府胡同 12 號,這是一座不算大的四
合院,院子裏只住著一個人,他就是章詒和父親章伯鈞的對手、同時也
是 1957 年反右運動中「章羅同盟」的二號人物羅隆基。幾十年後,章
詒和在這篇專寫羅隆基的〈一片青山了此身〉中提到她對這個四合院的
感受:「環顧四周,只有電扇發出的聲響。他這個家,安靜得有些過分。」
就是在這個終日闃寂的院落裏,年過六旬的羅隆基和不到二十歲的「小
愚」(章詒和的小名) 有過這樣一段交談:

> 羅隆基知道我是學文的,他的話題就從學文開始。問我:「現在
> 文科教材裏面,有沒有現代文學史?」又問:「在現代文學史裏
> 面,有沒有新月派?」再問:「新月派裏面,有沒有羅隆基?」
> 我一時不知該如何回答。因為我學戲劇文學,不開現代文學史
> 課,而在我自己所讀的現代文學史裏,新月派宗旨已不是從「那
> 纖弱的一彎分明暗示著、懷抱著未來的圓滿」,給「社會思想增
> 加一些體魄,為時代生命添厚一些光輝」的文學流派。官方認定
> 的文學史上,說新月派在政治上是既反對國民黨、又與共產黨作
> 對的第三種力量的代表,並因為受到魯迅的批判而處於受審的歷
> 史地位。
> 羅隆基見我回答不出提問,便給我上起課來:「小愚,羅伯伯要
> 告訴你,新月派的人都是很有才華的,像徐志摩,梁實秋,胡適,
> 沈從文,梁遇春。我們不是一個固定的團體,不過是常有幾人,
> 聚餐而已。在一起的時候,講究有個好環境;吃飯的時候,愛挑

> 個好廚子。我們的文風各有不同，你羅伯伯專寫政論，對時政盡
> 情批評，幾十篇寫下來，被人叫做新月政論三劍客，另二人一個
> 是胡適，一個叫梁實秋，都去了臺灣。可惜現在新月派被否定，
> 羅伯伯被打倒，你讀不到我的文章了。」
> …………

　　這已是三十多年後的時光了，說這話的羅隆基滿含歷史的感喟，不知道當時年輕的小愚能聽懂幾分，也不知道小愚是否知道，在她的羅伯伯極簡略的講述中，所帶出來的卻是現代史上中國自由主義知識份子極為重要的一頁。這一頁，不屬於羅隆基個人，它還屬於羅隆基提及的胡適和梁實秋，當然更屬於那個時代。只是，隨著歷史季風的轉向，它早已被時代的風沙掩埋。只是它不甘飄零，在當事人的記憶深處，還頑強地呈現自己。

　　記憶是歷史承傳的一種方式，但歷史僅僅是一種個人記憶或私人記憶，則不免讓人生歎。把歷史的還給歷史，讓個人記憶變成一種「集體記憶」，尤其是知識份子的集體記憶——當這個記憶中的歷史在某種意義上又是一種歷史的延續時——似乎就更有必要了。

（二）背景：從國民黨「訓政」說起

　　時光退回到民國十八年即西元 1929 年，這是國民黨統一中國後「訓政」開始的第一個年頭。題目所謂的「人權論戰」，即「新月」知識份子與國民黨訓政體制的交鋒。這一交鋒，發生於國民黨執政伊始，它由此拉開二十世紀中國知識份子和執政黨之間齟齬、抗爭、批判乃至被打壓的第一幕。

　　依然是羅隆基，他在 1929 年底一篇批判國民黨的文章〈告壓迫言論自由者〉中，這樣開頭：

> 目前留心國事的人，大概把視線都集中在西北與東南兩方面，都
> 認為這些自相殘殺的內戰，是中國目前極重要的事端，都認這些

內戰有極可注意的價值。其實，百年後的讀史者，翻到民國十八年這幾頁史的時候，尋得著一條綱目，提到這些自相殘殺的事件否，仍為問題。我預料後人在民國十八年的歷史上，除了俄人侵入滿洲這奇辱極恥外，定還可以尋得這樣一段故事。[1]

這是一段什麼樣的「故事」呢？

十八年時有胡適其人，做了〈知難，行亦不易〉，〈人權與約法〉一類的文章，批評黨義，觸犯黨譚，被黨員認為侮辱總理，大逆不道，有反革命罪。黨政府的中央執行委員會議決由教育部向胡適加以警戒。同時中央執行委員會於 10 月 21 日常會通過《全國各級學校教職員研究黨義條例》八條，通令全國各級教職員，對於黨義，「平均每日至少須有半小時之自修研究」（引同上）

羅隆基的「故事」畢竟是粗陳梗概，但他還是道出了 1929 年這段歷史故事的雙方衝突。衝突的雙方，一方是胡適，一方是國民黨的中央執行委員會。很明顯，這是一個不成比例的懸殊，儘管胡適依託的是《新月》雜誌以及雜誌中的同仁羅隆基和梁實秋，但對方卻是一個龐大的執政體制。也就是說，三幾（「三幾」為大陸用法，意指幾個人）「新月」文人，或者說三幾有著歐美留學背景的自由知識份子向有其俄蘇背景的國民黨政權提出批評，批評對方以「黨治」的名義侵害「人權」。這樣的批判，非僅二十世紀第一次；而且批判本身觸及一個世紀以來萬象病變的「病灶」所在，故此，這「第一次」的意義顯得深遠。

「人權論戰」發生在上海的《新月》雜誌上，是由胡適挑頭、羅隆基和梁實秋緊隨而上的。《新月》雜誌創刊於 1928 年三月十日，由「新月書店」出版。這個雜誌的主要成員除上述羅隆基提到的外，還有潘光旦、葉公超、余上沅、饒孟侃、邵洵美等，這些都是地地道道的文人，就像雜誌是一份地地道道的文藝性雜誌一樣。然而時間不過一年，這份

---

[1] 羅隆基〈告壓迫言論自由者〉，轉引《胡適文集》卷五，第 564 頁，北京：北京大學出版社，1998 年。

在二十世紀文學史上享有盛名的文學雜誌突然不甘文學，出現了與文學本不相干的文字，它就是胡適的〈人權與約法〉。隨著這篇文章的出現，該雜誌迅速政論化，儘管沒有完全離開文學，但卻不可自抑地走上了政治批判的道路。這甚至連它的主辦者當時都意想不到。那麼，是一種什麼力量推動著這份雜誌、推動著這個雜誌中的胡適、羅隆基、梁實秋在他們所鍾愛的文學和文化之外，惹來這本和自己並不相干的政論風潮呢？

這卻要從國民黨的「訓政」理論說起。

國民黨「訓政」理論來自孫中山。孫中山早在 1906 年制定「革命方略」時，就把革命從發生到完成劃分為三個階段。在 1923 年的《中國革命史》中，孫中山將自己的這一思想作了如下表述：

> 余之革命方略，規定革命進行之時期為三：第一為軍政時期，第二為訓政時期，第三為憲政時期。第一為破壞時期，在此時期內，施行軍法，以革命軍打破滿洲之專制，掃除官僚之腐敗，改革風俗之惡習等。第二為過渡時期，在此時期內，施行約法（非現行者），建設地方自治，促進民權發達，以一縣為自治單位，每縣於敵兵驅除戰事停止之日，立頒布約法，以規定人民之權利義務與革命政府之統治權。……第三為建設完成時期，在此時期施以憲政，此時一縣之自治團體，當實行直接民權。人民對於本縣之政治，當有普通選舉之權、創制之權、複決之權、罷官之權。而對於一國政治，除選舉權之外，其餘之同等權則託付於國家（民）大會之代表以行之。此憲政時期，即建設告竣之時，而革命收功之日也。[2]

這樣一個革命的「三段論」，從「軍政」而「訓政」而「憲政」，相應地，三個階段從「軍法之治」而「約法之治」而「憲法之治」，這

---

[2] 孫中山〈中國革命史〉，《孫中山全集》卷七，第 62-63 頁，北京：中華書局，1985 年。

不僅是孫中山對中國革命的總思考，也是國民黨執政前後的總的指導思想。

國民黨的軍政階段，最早可從 1895 年國民黨前身的「興中會」和「同盟會」算起，至 1911 年辛亥革命，終於打破了「滿洲之專制」。但，滿清垮臺軍政並未結束，用孫中山自己的話來講，辛亥之後，繼之而起的，則是「討袁之役」和「護法之役」。革命的敵人，由滿清變成了北洋軍閥。從 1912 年中華民國成立到 1928 年，國民黨又用了十七年的時間，和北洋軍閥鬥。1926 年七月國民黨開始北伐，兩年後，東北軍閥張作霖被日本人炸死，其子張學良向國民政府放下武器，自願歸附，並用國民黨的青天白日旗換下了自己的五色旗。以此為標誌，青天白日的國民黨方才在全國範圍內獲得形式上的統一。軍政階段至此結束。

從「軍政」到「訓政」，國民黨推進的日程如下：

1928 年六月，北伐戰事基本結束之際，蔣介石提前宣告北伐完成（「東北易幟」遲為該年年底）。為削弱各派軍事力量的實力，蔣介石乃藉口實現先總理孫中山的「建國大綱」，提出「統一軍政」「實行訓政」的口號，意在裁減黃埔以外的各系兵力。

1928 年八月，國民黨二屆五中全會在南京舉行，會議決定訓政時期遵照總理遺囑，頒布約法，並實行「五院制」。會議特別強調軍令政令的絕對統一。

1928 年十月，經過一番籌備，國民黨中常會通過並公布了《中國國民黨訓政綱領》，本月十日，國民政府主席、委員在南京宣誓就職。這一宣誓意味著國民黨在全國範圍內開始執政。所執之「政」便是往後在形式上長達二十年之久（至 1948 年「行憲」為止）的「訓政」。

國民黨訓政不久，就遭到以胡適為代表的「新月」知識份子的批評。1929 年四月十日出版的《新月》第二卷第二號上（該期雜誌實際延期出版），頭條文章就是胡適呼籲國民黨快快制定憲法的〈人權與約法〉，緊接著則是羅隆基批判國民黨訓政的〈專家政治〉。兩篇文章一改《新月》以往文學加文化的面貌，大膽切入現實政治，公開面對國民黨體制

發言,而且批評的直接就是國民黨「黨國」體制本身。至此,國民黨訓政不過半年有餘,《新月》創刊也才一年又一月。

應該說,像胡適這樣的知識份子當時雖然反對戰爭,主張南北議和,因為在桌面上談判總比在戰場上兵戎相見要好。但北伐開始以後,胡適雖然人在英國,對國民黨還是持支持態度的,畢竟國民黨是要消滅各路軍閥,止息各地戰爭,走向全國統一。然而全國統一之後,國民黨的做法又讓那些有英美留學背景的知識份子大失所望。這樣一個政治格局離他們心中以英美憲政為參照的政治體制相差委實太遠,不獨如此,如果按國民黨所效仿的蘇俄黨治格局,持續下去的話,那麼,至少是言論自由的狀況,恐怕連北洋時代還不如。失望加上危機感,逼得具有政治關懷的知識份子不得不出來對國民黨訓政表明自己的態度。

國民黨訓政是一個奇怪的理論,尤其是它夾在「軍政」和「憲政」之間。本來軍政結束,可以像歐美諸國一樣,由皇權到民權,可是怎麼會額外多出一個延緩民權的「訓政」呢?孫中山自稱他的這一想法來自中國古代的一個典故「伊尹訓太甲」。1920 年,他在一次國民黨本部會議的演說中,劈頭就說:「『訓政』二字,我須解釋。本來政治主權是在人民,我們怎麼好包攬去作呢?」何況「這『訓政』,好像就是帝制時代用的名詞」。但,一個「但是」,孫中山就把彎子轉了過來。「須知共和國,皇帝就是人民,以五千年來被壓迫做奴隸的人民,一旦抬他作起皇帝,定然是不會作的,所以我們革命黨人應該來教訓他,如伊尹訓太甲一樣。我這個『訓』字,就是從『伊訓』上『訓』字用得來的。」[3]所謂「伊訓」是《尚書·商書》中的一篇,它記載的是商湯臣子伊尹在祭祀商湯時對繼位的太甲所說的訓辭,書中的原話是「伊尹乃明言烈祖之成德,以訓於王」。「訓」,《說文》訓為「說教也」。伊尹對太甲的說教,不外是力戒「三風十愆」之類的道德教訓。孫中山借過這個詞,把它構想為革命黨奪取政權後的一個階段,而這個階段所以置於「軍政」與「憲政」之間,蓋在於「由軍政一蹴而至憲政時期,絕不予革命政府以訓練

3　孫中山〈在上海中國國民黨本部會議的演說〉,《孫中山全集》卷五,第 400-401 頁。

人民之時間，又絕不予人民以養成自治能力之時間。於是第一流弊，在舊汙未由蕩滌，新治未由進行。」[4]於是，孫中山以西方民治為鵠的，又從傳統汲取資源，在「軍政」通往「憲政」的路上，橫空插了個所謂的「訓政」。而訓政的任務，是由革命黨統領政權，並對人民進行政治訓練，教導人民如何行使自己的政治權利（如選舉權、創制權、複決權、罷免權等），以為憲政作過渡。

然而，問題在於，軍政時期國家權力在「皇」（或北洋），憲政時期國家權力在「民」，而「訓政」時期國家權力卻在「黨」。

1928 年十月三日，國民黨中常會公布的《中國國民黨訓政綱領》（六條）如下：

> 一、中華民國於訓政時期，由中國國民黨全國代表大會代表國民大會，領導國民行使政權；二、中國國民黨全國代表大會閉會時，以政權付託中國國民黨中央執行委員會執行之；三、依照總理建國大綱所定選舉、罷免、創制、複決四種政權，應訓練國民逐漸推行，以立憲政之基礎；四、治權之行政、立法、司法、考試、監察五項，付託於國民政府總攬而實行之，以立憲政時期民選政府之基礎；五、指導監督國民政府重大國務之施行，由中國國民黨中央執行委員會政治會議行之；六、《中華民國國民政府組織法》之修正及解釋，由中國國民黨中央執行委員會政治會議決行之。[5]

訓政六條，一言以蔽之，一切權力歸國民黨。

國家政權（包括選舉、罷免、創制、複決等權力）本來應該來自全國代表大會，可是這個代表大會卻由國民黨代表大會代表了，「黨大」取代「國大」。此所謂「以黨代國」。同樣，國家治權（包括行政、立法、司法、考試、監察等權力）看起來由國民政府統領，但，國民政府的治

---

[4] 孫中山〈中國革命史〉，《孫中山全集》卷七，第 66-67 頁。
[5] 轉馬尚斌等《中國國民黨史綱》第 170 頁，瀋陽：遼寧大學出版社，1992 年。

權卻授自於國民黨。從國民黨制定通過的《中華民國國民政府組織法》可以看出，由黨產生政府，政府對黨負責。政府一旦成立，國民黨中央執行委員會的政治會議就成了它的指導機關，並且負有直接指導的責任，此又謂「以黨治國」。在「政權」和「治權」之外，國民黨對國民政府又有「監督權」，並且對國民政府的組織還有修正權和解釋權。至此，國家層面上的所有權力資源都牢牢掌控在國民黨手中，二十世紀中國現代史上的「黨治」或「一黨專政」即此形成。

應該指出，國民黨黨治理論源於孫中山，而孫中山則取法蘇俄。1923年，國民黨改組前夕，孫中山說：「俄國革命 6 年，其成績既如此偉大；吾國革命 12 年，成績無甚可述。故此後欲以黨治國，應效法俄人」。[6]不久在國民黨第一次全國代表大會上又曰：「現尚有一事，可為我們模範，即俄國完全以黨治國，比英美法之政黨握權更進一步……俄國之能成功，即因其將黨放在國上。我以為今日是一大紀念日，應重新組織，把黨放在國上。」[7]

當孫中山把「黨放國上」之時，在邏輯上，黨也就凌駕於國法之上。所謂家有家規，國有國法。1929 年三月，省會遷到泰安的國民黨山東省黨部有一「劃時代的壯舉」，就是在泰山頂上的「無字碑」刻字，該碑高六米、寬一米二，相傳為秦時嬴政所立，立意在焚書。國民黨已然不會焚書，但卻會大書特書，這一千多年來的無字之碑被刻上六個擘窠大字「黨權高於一切」。[8]這「一切」當然也包括一個國家的「法權」。於是問題更形嚴重。胡適充分意識到了該問題的嚴重性，他率先指出了孫本人在這個問題上的倒退。從 1906 到 1923 年，孫中山的革命三段論，都還強調「訓政」階段要「行約法之治」。然而，國民黨改組之後的 1924年，孫中山推出了他的「建國大綱」，在這由二十四條內容構成的大綱

---

[6] 孫中山〈在廣州國民黨黨務會議的講話〉，《孫中山全集》卷八，第 258 頁。

[7] 轉羅隆基〈我們要什麼樣的政治制度〉，《新月》第二卷第十二號第 8 頁，上海：上海書店影印，1985 年。

[8] 參見范泓〈泰山無字碑：從無字到有字〉，《老照片》第 24 輯，濟南：山東畫報出版社，2002 年。

中，訓政階段依然，但約法之事卻不提了。孫為什麼取消自己以往強調的約法？胡適用孫自己的話指出：「辛亥之役，汲汲於制定臨時約法，以為可以奠民國之基礎，而不知乃適得其反」。孫自己總結了原因，「曾不知癥結所在非由於臨時約法之未善，乃由於未經軍政、訓政兩時期，而即入於憲政也」；因此，「未經軍政訓政兩時期，臨時約法決不能發生效力」。揆諸國民黨訓政的實際情況，就其最上層而言，雖然蔣介石一度聲稱要行約法之治，但國民黨另一領袖同時又是國民黨元老的胡漢民卻堅決反對。1929 年三月召開的國民黨三全大會上，胡漢民等人的主張獲得了大會的擁護，並且胡漢民在中央執行委員會的常委會上還主持通過了一項決議，議決「確定總理主要遺教為訓政時期中華民國最高根本法案」。胡漢民身為立法院院長，為了權力之爭，居然把遺教當作最高法，那麼，這個立法院是不是可以關門。

從孫中山的理論到國民黨實踐，一直旁觀的胡適等人終於明白，所謂「訓政」，原來不是走向歐美性質的「法治國」，而是轉向蘇俄性質的「黨治國」。黨治，這個二十世紀最新興起的一種「現代性症候」，在全球範圍內，以蘇俄為其始，中國繼其二（孫中山引進、國民黨推行……），由此蔓延整個世紀。「新月」知識份子雖然當時並沒有穿透一個世紀的目光，但他們的批判卻點中了這個世紀症候的「穴位」。由於他們的留學背景以及他們在英美習得的政治教養使得他們無論如何不能接受「法治」之上的「黨治」（甚至用「黨治」取消「法治」）；因此，一場具有世紀啟示意義的「人權論戰」就勢所難免地拉開了帷幕。

(三) 第一階段：「此時應有一個大運動起來」

胡適的〈人權與約法〉發表在《新月》雜誌第二卷第二號上，寫作時間是 1929 年五月六號。這篇文章從否定的方面來說，是批判國民黨的黨國體制；從肯定的方面來說，是呼籲國民黨立法以保障人權。法與法治，是胡適留美的習得，也是他據以抗爭國民黨的出發點。這一點對胡適來說是一貫的。早在一年以前，國民黨方面的李宗仁派人來拉胡

適，胡適就很明確的表達過約法的意思。這是胡適 1928 年四月二十八日的日記記載：

> ……下午王季文同吳忠信（字禮卿）、溫挺修（字堯笙、廣西人，李宗仁的總參議）來談。溫君竟是代表李宗仁來勸駕了！我告訴他們，留一兩個人獨立於政治黨派之外，也是給國家留一點元氣。若國民黨真有徵求學者幫助之意，最好還是我去年七月間為蔡先生說的「約法會議」的辦法，根據中山的《革命方略》所謂訓政時代的約法，請三四十個人（學者之外，加黨、政、軍事有經驗聲望的人）起草，為國家大政立一根本計畫以代替近年來七拼八湊的方法與組織。[9]

然而一番交談過後，胡適失望了，日記的最後，是這樣一筆：「他們三人似不很瞭解此意」（引同上）。

但，國民黨內部並非鐵板一塊，因為孫中山的思想前後並不一致，國民黨改組以前的孫中山是強調訓政階段要約法的，而改組後的孫中山因為決意效法蘇俄，用黨治取代法治，於不知不覺中，約法之治便消失了。這樣就給軍政結束後的國民黨留下了可爭論的縫隙。當然，這樣的爭論在國民黨上層是權力之爭（如胡漢民與蔣介石），但也不排除一些國民黨有識之士真誠地希望法治。1928 年夏，南京特別市黨部法制局局長王世杰和國民黨中央執行委員朱霽青等分別建議政府約法，因此，國民政府法制局專門提出建議，建議政府「組織中華民國暫行約法起草委員會」。胡適顯然注意到了這一動態，在他的日記中就剪貼了該建議的報紙文本，儘管他只是粘貼而未作評論。這至少說明，體制外的批判與建議和體制內的某些力量可以達成共識並形成互動。

一段時間以後，體制未見任何約法動作，卻出現了國民黨上海特別市黨部代表陳德徵向國民黨三全大會提出的一個議案，當時上海各報都登出了這個議案的專電〈嚴厲處置反革命份子〉，提案者認為：「查過去

9　《胡適日記全編》卷五，第 70-71 頁，合肥：安徽教育出版社，2001 年。

處置反革命份子之辦法，輒以移解法院為唯一歸宿，而普通法院因礙於法例之拘束，常忽於反革命份子之實際行動，而以事後證據不足為辭，常縱著名之反革命份子。」因此，提案者提議：「凡經省及特別市黨部書面證明為反革命份子者，法院或其他法定之受理機關應以反革命罪處分之，如不服得上訴，唯上級法院或其他上級法定之受理機關、如得中央黨部之書面證明，即當駁斥之。」[10]根據陳德徵的提案，法院成了黨的一個機構，它只需要按照黨的意志執法便行。這是「黨在法上」的一個最好的表白。

該提案發表在 1929 年三月二十六日的上海各報上，當時國民黨第三次全國代表大會正在南京舉行（1929 年三月十八日至三月二十七日），該提案雖然最後並沒有在三全大會上提出，但它在上海各報發表，也等於替國民黨作了次公開的表態。胡適看到這則提案的當天，便忍不住提筆寫信給當時的司法院院長王寵惠，說：「先生是研究法律的專門學者，對於此種提案，不知作何感想？在世界法制史上，不知那一世紀那一個文明民族曾經有過這樣一種辦法，筆之於書，立為制度的嗎？……近日讀各報的專電，真有聞所未聞之感，中國國民黨有這樣黨員，創此新制，大足以誇耀全世界了。」[11]信完後，胡適一邊寄王寵惠，一邊又把信稿給國聞通信社發表，過了幾天，國聞通信社回信，說：稿子已轉送各報，未見刊出，聞已被檢查者扣去。茲將原稿奉還。在胡適看來，這封信並沒有什麼軍事機密，自己又是親自署名，是以負責的態度討論國家問題，為什麼不可以呢？何況公開發表意見屬於言論自由，新聞檢查人的無理干涉，那麼，言論自由的權利又如何保障呢？

事隔不久，國民政府倒是頒布了一道保障人權的命令，時為 1929 年四月二十日：

世界各國人權均受法律之保障。當此訓政開始，法治基礎亟宜確立。凡在中華民國法權管轄之內，無論個人或團體均不得以非法

---

[10] 轉《胡適來往書信選》中冊，第 511-512 頁，香港：中華書局香港分局，1983 年。
[11] 「胡適致王寵惠」，《胡適來往書信選》中，第 511 頁。

行為侵害他人身體，自由，及財產。違者即依法嚴行懲辦不貸。
著行政司法各院通飭一體遵照。此令。[12]

胡適的〈人權與約法〉就是以這則命令開頭的，文章寫在該命令發表的半個月以後。這其間應有這樣一件事促動胡適為文，這便是他與馬君武的一次談話。據胡適日記（1929 年四月二十六日）記載：

> 馬君武先生談政治，以為此時應有一個大運動起來，明白否認一黨專政，取消現有的黨的組織，以憲法為號召，恢復民國初年的局面。
>
> 這話很有理，將來必有出此一途者。
>
> 君武又說，當日有國會時，我們只見其惡，現在回想起來，無論國會怎樣腐敗，總比沒有國會好。究竟解決於國會會場，總比解決於戰場好的多多。
>
> 我為他進一解：當日袁世凱能出錢買議員，便是怕議會的一票；曹錕肯出錢買一票，也只是看重那一票。他們至少還承認那一票所代表的權力。這便是民治的起點。現在的政治才是無法無天的政治了。[13]

在某種意義上，20 世紀是倒著走完的，還是在世紀前半段，就不止胡適一個人認為，黨國不如民初，黨國是對民初的一個倒退，畢竟北洋時代還有一個議會框架，這個框架是以歐美政治為其參照。而取代北洋的國民黨卻效法蘇俄，用黨治框架取代了議會框架，這只能是倒退。而後歷史一路下行，極權黨治又取代了威權黨治。所以 20 世紀的政治等高線，就像中國大陸的地形一樣，自西而東，高開低走。然而，胡適畢竟英美出身，眼光高明，恢復民初國會，用以取代一黨專政，他和馬的看法如此一致：「此時應有一個大運動起來」。雖然並沒有有力的書證

---

[12] 轉胡適〈人權與約法〉，《胡適文集》卷五，第 524 頁，北京：北京大學出版社，1998 年。

[13] 《胡適日記全編》卷五，第 402-403 頁。

顯示胡適要掀起一場什麼運動，但，事實表明，胡馬對話後不久，這場運動就不期然而至了。固然，從發生規模上看，「人權論戰」還不是一個大運動，甚至連運動都算不上，它乃是轟動一時的政治風波。而為這場風波揭開序幕的就是胡適的〈人權與約法〉。

在〈人權與約法〉中，胡適對以上國民政府保障人權的命令有三點開評：

一，認為人權含義不明確，它雖然包括身體、自由、財產三項，但這三項都沒有明確的規定。

二，更重要的是，「命令禁止的只是『個人或團體』，而並不曾提及政府機關。……但今日我們最感痛苦的是種種政府機關或假借政府與黨部的機關侵害人民的身體自由及財產」。

三，「命令中說：『違者即依法嚴行懲辦不貸』，所謂『依法』是依什麼法？我們就不知道今日有何種法律可以保障人民的人權。」[14]

下面，胡適在文章中舉了兩個人權不得保障而都是來自官方或軍方的例子。一個是安徽大學學長劉文典，一個是唐山市某商號的經理楊潤普。劉文典因為在語言上頂撞了蔣介石，因此被蔣下令拘禁了好多天，他的家人朋友只能到處奔走求情，卻不能到法院去控告蔣。胡適認為「這是人治，不是法治」。而唐山那位楊氏商人，在沒有證據的情況下被當地駐軍指為收買槍枝，遂被拷打監禁而致遍體鱗傷，於是惹動唐山市商人的罷市。對此，胡適責問「人權在那裏，法治在那裏」？

從政府侵害人權致使人權無以得到保障，胡適把問題拉到法治上。本來，保障人權的應是「法令」而非「命令」，因為命令只能針對其他對象卻無以針對它自己，問題在於。發布命令的是政府，侵害人權最多的也恰恰是它。怎麼辦？只有訴諸歐美法治。胡適呼籲：「在今日如果真要保障人權，如果真要確立法治基礎，第一件應該制定一個中華民國的憲法。至少，也應該制定所謂訓政時期的約法」。在這裏，約法具有

---

[14] 胡適〈人權與約法〉，《胡適文集》卷五，第 524 頁。

憲法的性質,而「憲法,是人民統治政府的法」[15]──這是胡適的「新月」盟友羅隆基專門「論人權」中的話。法治即憲法政治,它「只是要政府官吏的一切行為都不得逾越法律規定的許可權」,胡適如是說。此刻,胡適擔心的不是別的,就是政府超越自己的許可權,而約法,正是對這個許可權的規定。

〈人權與約法〉矛頭對準的是政府,文章甫出,便激盪起一波又一波的論潮。隔了一期,《新月》雜誌專門闢有「人權與約法」的討論。胡適寫了「編者按」:「〈人權與約法〉一篇文字發表以來,國內外報紙有轉載的,有翻譯的,有作專文討論的。在這四五十日之中,我收到了不少的信,表示贊成此文的主張。我們現在發表幾篇應該提出討論的通信,略加答覆……」[16]在「讀者來信」中,有人提出:「民國十三年春,國民黨改組,援俄意先例,揭櫫以黨治國。在憲法未頒以前,繼續屬行黨治,似無疑義。黨治一日存在,則全國人民不論是否黨員,對於黨義政綱,應奉為天經地義,不得稍持異議。即使約法頒布,人民之言論出版仍須受嚴重限制。」(引同上)對此,胡適明確回答:「我們要一個『規定人民的權利義務與政府統治權』的約法,不但政府的許可權要受約法的制裁。黨的許可權也要受約法的制裁。如果黨不受約法的制裁,那就是一國之中仍有特殊階級超出法律的制裁之外,那還成『法治』嗎?」(引同上)

孫中山的訓政理論是要國民黨對人民進行政治訓練,從而使人民會使用屬於他們的政權;然而,事實是,人民不但沒有獲得自己的政治權利,甚至連他們的人身權利都沒有保障。比較而言,政治權利是一種積極權利,屬於「民權」範疇,或稱「公權」;人身權利則是消極權利,屬於「人權」範疇,又曰「私權」。兩種權利,人權是基礎,民權是它的一個更高層次。按照權利排序,人權顯然有其優先性(可參見伯林博士關於「消極自由」和「積極自由」的論述),可是,國民黨置人權於

---

[15] 羅隆基〈論人權〉,載《胡適文集》卷五,第 547 頁。
[16] 《〈人權與約法〉的討論》,《胡適文集》卷五,第 530 頁。

不顧，反而高蹈地在民權上作文章。而對民權，玩得又是「將欲與之，先予取之」的遊戲。結果，人民的權利兩頭落空，什麼都沒有；而國民黨不但握有統治國家的權力，事實上還有超越法律之上任意侵害人身的權力。這樣一種狀況，應該說具有變本加厲的世紀性。胡適於自由主義學理雖然未遑深入，但他卻能在與國民黨的訓政之爭中，從底線出發，抓住「人權」做文章，並以「法權」為訴求，用以抗衡國民黨的「黨權」。這樣胡適以「人權」為紐結，把屬於那個時代乃至屬於那個世紀的問題一下子都給拎了起來，並且使「人權」這個詞在二十世紀第一次獲得廣泛注意和強烈反響。

和胡適的〈人權與約法〉發於《新月》二卷二期上的是羅隆基的〈專家政治〉。兩篇文章搭配為一組，都是面對訓政開火，也都是「人權論戰」的標誌性文章。羅隆基是 1928 年才從英國留學回上海的，回來不久就以「初出茅廬不畏虎」的姿態投入胡適發起的「人權論戰」。如果說胡適是這場論戰的領袖，羅隆基則是名副其實的主將（而當時被稱為「新月三劍客」之一的梁實秋只是裨將，他前前後後一共只貢獻了兩篇文章，其精力很快轉移到和魯迅的文學論戰上）。作為主將的羅隆基在「人權論戰」的前期多少是作為胡適的配合出現的。胡適強調用約法保障人權，羅隆基很快就有正面的呼應〈論人權〉。不過，這揭開論戰序幕第一輪的文章卻和胡適各有側重，它直衝國民黨治權而去，批評國民黨的「武人政治」和「分贓政治」，然後質問訓政本身，從而把政治視為一種行政，指出它需要專門的知識和專門的人才。

羅文對國民黨的質問是從孫中山的論述開始的，它是以孫中山之矛擊國民黨之盾。在孫中山那裏「政治兩個字的意思，淺而言之，政就是眾人的事，治就是管理。管理眾人的事，便是政治」。[17]這樣的管理，其實就是行政。那麼，什麼樣的人才能從事這種管理呢？羅繼續引用孫中山。孫在《民權主義》第五講裏，有過這樣的比喻：「現在有錢的那些人，組織公司，開辦工廠，一定要請一位有本領的人來做總辦去管

---

[17] 轉羅隆基〈專家政治〉，《胡適文集》卷五，第 602 頁。

理工廠。這種總辦是專門家，就是有能的人。股東就是有權的人。工廠內的事，只有總辦能夠講話，股東不過是監督總辦罷了。現在民國的人民，便是股東，民國的總統，便是總辦。我們人民對於政府的態度，應該要把他們當作專家看。」（引同上）

國民黨把政權與治權分開，後者就是事權。羅隆基繞開政權，專指事權，提出由專家行政，這樣便在孫中山這裏找到了自己主張的合法性。然後，羅文直指國民黨武人政治和分贓政治的現實，把話題拉到了訓政上。本來，在國民黨那裏，訓政是對人民進行政治訓練，可是按照羅氏的專家政治的理念和武人政治的現實，如果要訓政，其對象就不是人民而是那些從政的武人和官吏。「誰來訓政？怎樣訓政？這又是我們急急要知道的兩個問題。文人去練兵，武人來訓政，恐怕這是同等的滑稽。倘若政治上真要訓政，那些導師，當然要請政治上的專家來擔任。士官，保定，黃埔出來的專家，他們或者可以訓軍，訓政一層，恐怕用非所學了。如今，軍事方面，國家費許多錢去請德國的軍事專家來擔任，本國的軍事專家，卻放棄他們的專門學術，來擔任政治教練，這又是學非所用了。」[18]其中，「用非所學」和「學非所用」兩語，頗切國民黨訓政之荒謬。最後，羅文的結論是：「只有正當的選舉和公開的考試，才能產生真正的專家政治，只有專家政治，才能挽救現在的中國。」（引同上）

....

民國十八年春（即西元 1929 年），以胡羅二文為發端，「人權論戰」在中國上海拉開序幕。《新月》自四月的二卷二號以後，一直到年底的二卷十號（實際出版日期已是 1930 年春），每一期頭條，都由胡、羅、梁三人的政論擔綱。它大致包括胡適自己的〈我們什麼時候才可有憲法〉〈新文化運動與國民黨〉，羅隆基的〈論人權〉、〈告壓迫言論自由者〉和梁實秋的〈論思想統一〉等。該年十二月，胡適將年內發表的文章輯為一冊，名《人權論集》，交新月書店出版。該論集共收文十篇，其中

---

[18] 羅隆基〈專家政治〉，《胡適文集》卷五，第 607 頁。

梁實秋一篇，羅隆基三篇，胡適六篇外加一篇序（其中胡適的〈名教〉先發於 1928 年「新月」一卷五號）。如果以這本《人權論集》為標誌，那麼，從 1929 年初夏至年底，這半年多時間可視為「人權論戰」的第一階段。

（四）右的圍剿：「呈請撤懲中國公學校長胡適」

自《新月》揭載胡適的〈人權與約法〉之後，社會上即獲得各種各樣的反響。有朋友為胡適叫好，但更多的卻是來自作為右翼的國民黨的討伐。

還是在胡適寫作該文之前，在他日記的剪報中，就有一則「勸」他明哲保身、不要惹事的忠告。那篇文章是從劉文典被蔣介石抓捕談起的（胡適的〈人權與約法〉也沒有放過這件事）。劉文典是安徽人，作者同時聯想到劉的兩個安徽同鄉，一個是胡適，一個是陶行之。針對胡適，他「聽說胡先生近來實在忍不住，一定要辦一種什麼刊物來批評黨國，據我看，以胡先生的地位，還是一句話也不說，專門弄弄哲學史或文學史的好；因為說得太軟，有失胡先生的身份，只足以喪失自己的信用；說得太硬，又適足以取辱；要知道吳淞中國公學，就在蔣總司令的勢力範圍，難道不怕捉將官裏去而為劉君文典之續嗎？」[19]

胡適並沒有聽勸，兩個多月後，時為中國公學校長的他，「草成〈人權與約法〉一篇，送給《新月》發表。」並附注了一項理由「我總覺得丁西林的話不錯：『向來人說多一事不如少一事。今日我們應該相信少一事不如多一事。』此文之作也是多一事也。」[20]

此事一多，便惹來了風波。

如果說胡適是五月六日才寫此文，到《新月》發表又需一段時日，那麼，至遲到六月三日，胡適的日記中，就剪貼到兩份在報紙上攻訐自

---

[19] 轉《胡適日記全編》卷五，第 358 頁。
[20] 《胡適日記全編》卷五，第 404 頁。

己的文字，此所謂捷如影響。以後，這類文字數量激增，很快形成圍剿之勢，大約半年多時間，僅僅是胡適日記，就留存了二十多篇（實際數量當遠不止於此）。這類文字，有嘲諷、有謾罵、有恫嚇。理由幾乎千篇一律，胡適的幾篇文章（主要指〈人權與約法〉、〈「人權與約法」的討論〉、〈我們什麼時候才可有憲法？〉、〈知難，行亦不易〉）「侮辱本黨總理，詆毀本黨主義，背叛國民政府，陰謀煽惑民眾。」[21]對此，胡適態度不改，在年底《人權論集》的序言中明確回答：「我們所要建立的是批評國民黨的自由和批評孫中山的自由。上帝我們尚且可以批評，何況國民黨與孫中山。」[22]言論自由在胡適看來是「人權中的一個重要部分」（引同上），自由地批評國民黨與孫中山是自己的不能讓度的權利，此時胡適已經受到很大的壓力，但在這點上，他並不因為壓力而讓步。

在國民黨的圍剿中，出力甚勤的是上海特別市黨部主任和宣傳部長陳德徵。此人是個狂熱分子。還是該年三月公開提出〈嚴厲處置反革命分子案〉，結果被胡適在〈人權與約法〉中痛揭，因此，圍剿胡適時，他是出大力流大汗的一個。他在自己把持的《民國日報》上親自操刀，題目就叫「匕首」，直指胡適而去。文章自稱「小子」，云：「小子識淺，生平只知有三民主義，只知有總理及其遺教，只知有黨。小子比不得博士先生，懂得好人政府，懂得好人政府底約法。小子終以為黨是制法的機關，黨不是誣陷好人為壞蛋的集團。小子認以黨治國之時，只有總理遺教，是國家底根本法；違反總理遺教者，即為反革命，即為反法；反革命和反法，均當治罪……」[23]胡適當天就把這篇文章剪貼在自己的日記中，並在其後附上一句「可憐的陳德徵」。

在一片喧囂的圍攻聲中，有的文章也試圖從學理角度批胡適，但批得是一塌糊塗。一篇題名為「有憲法才能有訓政嗎？」的文章，稱胡適是「代表現在中國一班士大夫階級（？）來反對中國國民黨的」。它公開宣稱「中國國民黨的專政，本身毫無掩飾的，我們的口號『以黨治國，

---

21 轉《胡適日記全編》卷五，第 488 頁。
22 胡適〈《人權論集》序〉，《胡適文集》卷五，第 523 頁。
23 轉《胡適日記全編》卷五，第 434 頁。

以黨建國,以黨專政』毫無疑義的宣布出來。因為中國國民黨負了領導中國國民革命的責任,當然要進這個責任而完成其使命……」,接著,文章批駁了胡適的人權論的虛偽,「在胡先生確實太過崇拜『天賦人權』的信念了。我們遠看一點,在歐美的虛偽民權,對於人民有什麼利益。胡先生到了歐美,並看見坐汽車住洋房的人們生活享受愉快,他們有了民權,才能國富兵強,炮艦駛到中國如入無人之境,而沒有看見工廠裏面做資本家奴隸的工人和殖民地裏面被壓迫的人民的狀況。他們國家裏的民權,是為特殊階級所占了,痛苦的民眾們那能占定絲毫的利益。美洲的民主政治這樣的虛偽,在胡先生見解,似乎沒有感覺得到的。」因此,它責問胡適「還是要把歐美式的民權搬到中國來嘗試嗎?」這樣的語言,雖然出自右翼的國民黨,但和我們後來所熟習的左翼話語,其實是一個坏胎,連它們的語用方式都是一致的。比如文章聲稱:「在現在的時候國民黨並不是不尊重民權,我們所說的民權,是要全體民眾利益為前提,以整個民族的利益為前提」。最後,針對胡適的「法治國」,文章質問「法律是什麼?」,然後答曰:法律「為統治者一種權力」,「最高的憲法而至於各種法律,都是表現統治者的權威」,同時也「都是束縛人民的工具」。[24]這裏文章表現出對西方法治理論的驚人的無知,它實際上是把羅隆基的憲法是「人民統治政府的法」顛倒為「政府統治人民的法」。所以胡適斥之為「不通」。

除了報紙上的文字攻訐外,國民黨各地黨部也接二連三地在報紙公開上書國民黨中央黨部,以議案形式呈請處置胡適。這裏最積極也最先動作的依然是陳德徵控制的上海黨部,從區到市,一層層上來,而且不止一次。1929 年八月二十五日,上海報紙報導「本市執委第四十七次常會呈請撤懲中國公學校長胡適」。僅僅五天時間,便又召集第四十八次會議,議決「中公校長胡適反動有據市黨部決議中央拿辦」。到了九月份,事態擴大,由滬而京:

---

[24] 轉《胡適日記全編》卷五,第 503-507 頁。

先是「平市百餘黨員請查辦前善後會議委員胡適」。然後,疫情蔓延:「津市黨委請懲辦胡適」,「平市六區黨部請嚴懲胡適」,「平市黨部請緝胡適」,「蘇省黨部呈請中央緝辦無聊文人胡適」,「呈請懲辦反動的胡適為本黨同志之一致要求,天津市黨部十二次常會決議」,而後,青島市指導委員會亦呈請「嚴懲豎儒胡適」。不到一個月內,僅在胡適的日記剪報中,先後計有上海、北平、天津、江蘇、青島等五省市黨組織(區級不算、重複亦不算)要求中央對胡適嚴加處理。

下有所請,上有所動。根據各級黨部的電呈,國民黨中央執行委員會開始干涉。1929 年九月二十一日,中央訓練部致函國民政府,請國民政府令飭教育部對胡適嚴加警告。十月四日,教育部長蔣夢麟簽署部令第 1282 號給中國公學,「事由:『該校長言論不合,奉令警告』」。蔣夢麟和胡適原是北大的老朋友,只是此時一個在體制內,一個在體制外。體制外的胡適收到部令後,即原封不動函退於蔣,並附上一信,謂:「這件事完全是我胡適個人的事,我做了三篇文章,用的是我自己的姓名,與中國公學何干?你為什麼『令中國公學』?該令殊屬不合,故將原件退還。」信的最後,胡適指部令「誤稱我為『國立學校之校長』」,「皆應校改」。[25]按理,中國公學不是國家公學而是私人辦學,教育部無權直接對其下達行政指令。再者,胡適雖為中公校長,但他寫文章不是職務行為而是個人權利,教育部亦無權因胡適的個人言論而令中國公學如何如何。胡適的信據理力陳而又保持節度,不卑不亢,既不回避問題,也不刺激對方。

但對方的策略依然是對準中國公學。1930 年二月五日,國民黨中央執行委員會秘書處把江蘇省黨務整理委員會「呈請徹查吳淞中國公學辦理情形」的提案,轉批給教育部,讓「教育部派員徹查具報」。此時,中國公學正處報批立案的過程中,據原中公學生羅爾綱陳述:「當時規定,凡私立大學不得立案的政府不承認,學生畢業後,學校發給那張畢

---

25 《胡適日記全編》卷五,第 538 頁。

業證書不能做資格憑證，學生出路困難。」[26]因此，觸怒當局的胡適不願因他個人的思想言論影響學校的立案問題，遂向校董會提出辭職。而當時學生激於義憤，立即召開全體學生會議，形成決議：「寧可不立案，不能讓胡校長辭職」。同時，中國公學的全體教職員也寫信胡適，竭誠挽留。但，胡適卻召集全體學生講話，並舉北平協和大學寧可犧牲世界著名學者作校長也務求立案的例子勸慰學生，「大家感動極了，不少人流了淚」。（引同上）於是，胡適於 1930 年五月十九日卸去中公校長的職務。該校長在主持校政期間，有兩個特點讓作為學生的羅爾綱感到「痛快」，一「是不掛國民黨旗」，二是「星期四上午不做國民黨紀念周」。[27]

由於「人權論戰」中的胡適一直強調約法以保障人權，而國民黨中有約法派，亦有反約法派，以立法院長胡漢民為代表的一方恰恰反對約法而主張以總理遺教為根本法，因此，胡適與胡漢民在政治理論上就形成了衝突。早在 1920 年，胡適就「井田制」問題與胡漢民、廖仲愷就有過學術往還，那還是討論式的，但這次就不同了。1930 年十一月二十二日上海的《國民日報》上登載了胡漢民在立法院紀念周的講演，題目是「談所謂『言論自由』」。講演中，胡漢民聲稱：「最近見到中國有一位切求自由的所謂哲學博士，在倫敦《泰晤士報》上發表一篇長長的論文，認為廢除不平等條約不是中國急切的要求……。在他個人，無論是想藉此取得帝國主義者的贊助和榮寵，或發揮他『遇見溥儀稱皇上』的自由，然而影響所及，究竟又如何呢？此其居心之險惡，行為之卑劣，真可以『不與共中國』了。」[28]這個被說道「不與共中國」的人，正是胡適。緊接著，胡漢民繼續不點名地痛批「這些所謂著名的學者，每以爭言論自由為標榜，並豎起了所謂『人權』『憲法』等牌號，……於是在外國報紙上，大發其十分荒謬的言論，希望一切帝國主義者，加緊其對於中國的侵略，繼續維護其在中國已得的特權。」（引同上）胡氏發言，有一個特點，舉凡「自由」「人權」「憲法」（還包括「著名學者」），

---

[26] 羅爾綱《師門五年記・胡適瑣記》，第 77 頁，北京：三聯書店，1998 年。
[27] 羅爾綱《師門五年記・胡適瑣記》，第 73 頁。
[28] 轉《胡適日記全編》卷五，第 877 頁。

都加上了「所謂」。本來，自由就是自由，人權就是人權，憲法就是憲法，無所謂「所謂」不「所謂」。「所謂」云云，不過一遁詞，對自由人權等，不得不承認卻又根本不以為然，便冠其「所謂」以示否定。這樣的用語已有近一個世紀的傳統了。去此不論，胡漢民的指陳，居然是捕風捉影。事無其事，言有其言，因此，「不與共中國」的宣稱，就不能僅僅理解為此胡與彼胡的私人意氣，它出自一個立法院長之口，就表明了體制的態度。胡適和國民黨的關係，原本就存在著歷史過節，此時更降至冰點。

胡適雖然和國民黨的關係十分緊張，雖然國民黨對他嚴加警告，也雖然他的朋友王雲五和張元濟在他被警告後分別寫信勸他不要再對此事發言，而遠在北平的周作人更先於此勸他離開上海這個是非之地，重回北平做學問，胡適回信也說：「因為黨部有人攻擊我，我不願連累北大做反革命的逋逃藪」，更表示「若到逼人太甚的時候，我也許會被『逼上梁山』的，那就更糟了」；[29]但是，所幸的是，胡適儘管依然發言，更寫出了批判國民黨反動性的〈新文化運動與國民黨〉，以至引起新一輪的國民黨各地黨部的電呈，而那種「逼上梁山」的情況，終究沒有出現。究其因，從體制那方面說，黨治初始，畢竟還有一定的言論空間，還沒有以言治罪。從胡適這一方來說，他反對國民黨，卻不是為了推翻它。當然，從雙方來說，由於國民黨內部在約法問題上不是鐵板一塊，胡適和對方還有所互動。這其中，胡適自己的態度是重要的。

〈人權與約法〉發表不久，胡適和剛形成的「國家主義派」的人物有過談話，針對國家主義「打倒一黨專政的國民黨」的口號，胡適表示不同意。他說：「多黨政治是多黨共存，雖相反對，而不相仇視。若甲黨以『打倒乙黨』為標語，則不能期望乙黨之承認其共存。」因此，「人權論戰」中的胡適，他要「打倒」的只是一黨專政，而非國民黨本身。

面對執政的國民黨，胡適並不反對和它互動。亦是〈人權與約法〉不久，新上任的財政部長宋子文請胡適代國民黨想想國家的重要問題，

---

[29] 〈胡適致周作人〉，《胡適來往書信選》上冊，第 544 頁。

胡適提了個方案，第一條就是召集約法會議，制定約法。在這個方案的後面，胡適寫道：「我們的態度是『修正』的態度：我們不問誰在臺上，只希望做點補偏救弊的工作。補得一分是一分，救得一弊是一利。」[30]

應該說，這是一種負責任的態度。

(五) 第二階段：「我們要什麼樣的政治制度」

以胡適的《人權論集》出版為標誌，「人權論戰」分為兩個階段，此前為第一階段，此後為第二階段。在時間上，第二階段從 1930 年開始。

後《人權論集》的時代已經不是胡適主角而是羅隆基了，胡適在《人權論集》之後，只有一篇〈我們走那條路？〉發在《新月》二卷第十號上，餘無他作。而羅隆基幾乎是獨立擔綱，接著胡適把這場論戰持久下去。1931 年「九‧一八事變」後，羅隆基在《新月》第三卷十二號上推出〈告日本國民和中國的當局〉，「人權論戰」遂以此結束。這一階段（1930-1931）為時近兩年，羅隆基在《新月》上的政論長長短短計有二十多篇。1932 年，受新月書店出版委託，羅隆基把它們匯為一冊，題名為《政治論文》。

歷時兩年有半的「人權論戰」，從《人權論集》到《政治論文》就是從胡適到羅隆基。

還是在論戰正酣之際，胡適給張元濟的信中這樣介紹羅隆基：

> 羅隆基君字努生，江西人，清華畢業，曾留學美國，一九二六年至英國留學，專習政治，專攻「政黨」及「考試制度」。去年回國，不久即到新加坡結婚，舊曆年前始回上海。現在中國公學及光華大學教授。他似尚未滿三十歲。[31]

---

30 《胡適日記全編》卷五，第 448 頁。
31 〈胡適致張元濟〉，《胡適全集》卷二十四，第 27 頁，合肥：安徽教育出版社，2003 年。

　　胡羅兩人，比較之下，胡適雖然參加清華考試到美國，但沒有在清華讀過書，比胡適小七歲而生於「戊戌維新」之年的羅隆基不僅就讀清華，而且五四前後還是清華學領，天生具有造反氣質。另外，胡適在美國讀的是哲學，羅隆基讀的是政治，專業的不同，加上胡適天生沒有造反性，因此，「人權論戰」中的羅隆基比胡適投入了更多的精力，相應地，文章也更專業，亦更具批判熱情。文從其人，他倆的政論風格，如果一個是「理性的平實」，另一個則是「激情的理性」。當時，「新月」諸人相約，再成立一個「費邊」性質的「平社」，專議社會政治，同時出版「平論」週刊，以「平正的話表示一個平正的觀點」。[32]據胡適日記，「本想叫羅努生做總編輯」，但，「前兩天他們來逼我任此事」。[33]「平社」活動了一年多時光，但「平論」卻始終沒有出刊。這份雜誌果如問世，設若又是羅隆基主持，肯定會搞得磊落不平；因此，大家公推擅長持平的胡適負責，乃是知人。不過，「平論」雖未刊行，「平社」成員的文字也大都發在《新月》上了。

　　1930 年後羅隆基的「新月」文字，有這樣三篇堪足圈點：〈我們要什麼樣的政治制度〉、〈對訓政時期約法的批評〉、〈什麼是法治〉。此三篇有一個共同特點：就是在教訓國民黨（這樣一個特點，不為胡適所有）。

　　〈我們要什麼樣的政治制度〉寫於 1930 年六月、發於《新月》第二卷第十二號。文章除開頭的引子外，由四個部分組成，前兩部分為「破」，後兩部分為「立」。所破者，一、馬克思的共產國家觀，二、國民黨的「黨在國上」論。就第二部分言，羅隆基在比對平民政治和獨裁政治時指出：「『黨在國上』『黨權高於國權』，這當然是獨裁制度，不是平民制度。」緊接著，羅文「鄭重聲明，我們是極端反對獨裁制度的。我們極端反對一人，或一黨，或一階級的獨裁」，因此，「我們要向主張『黨在國上』『黨權高於國權』的國民黨收回我們國民的政權」。[34]由於

---

[32]　《新月》第二卷第一號，「編輯後言」1 頁。

[33]　《胡適日記全編》卷五，第 374 頁。

[34]　羅隆基〈我們要什麼樣的政治制度〉，《新月》第二卷第十二號，第 10-11 頁。

國民黨的「黨治」是和訓政理論綁在一起的，訓政給黨治提拱了合法性。因此，羅隆基從黨治到訓政，對訓政本身進行了否定。由於孫中山以前把國家比成一個股份公司，羅文說：「我們就不相信股份公司的股東，個個要經過一番商業上的訓政。我們不相信一個公司，要先讓經理專政幾年，加股東一番『訓政』，而後才可以參與公司的事務。國家這種組織，最少在國民與政府的關係一點上，與股東和經理的關係相彷彿。」然後，羅文退一步，「政治上即真有『訓政』的必要，我們又相信執政人員——即今之訓師——的訓練，比國民的訓練，更為急切。孫中山先生有政府是汽車，執政是汽車夫，人民是坐汽車的主人一個比喻。果然如此，車夫是要嚴格的訓練，坐汽車的主人，是用不著訓練的。」訓政既不必要，那麼「訓政時期，應否『黨權高於國權』，應否採用『黨在國上』的獨裁制度，這又另一問題。在我們看來，獨裁制度，因它一切內在的罪惡，本身就不足為訓。採用一種不足為訓的制度，為訓政時期的模範，這又是『建國』上南轅北轍的方法。」[35]年輕的羅隆基除了專業知識之外，更多是憑熱情和道德勇氣寫文章，因此，他的政論，筆無遮攔，常給人痛快淋漓之感。

在立論的部分，羅文強調兩點：一、召開國民大會，制定憲法，二、建立一個「委託治權」和專家行政的政府。前一點，是承繼胡適的意思，後一點則是自己以往觀點的繼續。就前一點，約法的必要性既已消解，再行制定的就不是約法而是憲法了。我們要什麼樣的政治制度，關鍵就看制定什麼樣的憲法，憲法是制度的根據。然而，當時的問題是，國民黨內的勢力，認為總理遺教就是憲法，中山全書就是憲法，建國大綱就是憲法。對此，羅文從程序角度予以反駁：「『遺教』『全書』『大綱』經過了什麼一種法定手續，成為今日中國的憲法，成為我們全體人民應遵守的大典章，這是根本問題。我在上面說過，憲法的來源，只有兩個：一、人民制定的；二、人民默許的。根本的原則是憲法一定要人民的承認。人民對於憲法某部分不同意時，有法定的手續可以修正。所謂『遺

---

[35] 羅隆基〈我們要什麼樣的政治制度〉，《新月》第二卷第十二號，第 13 頁。

教』『全書』『大綱』，那一部分是我們全體人民制定的？經過什麼手續，得到人民的承認？我們人民有什麼方法，可以修正？」[36]

這些問題都是國民黨難以回答的。

然而，彼時在國民黨內部，不獨有為權力相爭而主張約法者，同時也有真正篤信法制的開明人士。1930 年初，正值國民黨利用輿論大肆批胡之際，立法院下的法制委員會委員長焦易堂向國民黨中常會提出了一個「人權法原則草案倡議書」。在他看來，訓政時期的國民政府大綱、國民政府組織法等，都可視為約法，「只未有人民基本權利之規定耳。故謂今日需要約法，毋寧謂為需要人權法也」。以「人權法」直謂「約法」，不但和胡適的〈人權與約法〉相因應，而且比主張約法的胡適更進一步，直接以「人權法」代替「約法」了。針對國民政府下達的人權保障令，倡議書指出：「唯命令保障，究不若法律保障之強固也」。而況，「人民基本權利之被侵害者，往往出於國家機關之本身。又將何所依據以保障耶？」[37]胡適接讀這份倡議書，尤其讀到這一句時，大為稱讚（這其實正是他自己幾個月前的觀點），胡適說：「這一句話是今日最犯忌諱的。黨國當局最怕這句話，胡適之說了幾乎遭通緝，……但立法院的法制委員會委員長能說出這樣觸犯忌諱的話，大可洗刷『御用機關』的惡名，我不能不給焦先生道賀。」[38]「人權法案」提出後，國民黨中央執行委員會召開第六十八次會議，討論此案。出席者有胡漢民、葉楚傖、陳果夫、孫科四人，余為列席。大會最後認為「『人權法案』應從緩議」，理由是「總理之遺教已經第三次全國代表大會決議為中華民國根本大法，不必更有等於憲法關係人權之規定」了。[39]焦氏提案不通過不足為奇，因為他是胡漢民的手下，而胡的一貫立場就是反約法。

不久，胡漢民的立場受到蔣介石的有力挑戰。1930 年十月初，蔣在開封軍次致電國民黨中執會，要求提前召開第四次全國代表大會，制

[36] 羅隆基〈我們要什麼樣的政治制度〉，《新月》第二卷第十二號，第 17 頁。
[37] 轉《胡適日記全編》卷五，第 635-636 頁。
[38] 〈胡適致黃懺華〉，《胡適日記全編》卷五，第 640 頁。
[39] 轉《胡適日記全編》卷五，第 642 頁。

定在憲法未頒布前與訓政時期相適應的約法。蔣的意見即遭胡的抵制，認為此時談約法，無異於將總理遺教撇開而另尋別徑。蔣胡衝突由此惡化（這是一場權力衝突，外界認為蔣是想借此在國民大會上提出總統問題），1931年二月底，蔣設「鴻門宴」宴請賓客，藉機將胡扣留，並軟禁於南京湯山。然後召集國民黨中常會，以胡漢民反對約法為由，免去他國府委員和立法院長本兼各職。政敵掃除之後，是年五月五日，蔣氏一手包辦的國民大會召開，大會通過由王寵惠起草的《中華民國訓政時期約法》（又稱「五五憲草」）。1936年底，王世杰和錢端升增訂出版《比較憲法》，書中有對這次約法的評價，云：「……『約法』雖已頒布，而黨治的制度初未動搖，統治之權仍在中國國民黨的手中。在黨治主義之下，黨權高於一切；黨的決定，縱與《約法》有所出入，人亦莫得而非之。以此之故，民國二十年六月的《約法》，並未嘗為中國政制劃一新的時期。」[40]

如果說這還是國民黨體制內的人的看法，那麼，這個約法到了羅隆基筆下則更為不堪。《新月》三卷八期上的〈對訓政時期約法的批評〉應該說是全方位的，其中圍繞「權利」和「權力」所展開的兩部分，批判甚為得力。

就權利而言，約法第二章作為權利章，從第六條到二十七條，計十九條，除其中第六、第十一和第二十一這三條外，其他各條，無不有「依法律」或「不依法律」則如何的字樣。於是，「每個條文中，加上這樣的規定，條文的實質，不是積極的受限制，就是消極的被取消。照約法的表面說，如今人民有言論的自由，有結社的自由，有通信，通電，居住，遷徙的自由，有一切一切的自由。究其實質，言論自由『依法律得停止或限制之』，出版自由『依法律得停止或限制之』，集會自由『依法律得停止或限制之』，結社自由『依法律得停止或限制之』。一切一切的自由『依法律得停止或限制之』」，由此，羅隆基揭露，約法裏的權利「是左手與之，右手取之，這是戲法，這是掩眼法，這是國民黨腳快手靈的

---

[40] 王世杰、錢端升《比較憲法》第471頁，北京：商務印書館，2002年。

幻術」。[41]然後，羅隆基再次援引美憲「權利法案」第一條：「國會不得制定法律，規定宗教或禁止人民信教自由，或取締人民的言論，印刷，集會及請願的自由」。由於美憲不准國會就言論自由等作任何性質的立法，這就意謂著言論自由是不受法律干涉的（只需要言論者事後承擔法律責任）。比照之下，約法第十五條雲「人民有發表言論及刊行著作之自由，非依法律不得停止或限制之」，這等於是說如果依照法律則可以停止或限制言論自由。然而，可以停止或限制言論自由的法律本身就是違憲的，因為它給統治者壓制言論自由留下了法律空間。

權利而後，羅隆基接下來就把筆墨對準了國民黨的權力體制。國民黨不滿於美國式的「三權分立」而自創「五權分立」，在立法、司法、行政之外，又增添考試、監察兩權，從而給人以「分權更分權」的表象。然而，這卻是假象。從根本上來說，五權和三權走的就不是一條路。美國三權分立意在分散權力，使之不集中於一個人或一個機關，因此，三權之上不復有高於它們的權力機構。國民黨的五權看起來也是在打散權力，但五權之上，卻還有一個權力大於它們的國民政府。因此，羅隆基指出：「國民政府委員會掌握一切的治權。名義上雖有所謂五權，實際上只有一權。」而國民政府委員會又設主席一人，由於國民政府在權力上已經包羅萬象，這個主席「又為萬能委員會的萬能的領袖」，因此，這種體制只有兩個結果：「成一個獨夫專制的政府，或成一個多頭專制的政府」。這種體制，羅隆基警告「絕對走不上民主政治的軌道」。[42]豈非如此，這種體制直接就是黨治的、甚至獨裁的。因為統治國民政府的是國民黨。國民黨雖然聲稱「主權在民」，但國民政府卻不對代表民眾的國民大會負責，卻對國民黨負責。羅隆基畫出一張以黨統政的路線圖：「國民黨全國代表大會——中央執委——中央政治會議——國民政府——五院——各部」。這裏，五權分立的「五院」成了一個小小的部落，大權儼然在身為國民政府主席、同時又是中央政治會議委員的蔣介

---

41 羅隆基〈對訓政時期約法的批評〉，《新月》第三卷第八號，第 5 頁。
42 羅隆基〈對訓政時期約法的批評〉，《新月》第三卷第八號，第 11-12 頁。

石手裏。羅隆基不無尖刻地說：「在這種體制下，下司對上司，是蔣介石請蔣介石；上司對下司，是蔣介石命令蔣介石」，而這正導致了「國民政府政績的失敗，政府組織的呆重不靈」。[43]

羅文在《新月》三卷八期登出後，不久便出事了。1931年七月二十四日，天津《益世報》載文，題目是「好大的膽子　竟敢詆毀約法要查禁你了」。文章登錄一份天津市整委會的公函，稱：「查《新月》月刊發行以來，時常披露反對本黨之言論，近於第八期中，詬辱本黨之文字，跡近反動，亟應嚴行取締，而正聽聞……。」[44]這已不僅是警告，七月三十一日，查禁果然發生。上午，胡適接到電話，北平市公安局早晨八點查抄新月書店北平分店，不但搜走《新月》八期幾百冊（一說一千多冊），而且抓走店中兩人。不過，此時由幕前轉到幕後的胡適已和北平體制有了一定的溝通，而且在京津兩地報紙發表查禁文章之時，就和有關方面打過招呼。因此，雖然北平警局奉令行事，但在事先斡旋之下，人在被拘捕的當天下午就放了，店面也隨之營業，只是搜去的那些雜誌，最後下落不明。

羅隆基的反應也是雷厲風行的。由於這段時間《新月》雜誌一直由羅隆基一人在編，有時他一人在一期雜誌上連署名帶筆名能登上三、四篇文章，而且都是政治論文，這不但對國民黨形成了刺激，也引起了雜誌內部的一些不同意見。羅隆基於事發數日後致信人在北平的胡適，一邊詢問新月北平分店被抄後的情形，一邊和胡適談上海這邊新月的問題：「此間志摩、洵美等為維持《月刊》營業計，主張《新月》今後不談政治。『向後轉』未免太快，我不以為然。……《新月》的立場，在爭言論思想自由。為營業而取消立場，實不應該。……放棄一切主張，來做書店生意，想非《新月》本來的目的。先生意以為如何？」[45]顯然，這最後一句是希望獲得胡適的支持。在給胡適寫信的同時，羅隆基針對

[43] 羅隆基〈對訓政時期約法的批評〉，《新月》第三卷第八號，第14-15頁。
[44] 轉《胡適日記全編》卷六，第138-139頁。
[45] 〈羅隆基致胡適〉，《胡適來往書信選》中冊，第76頁。

新月書店被查抄事,又寫出了〈什麼是法治〉一文,刊登在依然由他一人編輯的《新月》三卷第十一期上。

　　還是在〈對訓政時期約法的批評〉的最後,羅隆基雖然把約法批得體無完膚,自己依然退一步承認「好法律勝於惡法律;惡法律勝於無法律」,既然如此,他以這樣的籲請結束全文:「一、黨國的領袖們,做個守法的榜樣!二、國民黨的黨員,做個守法的榜樣!」誰知,籲請聲還沒落地,新月書店被抄這樣違法的事就發生了,違法者恰恰就是國民黨地方黨部,羅隆基出於他不依不饒的性情,既要抗議,也不願放過這給國民黨上課的機會。

　　回顧國民黨訓政時期的「人權論戰」,不外這樣九個字「申約法,張人權,反黨治」。沒有約法要約法,這是胡適開的頭;有了約法要依法,於是羅隆基繼其後。作法犯法,羅隆基是看不過去的,這就帶出了「什麼是法治」的問題。按照約法第十五條「人民有發表言論及刊行著作之自由,非依法律,不得停止或限制之」。按照約法第十六條「人民之財產,非依法律,不得查封或沒收。」據此,羅隆基追問:「第一,我們要問《新月月刊》的言論,新月書店的店夥,新月書店的財產,何以得不到約法上第十五第十六兩條的保障。第二,我們要問市公安局檢查新月書店,逮捕店夥,沒收財產,依據了什麼法律?約法上第十五條第十六條,『非依法律』四個字,作何解釋?第三,我們要問平津市整委,他們在法律上站什麼地位?他們依據什麼法律,取得了直接分函各地,查禁人民的言論著作,並函呈公安局沒收人民的財產這種權力。」[46]

　　法治的真義,在羅隆基看來,不是形式上白紙黑字的法律條文,也不是老百姓的守法奉命,它「是政府守法,是政府的一舉一動,以法為準的,不憑執政者意氣上的成見為原則。」羅隆基的根據來自英國的憲法學家戴實,戴實說:「法治的意義,第一,是法律絕對的超越和卓越的地位與專橫的權力的效力相敵對」。[47]相敵對的結果,如果法律戰勝

---

[46] 羅隆基〈什麼是法治〉,《新月》第三卷第十一期,第 2 頁。

[47] 羅隆基〈什麼是法治〉,《新月》第三卷第十一期,第 3-4 頁。

了權力,這是法治;如果權力戰勝了法律,(放在這件事情上)則是黨治。這次新月書店被抄,沒有任何法律依據,僅依憑黨部的一紙公函,這是黨權向約法的挑戰。羅隆基連用兩個排比段落抨擊:「在法律上說,這是他們越職侵權,這是專橫,這是獨裁,這就是違背法治的原則。這是破壞約法」。[48]

〈什麼是法治〉基本上就是「人權論戰」的尾聲了,緊接著,「瀋陽事件」爆發,羅隆基發表了他在《新月》上的最後一篇政治論文〈告日本國民和中國的當局〉。在對中國當局的發言中,羅隆基再一次告警「如今的黨治,在內政上以黨治國,是以黨亂國;在外交上,以黨治國,是以黨亡國」。這樣的聲音,遂成《新月》絕唱,因為從第四卷起,直至終刊,《新月》又出了七期,但它果然「不談政治」了,回到 1928 年時的文學和文化。

回首《新月》,從 1928 年三月首刊,至 1933 年六月停刊,其間運行了五年零四個月,共出雜誌四十三期。「人權論戰」是從第二卷第二號開始的,時間最早當在 1929 年五月(胡適的〈人權與約法〉寫於該年的五月六日),而羅隆基在《新月》第三卷第十二號的〈告日本國民和中國的當局〉,寫作和發表時間均應在 1931 年的最後一季。如是,「人權論戰」的時間大約可以推定為兩年有半(1929・5-1931 底)。

(六)左的批判:「中國人權派的真面目」

在歷時兩年有半的「人權論戰」中,以胡適和羅隆基為代表的「新月」知識份子不但歷遭來自右邊的國民黨的圍剿,同時也遇到來自左翼的文化攻擊。左攻右擊幾乎同時開始,但左批時間持續更長,一直到「人權論戰」結束之後。

1929 年六月,論戰伊始,就有一篇佚名的文章,呼籲「愛自由的朋友們,信仰全民政治、真心擁護共和政體的朋友們,不要再癡心妄想

---

[48] 羅隆基〈什麼是法治〉,《新月》第三卷第十一期,第 5 頁。

向充滿帝制思想的黨狗黨蟲們要求什麼御賜的『民權與約法』了！民權與約法是『爭』出來的，不是『求』出來的，是用鐵與血所換來的，不是用請願的方式所能取得的，何況事實上連請願都不可能呢？我們倘若真的想要民權與約法，現在只有一條路，就是大踏步走過來，加入全體革命的組織，以鐵和血的力量，去打倒一黨專制的國民黨……來創造民主共和。」[49]

胡適雖然反對一黨專制，但以「鐵與血」即「革命」的方式來解決問題，又為他所不取。1930 年春，胡適淡出「人權論戰」後，他更多不是以批判而是以立論思考中國問題。當幾位新月朋友決定就中國政治、經濟、教育等問題分別發表專論時，推胡適做一篇引論性的文章放在前面，於是就有了胡適的〈我們走那條路〉。這篇文章重在兩點，一是提出「五大仇敵」（即「五鬼」）：貧窮、疾病、愚昧、貪汙、擾亂。二是辨析「演進」與「革命」。就後者言，胡適認為「革命和演進本是相對的，比較的，而不是絕對的相反的。順著自然變化的程序，如瓜熟蒂落，如九月胎足而產嬰兒，這是演進。在演進的某一階段上，加上人工的促進，產生急驟的變化，表面上好像打斷了歷史上的連續性，故叫做革命。」如果說這樣的辨析還是中性的，那麼，胡適進一步指出：「革命的根本方法在於用人工促進一種變化，而所謂『人工』有和平與暴力的不同。……在未上政治軌道的國家，舊的勢力濫用壓力摧殘新的勢力，反對的意見沒有法律的保障，故革新運動往往不能用和平的方法公開活動，往往不能不走上武力解決的路上去。」而「武力暴動不過是革命方法的一種，而在紛亂的中國卻成了革命的唯一方法，於是你打我叫做革命，我打你也叫做革命……，『革命』便完全失掉了用人工促進改革的原意了。」此刻，對那種打來打去的「鐵與血」的暴力革命，胡適態度明確起來：「我們很誠懇地宣言：中國今日需要的，不是那用暴力專制而製造革命的革命，也不是那用暴力推翻暴力的革命，也不是那懸空捏造革命對象因而用來鼓吹革命的革命。在這一點上，我們寧可不避

---

[49] 轉《胡適日記全編》卷五，第 445 頁。

『反革命』之名,而不能主張這種種革命」。[50]很顯然,胡適是反對用暴力的方式去爭取人權與約法的,他認同的方式是在法治框架下的逐步演進。有意味的是,左右兩翼不僅互責對方為「反革命」,也同時共責胡適等為「反革命」。在革命和反革命的問題上,左右兩翼可謂資源分享。然而,面對這樣的左右夾擊、兩間不容,胡適等「中道」演進是愈來愈難了。

在左派批判中,用力甚勤功夫最深的應是瞿秋白。他不僅在「魯迅」的筆名下以雜文體譏刺嘲罵胡適,如〈王道詩話〉、〈出賣靈魂的秘訣〉等,更先以洋洋大作〈中國人權派的真面目〉拔其批判頭籌。該文寫於「人權論戰」即將結束的 1931 年尾,它所針對的是羅隆基發於《新月》三卷十期上的〈論中國的共產〉。瞿文由九個部分構成,九個小標題就勾勒出全文的價值取向,它們第次是:一、中國人權派的「反對」國民黨和政府,二、「反革命大競賽」之中人權派的新鮮旗幟,三、人權派替地主資本家想著的「出路」,四、人權派贊助屠殺的「聰明」的方法,五、人權派所有的一些兒有限的常識,六、人權派用「共產嫌疑」恐嚇國民黨,七、人權派用「共產足以召共管」來嚇人,八、人權派原來也用「流氓土匪」的口實反對真正的民權,九、人權派的理想原來如此。九枝利箭,層層揭批,非有理論底細的瞿秋白而莫能。

瞿秋白是這樣介紹「新月」知識份子的。文章一開頭,「中國國民黨的專制統治之下,現在有一個所謂『人權派』。這些自稱為『人權運動者』的大學教授胡適之、羅隆基等,在一九二九年寫了好些篇文章,說了好些俏皮話,搭出了『反對政府派』的架子。」[51]然而,在這架子的後面,「反對共產黨,反對國民黨壓迫剝削的不得法——這是人權派的真面目」。因此,在性質歸屬上,人權派是「日益緊張的『反革命競賽』」的一部分。胡適上面剛說過「在這一點上,我們寧可不避『反革命』之名」,這裏瞿秋白就給坐實了。那麼,參與競賽的反革命有哪些

---

[50] 胡適〈我們走那條路〉,《胡適文集》卷五,第 353-361 頁。

[51] 瞿秋白〈中國人權派的真面目〉,《瞿秋白文集》卷七,第 170 頁,北京:人民出版社,1991 年。

呢?在瞿文看來,孫傳芳、吳佩孚、張作霖不用說是反革命,國民黨的「西山會議」是反革命,蔣介石、戴季陶是反革命,汪精衛、張發奎是反革命,第三黨的鄧演達、譚平山是反革命,就是共產黨內政見不同的陳獨秀們也是反革命。「現在人權派的羅隆基大人,就把他們的藥方整理起來清清楚楚的寫了一篇文章。……因此,人權派參加反革命大競賽的旗幟也就格外鮮明了。」[52]

羅隆基大人的〈論中國的共產〉一個很重要的特點,就是批評國民黨取法蘇俄搞黨治。對此,瞿文予以嚴正駁斥:「羅大人說,國民黨的『以黨治國』是學共產黨的榜樣,這尤其是天大的笑話。國民黨的『以黨治國』,冒充著模仿俄國,也是孫文、蔣介石的狡猾。民眾的羨慕俄國無產階級和農民真正得到解放,這種覺悟十年以來一天天的增長,使得國民黨很早就搶著說:我們國民黨也學俄國辦法,他們想這樣欺騙民眾。其實,共產黨絕對不主張以黨治國!俄國的蘇維埃政府是各級蘇維埃選舉出來,從市區和村鎮一直到中央政府,都是工人農民——總之,一切不剝削別人勞動的人民,真正普遍的參加選舉而選出來的,絕對沒有黨的機關指定政府的事!」[53]

羅隆基反對的是蘇俄的黨治,標舉的是英美的「民治」。這一點,瞿文看得很清楚,「你羅大人羅博士,很迷信美國的憲政學說——不流血的帶著白手套的人權運動」。[54]而且,「照羅大人的口氣,美國是一個理想的國家了:『美國是比較富足的國家,人民平均的財力,比任何國家的人民更高。共產黨在美國發展的機會,比任何國家更小。』人權派的大人先生們甚至說美國差不多每家都有汽車(見《新月》雜誌某期)。瞿文笑駁:「這真是海外奇談了。美國『人民』的平均的財力,比任何國家更高;美國人民的自由比任何國家更大?政治上美國的『平等自由』,我們只要看一看辛克萊、哥爾德的小說就可以知道了;美國工人過的是何等慘酷的生活,何等的不自由;何等的不平等!這些文學家是

---

[52] 瞿秋白〈中國人權派的真面目〉,《瞿秋白文集》卷七,第 172-173 頁。
[53] 瞿秋白〈中國人權派的真面目〉,《瞿秋白文集》卷七,第 180-181 頁。
[54] 瞿秋白〈中國人權派的真面目〉,《瞿秋白文集》卷七,第 182 頁。

美國人，他們知道美國社會的深切，至少比中國人權派的幾個美國留學生勝過一千倍。美國家家都有汽車的海外奇談，只好去騙騙小孩子！」[55]

比較有趣的是，瞿秋白乃是根據美國的小說來判斷美國國情，這種判斷卻又和國民黨右翼何其吻合。一篇聲稱「中國國民黨的專政，本身是毫無掩飾的」文章，在批胡適「人權論」時說：「在胡先生確是太過崇拜『天賦人權』的信念了。我們遠看一點，在歐美的虛偽民權，對於人民有什麼利益。胡先生到了歐美，並看見了坐汽車住洋房的人們生活享受愉快，……而沒有看見工廠裏面做資本家奴隸的工人和殖民地裏面被壓迫的人民的狀況。他們國家裏的民權，是為特殊階級所占了，痛苦的民眾們哪能占定絲毫的利益。美洲的民主政治這樣的虛偽，在胡先生見解，似乎沒有感覺得到的。」[56]從思維方式到話語，左翼和右翼，有時是一翼。

瞿秋白之外，對新月批判的又一得力主將是魯迅。魯迅視瞿秋白為至交，其書贈條屏為「人生得一知己足矣，斯世當以同懷視之」。這個「同懷」表現在對新月派上，就是同仇敵愾。當胡適因〈人權與約法〉與國民黨交惡時，魯迅正在上海灘和各種各樣的文人惡鬥。因此，一位「好心」的讀者這樣寫信勸胡適「您看人家魯迅先生便比您乖，他雖然嘗說『真的猛士，敢面慘澹的人生』，然而，『有人說我為什麼不作作政治論文或者別的……無論他們（指那些以軟刀謀害的）如何勾引，我卻總不會上當』。（大意如此，語句是否這樣記不清楚了）先前我總以為魯迅先生這句話未免太小心了，似乎與自己的『直面慘澹的人生』相矛盾；而今始知不然；這正是他老人家的精明處。」[57]

面對新月，魯迅不僅把瞿的一些批評文章屬上自己的名字發表，而且自己也有多篇批評新月的文字。但，和瞿秋白上面的大體制不同，都是些短小的匕首般的嘲諷性雜文。本來，魯迅和新月社就有隙，其淵源一直可以追溯到當年北京時的「現代評論派」（「新月」和「現代評論」

---

[55] 瞿秋白〈中國人權派的真面目〉，《瞿秋白文集》卷七，第188-189頁。
[56] 轉《胡適日記全編》卷五，第505頁。
[57] 轉《胡適日記全編》卷五，第510頁。

的成員大體是重合的）。「人權論戰」期間，魯迅正和「新月三劍客」之一的梁實秋為翻譯和文學問題打筆戰。梁實秋所以在論戰中出力甚少（只有兩篇），其原因固有多樣，但與左翼筆戰以至分散精力當為緣由之一。

這是一篇完全談翻譯和文學的文字，題目就是〈「硬譯」與「文學的階級性」〉，可是魯迅不時把筆墨繞到翻譯和文學以外。此時，胡適羅隆基正被圍攻，魯迅在反擊梁實秋批評自己的翻譯是「硬譯」時，筆頭一轉，「以硬自居了，而實則其軟如棉，正是新月社的一種特色」。魯迅為什麼這樣說，原來「這一回，新月社的『自由言論』遭了壓迫，照老辦法，是必須對於壓迫者，也加以壓迫的，但《新月》上所顯現的反應，卻是一篇〈告壓迫言論自由者〉，先引對方黨義，次引外國的法律，終引東西史例，以見凡壓迫自由者，往往臻於滅亡：是一番替對方設想的警告。所以，新月社的『嚴正態度』，『以眼還眼』法，歸根結蒂，是專施之力量相類，或力量較小的人的，倘給有力者打腫了眼，就要破例，只舉手掩住自己的臉，叫一聲『小心你自己的眼睛』！」[58]似硬實軟，這就是魯迅對新月的看法。很顯然，魯迅的骨頭是最硬的（翻譯也硬），硬，這個字，還真輪不上新月，而且新月也從不以硬為務。即使人權論戰掀起了軒然大波，胡適等依然很低調。在《人權論集》的序言中，胡適說得很清楚：「今天正是大火的時候，我們骨頭燒成灰終究是中國人，實在不忍袖手旁觀。我們明知小小的翅膀上滴下的水點未必能救火，我們不過盡我們的一點微弱的力量，減少良心上的一點譴責而已。」[59]

然而，「人權可以粉飾一下反動的統治」，[60]在魯迅認識中，人權派不過是「三幫」，幫忙、幫閒、幫兇，他們雖然批判國民黨，但和國民黨之間實質上是主奴關係。針對新月派所要求的要求言論自由，魯迅說

---

[58] 魯迅〈「硬譯」與「文學的階級性」〉，《魯迅全集》卷四，第212頁，北京：人民文學出版社，1982年。

[59] 胡適《人權論集》序〉，《胡適文集》卷五，523頁。

[60] 魯迅〈王道詩話〉，《魯迅全集》卷五，第46頁。

了個「紅樓」的故事。「看《紅樓夢》，覺得賈府上是言論頗不自由的地方。焦大以奴才的身分，仗著酒醉，從主子罵起，直到別的一切奴才，說只有兩個石獅子乾淨。結果怎樣呢？結果是主子深惡，奴才痛嫉，給他塞了一嘴馬糞。」很顯然，魯迅說的是焦大，指的是新月。「給他塞了一嘴馬糞」，再好不過表明了魯迅對新月受國民黨打壓的態度。其所以如此，在魯迅看來「焦大的罵，並非要打倒賈府，倒是要賈府好，不過說主奴如此，賈府就要弄不下去罷了。」[61]魯迅的話，並沒有說錯。胡適不論，即使論戰中火力最足、批判性最強的羅隆基，也明確表示：「今日中國政治舞臺上，誰進誰出，誰來誰去，我們小民確實可以不問。腳色全都在此，問，又怎麼樣？我們只好要求他們編幾段新曲子，換幾幕新佈景。換言之，近日中國的政治，只有問制度不問人的一條路。制度上了軌道，誰來，我們都擁護。沒有適合時代的制度，誰來，我們總是反對。」[62]所以，羅文的題目不是「我們要什麼樣的政治力量」而是「我們要什麼樣的政治制度」。制度優先而非政黨優先，是新月知識份子的一種共識和選擇。他們充分意識到，不同的政黨，哪怕是互相反對的，其性質完全可以相同。而反對只是為了取代，於社會變革來說，意義不大。這裏，重要的是制度，制度革新才是根本的革新。因此，抓住制度做文章，不僅是自由主義的一個根本特色，也是當時新月知識份子的自覺努力。而他們所以面對國民黨說話，是因為國民黨是執政黨，負有制度建構的責任。由於他們不贊成左翼用「鐵和血」的暴力推翻執政力量，而是用法律方式儘量把執政力量往憲政路上逼。這樣他們在不能取悅執政力量的同時，也同樣得罪了以執政為其務求的左翼。

應該說，在左右之間艱難信守「制度」理念，並以理性的態度不懈努力，這才是「中國人權派的真面目」。

---

[61] 魯迅〈言論自由的界限〉，《魯迅全集》卷五，第 115 頁。

[62] 羅隆基〈我們要什麼樣的政治制度〉，《新月》第二卷第十二號，第 2 頁。

（七）尾聲：「人權論戰」中胡適羅隆基的個人遭際

「人權論戰」中的胡適和羅隆基由於較深地得罪了國民黨，因此，他們兩人分別有著同又不同的個人遭際。

《新月》三卷第三期上有羅隆基的文章〈我的被捕的經過與反感〉，記述的是他於 1930 年十一月四日被國民黨抓捕的經過。

是日下午一點多鐘，人在吳淞鎮中國公學上課的羅隆基正在檢閱自己的演講筆記，忽然進來公安便衣，問明羅的身份後，要他到吳淞公安局去一趟，說是局長請他去坐坐。這時學生們湧進了教師休息室，問「你們要請羅先生到公安局去，你們有什麼公文嗎？」對方答曰沒有。這時，學校的教務長也來了，提出同樣的問題，並表示羅先生下午有課，不能離開學校。但對方堅持帶人走，聲稱去去就回來。就這樣，在沒有任何手續的情況下，羅隆基從中國公學被帶到了吳淞公安局。

在吳淞公安局，羅隆基被要求寫一張條子讓警員去學校搜查他在那裏的書包，羅問「你們有檢查的公文嗎？」對方回答「沒有的。羅先生，請你趕快寫張條子好了，我們很忙，我們一定要檢查」。羅隆基只好照辦。當羅隆基問及到底是怎麼一回事，自己被捉到這裏來。得到的回答是：有人控告，我們奉命，而且馬上還要押到上海總局去，現在是在等上海來的汽車。說畢，進來一個人開始搜索羅隆基，「從內衣到外套，從帽子到襪子」，「連衣袋裏的紙屑、錢夾裏的殘條，都乾乾淨淨的收羅去了」。當羅隆基要求打個電話告訴家裏時，不被准許。當羅要求由他們打個電話給家裏時，還是不被准許。為什麼呢？「我們明天要檢查你的家裏」。電話既不許打，「我可以到廁所裏去嗎？」羅問一個員警，回答的是三個字「不可以」，說著，還指了指屋角的一個破痰盂，「你就在那裏面對付對付吧」。

下午四點多鐘，上海公安局的車子來了，在車子的後坐，羅隆基坐中，兩邊是兩個警員，前排還有兩個警員。有驚無險的是，人到了上海，事情就發生了戲劇性的變化。當羅隆基被交到一個「科長」手裏時，科長遞給他一個公文，內容羅隆基記不得了，大意是「言論反動，侮辱總

理」,並控告羅有「共產嫌疑」,並且是「國家主義領袖」。於是「警備司令部根據黨部的呈文轉知公安局按罪拘人。公安局就根據司令部的命令,按文行事」。當羅隆基問自己作為「共產嫌疑」和「國家主義領袖」有無證據時,這位科長卻答非所問「不成問題,有人保了,羅先生立刻可以出去了」。於是,和來時一樣,一輛汽車把羅隆基送回到家裏。到家時,羅看了看錶,時間是六點一刻。[63]

羅隆基為什麼剛被捉就又放了呢?這裏,胡適起了很大的作用。據胡適同日日記記載:「今天在蔡先生家午飯,席末散,忽家中人來說有學生為緊急事要見我。我回家,始知羅隆基今天在中公上課,下午一時忽被公安局員警捕去了」。胡適立即行動,一邊託蔡元培先生去找當時的上海市長張群,一邊託另一朋友去找公安局長袁良;同時,自己又打電話給財政部長宋子文,再又打電話去安慰羅夫人。忙過一通之後,財政部回電,宋部長答應派人去保釋,「蔡先生也來了,說他親自去看張群,願為保釋」。這時羅隆基還沒有押到上海,他的命運已經發生轉折了,「張群允即釋放」。直到晚上六點多鐘,「羅夫人來電話,說,『胡先生,羅先生回來了』,隆基在電話上說,他的被捕是市黨部八區黨部告的,警備司令部令公安局拘捕。」說來,胡適幾個月前的〈人權與約法〉好像就是為這件事寫的,按照陳德徵的提案,只要黨部有書面證明,公安局就可以捕人,法院就可以判刑。提案沒有通過,但事情照樣發生。「黨在法上」,「黨高一切」。對此,胡適在日記中批道:「這真是絕荒謬的舉動。國民黨之自殺政策真奇怪!」[64]

羅隆基事發是十一月四日,二十八日胡適離滬,舉家北遷。他之離開上海那一幕,和羅隆基相比,真可謂又不同。

這是隨行者羅爾綱的記述(羅是中國公學的學生,畢業後住在胡家,幫胡適整理其父書稿,此日和胡適全家一同北上):

---

[63] 以上內容俱來自羅隆基〈我的被捕的經過與反感〉,《新月》第三卷第三號,第1-8頁。

[64] 《胡適日記全編》卷五,第844-845頁。

這天上午八時，羅隨胡適全家乘計程車到上海北站，胡適不要自己在上海的侄輩們送車，月臺上也沒有一個人送行。胡適正要踏上車梯，忽然對面月臺有人高喊「胡校長，胡校長」。原來是中國公學的一個學生，被推作代表來送行。他遠遠地躲在車廂對面的月臺上，直到胡適要上車，才衝過來，匆匆把相機對準胡適拍了照，又急急忙忙地離去。羅爾綱當時還不明所以。

上車後，胡適夫婦住頭等房，羅和胡適的兩個兒子胡祖望和胡思杜住二等房，有四個床位。剛住下，進來兩個掛盒子炮的軍人，把胡思杜吆喝起來，兩人各占一鋪。胡祖望去吧胡適找來，胡適又找來了車廂長。車廂長問他們要車票看，其中一個大聲說「老子沒有票」。車廂長要求補票，並說把其中一個安排在另一房間。那軍人卻把盒子炮拍了一下，屬聲說「老子要在這間」。胡適見狀，一言不發地走了，車廂長也走了。兩個軍人連襟章也沒佩戴，在車上一聲不吭，而此時平滬路是國際線路，秩序很好，已經沒有北洋時代軍人坐霸王車的情況。有此情況，蘇州站就有憲兵隊，完全可以拉下去的。但這兩人一直坐到南京才下車。在羅爾綱看來，「這分明是向胡適挑釁」。他這才明白胡適早上為什麼不要人送車。

第三天，車到北平，羅爾綱滿以為北平和上海的情形會有不同。胡適新任中華教育文華基金董事會的負責人和北大文學院院長，這兩個單位肯定要派人來接；而且，胡適的學生傅斯年和胡適關係極好，他是中央研究院史語所所長，也肯定會來接。但，車進了站，和上海一樣，連影子都沒有。只見胡適堂弟胡成之跑上車來，匆匆地說，汽車已經雇好了。他把大家領到車站外，進了車，立即開走。[65]

---

[65] 見羅爾綱《師門五年記：胡適瑣記》（增補本），第 98-100 頁，北京：三聯書店，1998 年

　　（以上羅爾綱離上海時的記述和胡適當天日記有所不同，按胡適十一月二十八日日記記載：「今早七點起床，八點全家出發，九點後開車。到車站來送別者，有夢旦、拔可、小芳、孟鄒、原放、乃剛、新六夫婦、孟錄、洪開……等幾十人。」[66]胡是當日日記，羅是事後記憶，如有誤，似在羅而不在胡。但，羅氏所記事體，可以有誤差，卻不會出於虛構，如車廂之所遇）。

　　胡適定居北平後不久，即因中華教育文化基金會董事會開會又來上海，這期間又碰上了羅隆基的事。羅隆基被捕釋放後，未加收斂，反而更寫出一連串反黨治的文字，筆鋒也更趨犀利。在國民黨看來，羅隆基是由蔡元培保出來的，「既經保釋，又復發表同樣文字，因此大動黨內公憤，甚至遷怒而及蔡先生」。[67]於是和前此對胡適一樣，又由教育部致電羅所在的上海光華大學，謂「羅隆基言論謬妄，迭次公然詆本黨，似未便繼續任職，仰即撤換。」[68]這是砸羅隆基的飯碗了。才到上海的胡適又為此事奔忙。他先是託人轉話給蔣介石身邊的陳布雷，表明羅的文章是個人言論，不應由學校辭退，更不應由教育部命令學校辭退。在胡適看來，此舉實開由政府直接罷免大學教授之端，以後將引起無窮後患。在托人無果的情況下，胡適直接致信陳布雷，言：

> 今所以罪羅君者，只因他在《新月》雜誌作文得罪黨部及政府而已。《新月》在今日輿論界所貢獻者，唯在用真姓名發表負責任的文字。此例自我提倡出來，我們自信無犯罪之理。所謂「負責任」者，我們對於所發言論，完全負法律上的責任。……凡法律以外的干涉，似皆足以開惡例而貽譏世界。
>
> ……至於因個人在校外負責發表的言論，而用政府的威力，敕令學校辭退其學術上的職務，此舉尤為錯誤。……歐戰時代，美國哈佛大學心理學教授敏斯脫堡發表了許多反對美國參加大戰的

---

[66] 《胡適日記全編》卷五，第 883-884 頁。
[67] 〈金井羊致胡適〉，轉《胡適日記全編》卷六，第 22 頁。
[68] 轉《胡適日記全編》卷六，第 10 頁。

言論，社會上頗有人勸哈佛校長辭退他，但校長洛威爾先生堅信此人以私人資格發表言論，與學校無關，他只求他能教心理學，不能禁止他在校外有所主張。

這種風氣，在大學以內，謂之「學術上的自由」（Academic Freedom）；在大學以外，謂之「職業之自由」（The Right of Profession）。」

之後，就「此次大部電令，注重『迭次公然』字樣」，胡適聲稱「我頗不解。『公然』正是我們負責任的態度，若不許『公然』，豈宜獎勵陰謀祕密乎？」[69]

然而，胡適雖然據理力陳，終於無改事局。羅隆基無法在光華呆下去，唯一的逆挽，是光華上呈蔣介石，並發表，然後，由羅自己主動提出辭職。

這件事的尾聲是，光華大學校長張壽鏞見到了蔣介石，把呈文交了上去。回來後告知胡適，「蔣問，『這人到底怎麼樣？』他說：『一個書生，想作文章出點風頭，而無心其他。』蔣問，『可以引為同調嗎？』他說『可以，可以！』」。[70]

1931 年初，清華大學因更換校長引發風潮，當時清華師生提出三個人選（周貽春、趙元任、胡適），三月十七日，清華舉三位學生代表赴京謁蔣，據當日《大公報》報導：「蔣告以決派吳南軒為校長。」並解釋，「政府非不欲容納學生意見，但先徵周貽春未得同意」。至於胡適，蔣介石回答得很乾脆：「胡適係反黨，不能派」。[71]

這都是發生在「人權論戰」第一階段末和第二階段初的事。張人權、反黨治的胡適和羅隆基分別辭去了中國公學校長和光華大學教授的職務，先後離開上海而轉赴京津另謀生路。《新月》當然在繼續，胡適和羅隆基也在不同方向上在繼續。就羅隆基而言，他終於沒能被國民黨引

---

[69] 〈胡適致陳布雷〉，轉《胡適日記全編》卷六，第 24-26 頁。
[70] 轉《胡適日記全編》卷六，第 37 頁。
[71] 轉《胡適日記全編》卷六，第 98 頁。

為「同調」，一次被捕，二次辭職，他和國民黨徹底搞僵，並且自己也日益左轉，最後選擇了自己早年曾經反對過的道路。而「反黨」的胡適雖然在不久後逐步改善了和國民黨的關係，並由此開始他和國民黨之間的長期的、艱難的磨合，但，最終也是磨而未合，或貌合神離。

令人遺憾的是，「人權論戰」的胡適和羅隆基在《新月》閉關後逐漸分道揚鑣，他們各自做出了不同的選擇。同樣令人遺憾的是，胡羅的「人權論戰」並沒有完成它的歷史任務，他們雖然為此付出了努力和代價，但，歷史卻經常走錯房間，而且歷史還在繼續……。

附錄五

李老，請允許我用這樣的方式紀念

2002 年暑假的一天，電腦裏傳來北京朋友丁東的一封信：

> 邵建：你好！我今天和趙明節、席雲舒一起去李慎之家送《大學
> 人文讀本》。李主動談起你在《書屋》上發表的文章〈事出劉文
> 典〉，十分稱讚，認為解決了魯迅與胡適的關係問題。他說，自
> 己年輕時是受魯迅影響的，是看不起胡適的。直到老年，才反省
> 自己一生走了彎路，還是胡適比魯迅高明。他甚至說，我們這些
> 革命黨對民族都是有罪的，當然我不是罪魁。對你文中談到知識
> 份子參政問題，也很贊同。我覺得，你不妨與他通一封信，將會
> 很有意思。因為你這篇文章涉及的不僅是怎麼看待中國百年歷史
> 中知識份子的作用和定位，實際上還是今後中國向何處去的根本
> 問題。李慎之的地址是 100021　北京潘家園華威西里 8 號樓 2
> 門 1203。
>
> 　　　　　　　　　　　　　　　　　　　丁東 2002，8，19。

　　我很感謝丁兄帶給我的資訊，但對他的建議卻很躊躇。李老已被譽
為「中國自由主義的領軍人物」，而我只是外省的一個邊緣作者，有必
要去打擾他老人家？幾天後，南京的范泓兄來聊天，說起了這事，他也
做出了丁的建議，其理由幾乎一模一樣。好事聽人勸，我被說服了。同
時，我也覺得，丁兄已把這事明確地告訴了我，我不知猶可，知道了卻
做不知狀，那是說不過去的。於是，八月二十八日，也就是接丁兄信後
的第十天吧，我給李慎之先生寫了一封信，並同時附去了我的另一篇「胡
魯比較」的文章〈中國自由主義的「胡冠魯戴」〉。

尊敬的李先生：您好！

前一段時間北京的丁東兄發電子信件給我，說他送《大學人文讀本》給您時，您談到了我的文章〈事出劉文典〉，並給與了稱讚，認為解決了胡魯之間的關係問題，同時也說到了知識份子參政的作用，等等。信末，他建議我與您通一封信並給了您的地址。我當即回信表示感謝和接受，但事實上遲遲沒有動筆。已經拖過了十來天，主要是怕打擾您。然而，今天還是決定寫了。

讀過先生談胡魯的文章，先生的價值取向不僅是我所認同的，也是作為後學的我隨其跟進的。先生的胡魯比較來自自己長達幾十年的切身經驗，這樣的說服力我遠所不及，但我仍想在先生開了頭的路上走下去。因為，胡魯不僅是二十世紀中國最具典型意義的知識份子（有不有點像二十世紀法蘭西的薩特和阿隆），而且他們兩人的價值分殊表徵了二十世紀解決中國問題的兩條道路。現在可以看出，胡適的路在海峽那邊終於走通了，儘管很晚；早的倒是魯迅那條，但那是絕路。可是，這樣一個顯明的事實，當下卻居然還是個問題。胡，還是魯，不僅依然是現今中國發展道路的兩種選擇，而且，就學術界主流而言，依然是揚魯抑胡，胡的意義至今還沒有被充分認識到。既然如此，我輩就沒有理由不認真做一做這項工作了。好在李老在前邊給我（們）開了個好頭。具體說，我想把胡魯這個題目繼續做下去，如果不是書的話，也應是系列論文。現在寫了六、七篇，七、八萬字了。我把其中剛剛從電腦發往《戰略與管理》雜誌的〈中國自由主義的「胡冠魯戴」〉一文列印寄您，請您便時一翻，以瞭解一下我這個後學的工作情況。儘管這項工作並非人人都能理解，比如，8 月 22 日我在《南方週末》上發的〈胡適被中國民權保障同盟開除始末〉一文，編輯就轉來了批評，其中就有罵的；但，罵歸罵，我還是要工作，而且還要儘量做得更好。有李先生道德文章在，懸鏡自勉，就是我的工作動力了。

只是，李先生在胡魯問題上還有什麼話要說，這可是我輩樂意聞

見的。

最後，向李先生表示人格上的敬意並請保重身體！

後學　邵建　8.28.

附：我寫此信，只是向李先生表示謝意和敬意並介紹一下自己的工作，請李先生不必回覆，以免煩勞。

接到李先生的回信已是九月份了。記得那是個星期天上午，天上飄著零星小雨，我陪妻子去買菜。出小區大門時，看到黑板上有我的信，從門衛取到手，見落款是中國社會科學院，上面寫了個「李」，一時竟想不出是誰。因此，拆信後首先就奔最後一頁看署名，「李慎之」三字映入眼簾，嘴裏不自覺「哦」了一聲，就把信放進了口袋。過了街，妻子進了一家室內菜市，我卻在門外停住，拿出信，當街就讀了起來。信是用圓珠筆寫的，筆跡較細，卻秀挺。三頁信紙，像趕什麼似的，匆匆走過一遍。緊接著又一遍，這遍看得仔細了：

邵建同志：

剛讀完你發表在《書屋》和《南方週末》上的文章就收到了你的來信和文章——〈中國自由主義的「胡冠魯戴」〉，十分感佩。

我是一個六十年來一直「以魯迅之是非為是非」的人，一直到前幾年才忽然有所憬悟，結果就是前年寫的那封給舒蕪的信（也發表在《書屋》上），其中連我自己也覺得有些大膽的一句話就是「魯迅還不能代表五四的全部，能夠比較全面地表達和代表五四精神的，毋寧還是胡適」。

說實在的，我說這話的當時只是初步意識到了胡是而魯非，在對兩人的思想體系的不同既缺乏研究，也還說不清楚。但是文章發表之後，就招來了一些異議與反擊。其中至少林賢治的那一篇你一定是看到的（舒蕪礙於我的「面子」，當然不會與我爭論，但是也在電話裏告訴我還是贊成林賢治「比較多一點」。）其他的反應也不弱，比如有一位研究魯迅的專家就說看了我的文章覺得「如骨鯁在喉，不得不吐」，也就是不能不反批評。當然，我都

- 437 -

是聽而不回應。

但是不管人們如何反駁，我自己的認識還在朝原來的方向前進，只是我自己以為對魯迅已很瞭解，對胡適也相當瞭解，沒有想到如你那樣進行史實的學理的研究，當然我已年屆八十，精力才力也已不允許我有此雄心了。據李澤厚說，我的文章「有一定代表性。近年來不是有好些批評魯迅的大小文章麼？」恕我固陋，我可是一篇都沒有看到過，我還以為，都是我闖的禍呢！

另外，你批評的「胡冠魯戴」，我也以為是我犯的錯誤，因為正是在給舒蕪的信的末尾，我引用了當時剛剛看到周策縱記胡適晚年說魯迅是自由主義者的話，和周為此而作的詩：「魯迅終為我輩人」。我見聞有限，自以為至少在大陸還沒有見別人引用過。但是對你的批評，我不但不以為忤，而且心悅誠服。我感到我自己只能模糊感覺到的東西，不過兩年，就被年輕一代有理有據地說清楚了。我自己糊裏糊塗（與胡適一起）犯的錯誤，不出兩年就被年輕一代有理有據地分析清楚而且幫我改正了。我真為中國知識份子的不斷進步高興。

比較魯迅與胡適不是一個小問題。我以過來人的身份可以說我們這一代是被誤導了。「誤導」這兩個字，可以說是很沉痛的，也可以說是分量很重的。整個二十世紀，對於形成主流的中國青年人來說，可以說，是一個戰爭與革命的世紀。現在已進入二十一世紀，中國的民族任務與歷史任務變得很清楚，只有「改革開放，民主建國」或者說「自由主義」這一條路可走了。這樣胡適的形象與作用就不可避免地凸現出來。這個時候不弄清胡適所代表的自由主義的本質，不弄清它的方方面面，中國和中國人就無從前進。我曾一再說過，胡適的道路雖然迂遠，卻是無可替代的，是世界各國的必由之路。你做的條分縷析的工作是真正的具體的啟蒙工作。

胡適也許算不得世界級的大思想家，但是你已經說得很清楚，希望中國這樣有二千幾百年專制傳統的國家產生世界級的大思想

家本來就是個妄想。胡適一生通道篤行，雖然也偶有缺失，然而一以貫之，至死不渝，這樣的人在西洋也是不多的。

你叫我不要回信，我感謝你的好意，但是我抑制不住自己內心的喜悅，所以還是寫了這些。話當然是說不完的，只有以後的文章中慢慢地表達了。

祝　秋安

李慎之　2002.9.10.

還有一點要告訴你的，我的好幾位年過八十的「黨內思想家」看了你的文章以後，都十分感慨，說從來沒有想到魯迅與胡適還有你所揭露的那段過節，有恍然大悟之感。

又慚愧、又感動，讀李老信後的心情，我在近半個月後的回信中略有表達：

尊敬的李老：您好！

本來不想叨擾您，所以遲遲沒有寫信；寫了，又怕給您添麻煩，所以又請勿覆。今不意收到來信，讀之二三，既為您的謙遜而感動，更為您的指點而高興。

您說您幾十年來一直「以魯迅是非為是非」，但您兩年前已經作出了深刻的反思。我不解的是為什麼今天很多我所敬重的魯迅研究者卻一直依然故我。魯迅的問題明明白白，只要打開文本就即目可見，不知是什麼擋住了他們的眼睛？至於批評您的那篇文章，當時就讀了，和朋友議論時殊不以為然，他應該明白您的潛文本和潛意向，就像我也明白他的潛意向還是針對極權體制的，因此也就不訴諸批評了，以免內耗。但我仍然強烈地不同意他的觀點。在我看來，……（此處因故刪一句，建案）所以，魯迅在他那裏是像拜物教一樣碰不得的。其實我並非對具體的人有什麼意見（有些地方還蠻欣賞），只是不欣賞那種思維方式。魯迅反極權，卻訴諸另一種極權，結果只有權力的「取代」，卻沒有權

力性質的變更。今天如果再承襲魯迅的思維方式來批判極權的話，歷史的進步包括我們的進步又體現在哪？

現在看來，這種進步性是體現在胡適身上的，他是用代表民權的憲政來反對極權的專政，而且走的是非暴力的法律之路，用法律逼著專政往憲政上靠——這本是一種「清明的理性」，但因為很難立竿見影，所以人們勿寧選擇魯迅式的「火與劍」。「火與劍」倒是很快地成功了，但那能叫「成功」嗎？一段時間以來，我常聽一些議論，哪怕是自由主義知識份子也有的議論，即胡適的自由主義那麼好，卻又為什麼在四九年的中國大陸失敗？不知先生對此有何看法？儘管先生的具體看法我不知道，但先生的晚年變法（即價值取向的自我更變）不僅是先生對自己的一生終於有了交代，而且更對作為後輩的我們有其重要的價值啟示和指導。算起來，我個人感佩於先生的，計有兩點，一為其上的價值轉向，另一是足能顯現先生人格風範的「風雨蒼黃」（既然提到這篇我以為是上個世紀末最好的文章，我也就無法不向先生表示我的敬意了）。有一點可能需要解釋一下，我寫「胡冠魯戴」並非針對先生，而是另外一些學者。我很奇怪，他們說魯迅是自由主義也就罷了，而且他們非要把魯迅和胡適等人對舉不可，對舉也並非不可以，但比來比去，卻是魯迅而非胡適才是真正地代表了自由主義並體現了自由主義的本質。這個結論，我是無論如何都無法接受的，因此發而為文，以求一辯。其實，這裏的真正問題在於，到底什麼是自由主義。這個問題如不搞清，難免各仁其仁而智其智。

最後，我很高興的是，先生說「話是說不完的，只有在以後的文章中慢慢地表達了」，我不見先生文章久矣，希望先生能以隨筆的方式（因其寫的方便而又不至疲勞）讓我們早點一睹，而不至老是要我們慢慢地等待。

謹頌　體撰兩安！

邵建　02 年 9 月 24 日

　　這封信後，李先生無回覆，我也就沒再去信叨擾了。後來有兩次見到丁兄，他都說：什麼時候上北京，去見見這（些）老人。丁兄是個熱心人，他在京華，和這些老人挺熟（包括李銳、李普和何家棟）。幾乎每次見面，都能聽到他說這京城三李的一些消息。對丁兄的建議，我嘴上沒說什麼，因為我不知道自己什麼時候能去北京，即使去，果然就上門打擾這些老人嗎？但，在我心裏，一邊保留了對丁兄的謝意，一邊也在揣想，李慎之先生是什麼樣子的呢？

…………

　　終於見到慎之先生的樣子了，沒想到是在「世紀沙龍」裏一位網友給李先生開設的靈堂上。急急點開地址，緩緩地、緩緩地，自上而下，出現一張李先生的照片。不錯目地凝視，久之。實在難用筆墨摹寫當時的心情。記得是范泓兄最先告訴我李慎之住院的消息，我立即上網；4月22日，也是他告訴我李老去世了，我又立即上網；後來還是他告訴我丁東在網上組編了「悼念李慎之專輯」，我還是立即上網。一組文章，一篇不拉。之後，就給丁東邢小群夫婦發了信：

> 讀到你們組編的那一組悼念李老的文章，感佩十分。我為我能讀到這樣的文字是要謝謝你們的，它使我心情多少舒緩一些。李的去世，心頭沉重莫名，當然你知道，這裏已摻入不少個人因素了。很想寫點什麼，但百感交集時，竟是什麼也寫不出，因此，讀到你們的文章，竟像是替我說了一樣。

　　由於丁兄的文字涉及李老給我的信，因此，杭州的趙健雄先生來信索要，看能不能發表。我猶豫於其中有誇我的話，便沒答應。此刻，正好范泓兄來電，我把趙信說與他聽，他卻力勸我答應，其言辭懇切，聲猶在耳。那意思叫我不要光考慮自己，因為這並不僅是個人的事，而李慎之的思想是屬於大家的。其後，趙健雄回信，意思竟與范兄一樣：「學術乃天下公器，李先生的文字無疑是大家的財產。」

　　於是，我決定了。我默自說：李老，請允許我用這樣的方式紀念。如果因未得同意而公開此信，那麼，罪我責我，我受而無怨。

不知熟睡的李老是否能聽見我的聲音⋯⋯

自魯而胡：李慎之思想衰變的意義與局限

（一）

「我年輕時不能不是一個共產黨員，中年時不能不是一個右派，老年時不能不是一個自由主義者」。[1]這是李慎之先生對自己八十人生簡要亦精要的概括，其中三個「不能不是」，弦弦叩擊人心，聞之者動容，味之者無極。

上述過程是否可以作這樣的轉換：左翼青年→中年右派→老年自由主義。這是李慎之一生中的三個關節點，可以看到，從起點到終點，李慎之完成了自己人生中一個關鍵性的捩轉，晚年的他走到了自己年輕時的反面。

所以把「共產黨員」轉換為「左翼青年」，是因為李慎之的政治人生是從青年左翼起步的，他由此踏上所謂的「革命道路」，也由此成為一個共產黨員。共產黨員的身份實際上是他人生第一階段或青年階段的終點，而非初始意義上的起點。

從左翼起步，李慎之的個案具有一定的代表性，那就是他（們）大都受魯迅文學的影響，在魯迅的感召下，走上了革命道路。李慎之的摯友李銳先生就這樣說過：我是讀魯迅的書參加革命的，我參加革命時還沒有讀過毛澤東（丁東先生轉述）。他十八歲時的一首詩佐證了這一點：「路從無路而走出，魯迅文章是我師」。[2]以魯為師，是那個時代進步青年的風習，李慎之自己也說，年輕時的「他只看一個人的小說，魯迅的，

---

[1] 丁東主編：《懷念李慎之》，徐晉如文。
[2] 轉引〈李銳剪影〉，《老照片》第 29 輯，第 36 頁。

別的人全不看」。[3]在另一個場合,李慎之又「特別提到魯迅及左聯對自己的巨大影響,當時毅然奔赴延安的年輕知識份子,大都把魯迅視為精神導師」。[4]如果把「二李」的話參合印證,這些左翼青年走上政治道路,其精神資源主要就是魯迅或少不了魯迅。

饒有意味的是,李慎之們在擁戴魯迅的同時卻反對胡適。本來,胡魯都是五四新文化運動的領軍人物,出離五四後,兩人因思想主張的不同便不相往來,但他們兩人卻代表了解決中國問題的不同的努力方向:胡適堅持用英美改良式的自由主義來救治中國,魯迅解決中國問題則傾向蘇俄式的無產階級革命。當胡適主張一寸一寸的進步時,魯迅的觀點卻是「改革最快的還是火與劍」。分長寸進,還是火與劍,顯然,後者更能燃動進步青年的血。因此,1936 年的胡適自知之明:「我在這十年中,明白承認青年人多數不站在我這一邊」。[5]豈止不站在他這一邊,而且……,還是聽聽過來人李慎之自己的話吧:「我們年輕的時候是看不起胡適的」。[6]「胡適缺乏鬥士的激進,顯得過於君子。魯迅決不『費厄潑賴』,而胡適專講『費厄潑賴』。」[7]「對低調的胡適不以為然」[8]主宰了李慎之們的情緒,儘管「在我心目中,胡適當然『也是個人物』,但是他軟弱,易妥協,同魯迅比起來,『不像一個戰士』,而且顯得淺薄……這些『胡不如魯』的印象本來也一直存在在心裏」。[9]三、四十年代的胡魯,已經各自成為一種思想價值的符號。李慎之看不起胡適之,這個看不起,表明了他對以胡適為代表的自由主義的拒斥,儘管他自己當時未必意識到。因此,他不僅反胡適,而且也順理成章地反對和胡適同屬自由主義道統但比胡適輩份晚的殷海光。前幾年,他在給舒蕪的信中回顧三、四十年代時,「我們這些左派」自視甚高,「昆明西南聯大有一個叫

3　同注 1,蔣泥文。

4　同注 1,劉曉波文。

5　〈胡適致周作人〉,《胡適來往書信選・中》,中華書局,1979 年。

6　同注 1,謝泳文。

7　同注 1,劉曉波文。

8　同注 1,劉曉波文。

9　李慎之〈回歸「五四」學習民主〉,《書屋》2001 年 5 期,第 19 頁。

殷福生的人，年齡大概同我們差不多，專與學生運動作對。十來年後，他在海外華人中以殷海光的大名，被推為提倡民主的一代宗師，不過在那個時候，他是根本不入我們眼中的，因為無非是一個『反動學生』而已。」[10]原來，「魯迅」意味著「革命」，意味著「戰士」——這是那個時代最響亮的詞；而主張改良、反對暴力激進的自由主義，比如「胡適」，在李慎之等左翼青年眼中則徑直於「反動」了。

　　在魯迅思想的旗幟下，李慎之們走上了「火與劍」的革命道路，這條路在抗戰之後僅用短短幾年時間，就奇跡般地走通了，這正印證了魯迅的話沒有錯：改革最快的還是火與劍。於是，魯迅弟子胡風在《人民日報》上高呼：「時間開始了」。然而，這開始了的時間從它第一天起，不但和過去了的時間在本質上具有同一性，而且更是一種改頭換面的倒退。在前一時間段，執政體制囿於國際國內的壓力，無論真心還是假意，都得往憲政路子上靠。按照當年孫中山手訂的中國發展三段論，是從「軍政」、「訓政」到「憲政」。國民黨從二十年代末結束軍政開始訓政，一訓就是二十年，至四十年代末，國內民主力量逼得它不得不「行憲」了，至少姿態上是這樣。可是，五十年代，領袖的一句話就把時間撥回了頭：「我們現在還是在訓政時期」。[11]而訓政的實質就是「一黨專制」。因此，在某種意義上，的確可以說「時間開始了」，只是這是一種什麼樣時間呢，而且一直持續到現在。在這個自己親手參與創造的「時間」中，李慎之自己也付出了意想不到的代價，因為「大民主小民主」之類的問題，李慎之的整個中年，在右派生涯中度過。但作為右派的李慎之，人生發生了天翻地覆的變化，在變化中他也不是沒有惶惑、懷疑、思考和痛苦；只是，如果從思想史角度，那種對他個人來說的根本性的思想蛻變，還遠遠沒有發生。人生的曲線不等於思想的曲線，人生是曲的，思想卻可能是直的。就像當年追隨魯迅的胡風以及胡風盟友，他們的人生曲折遠

---

[10]　同注 1，劉鶴守文。
[11]　李慎之〈大民主和小民主〉。

較李慎之，但其思想圖形，卻相對簡單，如果不是一條筆直的羅馬大道，庶幾也就是波狀線性的心電圖。

「剜肉還母，剔骨還父」。對早年精神之父魯迅的反思，並最終導致思想上的「剔還」，應是李慎之晚年甚而是晚年之晚的事了。有趣的是，如同早年崇拜魯迅就必然瞧不起胡適一樣，李慎之晚年反思魯迅時也自然伴以對胡適的再認識和再評價。胡魯對立而又胡魯不離，這是二十世紀中國思想史上殊可怪異的現象。它落在李慎之身上，其評價體系就呈現出「自魯而胡」的價值倒轉。「我是一個六十年來一直『以魯迅是非為是非』的人，一直到前幾年才忽然有所憬悟，結果就是前年寫的那封給舒蕪的信……」[12]這封題為〈回歸「五四」學習民主〉的信，其實是李慎之晚年寫給自己，也是寫給歷史的一份「陳情表」，它以一種飽含理性的激情陳述了自己人生中的價值追求和轉變。針對舒蕪在中學時代就定下的「尊『五四』，尤尊魯迅」這六十年一貫制的人生「支點」，李慎之說：「經過一番思索，我的思想居然倒轉了過來，認為就對啟蒙精神的理解而言，魯迅未必如胡適」，「能夠比較全面地表達和代表『五四』精神的，毋寧還是胡適」。[13]於是，一個垂垂老者，在「反省自己一生走了彎路」之後，終於有了這樣的體認：「還是胡適比魯迅高明」。[14]

筆者願意把上述李慎之「自魯而胡」這一精神倒轉稱之為「思想衰變」。從時間一維來說，這是李慎之在思想上的「衰年變法」了。從價值一維說來，所謂衰變，本指原子核由於放射出某種粒子而轉變為新核的變化；就其喻，則指李慎之在其精神元素的裂變中，由「魯迅元」向「胡適元」蛻變，從而形成新的思想放射。這個衰變過程，應因於他人生最後幾年對自由主義的價值提倡。自 1997 以來，李慎之在中國大陸重張自由主義，這就使他無以回避對作為自由主義代表人物胡適的評價。事實上，李慎之不久就在自己的文章中重論胡魯。應當這麼說，提倡自由主義是他重論胡魯的思想背景；而重論胡魯既是他的自由主義在

---

[12] 同注 1，邵建文。
[13] 李慎之〈回歸「五四」學習民主〉，《書屋》2001 年 5 期，第 19 頁，17 頁。
[14] 同注 1，邵建文。

思想個案上的深入，這種深入反過來，又成為他抱持自由主義的重要表徵。因此，他一生中的三個階段，就其首尾言，是從左翼青年到老年自由主義；轉就信念角度，則由尊從魯迅到尊從胡適。這兩個過程相互滲透，合二為一。它使慎之先生終於從當年熱血沸騰的「失足青年」成了一個回向自由主義金不換的「老年浪子」。

（二）

「自魯而胡」，李慎之的思想蛻變意義何在？

一如上文，無論胡適還是魯迅，都已成為一種價值選擇的符號，而胡適和魯迅所生活的時代，非但沒有過去，「蕭瑟秋風今又是」，黨治格局之類的情形反而歷久彌深。因此，胡魯當時面對的問題，就是我們今天的問題；胡魯對那個時代所作出的不同應對，就是我們今天要做出的價值選擇。是胡、還是魯，這裏並非人為的二元對立，而是這兩人一個代表英美憲政式的自由主義，一個代表蘇俄無產階級專政式的社會主義，就後者，社會主義和無產階級僅僅是個徽號，只有「一黨專政」才是其實質。而專政和憲政，可是實實在在的對立的二元。這種對立在今天，直接就演化為前幾年「自由主義」和「新左派」的衝突。新左派宗法魯迅，他們有他們的問題關懷，也並非不重要（比如平等）；但，對「黨治」這個貫通二十世紀的「死結」，新左和它的先師一樣，不贊一辭（先師是不懂，它則回避）；非但如此，反而追懷前十七年黨治甚嚴的毛時代，並把它解釋為多元現代性的一種，這就荒誕得可以。自由主義不然，它所賡續的是胡適道統。早在上個世紀二十年代黨治之始，胡適就依託《新月》，領銜批判（而魯迅卻批判《新月》）。今天的自由主義續承中斷幾十年之久的胡氏香火，就是要在中國大陸「結束黨治，代以法治；結束專政，代以憲政」。誰都知道，提出這樣的問題等於是「批逆鱗」：它既是歷史的──最為難解；也是現實的──更為嚴峻。所有解決中國問題的其他方案，都必須在這個根本問題上率先面對。因為，這個問題不解決，其他問題無以獲致相應解決的必要條件。比如新左的

「平等」，實際上是個社會問題；但，黨治與專制的存在，本身就是這個社會中最大的不平等，而且是體制性的。如果不從政治上解決這個體制性的不平等，社會平等斷無解決的可能。「這裏就是羅陀斯，就在這裏跳吧！」而李慎之，作為一個有著幾十年黨歷的老左派，對自己和這個民族所走過的幾十年彎道深入反思，世紀之末，迷途知返，以衰朽之軀，返身跳入這個風險與共的「羅陀斯」，並以胡適的方向為中國政治道路的方向。因此，李慎之的衰年之變，不僅於他個人是一種大勇氣和大清醒；而且對我們這個時代，也具有相當的啟示意義和示範意義。

胡適的方向就是中國政治道路的方向。李慎之在生命的最後幾年，終於認識到，在解決中國問題的路徑依賴上，還是胡適比魯迅高明。他於生命結束前幾個月的一篇文章中說：「我認為一個民族最重要的創造是其政治制度，經濟、文化、國民性都由之決定（與馬克思的經濟決定論不同）。」[15]這是一個極為精彩的表述。制度優先，是胡適的思路而不是魯迅的思路；這樣的表述不僅與馬克思不同，而且也分明與魯迅不同。如果說馬克思認為最重要的是經濟，魯迅則認為最重要的是「國民性」。馬克思不論，魯迅顯然是個「國民性決定論者」，制度問題則被排除在他的視野之外。早在上個世紀二十年代，離開新文化運動不久，曾經並肩的胡魯，面對當時中國問題，因其思考路徑的不同，就已分道揚鑣。那時的魯迅，並沒有接觸馬克思，始終認為解決中國問題的「第一要著，是在改變他們的精神」。[16]這顯然是五四新文化運動的啟蒙傳統，目睹過戊戌維新、辛亥革命以及二次革命的失敗，魯迅已不相信任何政治作為。直到一九二五年，在寫給許廣平的信中，還是單打一地強調：「此後最要緊的是改革國民性，否則，無論是專制、是共和，是什麼什麼，招牌雖換，貨色照舊，全不行的。」[17]魯迅由於否定了制度層面上的努力，使他成為一個一元主義性質的「文化（或道德）決定論者」。然而，胡適不同，五四後的胡適顯然走的是另外一條道路。他並不放棄

---

[15] 同注1，許良英文。
[16] 《吶喊·自序》，《魯迅全集》卷一，第 417 頁。
[17] 《兩地書·八》，《魯迅全集》卷十一，第 31 頁。

新文化運動所形成的啟蒙傳統；而且，純粹就精神啟蒙而言，他事實上比魯迅介入更早。但五四之後，他卻把更多的精力投放在魯迅根本看不上的政治改良和政治制度的建構上，並且相應地進行政治啟蒙。自一九二二年胡適執筆的〈我們的政治主張〉開始，胡適終生致力於民主憲政的努力。比如在這個連署的政治主張中，它提出的第一個基本要求就是建立一個「憲政的政府」。因此，五四後胡適對政治自由主義的踐履，使他不但避免了魯迅解決中國問題的一元論（亦即獨斷論）傾向；而且就解決實際問題言，他的體制路徑較之魯迅的國民性路徑更為根本也更為關鍵。

因為在政治制度和國民性的互動關係中，正如李慎之所說，是政治制度決定國民性，而非相反，如魯迅所認為的國民性決定政治制度。所謂政治之「政」即公共事務，政治生活領域即人類公共事務領域，而其「制度」也者，不過是人進入這個公共領域時所制定的「遊戲規則」。只要大家養成遵守遊戲規則的習慣，就會產生行為上的慣性。習慣成自然，久而久之，庶幾也就是國民性了。而魯迅言中的國民性，實為一種與生俱來的人性，而且是人性中的幽暗一面，比如魯迅一再批評的國人的「卑劣」。卑劣並非不可以批判，但魯迅的藥方是一種道德救治，它想從根本上解決問題卻又不能解決根本問題。其實問題並無須根本解決，如果有制度的堤防，卑劣你自卑劣，制度的作用，則不讓其四處氾濫。在人性層面上，西人之卑劣實不下於國人，而國人的惡性發作，是因為一個卑劣的制度在助紂。很顯然，一個說謊成性的體制肯定養成國民說謊至少是不說真話的習慣，這不是「國民性」而是「國體性」。因為在既定的遊戲規則面前，人本能地會做出「趨利避害」的選擇。如果一個「薩達姆」＋「薩哈夫」式的體制，卻說自己是世界上言論、出版自由最充分的國家之一；那麼，你怎麼可以想像這個國家中的一般人會說真話呢？他不用計算，也知道自己將要付出的代價是什麼。這時，「卑劣」之類的人性批判再尖銳再深刻也沒用，有用的就是要改變這個卑劣的遊戲規則。因此，只談國民性而不談制度，是魯迅盲視所在；胡適從不反對魯迅意義上的精神啟蒙，同時尤重制度建構。相形之下，魯是偏

鋒而胡更可取。今天，李慎之取法胡適，以政治制度為「玄關」，一語便道破我們這個時代由來已久的要害所在。

胡適的方向就是中國政治道路的方向。這句話的意義還有一層，即解決中國社會問題，是胡適的「和平改革」，還是魯迅的「暴力革命」。李慎之的摯友李普先生曾檢討他那一代人「何以毫無例外地都那麼崇拜魯迅、毫無例外地都那麼看不起胡適」，其中兩個原因，第一便是「當時的世界潮流是革命而不是改良」。[18] 二十世紀是革命的世紀、魯迅的世紀，這已成為歷史。問題是，這個世紀給中國帶來了什麼、給當年以魯迅為旗幟的李普、李慎之帶來了什麼，這恐怕是他們（也是我們）生命中不能承受之重的問題。晚年李慎之對這個問題，大致完成了他的「再選擇」。一篇〈革命壓倒民主〉，尤其開頭部分實際上就是有關革命的「懺悔書」。當然，革命壓倒民主，在李慎之那裏是一種事實陳述（根據自身經歷），還沒有上升到相應的理論高度。胡適不然，當年他所以反對革命，完全是出於一種睿智的理性。他認為革命無非就是一種「社會徹底改革的主張」。這種主張不但無以通過革命實現，因為它必須經過一點一滴的社會改良才能完成；而且更在於，「一切的所謂社會徹底改革的主張，必然的要領導到政治的獨裁」，根據就是列寧自己的話：「革命是最獨裁的東西」。[19] 而獨裁和民主勢不兩容。因此，早在上個世紀四十年代，也就是李慎之為了民主跨入革命之時，胡適發表了他的〈自由主義〉，說：「我要很誠懇地指出：近代一百六七十年的歷史，很清楚的指示我們，凡主張徹底改革的人，在政治上沒有一個不走上絕對專制的路，這是很自然的，只有絕對的專制政權可以剷除一切反對黨，消滅一切阻力，也只有絕對的專制政治可以不擇手段，不惜代價，用最殘酷的方法做到他們認為根本改革的目的。」[20] 這其實是一種警告。然而，胡適越是誠懇，李普、李慎之越是聽不進去，儘管是沒聽到，但一個人往

---

[18] 同注 1，李普問。

[19] 胡適〈從《到奴役之路》說起〉，《胡適文集》卷 12，第 834 頁。北京大學出版社，1998。

[20] 胡適〈自由主義〉，《胡適文集》卷 12，第 810 頁。

往聽到的是自己想要聽到的東西；因此，「革命不是請客吃飯，不是作文章」，「一首詩趕不走孫傳芳，一炮就趕走了」，「在這可詛咒的地方擊退這可詛咒的時代」，「無產者失去的只是鎖鏈，得到的將是整個世界」──多麼動人的文學化表述，年輕人滿心要聽的就是這。而且還天真地認為，只要趕走了「孫傳芳」，什麼問題不能解決呢。就這樣，包括「三李」在內的一代知識精英，抱著「社會徹底改革」的願望，一頭紮進革命懷抱，用魯迅的「火與劍」、用自己的青春和熱血，硬是把胡適的警告變成了活生生的現實。

直到晚年，慎之先生才以「後悔」兩字否定了自己的早年道路。只是覆水難收，歷史並不因誰的後悔就重走一遭。逝去的永遠逝去了，耽誤的也已被耽誤了。重要的是從歷史中汲取教訓。因此，晚年李慎之解甲歸胡，給我們的啟示至少有這兩樣：一，社會問題只有「一步一步的做具體改革」（胡適），不能期以火與劍式的革命。革命只解決政治權力的更迭，並不保證權力性質的轉換。因此，如果不是在絕對意義上「告別革命」，也應對它抱持足夠的警惕。二，更要警惕「社會徹底改革」之類的「意圖倫理」，轉而強調「責任倫理」。這本是馬克斯・韋伯的一對概念，扼其言，意圖倫理只強調動機和目的，而罔顧行為及後果；責任倫理相反，它不排除目的之類，卻更注重行為責任。就胡魯而言，魯迅是典型的「意圖倫理」者，他在給許廣平的信中說：「我以為只要目的是正的──這所謂正不正，又只專憑自己判斷──即可用無論什麼手段。」[21]而強調「責任倫理」的胡適卻「明白承認行為的結果才構成我們道德意識的責任」。[22]因此，在魯迅，為了一個崇高的意圖則不憚「火與劍」；胡適呢，憂於未形，恐於未熾：「一個錯誤的政治或社會改造議論，卻可以引起幾百年的殺人流血」[23]──胡氏明見，馬克思理論問世以來的世界範圍內的社會主義運動足以證實這一點。以剛剛過去的二十世紀為例，人類的大災難、大流血，無論極右，抑或極左，從希特勒到

---

[21] 《兩地書・十九》，《魯迅全集》卷 11，第 68 頁。
[22] 胡適〈我的信仰〉，《胡適文集》卷 1，第 21 頁。
[23] 胡適〈我的信仰〉，《胡適文集》卷 1，第 21 頁。

史達林，從毛澤東到波爾布特，那種人類最殘酷、最不恥的行徑，正是出於魯迅所謂只要我以為是正的即可用無論什麼手段的「意圖倫理」。

（三）

「自由主義這個詞，由於毛澤東的〈反對自由主義〉編入中學教材，在中國是臭名遠揚的一個詞。把這個詞從政治範疇重新提出來確實是我第一次在〈顧准日記的記序〉中，第二次是在《北大傳統與自由主義》的序中提出來的。」[24]這是李慎之先生的一段自述，事涉九十年代以來自由主義在中國大陸的中興。慎之先生在其中地位如何、作用怎樣，對這一節最近距離的思想史，筆者心遠地偏，所知甚譾。但，既然認同英美憲政體制的知識份子，很願意視李慎之為自由主義群落的領軍人物，更兼慎之先生的特殊的經歷、身份和地位，以及由此而形成的代表性，本文在討論他的思想意義時，就不能偏漏他的思想局限。不為賢者諱，不僅儒家承傳；更重要的，李慎之並非是他個人，某種意義上，他在當下也具有一定的符號性。

應該說，李慎之的思想衰變，發生甚晚，皈依自由主義，也就生平最後幾年。雖說「朝聞道，夕死可矣」，然，朝夕之間，學有深淺。歷史留給慎之老人的朝朝夕夕未免過於吝嗇，儘管他倡導有力，但就其自由主義學理，顯然未遑深入。落實到這裏的魯迅評價，論述上的差池，便不免隙出。

的確，「人誰不愛魯迅」。從「尊五四，尤尊魯迅」，到「尊魯迅，尤尊胡適」，固然是一種知性進步。但，尊魯同時，是否知道，在另一面上，魯迅是有「毒」的（這一點，不獨李慎之，思想界至今仍缺應有的評估）。因此，這樣的表述問題夠大：「胡適畢竟是瞭解魯迅的，他倆後來雖然傾向有所不同，但是，分析到最後，本質上都是中國最最珍愛

---

[24] 同注一，楊繼繩文。

自由的人」。[25]胡魯的關鍵就在於他們的「傾向不同」，一個傾向英美自由主義的人，和一個傾向蘇俄無產階級專政的人，還能在最後一句的「本質」上相同起來嗎？而況，真正的自由主義，從不輕言「最最珍愛自由」，如果以「最」而論，在中國，最愛自由的當是「反對自由主義」的毛澤東，他的「和尚打傘，無發（法）無天」，就是最愛自由的強硬表述。魯迅呢，愛自由的表述甚至更直接，不容置疑八個字：「唯有此我，本屬自由」[26]（毛魯真是有著精神上的最內在的一致）。這兩種表述，自由主義斷然不敢。自由主義在「自由」上並不比「最」，更不「最最」。「最最」本身就是極權體制常用辭彙，作為一個上下合體的會意字，「最」的本義，即「冒犯奪取」。也就是說，一個最最愛自由亦即「唯有此我，本屬自由」的人，他的自由很輕易就冒犯了別人。自由是權利「由於自己」而不受障礙的狀態，而權利和權利是互相衝突的。這就要求，一個人在伸張自己的權利時必須注意不要妨礙別人，反之亦然。於是，現代社會中，人人的自由都不是「最」的自由，而是自由的限制。這個限制，就是胡適所謂：「我之自由，以他人自由為界」。[27]以此為界，便也見出胡魯的差別。慎公不察，卻以自由而並論之。殊不知，魯自由非胡自由，這一籠統，便折射出先生在自由理論上的含混。

正是這種含混，又導致了下文的偏斜：「對魯迅研究，……到現在除了可以肯定他『任個人而排眾數』、『尊個性而張精神』這一點外，作為一個文學家的無與倫比的感染力，其美學價值還很少被真正開發出來。」[28]後一點當無問題，前一點問題不可小覷。「尊個性而張精神」，推諸語境，帶有濃厚的「唯意志論」色彩，因為此時的魯迅正受尼采「超人」哲學的影響。他的自由，專注於人的個性自由和精神自由，在當時，雖具一定的反專制的意義，但它對自由主義的傷害，甚至更大。因為這種染指於「超人」的個性自由，必然發變為「任個人而排眾數」。這實

---

[25] 李慎之〈回歸「五四」學習民主〉，《書屋》2001 年 5 期，20 頁。

[26] 《墳·文化偏至論》，《魯迅全集》卷一，第 51 頁。

[27] 《大宇宙中談博愛 胡適卷》第 209 頁，東方出版社 1998 年版。

[28] 李慎之〈回歸「五四」學習民主〉，《書屋》2001 年 5 期，20 頁。

際上就構成了兩種自由的對峙：個人的，還是眾數的。魯迅的選擇是前者，他的價值取向分明是，任其聽任，排則俱排（個人與眾數之間，何其不公也）。在魯迅那裏，個人的自由是有了，眾數的自由則沒了。如此，倒也真的是「唯有此我，本屬自由」了。這樣的自由，毛澤東的〈詠蛙〉詩庶幾近之：「春來我不先張口，哪個蟲兒敢作聲」。顯然，自由如果一旦像魯迅這樣「任個人」，則必然走向專制。本質上，它不是自由主義的自由，而是自由的專制主義。自由主義的自由，既是個人的自由，也是眾數的自由，是從個人走向眾數的自由。胡適認同自由主義的個人性，但這不是哪一個人，而是人人。他說：「歷史上自由主義的傾向是漸漸擴充的。先有貴族階級的爭自由，次有資產階級的爭自由，今則為無產階級爭自由。」[29]自由在這裏是一個擴展程序，它最終所要達致的是「眾數」，是人人。當然，自由在個人與眾數之間，必有衝突，這正是自由主義婉轉用力之處。它肯定不是魯迅那種一「任」一「排」的方式，而是密爾式的細密劃分個人與群體之間的權利界限。中國最早的自由主義傳人嚴復先生乾脆把密爾的《論自由》意譯為「群己權界論」。此書，胡魯當年都讀了，胡適讀過漢譯又讀英文，而魯迅對它的評價是「連書名也很費解」。這就是魯迅與自由主義的心理距離。今天慎之先生從自由主義說魯迅，未加細審，便肯定魯迅自由偏至的「任個人」，這是對自由主義的誤解，也是對魯迅的錯肯。

同樣，慎之先生贊同五四的「個性解放」，強調按照西方國家的行為規範行事，但話題一轉，便直奔馬克思：「只有豎立並且遵行這些規範，人們才有可能走近馬克思、恩格斯在《共產黨宣言》裏所說的聯合體，『在那裏，每個人的自由發展是一切人的自由發展的條件』」。[30]看來，慎之先生很認同馬恩的這個聯合體。但，這句話所顯示出來的問題的深切嚴重，當為慎之先生始料不及。請注意這裏的「每個人」和「一切人」。「每個人」是可以落實到具體的個人，「一切人」則不能，在意

---

[29] 《胡適日記》卷四，第 239 頁，安徽教育出版社，2001。

[30] 李慎之〈回歸「五四」學習民主〉，《書屋》2001 年 5 期，17 頁。

義上它等同於「人」或「人類」，是一個普遍概念。如果把這個句子轉換並簡化，即：每個人的自由是全人類自由的條件。然而，自由，只能是個體意義上的每個人的自由，卻沒有什麼抽象意義上的人類自由。人類是誰？又在哪裏？中國古代公孫龍子的「白馬非馬」，馬是抽象，白馬是具體。抽象不等於具體，馬的自由也不等於白馬的自由。然而，真正的自由只能是白馬的自由，而馬的自由不過是一個「空洞的能指」，或只具有純粹的概念意義。因此，馬克思的話倒過來方才合理，即一切人的自由必須落實為每個人的自由。自由主義所以重個人並對個人以上的自由三緘其口，乃因自由一旦離開個人就無所依傍，或被架空和利用。像馬克思把原本作為「目的」的個人自由置換為「條件」、另一個抽象對象（一切人、人、人類）的「條件」，這在自由主義看來既不可思議，也十分危險。「一切人的自由」是一個無底的黑洞，它反噬個人自由並導致對自由的抽象肯定和具體否定。為了人類的自由——多麼輝煌的目標，作為條件的個人自由難道不可以放棄嗎——小菜一碟。看看那些掛馬克思「羊頭」的蘇俄之類的聯合體，哪一個不是以人類的名義，視個人自由為敝屣，踐踏之、拋棄之、剝奪之、犧牲之；非僅自由，而且生命。這既是邏輯，也是歷史。自由在流血，一直到今天。

⋯⋯⋯⋯⋯

「《春秋》責備賢者」。以上，以慎之先生一篇文章中的三處表述，就慎之先生轉軌以來的思想狀況作局限分析。其所以如此，乃因上述局限是慎之先生個人，亦遠不限於其個人。胡魯問題，馬恩問題，包括這裏未能論及的五四啟蒙問題等，即使是認同自由主義價值的人，也不少是泛論可以，一到具體則問題繁出。為慎之先生晚年心儀的自由主義故，這裏不惜以慎之先生為個案，略剖二三，備以為戒。

謹此！

後記

陽光與閃電

　　如果回顧一下我個人的閱讀經歷，對我思想產生重大影響的，無疑是這樣兩個人：胡適與魯迅。先胡後魯，我這樣排列，顯然是一種價值選擇。如果按照閱讀的時間順序，卻是先魯後胡。這不奇怪，作為上個世紀 50 年代中期出生的人，如果 70 年代開始閱讀，那個時代我能讀到的書，馬列毛之外，只能是魯迅。很清楚記得，在蘇北鄉下剛進農中讀初一時，午後走進老師的辦公室，桌上看到一本厚厚的書，精裝的，那是 50 年代出版的硬封皮的魯迅著作。拿起書，撫著發黃的書頁，如同在撫學問本身。至於胡適，對不起，儘管最初接觸也是 70 年代，但記不清第一印象了。其實是沒印象，因為那時根本看不到胡適的書。知道他，好像是出於那個時代編印的讀報手冊之類。這兩個人，以兩種相反的形象進入我白紙般的大腦：一個是硬骨頭和民族魂，一個是幫閒和幫兇，乃至戰犯。顯然，這是那個時代給我灌輸的印象，先入為主且牢固，想擦掉都難。

　　然而，讀魯雖早卻並不系統，斷斷續續，憑興致而已；而且長期以來是在年輕時就形成的那個印象中去讀，未曾更變。讀胡很晚，晚至世紀之交，甚至轉過世紀。並非長期刻意不讀，而是 80 年代就碰到過，但覺得文章不好看。比如那個〈文學改良芻議〉，讀胡時通常總要先讀它，讀它很可能就再沒興致讀其他了，至少我是這樣的。但，90 年代以來，由於對自由主義的認同和自己在那段時間所做的知識份子研究，個人的知識框架和思想框架都發生了結構性的變化。我是在這種變化了的框架中拿起胡適的，一旦上手，就比較系統地讀了進去。與此同時，又系統地開讀魯迅，並自覺將兩者作比較，主要是思想比較（因為這兩

人正好是知識份子的兩個不同個案）。正是在這對讀和比較的過程中，年輕時被灌輸的印象化解了，並形成屬於自己從閱讀中得來的印象，很體己。

　　胡適和魯迅是中國 20 世紀最重要的兩個知識份子。他們兩人思想脈系不同，文化資源有異，價值取向也大相徑庭。他們對 20 世紀的中國產生了重大影響，也分別帶來不同的後果。直到今天，21 世紀的中國，依然沒有走出胡魯時代的思想困境和文化格局。當年胡魯的問題，也是今天的問題，當年胡魯的選擇，依然是今天選擇的參照。於是就很想寫一本書，要在呈現胡魯之間的思想差異以及不同的文化追求（包括重新梳理涉及他們兩人的有關事件），從而在胡魯諸種不同的比較中，望能有鑒於 21 世紀的文化重構。於是，讀書寫書，圍繞胡魯，便成了這個世紀前五年我個人生活的一項內容。如果說歷時四、五年只寫一本書，只能說明本人材質愚鈍，夫復何言；那麼，寫作的好處是，這個過程就是我熟悉胡魯的過程。猶記那個炎熱的夏日，左魯右胡，兩人的書同時擺開，交替看、遞次讀，斜倚在長沙發上，頭上還有嗡嗡的空調，很愜意。讀著讀著，就忘了寫。

　　這本書名字是《20 世紀的兩個知識份子——胡適與魯迅》，書名乃模仿法國學者讓-弗朗索瓦・西里奈利的《20 世紀的兩個知識份子：薩特與阿隆》。顯然，如果在中國，類似這樣兩個具有劃時代意義又足以代表兩種不同傾向的知識份子，不是胡魯還能有誰。在法國，薩特偏左、阿隆偏右。20 世紀的中國，魯迅是左翼，相形之下，胡適靠右。當然，這種說法只是在胡魯比較的框架中才能成立。因為胡適和他所代表的中國自由主義在那個時代其實是中道，它同時受到來自兩個方面的擠兌，一是左翼激進主義，一是右翼保守主義。

　　不過，說胡魯是知識份子，還需要稍作解釋。上個世紀 90 年代，我因做知識份子研究，便形成了我個人對知識份子的看法。在我看來，知識份子這一概念有兩層意思：一，它是吃知識飯亦即是以知識謀生的，但在謀生之外對社會事務又有公共關懷。二，它的公共關懷使它成為一個權力的批判者，即以批判體制為務且不與其合作。以此為衡，胡

魯正好是一個顛倒。魯迅在教育部長期任職時（僉事／科長），不是一個嚴格意義上的知識份子。在他離開教育部，尤其是他人生的最後十年才是。胡適相反，他在《新月》的「人權論戰」時是一個典型的知識份子，但後來一為駐美大使、二為北大校長、三為中央研究院院長，便使他無以再是知識份子了。其實，在胡魯比較中，是不是知識份子無所謂；因為知識份子僅是一種身份，並非道德符號，更不是什麼榮稱。

猶記某日，朋友上門，手上拿著一本剛買的《陽光與閃電》。這是一位美國學者比較法國革命和美國革命的書。很慚愧這本書我至今沒看，但當時從朋友手上拿過來的一剎那，眼睛一亮，這不正是可以用來形容胡魯的一對比喻嗎？陽光與閃電是面對黑暗的兩種方式，在比較的意義上，溫和的胡適不妨是陽光（且看他那慣見的春陽般的笑容），犀利的魯迅當然更合適是閃電（包括他的眼神和文風）。閃電以它的銳利，可以刺穿黑暗，讓黑暗現出原形。但，閃電並不能驅散黑暗，且復歸於黑暗，同時使黑暗更黑暗——因了它剛才的照亮。當閃電消歇之後，戰勝黑暗的是陽光。和閃電相比，陽光不迅即，卻持久；它不是在黑暗中穿刺，而是在黑暗的外面將黑暗連根拔起。不妨看地平線上的黎明，陽光與黑暗交鋒，黑暗是在陽光面前一步步退卻，消解於無形。

以上的比喻，其實包含了我對胡魯的看法，面對黑暗，魯迅的方式是詛咒。胡適不同，他不是詛咒，而是點燃一根蠟燭去照亮。正是這一根蠟燭，微弱而持久，最後引來了漫天陽光，而它本身卻熄滅於陽光之前。可以看到的是，胡適和魯迅都沒有見到他們的身後，但，走出 20世紀的「黑暗的時代」，誰是最終的勝利者？

胡魯也好，陽光與閃電也罷，斯人已逝，流水不復。讀胡魯時最大的感慨，就是胡魯分別代表了兩種不同的文化（包括不同的制度文化），以至他們可以成為兩種不同的價值符號。然而，在那個擾攘不安的歲月中，兩種符號，兩條道路，懵懂的我們作出了什麼樣地選擇呢。歷史是會走錯房間的，而且在某種意義上，不是歷史選擇我們，而是我們選擇了它。那麼，我們今天從當年我們選擇的那個房間裏走出來了嗎？翻閱手中的胡魯，我不敢叩問別人，只能叩問自己，並且是在挨罵聲中獨叩

....

　　最後，我必須提及的是已經故去的前中國社會科學院副院長李慎之先生。在本書寫作中，李老對其中的某一篇什充分認同，並多次向他周圍的人推薦，這是我後來陸續聽說的。我沒見過李老，但他無疑給了我寫作上的力量。值出版之際，謹以此書祭獻慎之老人在天之靈！

　　後記補：此書在臺出版，仰賴蔡登山先生的熱心努力。在此深表感謝！

國家圖書館出版品預行編目

二十世紀的兩個知識份子：胡適與魯迅 / 邵建
著. -- 一版. -- 臺北市：秀威資訊科技，
2008.04
　　面；　　公分. -- (史地傳記；PC0045)

ISBN 978-986-6732-99-7(平裝)

1. 胡適　2. 周樹人　3. 傳記

782.248　　　　　　　　　　97005581

 史地傳記類　PC0045

二十世紀的兩個知識份子
——胡適與魯迅

作　　者 / 邵建
發 行 人 / 宋政坤
主　　編 / 蔡登山
執行編輯 / 黃姣潔
圖文排版 / 林欣儀
封面設計 / 蔣緒慧
數位轉譯 / 徐真玉　沈裕閔
圖書銷售 / 林怡君
法律顧問 / 毛國樑　律師
出版印製 / 秀威資訊科技股份有限公司
　　　　　臺北市內湖區瑞光路 583 巷 25 號 1 樓
　　　　　電話：02-2657-9211　　傳真：02-2657-9106
　　　　　E-mail：service@showwe.com.tw
經 銷 商 / 紅螞蟻圖書有限公司
　　　　　臺北市內湖區舊宗路二段 121 巷 28、32 號 4 樓
　　　　　電話：02-2795-3656　　傳真：02-2795-4100
　　　　　http://www.e-redant.com

2008 年 4 月 BOD 一版
定價：560 元

·請尊重著作權·
Copyright©2008 by Showwe Information Co.,Ltd.

讀 者 回 函 卡

感謝您購買本書,為提升服務品質,煩請填寫以下問卷,收到您的寶貴意見後,我們會仔細收藏記錄並回贈紀念品,謝謝!

1.您購買的書名:＿＿＿＿＿＿＿＿＿＿＿＿＿＿＿＿

2.您從何得知本書的消息?

　□網路書店　□部落格　□資料庫搜尋　□書訊　□電子報　□書店

　□平面媒體　□ 朋友推薦　□網站推薦 □其他＿＿＿＿＿＿

3.您對本書的評價:(請填代號　1.非常滿意 2.滿意 3.尚可 4.再改進)

　封面設計＿＿　版面編排＿＿　內容＿＿　文/譯筆＿＿　價格＿＿

4.讀完書後您覺得:

　□很有收獲　□有收獲　□收獲不多　□沒收獲

5.您會推薦本書給朋友嗎?

　□會　□不會,為什麼?＿＿＿＿＿＿＿＿＿＿＿＿＿＿＿＿＿

6.其他寶貴的意見:＿＿＿＿＿＿＿＿＿＿＿＿＿＿＿＿＿＿＿

＿＿＿＿＿＿＿＿＿＿＿＿＿＿＿＿＿＿＿＿＿＿＿＿＿＿＿＿＿

＿＿＿＿＿＿＿＿＿＿＿＿＿＿＿＿＿＿＿＿＿＿＿＿＿＿＿＿＿

＿＿＿＿＿＿＿＿＿＿＿＿＿＿＿＿＿＿＿＿＿＿＿＿＿＿＿＿＿

讀者基本資料

姓名:＿＿＿＿＿＿＿＿＿＿　年齡:＿＿＿＿　性別:□女 □男

聯絡電話:＿＿＿＿＿＿＿＿　E-mail:＿＿＿＿＿＿＿＿＿＿

地址:＿＿＿＿＿＿＿＿＿＿＿＿＿＿＿＿＿＿＿＿＿＿＿＿

學歷:□高中(含)以下　□高中　□專科學校　□大學

　　　□研究所(含)以上 □其他＿＿＿＿＿＿＿＿

職業:□製造業 □金融業 □資訊業 □軍警 □傳播業 □自由業

　　　□服務業 □公務員 □教職　□學生 □其他＿＿＿＿＿

請 貼
郵 票

To：114

台北市內湖區瑞光路 583 巷 25 號 1 樓

秀威資訊科技股份有限公司　　　收

寄件人姓名：

寄件人地址：□□□

（請沿線對摺寄回,謝謝!）

秀威與 BOD

BOD（Books On Demand）是數位出版的大趨勢，秀威資訊率先運用 POD 數位印刷設備來生產書籍，並提供作者全程數位出版服務，致使書籍產銷零庫存，知識傳承不絕版，目前已開闢以下書系：

一、BOD 學術著作—專業論述的閱讀延伸
二、BOD 個人著作—分享生命的心路歷程
三、BOD 旅遊著作—個人深度旅遊文學創作
四、BOD 大陸學者—大陸專業學者學術出版
五、POD 獨家經銷—數位產製的代發行書籍

BOD 秀威網路書店：www.showwe.com.tw
政府出版品網路書店：www.govbooks.com.tw

永不絕版的故事・自己寫・永不休止的音符・自己唱